브라질

Brazil

이 저서는 2008년도 정부(교육부)의 재원으로 한국연구재단의 지원을 받아 연구되었음(NRF-2008-362-B00015).

이 도서의 국립중앙도서관 출판시도서목록(CIP)은 서지정보유통지원시스템 홈페이지(http://seoji.nl.go.kr)와 국가자료공동목록시스템(http://www.nl.go.kr/kolisnet)에서 이용하실 수 있습니다(CIP제어번호: CIP2014016080)

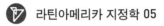 라틴아메리카 지정학 05

브라질

—

변화하는 사회와 새로운 과제들

서울대학교 라틴아메리카연구소 기획 ㅣ 박원복·양은미 엮음

한울
아카데미

다각적 접근을 통한 브라질 연구의 필요성

  1990년대 초 신자유주의가 전 세계를 강타할 때 브라질도 재빠른 반응을 보이며 작은 정부와 시장논리의 중시, 국내시장의 개방 등을 추진했다. 왜냐하면 군부독재(1964~1985) 이후 등장한 사르네이(José Sarney) 정부 시절 초 악성인플레이션과 4만여 건이 넘는 크고 작은 파업에서 갈 길을 잃고 있던 브라질에게 새로운 돌파구로 비쳤기 때문이다. 혼란과 무능을 상징했던 사르네이 정부가 물러난 뒤 1990년, 40세의 나이에 권좌에 오른 페르난두 콜로르 지 멜루(Fernando Collor de Mello)와 재무장관이었던 젤리아 카르도주(Zélia Cardoso)가 신자유주의의 정책을 본격적으로 추진하기 시작했다. 하지만 콜로르는 대선캠프에서 선거자금 모금을 담당했던 P. C. 파리아스(P. C. Farias)의 매관매직행위가 언론에 폭로되면서 2년 만에 탄핵되었고 정국은 다시 혼란에 휩싸였다.
  그러나 부통령이던 이타마르 프랑쿠(Itamar Franco)의 승계와 재무장관으로 기용된 종속이론가 페르난두 엥히키 카르도주(Fernando Henrique Cardoso)의 일명 '헤알플랜(Plano Real)'에 힘입어 브라질 경제는 차츰 안정을 되찾았고 이 여세를 몰아 카르도주는 대선에 출마, 1995년부터

4

2002년까지 대통령직을 연임하게 된다. 종속이론가였던 그는 대통령에 취임한 뒤 자신이 대학교수로서 쓴 책들은 모두 잊어달라고 말하면서 서구의 신식민주주의로 비난을 받던 신자유주의의 화신으로 탈바꿈했다. 하지만 그가 재임한 8년간은 어떤 면에서 신자유주의가 안고 있는 근본적인 폐해, 즉 빈익빈 부익부 현상을 가속화시킨 기간이었고 이러한 사태는 1999년 IMF에 435억 달러라는 긴급 구제금융 지원을 받는 것으로 절정을 이루었다.

이에 대선 4수만에 정권을 쥔 루이스 이나시우 룰라 다 시우바(Luiz Inácio Lula da Silva)는 좌파로 분류되면서도 카르도주 정부의 신자유주의 정책을 이어갔고 그러면서도 사회적으로 소외되던 저소득계층을 위한 각종 정책을 추진했다. 카르도주가 빈곤층에게 물고기를 잡는 법을 가르쳐야 한다고 주장했다면 룰라는 이미 브라질이 그 단계를 지나 절대빈곤국으로 전락하고 있다면서 가족기금(Bolsa Família)과 같은 사회적 포용정책을 적극 추진했다. 때마침 세계가 자원전쟁에 빠져들고 있었기에 지하자원이 풍부한 브라질은 IMF에게 진 빚을 앞당겨 갚고도 그 IMF에 100억 달러를 차관형식으로 빌려주는 이른바 채권국으로 탈바꿈했다. 또한 넘쳐나는 외환보유고에 힘입어 빈곤계층에게 막대한 현금을 생활비로 지원했다.

다른 한편으로는 추락한 국가의 위신을 끌어올리고, 세계 10위 안에 드는 경제규모에 걸맞은 국가로서 국제사회에서의 역할을 다하기 위해 G20을 비롯한 각종 국제커뮤니티에서 리더로서 활동하기 시작했다. 이것은 궁극적으로 차세대 유엔안전보장이사회 상임이사국 진출을 위한 것이었다. 임기 중에 멩살렁(Mensalão)과 같은 정치권의 고질적인 검은 커넥션과 부패의 고리가 드러났지만 그가 연임한 기간(2003~2010) 동안 브라질 경제는 호의적인 대내외적인 여건 속에 순항을 거듭했고 그 결과 임기 말에는 전 국민의 87%가 정치를 잘했다는 찬사를 하기에 이르렀다. 그 여파로 정치계에서는 그다지 알려지지 않았던 지우마 호우세피(Dilma Rousseff)를 후임자로 지목, 그녀에게 정권을 물려줄 수도 있었다.

그가 물러난 뒤 현 지우마 호우세피 정권은 새로운 도전에 직면해 있다. 집권 초기에 전임 대통령 룰라의 그늘에서 벗어나 독자적인 리더십을 보여야 했지만 그러지 못했고 그 이전에는 볼 수 없었던 새로운 사회 환경에도 직면해 있다. 2013년에 상파울루를 중심으로 발생했던 신중산층들의 불만과 시위사태가 그것이다. 룰라 정부 시절 저소득층에서 중산층으로 편입된 사람의 수가 적게는 3,500만 명에서 많게는 5,000만 명에 이르며, 이들이 브라질 사회를 바라보는 시각은 과거와는 사뭇 다르다. 이제 이들은, 사회에 만연한 각종 문제들을 카니발과 축구를 향한 열정과 그것이 낳는 환희에 묻히도록 자신을 내맡기는 듯 보였던 기존의 모습과는 달리, 이제 더 이상 숨기거나 무시할 수 없는 사회의 고질적 문제들에 대한 새로운 접근을 요구하고 있는 것이다. 월드컵을 치르는 데에 천문학적인 돈을 쏟아 붓기보다는 아직도 열악한 교육, 의료보건, 대중교통 등에 투자를 늘리라는 이들의 목소리는 이미 달라진 세태, 즉 인터넷과 SNS를 통한 사회적 연결 및 소통의 망이 다각화되고 그 공유의 속도가 어느 때보다도 빠른 현 브라질 젊은 층의 새로운 모습을 대변하는 것이다. 이에 대해 현 정부는 물론이고 향후 브라질 정치계와 국민도 더욱 진지하고 체계적으로 대응해야 할 과제인 셈이다.

브라질은 올해 월드컵을 치르고 2016년에는 올림픽을 개최한다. 게다가 올해 10월에는 총선을 앞두고 있다. 부패 척결을 위해 지우마 정부가 추진하는 「피샤링파 법(Lei de Ficha Limpa)」('깨끗한 이력'을 의미)이 총선에서는 처음으로 적용될 예정으로, 실제로 얼마나 엄격하게 이 법이 적용될지에 대해 많은 관심이 집중되어 있다. GDP기준으로 세계 7대 규모의 경제를 자랑하는 브라질이 세계적인 규모의 행사를 어떻게 치를 것이며 변화하는 시대에 어떠한 인물을 선택할지 몹시 궁금해진다.

그러한 의미에서 다양한 분야의 전문가들이 쓴 글들을 한 곳에 모은 이 책이 독자들에게 좋은 길잡이가 될 것으로 보인다. 이 책은 3부로 구성되어 있다. 제1부에서는 룰라에서 호우세피로의 변환기에 있는 시점에서 최근의 브라질 사회 내부의 사회적 변동을 살펴봄으로써 브라질의 미래를 전망해보고자 했다. 국제적으로는 라틴아메리카의 다른 국가들과 함께 라틴아메리카 계열 다국적 기업 물치라치나스(Multilatinas)의 반열의 선두에 있는 브라질계 초국적기업의 성장 및 증가와 국제적 패권 강화 등 브라질이 실로 강대국으로 부상하고 있음을 인지할 수 있다. 국내적으로도 2004년 이후 GDP 증가와 개인의 불평등문제 개선이 동시에 이루어져 왔다고 전문가들은 분석한다. 사회계층구조도 복잡·다변화되어 더 이상 파벨라(favela, 브라질의 빈민촌) 거주자는 빈곤층이라는 공식으로 단순화할 수 없게 되었다. 그러나 브라질은 이 같은 긍정적 신호들과 함께 인프라 부족과 부패, 폭력과 같은 고질적 문제들을 여전히 안고 있기도 하다. 이 모든 변화들이 브라질 전역에서 나타나고 있지만 거대한 영토를 가진 만큼 변화의 양상과 속도가 모든 지역에서 동일하지는 않다. 이는 비단 도시와 농촌지역의 차이는 아니며, 더 이상 단순히 '발전' 혹은 '지연'이라는 이분법으로 농촌사회를 판단하는 것이 무의미하게 되었다. 이에 브라질 농촌사회가 겪고 있는 근본적 변화는 이에 대한 새로운 정의와 분류가 필요하게 되었음을 제시하고자 했다. 세계에 분명하게 인식된 브라질의 부상은 이렇듯 다양한 얼굴을 가지고 전개되고 있으며, 이를 이해하는 우리의 접근법도 기존의 이분법적이고 결정론적인 것에서 탈피해야 함을 시사한다.

제2부에서는 변화하는 국제정세에 발맞춰 변화해온 세계체제 속에서 브라질의 위치와 브라질이 취해온 대외관계의 변화를 조명해보고자 했다. 앞서 언급한 것처럼 브라질은 세계 경제대국으로 부상하면서 다각적인 외교공세를 펼쳐왔으며, 이는 명실공히 '파워외교(power diplomacy)'라 칭할 만큼 전례 없이 당당하고 진취적인 것이라는 평가를 받고 있다. 룰라 재임 기간에 특히 정점을 찍었던 이러한 외교방식은 호우세피 정권에 와서 분야별로 다소 누그러진 양상을 보이기도 한다. 이에 호우세피가 취임한 지 4년째에 접어드는 지금, 그러한 파워외교가 세계체제 속에서 브라질의 위치를 공고히 한다는 상징적인 의미 외에 어떠한 실용적 목적을 가지고 있는지, 실제로 어떤 결실을 거뒀는지, 나아가 앞으로는 어떤 방향으로 전개될지를 고찰해보았다. 아울러 국제적 차원의 자본주의 위기가 몰아치는 가운데 형성되고 있는 새로운 세계적 생산 지형도를 살펴보고, 2000년 이래 시작된 브라질의 세계 위상 재정립 문제를 살펴보았다. 마지막으로, 브라질 사회의 혼종적 정체성을 이해하기 위한 노력으로 브라질-카리브 지역의 아프리카 노예무역과 흑인 디아스포라를 통해 공유하게 된 흑인성을 분석해보았다. 이 같은 분석은 끊임없이 재편되는 국제, 국내 정세와 사회통합과정에서 이 지역의 문화적 정체성 역시 혼종성 그 자체가 아니라 계속에서 재구성되는 혼종화 과정이라는 데 초점을 두고 이루어졌다.

제3부는 브라질이 눈에 띄는 성장을 이루면서 마주하게 된 새로운 과제들인 에너지와 환경 문제, 그리고 브라질 내 외국기업 진출 확대에 따라 그 이해의 필요성이 증가하고 있는 관련 법률에 대해 살펴보았다. 먼저 브라질의 에너지 분야에 대한 전반적 고찰로부터 시작해 앞으로의 정책과 전망을 다루었다. 또한 브라질 파워외교의 중요한 동력으로 볼 수 있는 심해유전개발에 따르는 구체적인 과제들을 짚어보는 것도 필요

하다고 보았다. 한편 브라질의 에너지 분야 성장은 필연적으로 환경문제에 대한 고민을 수반하게 된다. 이에 이 책에서는 브라질에서의 기후변화정책과 청정개발체제 사업 추진의 성과와 과제를 분석했다. 브라질에 진출한 외국기업 대상 법률과 관련해서는 특히 한국 기업이 진출해 활동하면서 직면한 문제들 중 아웃소싱의 법률문제를 다루었다.

책을 구성함에 어떤 특정한 대(大) 주제를 선택하여 그것에 준한 글들을 싣기보다는 아직 대국 브라질에 걸맞은 정보와 연구가 부족한 우리의 현실에서 브라질 사회가 안고 있는 각 분야(정치, 경제, 사회, 문화, 외교 등)의 현안과 그 배경 및 해결점을 모색하는 글들에 초점을 맞추었다. 그리고 서문에 최근 브라질 역사를 언급한 것은 이 책의 내용에 대한 전반적인 이해를 돕는 데 조금이나마 도움이 될까 해서이다. 브라질의 영토와 그 구성 성분의 다양성과 혼종성에 걸맞게 브라질 사회를 연구하고 이해하려는 우리의 자세 역시 다각적이고 균형 잡힌 것이 되어야 함을 그 어느 때보다도 강하게 느끼는 요즘이다.

최근 국내외적으로 눈에 띄는 변화의 신호들을 보이고 있는 브라질에 대한 한국 독자들의 이해를 돕기 위해 어떻게 책을 구성해야 할지를 정하고 글을 모으는 과정이 쉽지는 않았다. 이 과정에 도움을 주시고 귀한 논문을 보내주신 분들과 번역을 맡아주신 분들에게 감사의 마음을 전한다. 그리고 편집과 출판 등에 많은 노력을 기울여주신 도서출판 한울 사장님 이하 직원 여러분들, 라틴아메리카연구소의 실무담당자분들에게 두루두루 고마운 마음을 전하고 싶다.

2014년 5월
박원복·양은미

차례

엮은이 서문: **다각적 접근을 통한 브라질 연구의 필요성** ─────── **4**

제1부 룰라─호우세피 변환기의 브라질의 미래 전망

제1장 **브라질의 부상**: 진실의 양면 _에두아르두 스즈클라르즈 ─────── **21**

　1. 서론 / 22

　2. 신경제 기적? / 28

　3. 부패: 발전과 족쇄 / 35

　4. 브라질의 한계 / 38

　5. 결론 / 44

제2장 **브라질 사회 변화의 새로운 패턴** _마르시우 포쉬망 ─────── **47**

　1. 서론 / 48

　2. 사회적 변화의 패턴들 / 51

　3. 최근 사회 변화의 주요 특징 / 58

　4. 정부의 사회 변화 전략 / 67

　5. 나오면서 / 73

제3장 **브라질의 새로운 농촌 풍경**: 농촌 환경의 변화와 연속

　_아릴송 파바레투 ──────────── **75**

　1. 서론 / 76

　2. 변화: 여섯 가지 주요 추세 / 77

　3. 최근 변화의 의미 / 86

　4. 브라질 농촌 발전 양식들 / 87

　5. 제도적 과제에 대한 시사점 / 91

　6. 결론 / 95

제2부 세계 속의 브라질

제4장 브라질 대외정책의 기조와 변화 _이승용 —————— 101
1. 들어가는 말 / 102
2. 거리 두기를 통한 자주권추구 정책 / 103
3. 참여를 통한 자주권 추구 정책 / 114
4. 다변화를 통한 자주권 추구 정책 / 119
5. 브라질 대외정책의 기조와 시사점 / 122
6. 나가는 말 / 125

제5장 브라질 '파워외교'의 개념화와 실용적 의미 _김원호 —————— 127
1. 서론 / 128
2. 브라질 외교정책론에서 본 '파워외교' / 129
3. 브라질의 국제정치적 '파워외교' 전략 / 136
4. 브라질의 국제경제적 '파워외교' 전략 / 155
5. 결론: 브라질 파워외교의 논리적·실용적 한계 / 168

제6장 세계체제의 재설정과 브라질의 공간 _마르시우 포쉬망 —————— 181
1. 부의 이탈과 새로운 경제성장의 지형도 / 183
2. 브라질에서의 신자유주의와 불분명한 점들 / 185
3. 발전주의의 귀환 / 187
4. 사회적 경제 / 190
5. 발전주의적 변화의 기초들 / 194
6. 나오면서 / 199

제7장 브라질-카리브 지역의 아프리칸 디아스포라와 정체성 _임소라 - 203

   1. 서론 / 204

   2. 브라질-카리브 지역의 디아스포라의 역사와 현황 / 207

   3. 브라질-카리브 지역의 디아스포라적 정체성과 혼종성 / 224

   4. 결론 / 244

제3부 브라질의 새로운 과제들

제8장 브라질의 에너지 분야: 정책과 전망 _마우리시오 치옴노 토우마스캉 253

   1. 들어가며 / 254

   2. 국내 에너지공급의 발전 / 254

   3. 수요 / 256

   4. 전력발전 / 258

   5. 송전 / 262

   6. 원유 및 천연가스 / 262

   7. 바이오연료 / 267

   8. 환경 / 268

제9장 신발전주의와 심해유전 개발의 과제들 _지오르지우 호마누 슈치 ─ 271

   1. 들어가면서 / 272

   2. 신발전주의와 국가발전주의 그리고 신자유주의 정책들 / 273

   3. 무슨 이야기인가? / 275

   4. 심해유전과 신발전주의 / 277

   5. 관련 법규 전반의 주요 변경내용들은 무엇인가? / 278

   6. 산업정책과 기술정책 / 281

   7. 국산부품 조달문제 / 283

   8. 기술적 품질 향상 / 284

   9 맺는 말 / 286

제10장 **브라질의 청정개발체제(CDM) 사업:** 추진 성과와 과제
  _권기수 ——————————————————— **289**
  1. 서론 / 290
  2. CDM의 개념과 국제적 논의 동향 / 291
  3. 브라질의 기후변화정책과 CDM 정책 / 298
  4. 브라질의 CDM 사업 추진 현황과 성과 / 311
  5. 브라질에서 CDM 사업의 발전 전망 및 과제 / 324

제11장 **라틴아메리카 기후변화정책 발전 동인 분석:**
  브라질과 멕시코 비교 _하상섭 ——————————— **331**
  1. 들어가는 말 / 332
  2. 기후변화정책 도입과 발전: 개념적 접근 / 334
  3. 라틴아메리카(카리브 포함) 온실가스 배출(이산화탄소) 현황 / 337
  4. 기후변화 영향과 정책도입 필요성 분석: 브라질/멕시코 사례 / 344
  5. 라틴아메리카 기후변화정책 선호도: 브라질-산림, 멕시코-에너지 / 350
  6. 결론 및 정책적 함의 / 363

제12장 **아웃소싱의 법률문제:** 브라질법에서의 논의를 중심으로
  _조희문 ——————————————————— **371**
  1. 서론 / 372
  2. 아웃소싱의 법적 규정 / 375
  3. 아웃소싱의 적법성 판별기준: '핵심활동'과 '부수활동' / 384
  4. 아웃소싱의 법적 효력 / 387
  5. 아웃소싱에 대한 비교법적 접근 / 390
  6. 아웃소싱의 법제화 / 393
  7. 결어 / 397

브라질 역사 연표 ——————————————————— **401**

〈표/그림 차례〉

<그림 2-1> 국가별 사회이동성 지수 / 52

<그림 2-2> 주거민당 국민소득 지수와 소득의 개인별 불평등 지수(GINI)(1960~2009) / 53

<그림 2-3> 브라질의 사회이동성 구성요소들의 연평균 변동지수 / 54

<그림 2-4> 브라질의 10분위수 1인당 실질 가족평균소득 변동률, 1995~2002와 2003~2008 / 56

<그림 2-5> 소득의 3단계에 따른 사회구조의 변화, 1995~2008 / 59

<그림 2-6> 거주지역별 분포도 / 61

<그림 2-7> 지역별 소득 인구분포 / 62

<그림 2-8> 성에 따른 인구분포 / 62

<그림 2-9> 연령별 소득인구분포도 / 63

<그림 2-10> 15세 이상 학력 / 64

<그림 2-11> 취업상태 / 64

<그림 2-12> 취업인구의 고용상황 / 65

<그림 2-13> 인종별 소득계층 분포도 / 66

<그림 2-14> 취업조건별 주택소유 분포도 / 66

<그림 2-15> 재산 소유별 분포도 / 67

<그림 3-1> 신농촌풍경의 형태 구조 / 88

<그림 4-1> 그림 제목을 달아주십시오 / 108

 <표 5-1> IBSA 정상회의 / 141

 <표 5-2> 포르투갈어권 공동체(CPLP) 회원국 현황 / 143

 <표 5-3> 포르투갈어권 공동체(CPLP) 정상회의 / 144

 <표 5-4> 브라질의 대이란 교역추이 / 151

 <표 7-1> 아메리카 대륙의 아프리카계 후손 분포 양상 / 209

 <표 7-2> 전 세계 아프리카 디아스포라 분포 현황 / 211

 <표 7-3> 아프리카 노예의 브라질 유입 변화 추이 / 215

<표 7-4> 아프리카 노예의 브라질 지역별 유입 변화 추이 / 216

<표 7-5> 1872~1991년 사이 피부색에 따른 브라질 인구의 변화 추이 / 218

<표 7-6> 1700~1810년 사이 아메리카 대륙으로의 노예 유입 수 / 222

<표 7-7> 19세기 브라질-카리브 지역으로의 노예 유입 수 / 227

<그림 8-1> 1차 에너지 총소비량의 진화 / 255

<그림 8-2> 1인당 에너지 소비량 대비 1인당 소득: 국제적 비교 / 257

<그림 8-3> 설치용량의 진화 / 261

<그림 8-4> 국가원유 균형 - 자급과 수출을 향해 / 263

<그림 8-5> 잉여 원유 / 264

<표 9-1> 국영석유공사의 자본금에 대한 국가의 지분율 증가 / 279

<표 9-2> 최종 상품의 질에 결정적인 영향을 미치는 장비들에 대한 국영석유공사의 수요변화 예측 / 282

<표 9-3> 신발전주의 관점에서 본 심해유전 / 285

<표 10-1> CDM 사업 관련 기관 / 294

<그림 10-1> CDM 사업 추진 절차 / 295

<그림 10-2> 브라질의 분야별 CO_2 배출 비중(2005년) / 299

<그림 10-3> 브라질의 에너지 공급구조 변화 / 300

<표 10-2> 주요국별 온실가스 배출 기여도(1850~2002) / 301

<표 10-3> 기후변화국가계획의 주요 내용 / 304

<표 10-4> 2020년까지 온실가스 감축 목표 / 305

<표 10-5> 브라질 국가승인기구의 프로젝트 승인 기준 / 307

<그림 10-4> 브라질 기후변화협력 및 CDM 관련 조직도 / 308

<표 10-6> Pro-MDL의 주요 현황 / 309

<그림 10-5> 국별 CDM 프로젝트 현황(총 5,958건) / 312

<그림 10-6> 국별 총감축량 현황(총감축량: 68억 4,000만tCO2e) / 312

<그림 10-7> 국별 연간 감축량 현황(연간 감축량: 8억 2,900만tCO2e) / 312

<그림 10-8> 국별 CDM 집행위원회(EB) 등록 프로젝트 비중 / 312

<그림 10-9> 국별 CDM 프로젝트 추진을 통한 온실가스 감축량 비중 / 312

<표 10-7> CDM 집행위원회(EB)에서 승인된 브라질의 CDM 프로젝트 건수 / 313

<표 10-8> 브라질 CDM 사업 승인기구(DNA)에 등록된 프로젝트 건수 / 314

<그림 10-10> 브라질 DNA의 CDM 사업 승인 건수 추이 / 314

<그림 10-11> 온실가스별 프로젝트 건수 / 315

<그림 10-12> 분야별 CDM 프로젝트 건수 / 315

<표 10-9> 브라질 CDM 프로젝트 추진 현황(2010년) / 316

<그림 10-13> 주별 CDM 사업 분포 현황 / 317

<표 10-10> 브라질 주요 CDM 프로젝트의 외국기업 참여 현황 / 319

<그림 10-14> 주요국별 기술이전 비율 비교 / 322

<그림 10-15> 브라질의 프로젝트 유형별 기술이전 / 323

<표 10-12> CDM 투자환경지수(CDM-ICI)(2010년 현재) / 325

<그림 10-19> 브라질에서 CDM 사업이 기술적 측면의 이익에 기여한 정도 / 326

<표 11-1> 브라질/멕시코의 인구/경제규모/에너지 소비/이산화탄소 배출량 비교 (2009) / 333

<표 11-2> 개별 국가의 기후변화정책 도입/이행 혹은 발전 조건 분석 / 336

<그림 11-1> 라틴아메리카 지역의 온실가스 배출량(%, 2000) / 337

<그림 11-2> 라틴아메리카 온실가스 배출: 토지이용변경 부문, 2000 / 338

<그림 11-3> 비-토지이용과 토지이용변경 및 산림(Non-LULUCF), 2000 / 339

<그림 11-4> 라틴아메리카 지역의 부문별 연간 배출량: 2000~2009 / 340

<표 11-3> LUCF 부문 탄소배출 주요 세계 주요 15개국 비교(백만 톤, 2000) / 341

<그림 11-5> 브라질의 GDP 증가-이산화탄소 배출 관계: 1970~2009 / 342

<그림 11-6> 멕시코의 부문별 연간 이산화탄소 배출량 변화: 2000~2009 / 343

<표 11-4> 기후변화에 대한 농업 영향(2003): 브라질/멕시코 / 345

<표 11-5> 기후변화 관련 자연재해로 인한 경제사회적 피해(2010) / 347

<표 11-6> 연료 유형별 주요 에너지 소비 및 확인 매장량에 따른 이용가능 연수
    / 348

<표 11-7> 등록된 프로젝트 및 예상되는 연평균 탄소배출권(CERs)(2009)   / 349

<표 11-8> 미래 에너지 관련 분야 이산화탄소 배출 수준 변화 예상(2007/2030)
    / 350

<표 11-9> 세계 및 지역별 CDM 사업 현황(2012)   / 352

<그림 11-7> 브라질의 혼합연료 에탄올 겸용 차량 판매 추이(2002~2011)   / 354

<그림 11-8> 기후변화 적응 및 완화 기금 수혜 라틴아메리카 10개국 비교(2012)
    / 361

<표 12-1> 아웃소싱의 법제화 관련 주요 법안   / 392

제 1 부

룰라-호우세피 변환기의
브라질의 미래 전망

제1장 브라질의 부상: 진실의 양면 _에두아르두 스즈클라르즈

제2장 브라질 사회 변화의 새로운 패턴 _마르시우 포쉬망

제3장 브라질의 새로운 농촌 풍경: 농촌 환경의 변화와 연속 _아릴송 파바레투

브라질의 부상

진실의 양면

에두아르두 스즈클라르즈 _심용주 옮김

브라질은 역사적인 사회적 개선과 더불어 초국적기업 증가 및 국제적 패권 강화 등을 통해 명실공히 강대국으로 부상하고 있다. 신중간계급이 등장하며 소비가 폭발적으로 증가하고 국제사회에서 브라질의 이미지가 확고해지는 등 낙관적인 순간을 맞이하고 있다. 반면에 이런 긍정적 측면은 폭력, 인프라 부족, 부패 스캔들, 국가분열 등과 큰 대조를 보이고 있다. 여기에는 UN 개혁 캠페인과 남-남 전략이라는 미명하에 인권과 민주주의 대신 '우방국(amigos)'과 독재자들을 우선시하는 행태 등도 포함된다. 이 글은 현재 브라질에서 상징적 의미를 띠면서 강화되고 있는 두 개의 얼굴을 분석한다.

에두아르두 스즈클라르즈 Eduardo Szklarz 브라질 언론인, 부에노스아이레스에 소재한 Universidad Torcuato Di Tella에서 국제관계학 석사를 취득했다. 2003년부터 부에노스아이레스에 거주하며 ≪폴랴 지 상파울루(Folha de S. Paulo)≫, ≪이자미(Exame)≫, ≪코헤이우 브라질리엥시(Correio Braziliense)≫, ≪이스타두 지 미나스(Estado de Minas)≫ 등에 기고하고 있다.

* 이 글은 ≪Nueva Sociedad≫ 포르투갈어 특집호(2010년 12월호)에 실린 글을 옮긴 글이다.

1. 서론

가장 회의적인 사람들조차도 브라질이 전성기를 구가하고 있다는데에 별다른 이의를 제기하지 않는다. 선진국들이 여전히 2008년 금융위기의 여파를 떨쳐 버리기 위해 고군분투하고 있는 데 반해, 라틴아메리카의 거인은 탁월한 경제 건전성을 자랑하며 역사적인 사회적 진보를계속하며 국제적 신망을 얻어가고 있다. 빈곤이 감소하고 신중간계급이늘어나면서 통화 안정과 신용 확장을 통해 조장된 소비를 다시 자극하고 있기에 국내 환경은 진정 낙관적 분위기를 만끽하고 있다고 해도과언이 아니다. 제툴리우 바르가스 재단(Fundação Getúlio Vargas: FGV)의연구에 따르면 1960년 집계가 시작된 이래 소득불평등은 가장 낮은수준을 기록했다.[1] 가족기금(Bolsa Família)과 같은 조건부 소득이전정책은 미주개발은행의 칭송을 받기에 충분하며 30여 개국 이상에서 세대간 빈곤을 감소시키기 위해 시행되고 있다.[2]

이와 동시에 브라질은 남미통합 과정에서 보여준 리더십, 유엔 안전보장이사회 상임이사국 진출 운동, G20과 다자간협상에서의 탁월한역할, 인도, 남아공과 함께 입사(IBSA) 협의체 창설, 러시아, 인도, 중국과 더불어 찬사를 받는 ―이질적― 신흥공업국 그룹인 브릭스(BRICs)의참여 등을 통해 국제무대에서 새로운 활동영역을 공고히 하고 있다.이러한 명성은 1990년대 초반까지 하이퍼인플레이션과 엉망진창인

---

1) Marcelo Cortês Neri(coord.), "A pequena grande década: Crise, cenários e a nova classe média," Centro de Políticas Sociais da Fundação de Getúlio Vargas, 2010, www.fgv.br/cps/c2010에서 볼 수 있다.

2) BID, "O fim da pobreza hereditária," 2/9/2009, <www.iadb.org/artigos/2009 -09/portuguese/o-fim-da-pobreza-hereditaria-5557.html>.

재정, 형편없이 낮아진 대외신용도와 상환불능의 대외채무로 허덕이던 나라에는 과분한 것이 아닌가 싶기도 하다. 오늘날 브라질은 신뢰할 수 있는 제도, 독립적인 중앙은행, 성장하는 초국적기업, 모범적인 환경 및 보건정책(AIDS 및 성병 예방을 위한 탁월한 국가 예방 프로그램 시행), 바이오연료 부문에서의 선구적 연구, 외국 투자자들에게 안전한 투자창구로 변모시킨 신용정보기관의 '투자등급' 인정 등의 업적에 힘입어 확고부동한 민주국가로 발돋움하고 있다. 이처럼 놀라운 면모 덕분에 해외 투자분석가들은 브라질에 후한 평점을 아끼지 않고 있다. ≪파이낸셜타임스≫는 2008년 특집호에서 "브라질이 곧 초강대국의 반열에 오르게 된다는 것은 결코 과장이 아니다"라고 확언했다. 이듬해 ≪이코노미스트≫는 브라질이 2014~2024년 사이에 영국과 프랑스를 제치고 5대 경제대국으로 부상할 것이라고 전망했다.

브라질은 남동부지역의 대서양 연안에 여전히 어마어마한 규모의 석유를 보유하고 있다. 1973년 석유파동 당시 브라질은 자국소비분의 85%를 수입에 의존했지만, 오늘날에는 자급자족 가능한 수준에 이르렀다. 해저 암염하부구조의 매장량 덕분에 '에탄올의 왕(브라질을 의미 — 옮긴이)'은 원유 수출국으로 변모하게 되었다. 이 외에도 월드컵 5회 우승에 빛나는 브라질은 2014년 월드컵과 2016년 올림픽을 유치했다.

브라질은 남미국가로서는 최초로 올림픽을 유치한 나라가 되었다. ≪월스트리트저널≫이 언급했듯이, 도쿄, 시카고, 마드리드처럼 훨씬 부유한 경쟁자들을 물리친 히우데자네이루의 승리는 브라질이 경제와 정치에서 열강의 반열에 올랐음을 증명하는 것이다. 또한 루이스 이나시우 룰라 다 시우바(Luiz Inácio Lula da Silva) 대통령이 말했듯, 브라질은 세계만방에 녹색과 노란색의 이미지(브라질 국기 — 옮긴이)를 떨치며 '마법의 순간'을 보내고 있다.

단순히 말만 번지르르한 것은 아니다. 브라질의 부상과 관련된 이 모든 과정은 전설적 상징인 룰라라는 인물이 있었기에 가능했다. 그는 선반공에서 대통령이 되었고 80%가 넘는 지지율로 대통령궁에서 물러났으며 지구 상 어떤 지도자보다도 더 존경받는 사람이다. 행정부 각료들이 심각하게 반복되는 부패 스캔들로 쓰러져나갔지만 이는 그리 중요한 문제가 아니었다. 가장 최근에는 내무부장관인 에레니시 게하(Erenice Guerra)가 권력남용으로 고발당하기도 했다.3) 지출증빙서의 과다계상, 친인척 특혜, 의회 내 표 거래 등의 스캔들이 있었지만, 룰라는 이를 무시했다. 메시아의 역할을 한껏 부여받은 듯, 그는 스캔들을 벗어나 거리낌 없이 행동했다. 대통령은 연설을 통해 언론의 폭로를 부정했는데, 그는 마치 브라질의 어두운 현실은 감추고 밝은 면만을 내보일 수 있는 능력을 가진 것 같았다. 이는 2010년 9월 18일 캄피나스에서 있었던 지우마 호우세피(Dilma Rousseff) 후보에 대한 폭로사건을 보면 분명해진다. 룰라는 "한때는 일부 언론이 수치스러운 모습을 보이기도 했다. 언론 소유주들은 부끄러운 줄 알아야 한다. 우리는 정당처럼 행동하는 몇몇 신문과 잡지를 퇴출시킬 것이다. 우리에게 여론조작자 따위는 필요치 않다. 우리가 바로 여론이다"라고 공언했다.

---

3) 이 중 몇 가지 사례만 들어보자. 내무부의 주제 지르세우(Jose Dirceu)는 '월급스캔들'(의회 내 지지표를 확보하기 위해 월급 조의 뇌물을 제공한 비리 — 옮긴이)을 일으켰고, 재무부의 안토니우 팔로치(Antonio Palocci)는 브라질리아 라구술의 저택에서 불법정치자금을 받은 것으로 고발당했고 전략문제 담당 루이스 구시켄(Luiz Gushiken)은 월급 스캔들에 연관되고 국정홍보처 내 비위혐의를 받았으며 대통령궁의 호메루 주카(Romero Jucá)는 공공자금 횡령으로 기소되었다. 인종평등부의 마치우지 히베이루(Matilde Ribeiro)는 정부 법인카드를 사적 용도로 사용한 혐의를 받았다(2007년에 그는 렌트카에만 12만 281헤알을 사용했다).

브라질은 최근 8년간 여러 순간 일종의 마술적 사실주의 세계 속에서 살아왔다. 경제적 융성과 사회통합, 전 세계와의 밀월과 같은 과도한 자만과 거짓말이 절대적 가치로 둔갑하고, 모두가 보고 싶어 하는 측면만을 보여주었다.

브라질의 부끄러운 면모는 얼마든지 널려 있다. 도시폭력, 조직범죄, 납치, 마약매매가 바로 그것이다. '2010년 범죄현황'에 따르면 1997년부터 2007년 사이에 51만 2,000명이 살해당했다.[4] 브라질 지리통계청(IBGE)에 의하면 살인사건발생률은 1992년 인구 10만 명당 19.2명에서 2007년에는 25.4명으로 15년간 32% 증가했다.[5] 2007년의 경우에는 남성은 10만 명당 47.7명이, 여성은 3.9명이 살해당해 평년에 비해 12배나 높은 수준을 기록했다. 브라질 지리통계청에 따르면 1992년부터 2003년 사이에 살인사건 발생률이 전반적으로 상승하는 양상을 보였으며 2004년에 이르면서 이러한 경향에 제동이 걸렸다고 한다. 하지만 그럼에도 살인사건으로 인한 사망률은 대부분의 전시국가보다도 높은 수준을 유지하고 있다.[6] 희생자의 대다수는 가난한 흑인으로 파벨라

---

4) Julio Jacobo Waiselfisz, "Mapa da Violência 2010: Anatomia dos Homicídios no Brasil," InstitutoSangari, São Paulo, 2010, <www.institutosangari.org.br/mapadaviolencia/Mapa Violencia2010.pdf>.

5) 브라질 지리통계청(IBGE)의 Indicadores de Desenvolvimento Sustentável, 1/9/2010을 보라. 자료출처는 보건부의 사망정보시스템(Sistema de Informações sobre Mortalidade, SIM)이다.

6) 스웨덴 웁살라대학의 평화분쟁연구과에 따르면, 정부나 조직된 단체(국가단위가 아닌) 또는 국제적으로 승인된 두 개의 독립국가 간의 무장분쟁으로 연간 1,000명 이상 사망하는 경우를 전쟁이라고 한다. 이 외에도 일반적으로 전쟁은 정치적 목적을 달성하기 위해서 군사력을 사용하는 경우를 포함한다. 물론 이러한 브라질의 사례를 여기서 비교하기에는 부적절하지만 브라질의 수치들이 놀라운 것만은

제1장 브라질의 부상 | 25

(favela: 빈민촌 — 옮긴이)에 거주하는데,[7] 이는 브라질이 인정하기 쉽지 않은 은폐된 차별과 사그라지지 않는 사회적 불의의 일면을 보여주고 있다.

최근 수년간 일어난 행정부의 지속적인 지출 신장세 역시 브라질의 어두운 일면이다. 룰라 행정부는 2만 1,000개의 신임직을 신설했다.[8] 이 새로운 자리의 주인들은 영향력 있는 대부(代父)만 있다면 공개경쟁을 거칠 필요가 없다. 이들 대부분은 노동자당과 노동조합 인사들로 채워졌다. 2002년부터 지금까지 공무원의 임금은 일반노동자보다 8.5배나 상승했다. 행정부의 퇴직자들에 대한 연금지원은 민간 부분보다 12배 이상, 사법부는 30배 가까이 상승했으며[9] 이들의 연가는 60일을 넘기는 것이 드물지 않다. 현재의 위정자들이 공무원으로 이상적인 대우를 받는 사이에 시민들은 점점 더 높은 조세를 부담하고 있다. 연방 세무당국에 따르면 브라질인들의 조세부담률은 2008년엔 34.41%에 달했다. 이는 스위스나 캐나다보다 높은 수준이다.[10]

조세부담은 커진 데 반해, 공공보건 서비스의 질은 형편없고 병원에

사실이다.

7) 브라질의 폭력에 대한 좀 더 심도 깊은 분석을 원하면 ≪Nueva Socedad≫에서 루이스 에두아르두 소아레스(Luiz Eduardo Soares)가 쓴 "Segurança pública no Brasil contemporâneo"를 보기 바란다.

8) 고위 자문단(Direção e Assessoramento Superior: DAS)의 대통령 임명직이다. 국가계획부에 따르면 룰라 행정부는 모두 2만 1,358명을 고위 자문단에 임명했다.

9) Malthus de Paula, "Estado paquiderme," em Estado de Minas, 4/1/2010.

10) 좀 더 상세한 것은 Gustavo Patu, "Carga tributária no Brasil é maior que nos eua; Dinamarca lidera," Agência Brasil, 2/9/2010, <www1.folha.uol.com.br/mercado/792959-carga-tributariano-brasil-e-maior-do-que-nos-eua-dinamarca-lidera.shtml>.

는 의료기자재가 부족하다. 교육은 수준 이하이고 도로는 아무런 경고도 없이 구멍이 숭숭 뚫려 있으며, 고가도로는 언제 무너질지 모르는 상황이다.[11] 인프라 부문에 대한 투자가 전반적으로 부족한 것이다. 과룰류스 국제공항에 가본 적이 있는 사람이라면 누구나 브라질의 '장엄한 성장의 광경'이 병목현상을 빚고 있는 것을 보게 될 것이다. 항만, 공항, 도로, 철도에 대한 투자 없이 선진국으로의 노정을 계속할 수는 없다.

룰라의 외교 역시 그리 완벽하지는 못하다. 남-남 협력전략을 강화하고 유엔 안전보장이사회의 상임이사국으로 진출하는 데 조력을 얻기 위해 브라질은 리비아의 카다피(Muammar Gaddafi), 이란의 아마디네자드(Mahmoud Ahmadinejad), 베네수엘라의 차베스(Hugo Chávez)처럼 인권과 민주주의를 정확히 지키지 않는 독재자들을 특별히 배려하고 있다. 이란, 터키와 엉망이 되어버린 핵협정을 맺은 것이 바로 이타마라치(브라질 외교부의 별칭 — 옮긴이)가 경험도 없이 민감한 주제에서 정치적 자산을 남용한 좋은 예다. 이는 결국 미국의 버락 오바마(Barack Obama) 정부와의 관계에 불신을 초래했다. 모순적이게도 오히려 조지 W. 부시(George W. Bush) 대통령 시기에 오바마보다 더 좋은 관계를 유지했다.[12]

---

11) 미나스제라이스 주의 이타비리투에 있는 빌라히카 고가도로는 100여 회 이상의 교통사고가 발생해 망자의 육교라고 불린다. 지난 9월에 히우데자네이루와 벨루오리존치에는 새로운 도로가 건설되었는데 진입도로가 구(舊)도로의 방식을 그대로 따라 도로에 거꾸로 진입하도록 잘못 설계되었다. 1만 5,000명에 달하는 운전자들은 지난 10여 년간 직접 연결되는 이 새 도로가 건설되기만을 손꼽아 기다려왔다.

12) 이란·터키와의 핵협정에 대한 힐러리 클린턴(Hillary Clinton) 미국 국무부장관의 회의론에 대해서 룰라는 "이란을 벽으로 몰아세우는 것은 현명하지 못하다"라고 주장했다. 이 사태의 해결 양상을 보면 현명함이 부족한 것은 도리어 브라질

실제로 아마디네자드나 아프리카의 독재자들과의 관계를 강화하면서 유엔을 재조직하려는 브라질의 열망을 더욱 어렵게 만들고 말았다.

이 글에서는 브라질의 이러한 두 가지 측면을 분석하려고 한다. 다음 장에서는 열강으로의 대두라는 측면에서 상세하게 살펴보고자 한다.

2. 신경제 기적?

선진국들과 비교했을 때, 브라질의 경제 통계치는 놀라움 그 자체다. 2010년 GDP 성장률은 7%가 넘으며 이는 독일(3.4%), 프랑스(1.6%), 영국(1.7%) 등 유럽 국가들의 수치를 훨씬 웃돌고 있다. 스페인의 실업률이 20%에 달하는 데 반해 브라질은 지난 8월에 불과 6.7%로 하락했다. 이는 2002년 브라질지리통계청이 집계를 시작한 이래 브라질 역사상 가장 낮은 수치이다. 2010년에만 250만 개 이상의 새로운 일자리가 생겨났다. 8월 한 달에만도 거의 30만 개에 달하는 정규직 일자리가 생겨났으며[13] 이번 달의 통계치는 아직 집계가 끝나지 않았다.[14] 이 외에도 브라질지리통계청이 집계를 시작한 이래 브라질 전 지역에서 노동자 임금 상승세는 역사상 가장 높은 수준을 보이고 있다. 벨루오리존치의 월평균 급여는 1,296.40헤알[15]에 이르며 상파울루는 1,580.10헤알에 달한다. 인플레이션은 중앙은행의 예견대로 연 5% 수준에서

외교임이 자명하다.

13) 노동고용부 자료.

14) 이 글은 2010년 9월에 작성되었다. ─ 옮긴이

15) 2011년 3월 1일 기준 1헤알은 매매기준율로 676원 20전 상당. ─ 옮긴이

관리되고 있다. 브라질은 2010~2012년 기간을 기준으로 외국투자자들이 선호하는 투자대상국 3위에 오르는 기염을 토하기도 했다. 이 순위조사를 시행한 UNCTAD에 따르면, 이는 미국을 능가하는 수치이며 중국과 인도 바로 다음이다. 동시에 브라질석유공사(Petrobras), 카마르구 코헤아(Camargo Corrêa), 브라질항공기제작사(Embraer) 등 14개나 되는 브라질 기업이 선진국의 경쟁사들을 제치고 떠오르는 100대 기업에 선정되기도 했다. 보스턴컨설팅그룹이 작성한 이 리스트에는 브라질을 제외하고는 칠레(2개사)와 아르헨티나(1개사) 기업만이 올랐으며 그나마도 브라질 기업과는 상당한 격차를 보이고 있다.

이처럼 현시점을 '경제 기적'이라고 묘사하기도 하지만 몇 가지 이유 때문에 이 표현의 사용은 보류되고 있다. 모두가 알다시피 '경제 기적'은 1968~1973년 기간 중 군부-민간 독재자들이 사용했던 마케팅 용어이다. 이 기간 동안 GDP 성장률은 두 자릿수에 달했고 결국 기적이라는 표현을 사용하기에 이르렀으나, 동시에 역설적이게도 빈부격차는 더욱 심화되었다. 권위주의 정부의 놀라운 업적은 1970년대의 월드컵 3회 우승으로 더욱 탄력을 받았다. 오늘날 브라질은 또다시 자아도취 속에 살고 있지만 현실은 매우 다르다. 경제성장 지표들은 매우 훌륭하지만 역사적 측면에서 장기간 지속되고 있는 것은 아니다. 히우데자네이루연방대학의 경제학교수인 헤이나우두 곤사우베스(Reinaldo Gonçalvez)의 지적에 따르면 1890~2009년 기간 중 실질 GDP 성장률은 4.5%에 수준이다. 역사상 29개의 정권을 고려할 때, 2003~2009년의 룰라 행정부의 경제성장률은 맨 꼴찌에서 9번째에 불과하다. 다시 말하자면 룰라 정부 동안의 경제성장률은 앞에서부터 21번째에 불과한 것이다. 곤사우베스에 따르면 1890~2009년 기간 중 전 세계 평균 경제성장률은 3.14%이다. "브라질 역사를 기준으로 하건 국제적 기준으로건 처음부터 끝까지 모든 증거들은 2003~2009년간 브라질 경제성장률이 평범한 수준에 불과하다는 점을 보여주고 있다"라고 곤사우베스는 확언한다. "3.6% 수준의 연평균 경제성장률은 최근 100년 평균 경제성장율(4.5%)에 비해서도 현저하게 낮은 수준이다."[16)

다음으로 현재의 경제성장은 갑자기 발생한 것이 아니며 기적과도 거리가 멀다. 비행기가 이륙하기 위해서는 활주로가 필요하듯, 1994년 발표된 헤알계획(Plano Real)을 통해 물가가 안정화되지 않았다면 이런 성장은 불가능했다. 헤알계획을 통해서 브라질은 비로소 인플레이션이라는 끔찍한 장벽을 넘어서고, 미래를 계획할 수 있었다. 1994년 이루어진 토대 덕분에 2003~2008년 이례적인 국제적 호경기의 순풍을 잘 이용할 수 있었다. 이 기간 동안 중국을 비롯한 다른 신흥국가의 수요증대는 1차산품 가격이 고공행진 기조를 유지하는 데 기여했다.

마지막으로 좀 더 중요한 것은 브라질이 성장을 위해 새로운 사람들을 끌어들이는 데 성공했다는 것이다. 독재 시기에 '선 성장, 후 분배'라는 구호가 유명세를 떨친 바 있다.[17)

_____

16) 곤살베스에 따르면 1980년부터 브라질은 세계경제에서 입지가 축소되고 있다. "세계 총생산에서 브라질 총생산이 차지하는 비중은 2.93%에서 2.74%로 감소했다. 페르난두 엥히키 카르도주(Fernando Henrique Cardoso) 정부 말기와 비교할 때 룰라 정부 역시 별 차이가 없다. 다시 말하자면 2002~2009년 동안 세계 총생산에서 브라질 총생산이 기여한 바는 2.8% 수준을 유지했다."

17) 이 표현은 경제학자인 안토니우 데우핑 네투(Antônio Delfim Netto)에 의해 퍼져나간 것으로 알려져 있다. 그는 '경제 기적' 시기에 재무부장관을 역임했다. 하지만 그는 이러한 사실을 부인한 바 있다.

1) 포용적 성장

브라질의 소득불균등이 감소하고 있다는 데에는 의심의 여지가 없다. 제툴리우 바르가스 재단의 연구는 이런 획기적인 경향을 잘 보여준다.[18] 2003~2009년 사이 3,000만 명에 달하는 사람들이 '신중간계급(Classe C)'이라 불리는 대열에 합류했다. 이처럼 신중간계급은 이미 브라질 인구의 50.5%, 즉 9,500만 명에 달한다. 연구책임자인 마르셀루 네리(Marcelo Neri)에 따르면 "브라질인들의 소득규모는 더욱 빠르게 성장하고 있는데, 저소득층 사이에서 더욱 급격하게 성장하고 있다". 사실 2001~2009년 동안 소득 상위 10% 계층의 1인당소득은 연간 1.49% 성장하는 데 그쳤지만 저소득층은 6.79%라는 놀라운 성장률을 보였다.

결국 빈곤은 2003년 12월부터 2008년 사이에 41% 감소했다. 이후 2008년 12월부터 2009년 사이에는 금융위기에도 불구하고 1.5% 더 감소했다. 동시에 E계층(빈곤층)은 29.5%에서 17.4%로 D계층은 14.2% 에서 13.4%로 감소했다. 같은 기간 중 C계층은 43.2%에서 53%로 늘어났고 AB계층은 12.0%에서 15.6%로 증가했다.[19] 네리에 따르면 1960년에 시작된 소득등록제 이후 가장 낮은 수준의 소득불균등 달성을 목전에 두고 있다. "사실, 브라질의 소득불평등은 전 세계에서 열 손가락에 꼽을 정도로 나쁜 수준이며, 미국과 같은 수준에 오르려면 30년은 걸릴

---

18) M. Cortês Neri, "A nova classe média: O lado brilhante dos pobres," Centro de Políticas Sociais da Fundação Getúlio Vargas, Rio de Janeiro, 2010, <www.fgv. br/cps/ncm/>에서 볼 수 있다.

19) 제툴리우 바르가스 재단은 모든 형태의 가계수입을 합산한 후, 2008년 12월 가격지수로 환산해 다음과 같이 분류했다. E계층(0~804헤알), D계층(804~ 1,116 헤알), C계층(1,115~4,807헤알), AB계층(4,807헤알 이상).

것이다. 그러나 위와 같은 현상은 지난 10년간 막 성장하기 시작한 빈곤층에 여전히 상당한 수준의 성장 여력이 존재하는 것을 의미한다"라고 네리는 확언한다.[20]

2010년 중반 룰라 대통령은 유엔세계식량계획으로부터 '기아와의 전쟁' 대상을 받았다. 세계식량계획 총재인 조셋 시런(Josette Sheeran)에 따르면 룰라 정부 동안 93%의 아동과 83%의 성인이 하루 3끼를 먹을 수 있게 되었다.

2) 카르도주-룰라 사이클

그러면 이제 브라질이 1994년부터 2010년까지 16년간 활황을 지속했다고 말할 수 있을까? 물론이다. 하지만 여전히 몇 가지 측면에서는 부족한 점이 있다. 룰라 행정부는 변동환율제를 비롯해 헤알계획의 일반적인 요소들을 그대로 유지했다. 재정책임법이나 인플레이션 목표제도 그 일부이다. 통화정책은 카르도주의 그것과 거의 유사하다. 또한 카르도주 시기보다 낮은 금리를 유지했고 대담하게 움직였다. 그러나 성장을 위한 토대는 16년 전에 마련되었다는 점을 분명히 알아야 하며 또한 그렇다고 해서 현 정부가 카르도주 정부를 그대로 계승하고 있지 않다는 점도 부정할 수 없다. 룰라는 대중 소비시장의 이점을 살리는 방향을 선택했다.

2003년 이전에는 지속적인 성장이 공급 측면에서 올 것이라는 견해가 존재했다. 만일 정치적·경제적인 규정들이 존중되고 경제가 안정 기조

---

20) 좀 더 상세한 사항은 M. Cortês Neri(coord.), "A pequena grande década"를 참고하기 바란다.

를 유지한다면 투자는 자연히 늘어날 것이라고 믿었다. 공급증가는 고용과 소비로 이어지고 결국 지속 가능한 성장의 오아시스를 맞이할 것으로 믿었다. 그러나 룰라 행정부는 공급 우선 기조를 포기하고 소비를 우선시했다. 룰라는 ① 최저임금 상향조정을 비롯해 ② 금리할인 등의 신용정책을 펼쳤다. ③ 금리 하락을 위해 민간 부문의 경쟁강화의 수단으로 브라질은행(Banco Brasil)이나 연방금융공사(Caixa Econômia Federal) 같은 국영은행을 활용했으며, ④ 가족기금 프로그램21) 등과 같은 획기적인 조치들을 시행했다. 이런 새로운 정책들은 1,200만에 달하는 가계를 위한 퍼주기식 정책에 불과하다는 비판에도 불구하고 소비자 집단을 시장으로 이끌어냈다.22)

3) 소비폭발

어디든지 브라질의 대도시 거리를 걷다 보면 신중간계급이 폭발적으

---

21) 다수의 비평가들은 가족기금을 처음 창안한 사람이 전 영부인인 루스 카르도주 (Ruth Cardoso)라고 입을 모은다. 그녀는 각 지방정부의 다양한 사회 프로그램과 소득이전제도를 통합했다. 예를 들어 런던정경대의 정치학자인 앤소니 홀 (Anthony Hall)은 "루스 카르도주가 가족기금의 창안자이다"라고 ≪이스타두 지 상파울루≫에서 밝힌 바 있다(O Estado de S. Paulo, 25/6/2010), <www. estadao.com.br/noticias/nacional,ruth-cardoso-foi-precursora-do-bolsafamilia-diz-academico-britanico,195523,0.htm>.

22) 가족기금에 비판적인 이들은 룰라가 무상부조주의자이며 국민이 정부에 의존적인 관계를 만들어낸다고 주장한다. 정부 역시 별다른 재원이 없이 비참한 삶을 영위하는 사람을 구제할 다른 방도가 없다고 시인한다. 가족기금이 소득분배를 위한 중요한 수단임에는 틀림없으나 동시에 친정부 표를 얻기에도 중요한 수단이다. 혜택을 받은 가계가 효과적으로 빈곤에서 탈출하는지를 확인해야만 이 정책의 진정한 효과를 확인할 수 있을 것이다.

로 소비하고 있음을 알게 될 것이다. 2010년 16군데의 쇼핑센터가 신축되었다. 2011년에는 29군데의 쇼핑센터가 새로 개장한다. 전국쇼핑센터연합에 따르면 전국에 439군데의 쇼핑센터가 들어서게 된다. 새 차를 사는 것이 이처럼 쉬웠던 적은 없다. 84개월까지 할부구입이 가능하다. 브라질 여론조사업체 이보피(Ibope)의 조사에 따르면 2010년 10월 C계층에 속한 국민의 37%가 부동산을 구입할 계획이 있고, 950만 명이 오는 12개월 이내에 차를 구매하고 싶어 한다. 이런 조류에 편승하고자 생활가전업체들은 D와 E계층만을 위한 부서를 신설하고 있다. 항공사들은 슈퍼마켓이나 백화점 쇼핑여행을 위한 항로를 개설하고 있다.

부동산 대출 또한 이처럼 쉽게 그리고 대규모로 가능했던 적이 없다. 이미 2010년 9월 초까지 연방금융공사(CEF)가 주택구입을 위해서만 476억 헤알의 대출을 실행했다. 이는 2009년 한 해 동안 실행된 대출규모인 470.5억 헤알을 넘어서는 것이다.

4) 환율: 경제의 아킬레스건

현시점을 새로운 '경제 기적'으로 부르기 위해서 우리는 환율이라는 브라질 경제의 약점을 은폐하고 있다. 현 경제기조는 제1기 카르도주 행정부와 마찬가지로 헤알화의 고평가를 방조하고 있다. 가격안정을 유지하기 위해서 카르도주 행정부는 비현실적인 수준의 고환율을 유지했다. 이로 인해 수출은 왜곡되었고, 국가생산공단이 망가졌으며 부채 사이클이 악화되었다. 자국 화폐에 대한 투기적 움직임 없이 환율을 유지하기 위해 이자율이 최내치에 날했다. 하지만 시장의 움직임에 의해 이 구조는 무너져 내릴 수밖에 없었다. 결국 1999년 극대화된 저평가 속에 대규모의 외자 이탈 사태가 발생하기에 이른다. 현재 중간계급은 달러당 1.70헤알의 환율에 만족하고 있다. 강한 헤알화 덕분에 부에노스아이레스의 상점에서 돈을 써댈 수 있고 엘리제 궁을 방문하는 꿈을 이루고 있다. 그러나 룰라가 만들어낸 현실은 카르도주와 동일하다. 환율 포퓰리즘이 그것이다.

헤알화의 지속적인 평가절상은 지역산업을 황폐화시켰고 현금 흐름을 왜곡시켰다. 2010년에는 경상수지흑자가 2009년 대비 40% 감소했다. 개발산업무역부에 따르면 2010년 9월 기준 경상수지흑자의 연 누계가 127.77억 달러인데 이는 작년 동기간의 211.80억 달러에 비해 크게 모자라는 수준이다. 브라질중앙은행 총재 엥히키 메이렐레스(Henrique Meirelles)에 따르면 오는 수개월에 걸쳐 환율 조정이 조심스레 이루어져야 한다. 사실 높은 수준의 외환보유고는 점진적인 형태의 환율조정을 가져올 수밖에 없다.

3. 부패: 발전과 족쇄

더 확실한 부패와의 전쟁이 예견되어 있었지만 실행되지 않았다. 이런 의미에서 최근 브라질은 행정부와 사법부를 중심으로 연방정부 차원에서 많은 진전을 이루어냈다. 최신 기술을 활용해 공공행정을 모니터링하기가 수월해졌다. 시민들은 여러 사이트를 통해서 재정부 연방재정위원회가 설립한 재무행정 통합시스템(Sistema Integrado de Administração Financeira: Siafi)의 정보를 이용할 수 있다. 연방정부 내부통제기관인 연방예산국(Controladoria Geral da União: CGU)의 청렴포털(Portal da Transparência) 역시 놀라운 발전의 상징이다. 각각의 주 정부는 공무원들의 지출에 관한 정보를 모두 갖고 있기에 법인카드 스캔들23)을 쉽게 적발할 수 있었다. 이런 자료들이 청렴포털을 통해서 공개되기 시작한 2004년 이전에는 얼마를 무엇에 썼는지 알 수 없었기에 법인카드에 대한 이런 식의 논의가 존재하지도 않았다. 이런 자료는 은행을 통해 암호와도 같은 형태로 처리된다. 공공부문의 지출을 확인하기 위해서는 어려운 용어로 가득한 여러 기관의 홈페이지를 방문해서 각종 테이블을 일일이 확인해야 했다. 다시 말해, 무슨 일이 벌어지고 있는지 알기 위해서는 회계학을 알아야 했다. 일반인들에게는 거의 불가능하며 매우 피곤한 일이 아닐 수 없다. 하지만 오늘날 청렴포털에서는 클릭 몇 번만으로 원하는 정보에 접근할 수 있다.

브라질은 연방예산국의 공공지출 감시기구(Observatório da Despesa Pública)를 발전시켰다. 이는 행정 모니터링 패널로 구성된 프로그램으로 정부가 특정한 구매발주를 내리기 전에 경고신호를 제공하는 역할을 수행한다. 예를 들자면 한 가지 입찰 건에 동일 대표자를 둔 여러 기업이 경합하고 있는지 여부를 보여주며 이러한 방식으로 연방예산국은 카르텔이나 결탁의 여부를 알 수 있다. 최근 10년간(1998~2008) 연방예산국은 3만 건에 달하는 유사 사례를 적발했고 10억 헤알에 달하는 잘못된 정부지출을 막아냈다.[24] 이 제도는 '손실을 막는 가는 체'라고 불린다.

기술을 통해서 시민과 정부의 서비스는 직접 만날 수 있게 되었다. 과거에는 교통과에서 운전면허증을 갱신하거나 여권을 발급받기 위해서는 대행인을 통해서 처리해야 했다. 하지만 지금은 인터넷을 통해 처리할 수 있다. 경찰의 행동을 실시간으로 알려주는 온라인시스템이나

---

23) 2008년에 있었던 법인카드 사적 이용사건 ― 옮긴이
24) 연방예산국의 전략정보 및 부패방지부 전임대표인 마르셀루 스토파노프스키 (Marcelo Stopanovski)와 저자 간의 인터뷰.

기업으로부터 돈을 뜯어내는 부정한 징세원을 방지하고 범죄 은폐를 막기 위해 전자세금통지 시스템을 도입한 것도 새로운 정책의 일부이다. 이러한 진전은 접수창구 뒤에 앉아서 법원의 재판절차를 지연시키고, 고발장을 책상 서랍에 감추고 병원의 병상을 매매하는 '복지부동 공무원'의 권력에 종지부를 찍고 있다. 그러나 기술은 그저 도구에 불과하다. 기술이 넘쳐나도 브라질인이 감시하고 회수하고 참여하는 문화를 발전시키지 못하면 별다른 진보를 거둘 수 없다. 이는 각자의 몫이다.

1) 연방주의: 부패의 근원

연방 수준에서 이룩한 진전과 시·군 수준에서 여전히 창궐하고 있는 부패 사이에는 깊은 골이 존재한다. 시(市) 정부의 상황은 참담하기 그지없으니, 이는 대부분 브라질식 연방주의 때문이다. 브라질은 전 세계에서 가장 지방분권화가 많이 이루어진 국가인데, 이는 부패의 환경을 제공한다. 청렴 브라질(Transpência Brasil)이라는 NGO의 의장인 클라우디우 웨버 아브라무(Claudio Weber Abramo)에 따르면 브라질의 시·군은 연방제적 존재이나 그 행동은 독립적이다. 실질적으로 시·군은 재원의 조달, 집행, 계획 등에 있어서 100%의 자율권을 인정받고 있으며, 재원을 조달하지 못하는 경우에도 스스로 책임져야 한다. 이런 시·군의 40%(5,000개)는 재정의 90% 이상을 상급 행정단위에 의존하고 있으며 시·군의회의 감독도 없다.[25] 방정식은 매우 간단하다. 시·군에 경제생산이 없으면 조직적인 이해관계가 형성되지 못한다. 언론은 공공기관이나 선호 정당(또는 반대당)이 의뢰하는 정치광고에 의존해 유지될 수밖에

---

25) 클라우디우 웨버 아브라무와의 인터뷰.

없으며 독립적인 NGO도 없다. 모든 것은 앞서거니 뒤서거니 직접적으로 행정구에 의존하게 된다. 이런 식으로 조직이 형성된다. 이런 상황은 브라질의 여러 주에서 대동소이하다.

주지사나 대통령이 수만 명의 사람을 '신임직(Cargo de confiança)'이라는 미명하에 임명할 수 있는 자유로 인해 문제는 더욱 심각해진다. 이런 식으로 이들은 브라질의 주를 나눠 먹는다. 주지사는 의회 내에서 정당들의 지지를 협상하기 위해 이 권한을 활용한다. 이런 교환은 정치적 관계와 행동을 타락시킨다. 호선되고 거래를 하는 의회는 행정부를 관리감독하려는 의지가 박약하다. 더 나쁜 것은 이러한 선출권이 브라질 헌법에 규정되어 있다는 것이다. 변화되어야만 하는 부패의 근원이 아닐 수 없다.

4. 브라질의 한계

브라질은 세계의 새로운 리더로서 자리매김하려는 목적을 위해 외교정책을 분명하게 발전시켜왔다. 주변국과의 관계 변화는 이미 1990년대부터 관찰되었다. 브라질은 방어적인 입장을 포기하고 남미공동시장(MERCOSUR)이나 다양한 역내 정책들을 추진해왔다. 2003년 부에노스아이레스 협정 체결 이후 룰라와 네스토르 키르치네르(Nestor Kirchner)는 대륙 전체의 통합을 위해 긍정적인 역할을 할 것을 기대하며 브라질과 아르헨티나 간에 전략적 동반자관계를 체결했다. 이로부터 브라질은 지역을 벗어나서 더 원대한 꿈을 꾸기 시작한다. 이러한 모습은 신진국과 주요 개도국의 모임인 G20에서의 점증하는 역할을 통해서 쉽게 확인할 수 있다. 이러한 역할 변화의 바탕에는 기본적으로 무역과 금융 부문에서의 비중이 큰 역할을 하고 있다. IBSA(인도, 브라질, 남아공 간의 남-남 협력체제)나 BRIC, G4(유엔 안전보장이사회 상임이사국 자리를 위한 독일, 일본, 인도, 브라질 간의 회의기구) 등이 그 대표적 예이다.

그러나 한 가지 분명하지 않은 것은 브라질이 과연 미래를 위해 열망을 안고 이러한 연대를 주창했느냐는 점이다. 정교하지 않은 체제로 통합을 시도한다면 남아메리카 통합이라는 브라질의 계획에 문제가 생기는 것은 물론이거니와, 오히려 국제무대에서 브라질이 소외당할 수도 있다. 이란과의 핵협정이 이런 이중적 이면의 최근 사례이다.[26] 이타마라티가 우쭐대며 '승리'라고 표현했지만 국제사회는 의혹의 시선을 거두지 않고 있다. 유엔 안전보장이사회의 15개 회원국 중 브라질, 터키, 레바논 3개국만이 이란에 대한 새로운 제재에 반대했다. 이 중 레바논은 친이란 성향의 군사조직인 헤즈볼라가 정부에 참여하고 있다. G4는 숨도 쉬지 못하고 있고 전통적으로 이란에 우호적인 러시아와 중국조차도 현 이란 정권이 핵무기를 제조하려는 의도를 은폐하고 있다는 두려움에 서방국가의 입장에 섰다. 협정체결 이후 이란 정부는 우라늄 농축을 지속할 것이라고 발표했다. 일반적으로 볼 때, 이란과의 친밀한 관계는 재앙을 불러왔다. "아마디네자드가 브라질리아를 방문하여 브라질이 유엔 안전보장이사회의 상임이사국에 진출하는 데 지원을 아끼지 않을 것이라고 했을 때, 브라질은 수많은 지지표를 잃어야 했다. 대부분의 아랍 국가와 유럽, 미국, 캐나다, 호주, 일본 등을 포함한 모두가 이란을 염려했다. 이들은 모두 이런 식의 지지에 불신을 드러냈다"라고 룰라 행정부의 첫 주미대사였던 호베르투 아브데누르(Roberto Abdenur)

---

26) 확인된 바에 의하면 테헤란은 터키에 3.5%로 농축된 1,200kg의 우라늄을 보내고 의료연구목적으로 20%로 농축된 우라늄 120kg을 받기로 했다.

가 밝혔다.[27)]

브라질의 행보는 가장 중요한 전략적 동반자인 미국과 아르헨티나와
의 관계에 먹구름을 드리웠다. 이웃국가인 아르헨티나는 1994년 85명
의 사망자와 백여 명의 부상자를 낳은 아르헨티나 유태인 친선협회
(Associação Mutual Israelita Argentina: AMIA) 테러에 명령을 내리고, 자금을
대고, 계획을 세운 혐의로 이란을 기소했다. 아르헨티나 대법원에 따르
면 테러공격은 헤즈볼라의 무장병력인 '이슬람 지하드'에 의해 자행되
었다.[28)] 이란 대통령 마무드 아마디네자드는 이스라엘의 멸망을 공언하
며 이란 내 동성애의 존재를 부정하며, 동일한 방식으로 유태인 학살을
부정하고 있다. 룰라는 그런 그의 손을 잡으며 이에 대한 모두의 우려를
무시했다. 이타마라티는 브라질의 실질적인 영향력은 고려하지 않은
채 중동 분쟁을 중재하려는 무모함을 보이기도 했다.

1) 종이호랑이

브라질은 지역의 안정과 신뢰증진을 희망하는 12개국으로 이루어진
남미국가연합(Unasur)의 중요한 동력이다. 이런 맥락에서 남아메리카

---

27) Diogo Schelp, "Diplomacia de Palanque. Entrevista com Roberto Abdenur," Veja,
   8/09/2010,p.17.

28) 아르헨티나 연방법원의 요청에 의해 인터폴은 이란의 전직공무원 8명에 대해
   국제체포영장을 발부했다. 여기에는 전 대통령인 악바르 하셰미 라프산자니
   (Akbar Hashemi Rafsanjani)도 포함되어 있다. 이란은 범죄인인도를 거부했다.
   유엔총회에서 있었던 최근 연설에서 아르헨티나 대통령 크리스티나 페르난데스
   데 키르치네르(Cristina Elisabet Fernández de Kirchner)는 이란에게 제3국에서
   재판절차를 진행할 것을 제안했다. 이란은 이 제안을 거절했고 아르헨티나를
   테러자금 지원혐의로 고소했다.

안보협의회(Conselho Sul-Americano de Defesa)를 창설했다. 그러나 이처럼 지속적으로 낮은 수준의 제도성을 보인다면 남미국가연합은 지역 내에서 종이호랑이로 전락할 위험을 감내할 수밖에 없을 것이다. 이 외에도 몇몇 주변국들은 주관국인 브라질의 자의적 행동 때문에 공동안보기구와의 관계에 큰 불신을 갖고 있다.

사실 브라질은 콜롬비아 정부와 콜롬비아무장혁명군(FARC) 간의 무력분쟁에 어정쩡한 입장을 취해왔다. 1995년 페루와 에콰도르 간의 분쟁 이후 가장 심각한 충돌이었던 2008년 콜롬비아, 에콰도르, 베네수엘라 간의 분쟁에서 룰라는 중재자를 자처했으나, 콜롬비아 대통령 알바로 우리베(Álvaro Uribe Vélez)는 브라질에 중재자의 자격이 없다고 비난했고, 결국 룰라는 중재시도를 중단하고 말았다.[29] 온두라스 사태에 대한 브라질 외교행태를 두고도 국내외에서 설왕설래한 바 있다. 이를테면 온두라스 전 대사인 호세 델메르 우르비소(José Delmer Urbizo)는 브라질이 "분쟁을 심화시킨다"고 주장했다. 그는 브라질이 탄핵된 자국의 전임 대통령인 후안 마누엘 셀라야(Juan Manuel Zelaya)를 브라질 대사관으로 피신하게 하는 등 타국의 내정에 "위험하게 연계되어 있다"고 비난했다. 2009년 9월 유엔의 인권위원회 회의석상에서 쫓겨난 우르비소는 "브라질은 지역 내에서 새로운 경찰이 되고 국제무대에서 새로운 위상을 정립하고 싶어 한다"라고 주장했다.[30] 그는 "지역 내에 미국

---

29) 이 때문에 콜롬비아는 멕시코나 아르헨티나가 그러하듯이 브라질의 유엔 안전보장이사회 상임이사국 진출에 지지를 보내지 않는 것으로 보인다. 플랜 콜롬비아 (Plan Colombia)로 명명된 보고타와 워싱턴 간의 연대 역시 고려할 필요가 있다.
30) 우르비소는 차베스의 영향을 받은 브라질의 압력 행사로 쫓겨났다고 말했다. 브라질, 아르헨티나, 멕시코, 쿠바는 제네바에 대사로 파견되어 3년간 머물렀던 우르비소에게 축출당한 전임 대통령인 마누엘 셀라야의 승인이 없이는 통제구역

의 개입을 브라질의 개입으로 바꾸려는 의향이 있는지 모르겠다. ……
현재 브라질은 재무장하고 있다. 아마존을 보호하기 위한 것은 아니다.
브라질은 자국의 영토 이외에도 다른 관심을 갖고 있다"[31]라고도 주장
했다.

2) 인권이 아닌 '친구' 감싸기

아브데누르가 확언했듯이 최근 8년간의 브라질 외교는 지구 상에는
부자와 빈자, 북과 남 간에 분명한 차이가 있다는 시각에 기초하고
있다. 이러한 양극적 시각은 힘의 분배가 다원적이며 세계화된 세계에
서는 큰 의미가 없다. 중국이 부상하고 브라질과 같이 역동성이 넘쳐나
는 다른 국가들이 새로운 자리를 차지하고 있다. 룰라 대통령의 연설문
을 준비하는 것이 이타마라티의 주된 고민거리였음을 기억하는 한 외교
관은 "이러한 새로운 현실에도 불구하고 룰라의 외교는 브라질을 빈국
의 리더로 소개하려고 한다. 이러한 시각을 폐기할 필요가 있다"라고
말했다.

이 외에도 브라질은 민주주의나 인권 등을 대내적으로 중시하는 것만
큼 대외적으로도 동등한 가치를 두어야 한다. 전임 주미대사인 후벵스
바르보자(Rubens Barbosa)의 의견에 따르면 무역이나 경제적 이득은 중
국과의 관계를 통해서 얻을 수 있다. 선진국들이 중국과 교역한다고
해서 중국 정부가 자국민에 대해 자행하고 있는 비민주적인 처사와

내에 머무를 수 없다고 확인했다.

31) Jamil Chade, "Chanceler de Honduras acusa Brasil de promover conflito," em O
Estado de S. Paulo, 22/9/2009, disponível em <www.estadao.com.br/noticias/ inter
nacional,chancelerde-honduras-acusa-brasil-de-promover-conflito,439213,0.htm>.

인권유린을 간과하는 것을 의미하지는 않는다. 바르보자는 "브라질은 이들 국가들과 우의를 다지고 비즈니스를 벌일 수는 있지만, 쿠바나 베네수엘라에서 자행된 것과 같은 인권이나 자유에 대한 제약에 침묵하거나 심지어 이를 지원하는 식으로 행동할 수는 없다"라고 주장했다.[32]

그러나 룰라 외교의 최우선 목표는 민주주의와 인권의 보호가 아닌 '우방국' 보호였다. 브라질은 아마도 축구팬 간의 판정시비에 별다른 조치가 불필요하듯이 이란 역시 선거투명성을 제고하여 정치적 저항을 감소시켜야 한다는 의견을 묵살하는 것 같다. 또는 쿠바 정치범들의 굶주림으로 인한 소요를 브라질 수감자들의 시위 정도로 간주하는 것일지도 모른다.

룰라 행정부 기간 중 62개소의 공관을 신설한 것도 비생산적인 처사이다. 인구 3만 명도 채 되지 않는 안틸레스 제도의 국가에 공관을 개설하는 것은 전혀 이치에 닿지 않는다. 바르보자는 "아프리카에 개설된 공관 대부분은 문화나 무역 측면에서 어떠한 여지도 없는 국가에 개설되었다. 이는 브라질의 이득이라는 측면에서 비용대비 편익이 형편없는 값비싼 정치적 행동일 뿐이다"라고 확언한다.

물론 브라질이 아프리카에 영향력을 확대함으로써 긍정적인 측면도 파생되고 있다. 각종 협력 프로그램, 교역, 포르투갈어 사용국 공동체(Comunidade de Países de Língua Portuguesa: CPLP)의 결속력 강화, 인도적 지원 등은 브라질이 기여할 수 있는 부분이다. 반면에 정치적 어젠다를 촉진하기 위해서 도덕적 가치를 과도하게 선별적으로 적용해왔다. 외교

---

32) Mariana Pereira de Almeida, "Brasil não pode respaldar ditaduras, diz o diplomata Rubens Barbosa," em Veja, 21/8/2010, entrevista em vídeo disponível em <http://veja.abril.com.br/noticia/internacional/brasil-nao-pode-respaldar-ditaduras-diz-o-diplomata-rubens-barbosa>.

부장관인 세우수 아모링(Celso Amorim)은 우호관계를 유지해온 온두라스의 셀라야(Manuel Zelaya) 정부에 대한 쿠데타를 격렬하게 비난했다. 하지만 동시에 친분이 두터운 적도기니의 오비앙 응게마(Obiang Nguema, 31년간 집권)에 대해서는 비난을 자제해왔다. 응게마 역시 쿠데타를 통해 집권한 이후 자국민에게 폭정을 이어오고 있다. 아모링 장관은 "비지니스는 비즈니스이다"라고 룰라와 응게마와의 정상회담 전에 기자들에게 말한 바 있다. 외교부는 응게마가 저지른 인권유린에 대한 언론의 반응을 두고 '도덕적 설교'라 칭하며 "각국의 문제는 해당 국민이 해결해야 한다"고 주장했다.[33]

5. 결론

이 글은 잠재력으로 충만한 브라질의 상반된 측면을 보여줄 방법을 모색하고 있다. 산업생산이 폭증하지만 인프라 투자 부족과 고평가된 환율로 고통받고 있는 곳이 브라질이다. 기록적인 수준으로 사회적 통합이 진전되고 있지만 동시에 빈민과 흑인에게는 가혹한, 수많은 폭력이 공존하는 곳이 브라질이다. 기술을 통해 투명성을 확보하고 부패를 방지하고 있지만 동시에 한 주가 멀다 하고 부패 스캔들이 터지며, 사회에 대한 감시 문화가 취약하기 이를 데 없는 곳이 브라질이다. 헌법의 축복으로 주지사들과 대통령이 나라를 나눠 먹는 곳이 브라질이

---

33) Pablo Uchia, "Amorim defende relação com Guiné Equatorial: 'Negócios são negócios'," em bbc, 5/7/2010, <www.bbc.co.uk/portuguese/noticias/2010/07/100705_amorim_ guine_pu_aw.shtml>.

다. 국제적인 프로젝트를 시행하고 있지만 동시에 취약한 대외정책으로 점철된 국가가 브라질이다. 정부는 인권과 민주주의 수호에 대해서 논하지만 독재자와 친교를 맺고 있다. 본받고 싶은 대통령으로 국내외에서 칭송받는 대통령이지만 언론으로부터 공격을 받고 지식인들로부터 쉴 새 없이 희화되기로 악명 높다. 무소불위의 과두적 권한을 배분한 것을 자랑스럽게 여기는 룰라는 오늘날 주제 사르네이나(José Sarney) 페르난두 콜로르(Fernando Collor)와 비견된다.

차기 대통령인 지우마 호우세피는 브라질인들이 진정으로 '미래의 나라'가 도래했음을 느끼도록 하기 위해서 브라질이 현재의 발전궤도를 유지하며 동시에 이러한 상반된 현실에서 벗어나도록 도전하는 데 앞장서야 할 것이다.

제2장

브라질 사회 변화의 새로운 패턴

마르시우 포쉬망 _박원복 옮김

2004년을 기점으로 브라질은 과거에는 볼 수 없었던 사회적 변화의 한 단계를 보여주고 있다. 즉, 과거와는 달리 1인당 GDP가 증가함에도 불구하고, 소득의 개인별 불평등 문제를 줄이는 데 성공한 것이다. 이 글은 현재 브라질에서 벌어지고 있는 이러한 사회적 변화의 새로운 패턴을 분석함과 동시에 성별, 연령별, 주(州)별로 그 차이점을 분석했으며, 그 결과 현재의 새로운 사회변화 단계는 처음으로 성장에 영향을 미치지 않으면서도 분배를 개선하는 데 기여한 일련의 정책들 – 소득 이전 프로그램, 최저임금 인상, 국가(Estado)의 역할과 비중 – 의 결과물이라는 결론에 도달했다.

마르시우 포쉬망 Marcio Pochmann 캉피나스 주립대학교(UNICAMP)의 경제연구소 교수이자 '노조문제 연구와 노동경제 센터'의 교수로 재직 중이며 응용경제문제연구소(IPEA) 소장직을 맡고 있다.

* 이 글은 ≪Nueva Sociedad≫ 포르투갈어 특집호(2010년 12월호)에 실린 글을 옮긴 글이다.

1. 서론

50년간(1930~1980년) 지속된 브라질의 생산 확장의 최근 사이클을 보면 사회정책은 민간 부문과 공공 부문의 결정에 종속된 부차적인 역할을 나타냈다. 그 기간 동안에는 소득분배의 책임을 급속한 경제발전에 떠맡긴 정부의 강력한 정책이 지배적이었다. 그 결과 사회적 비용의 상대적인 자율성 확대는 별 볼 일 없는 협소한 역할만을 부여받았을 뿐이었다.

브라질에서 사회복지국가가 안고 있는 크고도 복잡한 문제들을 낳았던 장본인은 1988년 헌법이었다. 그리고 이 헌법과 더불어 사회적 비용은 GDP의 한 부분으로서 GDP의 증가에 비례하기 시작했다. 여기서 신자유주의 정책에 의해 사회적 비용이 상대적으로 동결되었던 1990년대는 제외된다. 오늘날 브라질의 총 사회적 비용은, GDP 대비 13.3%를 차지했던 1985년에 비해, 10%가량 늘어난 23% 정도에 이른다. 즉, 브라질에서 지출된 각 4헤알당 1헤알이 사회경제와 직접적으로 관련된 것이었다. 만일 그것의 승수효과(탄력성 1.8)를 감안한다면 브라질 전체 국부 생산의 절반가량이 직간접적으로 사회경제와 관련된 것이 된다. 사회적 비용의 증가와 더불어 국가경제 구성에 나타난 이 새로운 사실은 생산 확장의 다른 국면들과는 다른 의미심장한 차이점을 제기하고 있다.

브라질에서 사회복지국가라는 개념이 확대되면서 발생한 경제적 파급효과는 아직 제대로 인식된 적이 없다. 상황이 이러하기에 사회적 비용을 부차적이며 거의 언제나 통치자들의 가부장적 사고와 연계된 것으로 생각하는 자유주의-보수적 시각이 지속적으로 그 모습을 드러내고 있는 것이다. 노동에 따른 소득의 불평등과 절대 빈곤율의 하락이라는 결과를 보면 브라질에서 사회경제가 갖는 새 역할의 중요성을 알 수 있다. 사실 2016년에 이르면 브라질은 저개발의 딱지 중 하나인 극빈이라는 문제를 극복할 수 있을 것이다. 문제는 평균적으로 브라질 가구 가구소득의 1/5가량이 국가 사회보장정책들에 의한 현금이전(transferência monetária)[1]에 의존한다는 것이다. 1988년 연방헌법 이전까지만 해도 브라질의 가정들은 현금이전으로 인한 소득이 평균적으로 10%에도 이르지 못했다.

1978년 사회 피라미드의 밑바닥 계층(가장 가난한 10%)이 기록한 소득 가운데 7%가 현금이전에 따른 것이었던 반면에 2008년에는 그 비중이 25%에 이르렀다. 즉 3.7배나 늘어난 것이다. 사회 피라미드 최상위 계층(가장 부유한 10%)의 경우 1978년 가구 구성원의 1인당 소득 중 8%만이 현금이전에 의한 것이었으나 2008년에는 18%였다. 즉 2.2배 증가한 셈이었다. 부연하자면 1978년에 소득분배에서 최상위를 차지하던 가구의 1인당 소득 중 24.4%가 현금이전의 혜택에 의한 것이었지만 같은 해 사회 피라미드의 최하위를 차지하던 가구의 경우 8.3%가 현금이전의 혜택을 받았었다. 그런데 40년이 지난 2008년에 사회 피라미드의 최상위에 위치한 가구들 경우 40.8%가 현금이전의 혜택을 받은 반면, 사회 피라미드의 최하위에 해당하는 가구들 경우 58.3%가 현금이전의 혜택을 받았던 것이다. 이것은 저소득 가구의 경우 7배, 고소득 가구의 경우 1.7배 증가한 것을 의미한다.

이것을 근거로 우리는 가난에 대한 사회보장정책과 현금이전의 영향에 대해 다음과 같은 결론을 내릴 수 있을 것이다. 만일 현금이전이 없었더라면 2008년 4,050만 명의 브라질인이 전국 최저임금의 최대 25%에 해당하는 소득을 받고 있었을 것이다. 현금이전을 통한 소득보

---

1) 예를 들면 가족기금처럼 저소득 가정에 생활지원금을 제공하는 것 ― 옮긴이

전으로 브라질은 월 소득이 최저임금의 1/4 이하인 사람의 수가 1,870만 명으로 줄어들었다. 이를 요약하면 극빈상태(1인당 월 소득이 최저임금의 25%까지인 경우)에서 벗어난 사람이 2,180만 명이라는 이야기이다. 1978년의 경우 현금이전정책이 낳은 효과는 불과 490만 명에 불과했다.

연방 단위 차원의 현금이전 효과를 보면, 사회적 경제의 비상상황에 볼 수 있는 두 가지 혁신적인 면이 발견된다. 첫 번째 것은 북동부지역 가정들의 평균소득에서 현금이전이 차지하는 비중에 가장 크게 나타났다는 점이다. 예를 들면 피아우이 주(31.2%), 파라이바 주(27.5%), 페르낭부쿠 주(25.7%)가 그곳으로서 이 수치들은 전국 평균(19.3%)을 훨씬 상회하고 있다. 현금이전의 비중이 전국에서 4위를 차지한 남동부 지역의 히우데자네이루 주가 25.5%, 상파울루 주가 16.4%인 것을 빼면, 여기까지는 모두 상식 수준에서 크게 벗어난 것이 아니다.

두 번째 면을 보면, 연방의 각 주에서 가장 부유한 주의 가정들이 현금이전과 관련된 공적자금의 대부분을 가져간다는 사실을 알 수 있다. 즉, 남동부 지역이 사회안전망 차원의 사회복지와 지원을 위해 책정된 전체 재원의 50%가량을 가져간다. 이 가운데 상파울루가 23.5%로 앞서 있으며 뒤를 이어 히우데자네이루(13.7%)와 미나스제라이스(10.9%)가 자리하고 있다.

역동적인 생산 확장이 재개되고 그로 인한 노동력의 취업은 결국 새로운 사회변화의 패턴을 정착시키기에 이르렀다. 여기서 노동력의 취업은 공공정책의 방향 재설정과 조화를 이루며 진행되었다. 사회적 신분상승은 사회가 포용적이고 그 사회의 정체성에 변화가 있음을 의미한다. 바로 이러한 점에서 이 글은 브라질 사회의 구조와 현재까지의 역사적 궤도에서 관찰된 주요 변화들을 살펴보고자 한다. 이를 위해 우선 최근 50년 동안 브라질 사회 변화의 다양한 패턴들을 간략히 기술하고, 이어서 그 사회 변화가 보여준 최근의 주요 특징들을 제시하고자 한다. 끝으로 정부의 새로운 전략에 의해 발생한 사회 변화의 주요 구성 요소들을 살펴볼 것이다. 이 글은 브라질 지리통계청(IBGE) 자료를 주로 활용할 것이며 이 연구를 가능하게 해준 응용경제연구소(IPEA)의 여러 실무자들에게 감사를 드린다.[2]

2. 사회적 변화의 패턴들

브라질은 큰 사회적 변화가 나타나고 있는 나라들 중 하나이다. 국제적인 차원에서 보면 전체 인구의 사회적 이동성 지수가 국가마다 매우 차별화되어 있음을 알 수 있다.[3] 한 국가 전체의 사회적 이동성을 측정하는 데 이용되는 상대적으로 동질적인 파라미터들을 이용하면 브라질이 가장 높은 사회적 변화를 보이는 국가임을 알 수 있다.

15개국을 표본으로 조사해보면 브라질은 스위스(51.5%)와 캐나다(50.1%) 같은 나라들을 넘어서는 가장 큰 사회적 이동성(63.2%)을 보인

2) Jorge Castro, Milko Matijascic, Guilherme Dias, Daniel Castro, Douglas Portaria; James Richard Silva 그리고 Fábio Vaz의 협조에 감사를 드린다.

3) 이와 관련하여 다음의 연구들을 참고할 것. Gosta Carlsson, *Social Mobility and Class Structure*(cwk: Lund, 1958); Pitirim Sorokin, *Social Mobility*(Nova York: Harper & Brothers, 1927); John Goldthorpe, *Social Mobility and Class Structure in Modern Britain*(Oxford: Clarendon Press, 1981); Raymond Boudon, *L'négalité des chances*(Paris: A. Colin, 1973); David Glass, *Social Mobility in Britain*(Londres: R & KP, 1954); Anthony Heath, *Social Mobility*(FP Glasgow, 1981); Peter Blau y Otis Duncan, *The American Occupational Structure*(Nova York: JW, 1967); Dominique Merlliéy Jean Préot, *La mobilité sociale*(Paris: La Déouverte, 1997).

〈그림 2-1〉 국가별 사회이동성 지수

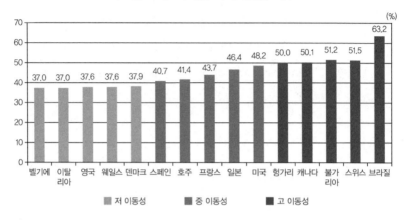

자료: IBGE. 1996. Pesquisa Nacional por Amostra de Domicíios(PNAD); Heath, Anthony. 1981. *Social Mobility*. FP, Glasgow.

다. 예를 들어 1996년 브라질의 사회적 비(非)이동성은 40%에 미치지 못했다. 브라질 사회의 변화율은 중간 그룹에 속하는 나라들, 즉 스페인 (40.7%), 프랑스(43.7%), 미국(48.2%)과 같은 나라의 이동성보다 높은 50% 에 이른다. 만일 벨기에(37%), 영국(37.6%), 덴마크(37.9%)와 같이 사회적 이동성이 낮은 국가들을 고려한다면 브라질 사회의 이동성은 거의 두 배나 높은 것이다.

여타 국가들보다 브라질 사회의 이동성이 높다는 것을 인정하는 것 이외에 그 속에 어떤 사회적 변화의 패턴이 있는지를 확인하는 노력이 경주되어야 한다. 여기서 사회적 이동성 패턴이라는 것은 사회구조의 내부에서 벌어지는 여러 인구 계층의 위치(posição) 변화를 의미한다.

필자는 일반적으로 사회적 변화의 정도가 경제 부문(소득, 직업 등)과 공공정책 부문(교육, 소득 보장 등)에서의 더욱 큰 변화를 반영한다는 기본적인 가정에서 출발하여 그러한 것들의 참고자료로서 국민 1인당 소득 변화 지수와 소득의 개인 간 불평등지수(Gini Index)를 취했다. 이러

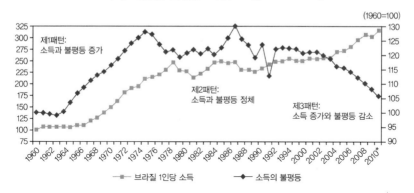

〈그림 2-2〉주거민당 국민소득 지수와
소득의 개인별 불평등 지수(GINI)(1960~2009)

주: * 추정지
자료: IBGE자료를 재구성.

한 자료를 기반으로 할 때 브라질은 최근 50년간 세 가지의 서로 다른
사회적 변화 패턴을 보여주었다는 것을 확인할 수 있다.

사회 변화의 첫 번째 패턴은 1인당 소득의 강한 확대로 특징지어지며
나아가 개인 소득 구성에서 불평등이 매우 커졌다는 특징이 나타난다.
1960~1980년대 동안 브라질은 국가 산업화 계획의 진전과 맞물려 발전
했으며 여기에 이에 따른 일반적인 도시화 현상으로 중요한 변화가
수반되었다.4)

---

4) 이것과 관련해서는 다음 연구들을 참조할 것. Florestan Fernandes, *Mudanças
   sociais no Brasil*(São Paulo: Difel, 1979); Juarez Brandão Lopes, *Desenvolvimento
   e mudança social*(São Paulo: Nacional, 1971); José Pastore, *Desigualdade e
   mobilidade social no Brasil*(São Paulo: USP, 1979); Nelson do Valle Silva, "As
   duas faces da mobilidade social," em Dados No 21(1979); Archibald Haller e
   Helcio Saraiva, *The Income Effects of Education in Development: Brazil 1973
   and 1980*(si, sn, 1988); José Pastore e Helio Zylberstain, *Social Mobility in Brazil
   1973-1982: The Role of Education in Status Determination*(São Paulo: USP, 1990);

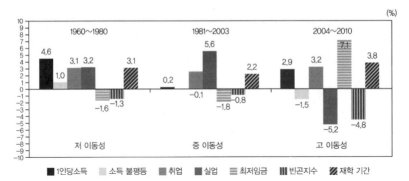

〈그림 2-3〉 브라질의 사회이동성 구성요소들의 연평균 변동지수

자료: IBGE, DIEESE, IPEA의 자료를 바탕으로 필자가 직접 작성함.

농촌에서 도시로의 인구이동은 특히 산업 부문과 건축·토목 부문의
확대에 힘입은 도시민들의 직업구조가 확대되는 상황 속에서 전개되었
다. 그와 마찬가지로 3차산업 부문(도시 상업 및 서비스 부문)도 상당히
발전하여 도시근로자의 저임금 현상이 두드러짐에도 새로운 일자리
제공이 일반적으로 농업 부문의 일자리를 웃돌게 되었다. 예를 들어
총고용이 연평균 3.1% 증가했으나 1960~1980년대 최저임금의 실질가
치는 연평균 1.6% 하락했다.

브라질 국민의 빈곤율이 축소(연 -1.3%)되고 또 학교 재학기간이 늘어
났음에도 개인 소득에서의 불평등 지수는 같은 기간에 연 1% 증가했다.

이와 관련하여 1970년대 말까지 사회적 이동성 변화의 패턴은 거주민
1인당 국민소득의 가파른 증가와 경제성장의 결과물 분배(repartição)상
불평등지수의 가파른 상승이라는 강한 대비로 특징지어졌다.

Ricardo Paes de Barros et al., *Mobilidade de renda no Brasil*(Rio de Janeiro:
Islmrpi, 1992).

두 번째 사회변화의 패턴은 1981년과 2003년 사이에 일어났다. 이 기간에는 개인 소득분배상 불평등지수의 정체를 수반한 1인당 소득변화의 정체가 두드러졌다. 이러한 제반 상황은 1인당 소득과 불평등지수의 높은 변동이라는 결과로 이어졌다. 그 결과 1994년 말까지 고 인플레이션 상황과 1981~1983년, 1990~1992년, 1998~1999년, 2002~2003년처럼 소득의 하락을 몰고 온 경제위기 상황이 두드러졌다.

1인당 국민소득이 연평균 0.2% 변화한 것에 비해 소득불평등은 0.1% 떨어졌다. 그와 동시에 노동력의 실업이 가장 크게 증가했는데(5.6%) 그것은 고용수준이 2.6%에 그쳤기 때문이었다. 그리고 그 고용수준은 최저임금의 실질가치 하락(1.8%)과 취약성이라는 특징을 안고 있었다. 빈곤율은 0.8% 하락했으나 1960~1980년대의 1.3%보다 낮은 리듬을 유지했다. 학교 재학 기간의 경우 첫 번째 사회변화 패턴 때 보였던 비율 이하로 증가했다. 이 국면에서는 특정 계층의 부동성이 증가한다는 신호와 함께 사회 전반의 이동성도 덜 증가했다.[5]

2000년대 상반기 말 이후 브라질에서는 사회변화의 새로운 패턴이 등장한다. 이 세 번째 패턴은 1인당 국민소득의 증가가 소득의 개인

---

5) 이와 관련해서는 다음의 연구를 참고할 것: Maria Celi Scalon, *Mobilidade social no Brasil*(Rio de Janeiro: Revan, 1999); Carlos Antonio Costa Ribeiro, *Estrutura de classe e mobilidade social no Brasil*(Bauru: Edusc, 2003); José Figueiredo Santos, *Estrutura de posições de classe no Brasil*(Belo Horizonte: UFMG, 2002); Waldir Quadros, "Perfil social do desemprego recente," *Texto para discussão Ie/Unicamp*, No 156(Campinas, fevereiro de 2009); Ricardo Gomes Amorim e M. Pochmann, *Atlas da exclusão social no Brasil*(São Paulo: Cortez, 2003); André Campos et al., *Atlas da exclusão social no Brasil: dinâmica e manifestação territorial*(São Paulo: Cortez, 2003); Alexandre Guerra et al., *Classe média: desenvolvimento e crise*(São Paulo: Cortez, 2006).

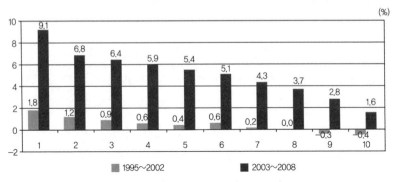

〈그림 2-4〉 브라질의 10분위수 1인당 실질 가족평균소득 변동률,
1995~2002와 2003~2008

자료: IBGE와 PNAD의 자료를 기초로 저자가 직접 작성함.

간 불평등 하락과 연동하는 특징을 갖고 있다. 2004년과 2010년 사이에
소득의 개인 간 불평등은 연평균 1.5% 하락한 반면에 1인당 소득은
연평균 2.9% 증가했다. 이와 더불어 브라질 국민의 연평균 실업률 하락
(5.2%)과 빈곤율 하락(4.8%) 그리고 연평균 최저임금의 실질 가치의 강한
상승(7.1%)과 고용(3.2%) 및 학교 재학 기간의 강한 증가율(3.8%)을 확인
할 수 있다.

더 큰 관점에서 보면 가장 좋은 사회 이동성 지수는 경제 및 공공정책
의 변화와 강하게 연계되어 있다. 한편으로 2004년 이래 나타난 경제성
장 리듬의 회복은 가계소득의 증가로 인한 국내 소비시장의 확대와
투자로 촉진되었다. 산업 부문이 재강화된 것은 비단 고용 수준의 증가
를 촉진한 것뿐만 아니라 창출된 고용의 질을 개선하는 데도 일조했다.
예를 들어 1998년과 2003년 사이 브라질 전역에서 노동수첩을 가진
공식 근로자들의 새 일자리 창출은 190만 개에 불과했지만 2004년과
2009년 사이의 순 공식고용은 810만 개에 이르렀던 것이다.

다른 한편으로 가계소득의 확대도 눈에 띄었다. 특히 공공정책의 적

극적인 역할 덕분에 사회 피라미드의 밑바닥에 위치한 계층의 소득이 확대되었다. 소득분배상 상위 그룹에 속하는 사람들(가장 부유한 10%)의 1인당 평균 가계소득이 2003년과 2008년 사이에 평균 1.6% 증가한 반면에 소득분배상 밑바닥에 위치한 저소득층(가장 가난한 사람들 10%)의 1인당 평균 가계소득은 연 9.1% 증가했다. 이것은 무엇보다도 최저임금 인상정책 덕분이며 이 정책을 통해 2003년과 2010년 사이에만도 1조 헤알이 저소득층 근로자들에게 투입되었다. 이어 사회보장 및 지원정책을 통한 다양한 취약 계층(노인층, 특별 보호가 필요한 사람들, 실업자와 빈곤층)으로의 직접적인 소득이전정책이 취해졌다. 예를 들어 2002년과 2008년 사이에 인구분포상 가장 취약한 계층으로의 소득이전이 명목적으로 보아도 2.3배 증가하여 그 규모가 1,347억 헤알에서 3,053억 헤알로 상승했다. 게다가 1990년대 경우에는 분배의 역학이 달랐다는 점도 눈여겨보아야 한다. 사회 피라미드의 정상에 위치한 계층(상위 10%)의 평균소득 실질 가치는 연평균 0.4% 하락했던 반면에 저소득층 10%의 연평균소득의 실질 가치는 단지 1%(최하위 10%는 1.8%) 증가하는 데 그쳤다.

끝으로 특히 저소득층의 소비와 생산에의 여신 확대를 가져올 수 있는 것으로써 최근에 취해진 저소득 계층의 금융권 포용정책을 고려할 필요가 있다. 전체 GDP상에서의 여신 비중은 2002년 24.2%에서 2009년 45%로 증가했다. 이로 인해 가족단위 농촌으로의 재정지원 규모가 2003년과 2009년 사이에 크게 증가한바 2003년 24억 헤알에 불과하던 것이 2009년에는 108억 헤알로 증가했다. 그 반면에 법인이 아닌 자연인들에게 배정된 재정지원의 규모는 같은 기간에 네 배 이상 증가했다. 또한 여신 부문에서 2004년 257억 헤알에서 2009년에 800억 헤알로 증가한 주택 금융지원의 증가도 눈여겨보아야 한다.

종합적으로 볼 때 현재 진행 중인 사회변화의 세 번째 패턴은 브라질 고용구조 저변에 대한 취업, 교육 그리고 소득 지원과 강하게 연계되어 있음을 주목할 필요가 있다. 이미 살펴본 자료들이 그러하듯이 '가난한 근로자'로 정의되는 사회계층으로 공공정책이 집중되는 모습은 사회변화의 새로운 패턴을 낳을 수 있는 큰 잠재력을 의미한다.6) 1981년과 2003년 사이에 탄생한 두 번째 사회변화의 패턴 기간 동안에 저임금 근로자들이 1인당 소득의 정체와 노동시장의 위축 그리고 최저임금 정체라는 전반적인 사회 상황으로 인해 부정적인 영향을 받았다는 것을 고려하면 앞 문장에서 말한 내용이 좀 더 현실적인 것 같다.7)

3. 최근 사회 변화의 주요 특징

최근 브라질 사회변화의 주요 신호들을 포착하기 위해 브라질 국민 전체를 소득 수준에 따라 3개의 그룹으로 분할하는 방법을 사용했다.8)

---

6) 이 부분과 관련하여 다음 연구들을 참고할 것: Richard Kazis e Marc S. Miller (orgs.), *Low-Wage Workers in the New Economy*(Washington: UIP, 2001); James K. Galbraith e Maureen Berner, *Inequality & Industrial Change*(Cambridge: CUP, 2001); M. Pochmann, *Desenvolvimento e perspectivas novas para o Brasil*(São Paulo: Cortez, 2010).

7) 이 부분에 대해서는 다음 연구들을 참고할 것: Alexandre Guerra et al., *Trabalhadores urbanos: ocupação e queda na renda*(São Paulo: Cortez, 2007); M. Pochmann, "What Brazil Learned from Flexibilization in the 1990s," em *International Labour Review* vol. 148 No 3(9/2009); W. Quadros, "Perfil social do desemprego recente," *cit.*

8) R. G. Amorim e M. Pochmann, "Pobreza e mudançs sociais recentes no Brasil,"

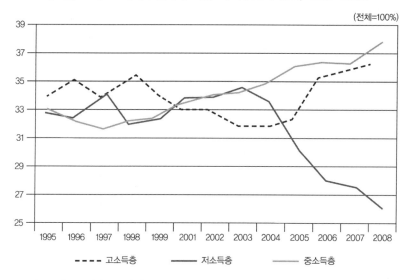

〈그림 2-5〉 소득의 3단계에 따른 사회구조의 변화, 1995~2008

(전체=100%)

- - - - 고소득층　　　━━━ 저소득층　　　━━━ 중소득층

주: 저소득층 = 1인당 188헤알 미만, 중소득층 = 188~465헤알, 고소득층 = 465헤알 초과
자료: IBGE, PNAD(IPEA 작성).

첫 번째 그룹은 개인별 월 소득이 2008년 기준으로 188헤알 미만인
사람들로 구성되었으며 두 번째 그룹은 월 소득이 188~465헤알인 사람
들 그리고 세 번째 그룹에는 465헤알을 초과한 사람들로 구성되었다.

1995~2008년 사이에 브라질 국민의 소득별 3개 그룹(저소득, 중간소득,
고소득)이 보인 행동양식을 보면 2005년 이래 특히 저소득층에서 중요한
변화가 나타난다. 예를 들어 1997~2004년 사이에는 저소득층이 전체
인구의 근 34%에 이르렀으나 2005년 이후에는 그 비율이 상대적으로
급격히 줄어들기 시작했다. 2008년에는 저소득층이 단지 전체 국민의

in Jorge A. de Castro e José Ribeiro(orgs.), *Situação social brasileira: 2007*,
(Brasíia: Ipea, 2009).

26%만을 나타냈는데 이것은 1995년 이래 가장 낮은 비율이다.

단지 2005년과 2008년 사이에 브라질 사회 피라미드 저변의 상대적 구성비가 22.8% 줄었는데 이것은 1,170만 명이 한 단계 높은 소득 계층으로 이동한 결과이다. 그러한 상황에서 두 번째(중간)와 세 번째 소득 그룹(상급)이 더 큰 비중을 차지한 것을 볼 수 있다. 1997년 이래 중간 소득 계층은 2005년까지 가시적인 상대적 증가세를 나타냈다. 예를 들어 1995년 두 번째 소득 그룹은 단지 전체 인구의 32.8%만을 차지했으나 2008년에는 37.4%를 차지했다. 그리고 2004년(34.9%)과 2008년(37.4%) 사이에는 전체 인구의 7.2%의 증가세를 나타냈는데 이것은 브라질 전체 국민 중 700여만 명을 의미한다. 1998년과 2004년 사이에 35.3%에서 31.5%로 줄어든 상위 소득 그룹은 2005년을 시작으로 제 위치를 회복하기 시작했다. 예를 들어 2008년에 이 그룹은 브라질 전체 인구의 36.6%를 차지했는데 이것은 1995년 이래 가장 높은 수치이다. 2004년(31.5%)과 2008년(36.6%) 사이 동 그룹의 증가율은 16.2%였으며 이것은 브라질 국민 중 1,150만 명이 상위 소득 그룹에 새로 합류한 것을 의미한다.

종합하면 2005년과 2008년 사이에 700여만 명의 브라질 사람들이 중간 소득층으로 그리고 1,150여만 명이 상위 소득층으로 진입했던 반면에 1,170만 명이 저소득 계층에서 벗어났다. 최근의 이러한 사회적 상승 이동 추세에 대해 그것이 사회구조에 얼마나 큰 영향을 미치는지 살펴볼 필요가 있다. 이를 위해 이 연구는 1998년의 사회구조와 2008년의 사회구조를 비교하고자 했으며 이것을 통해 최근 10년간 브라질 사회의 주요 변화를 관찰할 수 있었다.

브라질 국민의 거주지역 관점에서 보면 농촌의 경우 1998년 6.2%에서 2008년 6.4%로 증가하여 상위 소득 그룹에서 차지하는 비중이 확대

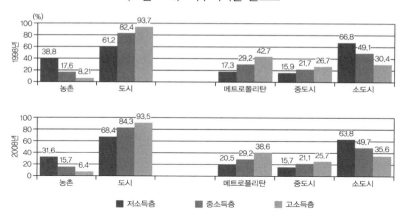

〈그림 2-6〉 거주지역별 분포도

자료: IBGE와 PNAD(IPEA 작성).

되었음을 알 수 있다. 저소득층의 경우 농촌 인구가 상대적으로 도시 인구에게 지위를 상실한 것으로 나타났다. 메트로폴리탄 지역들 경우 1998년 저소득 계층의 17.3%를 차지했으나 2008년에는 20.5%로 증가 했으며 그와 마찬가지로 상위 소득계층에서의 비중도 1998년 42.8%에 서 2008년 38.6%로 줄어들었다. 중간 규모의 도시들은 같은 기간에 큰 변화를 보이지 않았으나 소도시들은 중요한 변화를 보였다. 한편으 로 그 도시들은 전체 인구에서 사회 피라미드의 저변이 차지하는 비중 이 1998년 66.8%에서 2008년 63.8%로 줄어들었으나 상위 소득 계층에 서의 비중은 1998년 30.5%에서 2008년 35.6%로 증가했다.

대단위 지역별 인구분포도의 경우 상위 소득층의 구성 면에서 변화가 감지된다. 즉, 남동부지역에서 의미 있는 하락세(1998년 58.1%에서 2008 년 53.2%)가 나타난 것이다. 이를 보상하기라도 하듯이 남부지역 주민들 의 상위 소득 계층은 1998년 18.6%에서 2008년 20%로 늘어났으며 북부지방의 경우 1999년 3.6%에서 2008년 5.2%, 북동부지방의 경우

<그림 2-7> 지역별 소득 인구분포

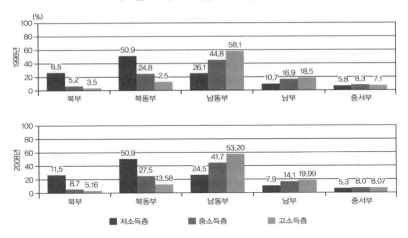

자료: IBGE와 PNAD(IPEA 작성).

1998년 12.6%에서 2008년 13.6% 그리고 남서부지방의 경우 1998년 7.1%에서 2008년 8.1%로 그 비중이 증가했다. 그러나 고소득층의 변화에도 불구하고 북동부지방의 경우 1998년과 2008년 사이에 전체 국민 중 사회 피라미드의 하위권을 차지한 비율이 50.9%였으며 같은 기간에

<그림 2-8> 성에 따른 인구분포

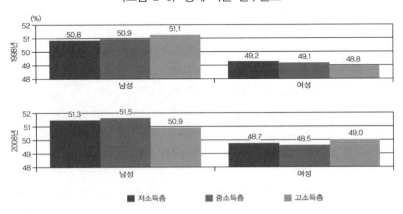

자료: IBGE와 PNAD(IPEA 작성).

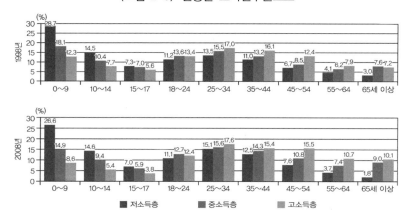

〈그림 2-9〉 연령별 소득인구분포도

자료: IBGE와 PNAD(IPEA 작성).

북부지방의 경우 유일하게 저소득 주민의 증가세를 나타냈다.

성에 따른 인구분포를 기준으로 볼 때 남성의 경우 저소득층을 차지하는 비중이 1998년 49.2%에서 2008년 48.7%로 다소 준 반면, 상위계층의 비중은 1998년 50.9%에서 2008년 51.5%로 다소 증가했다. 한편 여성의 경우 중간소득층에서만 약간의 상승세를 보였는데 그 수치를 보면 1998년에 50.9%였던 것이 2008년에는 51.5%로 증가했다.

연령별로 보면 9세까지의 어린이가 사회 피라미드의 저변을 차지하는 비중이 1998년 28.7%에서 2008년 26.6%로 줄었으나 45세 이상의 계층 경우 한 단계 높은 소득계층으로의 진입이 두드러졌다(1998년 27.7%에서 2008년 36.6%).

교육수준별로 보면 11세 이상의 인구층에서 상위소득 계층 참여 비중(1998년 40%에서 2008년 55%로 증가)뿐만 아니라 사회 피라미드의 하층을 차지하는 비중(1998년 3.7%에서 2008년 12.4%)에서도 증가세를 나타냈다. 학력이 없는 계층의 경우 모든 소득 계층에서 그 비중이 하락했다.

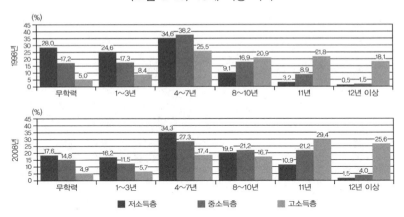

〈그림 2-10〉 15세 이상 학력

자료: IBGE와 PNAD(IPEA 작성).

1998년과 2008년 사이의 활동조건에 따른 인구분포도를 보면, 직업이 각 개인의 사회 포지션에 얼마나 결정적으로 작용했는지 알 수 있다. 1998년에는 직업을 가진 사람들이 상위소득 계층 인구의 65%를 차지했으나 2008년에는 70.2%로 확대되었다. 그와 마찬가지로 직업을 가진

〈그림 2-11〉 취업상태

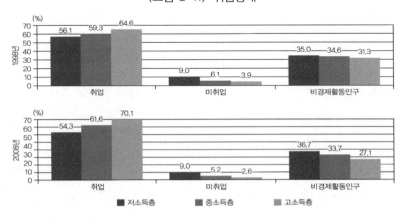

자료: IBGE와 PNAD(IPEA 작성).

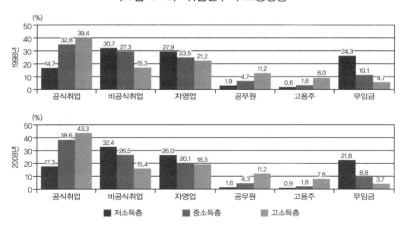

〈그림 2-12〉 취업인구의 고용상황

자료: IBGE와 PNAD(IPEA 작성).

사람들이 사회 피라미드의 하층을 차지하는 비중은 1998년 56.1%에서 2008년 54.3%로 줄어들었다. 그에 따른 반대급부로서 비경제활동인구와 실업자가 사회 피라미드의 저변을 차지하는 비중이 높아졌다. 다른 한편으로 1998년과 2008년 사이에는 실업상태 사람들의 상위 소득층 비중도 하락했다.

저소득자들 중 고용근로자의 상대적 비중이 줄어들었으며(1998년 49.7%, 2008년 45.4%)로 줄어들었으며 이런 현상은 하위 소득층 내에서도 발생했다(1998년 58.6%, 2008년 55.7%) 줄어들었다. 그 대가로 고용자와 자영업자들의 상위 소득층 참여 비중이 증가한 반면에 무임금 근로자들의 사회 피라미드 저변 참여 비중은 하락했다.

그리고 피부색을 기준으로 볼 때, 같은 기간 동안 브라질 사회구조에서 중요한 변화가 있었음이 확인되었다. 즉, 흑인 인구의 3개 소득층 참여 비중이 높아졌는데, 특히 상위 소득층(1998년 25.6%에서 2008년 33.7%로 상승)에의 참여비중이 높아진 반면에 백인의 경우 모든 소득층

〈그림 2-13〉 인종별 소득계층 분포도

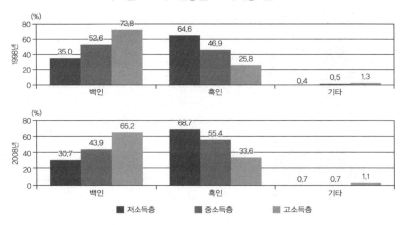

자료: IBGE와 PNAD(IPEA 작성).

에서 참여 비중이 감소했다.

가구당 고용 여건에 따른 인구분포도를 기준으로 할 때, 부동산을 소유하고 있는 사람들의 경우 중·저소득층을 구성하는 비율이 줄었으며 고소득층을 구성하는 비율은 상대적으로 높게 나타났다. 임차한 부

〈그림 2-14〉 취업조건별 주택소유 분포도

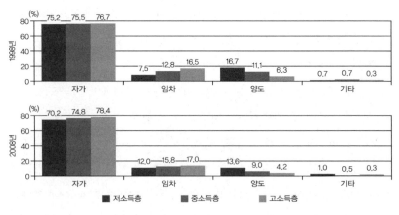

자료: IBGE와 PNAD(IPEA 작성).

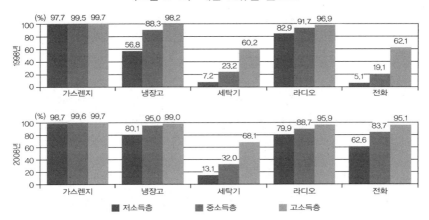

〈그림 2-15〉 재산 소유별 분포도

1998년
(%) 97.7 99.5 99.7 | 88.3 98.2 | 56.8 | 7.2 23.2 60.2 | 82.9 91.7 96.9 | 5.1 19.1 62.1
가스렌지 · 냉장고 · 세탁기 · 라디오 · 전화

2008년
(%) 98.7 99.6 99.7 | 80.1 95.0 99.0 | 13.1 32.0 68.1 | 79.9 88.7 95.9 | 62.6 83.7 95.1
가스렌지 · 냉장고 · 세탁기 · 라디오 · 전화

■ 저소득층　　■ 중소득층　　□ 고소득층

자료: IBGE와 PNAD(IPEA 작성).

동산을 사용하는 사람들의 경우 1998년과 2008년 사이에 사회 피라미
드 상 저변을 차지하는 비중이 늘어난 반면에 양도된 부동산을 소유하
고 있는 사람들이 사회 피라미드 저변을 차지하는 상대적 비중은 줄어
들었다.

내구성 소비재를 기준으로 볼 때 소득 수준별 격차는 가스레인지,
냉장고, 라디오의 소유 여부와는 별 상관이 없었다. 그러나 세탁기와
전화기의 소유 여부와 관련해서는 차이가 드러났다. 이러한 현상은
1998년과 2008년 사이에 두드러졌다.

4. 정부의 사회 변화 전략

룰라 정부(2003~2010)가 카르도주 정부 시절인 1999년 외환위기 때
도입된 거시경제정책의 3대 정책 기조(인플레 목표제와 변동환율제 운영

그리고 재정에서의 기초 잉여 유지라는 3대 전략)를 멀리하지 않았다고 해서 그것이 카르도주 정부(1995~2002) 동안 확대된 신자유주의적 사고를 재생산했음을 의미하지는 않는다. 인플레 퇴치를 위해 1990년대 말에 도입된 거시경제의 틀을 일관되게 유지했음을 부정할 수는 없다고 해도 다음과 같은 네 가지의 새로운 가정하에 국가의 발전 프로젝트와 관련된 최근의 경제 재구성 움직임의 본질에 대해서는 좀 더 주목할 필요가 있다.

첫 번째 가정은 1990년대 신자유주의 정부가 시장의 자유로운 힘에 의해 자연스럽게 이루어질 것으로 상상했던 발전 전망에 대한 비판적 자세와 관련이 있다. 다시 말하면 경제의 확장과 사회적 발전이 자동으로 일어나도록 하기 위해 정부는 단순히 금융 안정과 생산·무역·기술은행·노동시장의 개방 사이클 정착을 주도했다. 마치 파이를 키운 다음에야 그것을 분배한다는 것을 핵심 목표로 세웠던 군부시절처럼 1990년대 신자유주의 정권들은 금융 안정을 그 자체의 목표로 삼았다. 기준이 없는 민영화와 전략 부문에서 국가를 약화시킨 한 행위, 외국 자본에 대해 생산 부문을 더욱 개방하거나 거저 내주는 행위 그리고 급작스레 조세 부담을 증가시킴으로써 가난한 자들의 소득을 갈취한 행위 등이 반인플레 공격의 일부 수단을 이루었다. 이런 것들은 과거 경제성장에서 자연스러운 것처럼 보였다. 하지만 그러한 발전과는 정반대로 사회적·경제적·환경적 퇴보가 발생하여, 1980년에 세계경제의 8대국이었던 브라질은 2000년에 14위로 물러났고 세계 실업 순위에서는 1980년 13위에서 2000년에는 3위로 뛰어올랐다. 그와 동시에 공공 부문의 뚜렷한 부채 증가(1993년 GDP의 1/3이었던 것이 2002년에는 GDP의 55%로 늘어남)와 GDP 대비 조세부담의 10% 상승 그리고 GDP의 14%에 해당하는 공공 자산이 국내 민간 대기업과 외국 기업에 넘어가고 50만 명 이상의 근로자들이 해고된 것 등 이러한 상황 속에서 소득과 부의 집중 현상이 발생했다. 그 결과 GDP에서 근로소득이 차지하는 비중이 50%에서 40% 이하로 떨어졌으며 일부 계층의 사회적 소외도 심화되었다.

룰라 정부 이후 국가의 역할 회복은 브라질로 하여금 저발전 극복을 위한 투쟁으로 돌아서게 하는 데 필수적이었다. 그러한 역할 회복의 긍정적인 결과들이 1990년대 때보다 두 배 이상에 이르는 경제성장으로 나타나기 시작했으며 그 결과 GDP 기준으로 세계 경제 8대국이라는 위치를 회복했다. 이러한 경제 성장은 소득의 재분배, 특히 사회 하층에 대한 소득 재분배와 더불어 국민소득에서 근로소득이 차지하는 비중의 증가(2010년에 44%)와 조화를 이루며 진행되었다. 이를 위해서는 국영기업들과 국영은행들을 구조조정하고 정부의 정책 실행에서 하청을 주는 대신 공무원들을 확충하는 등, 공공기관의 활동을 혁신할 필요가 있었다. 예를 들면 인프라 구축을 위한 성장촉진프로그램(PAC), 서민주택 보급을 위한 국가 프로그램(Minha Casa, Minha Vida), 심해 유전개발, 보건·교육·전력 생산 확충 등이 그것이었다. 이처럼 브라질은 스스로의 의지로 일어섰으며, 룰라 정부는 새로운 국가 발전 프로젝트를 우선시하며 중요한 정치적 합의를 통해 재조직하는 능력을 보여주었다.

두 번째 가정은 사회정책을 강하게 강조한 것에서 유래한다. 1990년대 브라질에서는 사회 프로그램들의 진전이 사회복지제도의 붕괴와 공공재정의 무질서를 야기할 수 있는 것과 마찬가지로 최저임금의 구매력을 증가시키면 노동시장에서의 비공식 부문 확대와 실업이 양산될 거라는 견해가 지배적이었다. 결국 사회복지 관련법과 노동법의 규제 완화만이 기업들로 하여금 더 많은 근로자들을 채용하게 할 것이라는 논리였다. 신자유주의적 성격의 이런저런 주문들이 최근 몇 해 동안 무용(無用)한 전설로 바뀌었는데, 그 이유는 실업의 하락과 비공식 노동시장의 감소로 인해 실질 최저임금이 거의 54%나 상승했기 때문이다. 연금생활자와 퇴직자들에게 지불되던 금액을 확대하고 보장해준 것, 저소득 가정에 대한 지원책인 가족기금으로 1,200만 이상의 가구를 흡수한 것 그리고 수백만 명을 신용 및 은행권으로 포용한 것 등에도 불구하고, 공공부채는 오히려 2002년 GDP의 55%에서 2010년 GDP의 40%로 감소했다. 그와 동시에 교육의 기회와 소득 그리고 고용 부문에서 20년 이상 고난의 세월을 겪은 뒤, 빈곤은 2003년 이래 30% 이상 줄어들었고 수백만 명의 브라질 사람들에게 강한 사회적 신분상승의 토대를 마련해주었다.

현재 브라질의 국가 경제가 보여주고 있는 역동성은 사회적 비용의 움직임과 관련되어 있다. 왜냐하면 현 국가 경제의 역동성은 점증하는 수요에 적합한 재화와 서비스 생산에서 민간 부문이 강화되었기 때문이며 그 수요는 전통적으로 소외되었던 엄청난 사회계층을 포용하는 과정에서 일어나고 있다. 그리하여 브라질 사회의 결속을 촉진하는 데 기본적인 수단이기도 한 사회 비용은 점점 더 '소외계층의 흡수 × 소비시장'이라는 공식으로 변하고 있다. 경제의 지평을 확대하기 위해 분배를 하는 것과 더 공평한 소득의 재분배를 위해 소득을 좀 더 신속하게 증가시키는 것은, 무엇보다도 2008년 세계 금융위기 이후, 세계 주도 국가들이 보여준 독특한 사례이자 경험을 대변한다. 그 주도국들 가운데 브라질, 인도, 중국에는 새로운 국제 발전주의의 추진 동력이 내재한다.

세 번째 가정은 국가 경제정책의 내적 관리 차원에서 더 큰 자율성 확보라는 문제와 관계된다. 외채위기(1981~1983) 동안 정부가 채택한 슬로건 — "중요한 것은 수출이다" — 은 국제수지 문제로 고통을 받던 나라의 상황을 대변한다. 그 당시 수출 초과 달성을 위해 국내 소비가 감소됨으로써 국내 경제의 역동성을 담보하는 중요한 원천들 중 일부가 해외로 빠져나가는 결과를 낳았다. 한 예로 헤알 계획(1994년 이후)이 야기했던 것으로서, 감세를 통한 재화 및 서비스의 국내 공급 그리고 국내의 실질 고금리와 환율 평가절상 등이 국내생산 부문의 탈산업화를 앞당겼다. 그리하여 1990년대 하반기의 경우 국가경제의 성장이 격렬하게 위축되었음에도, 수입품 비중의 증가와 높은 무역 적자를 낳은 수출 감소로 인해 국내 소득이 해외로 빠져나갔던 반면에 공식 고용은 확대되지 않았다.

그러한 의미에서 룰라 정부는 과거와의 단절을 추구했다. 국내 시장을 국가 경제의 역동성을 담보하는 주요 원천으로 탈바꿈시킴과 동시에 무역 적자를 흑자로 바꿔놓았다. 이를 위해 룰라 정부는 국가의 운영과 실무 관리를 점진적으로 강화했으며 민영화를 중단시키면서 공공투자의 재조정과 민간 부문의 기대치를 조정하고 관리하는 계획을 재개했다. 그것의 직접적인 결과는 부의 금융화라는 거시경제로부터 인프라 공사들의 생산성 우선주의 그리고 인플레이션을 야기하지 않는 수준에서의 소비 증가, 특히 저소득층의 소비 증가와 조화를 이룬 내수 생산의 확대 쪽으로 정책의 기조를 바꾼 것이었다. 2008년 말 세계경제의 위기 속에서도 브라질은 가장 늦게 충격을 받았던 나라 가운데 하나였으며 또 그 위기를 가장 먼저 극복한 나라 중 하나가 되었다. 즉, 룰라 정부는 이미 반(反)경기 순환 정책들(조세와 금리 하락, 공공여신 확대 및 소득 보장 정책 확대)을 취하는 노련미와 과감성을 지니고 있었으며 이를 통해 최악의 상황, 즉 특히 그때까지 확인된 바에 따르면 가장 못사는 사람들에게로 세금부담이 전가되는 것을 피했던 것이다. 그 이전의 국제 위기들(1981~1983년, 1990~1992년, 1998~1999년)이 발생했을 때 브라질은 경기 순응적 정책들(조세와 금리 인상, 지출 축소와 공공여신 축소)을 취함으로써 국민의 고통을 되레 악화시켰고 또 국가 경제의 대외 의존도를 심화시켰다.

　마지막으로 네 번째 가정은 세계경제로의 새로운 진입과 관련되어 있다. 1981~1983년 외채위기 이래 20여 년이 지난 지금 브라질은 채무국이라는 궤도에서 멀리 벗어날 수 있었다. 먼저 1999년과 2002년을 포함하여 브라질을 국제무대에서 천대받는 나라로 전락시키고 말았던 IMF와의 여러 조약과 의향서 체결이 이루어진 시기를 보자. 다자적인 금융기구들에 대한 의존도는 차치하더라도 브라질은 외환보유고를 쌓을 여건을 갖지 못했다. 그로 인해 브라질은 세계경제에서 점증하는 투기세력들의 쉬운 먹잇감이 되고 말았다. 상황이 그러했기에 1998~1999년 러시아의 모라토리엄이 발생하자 당시에 외환보유고가 250억 달러도 안 되던 브라질은 여러 국제기구들과 수치스러운 협약을 맺어야 했다.

　하지만 최근 들어 브라질은 외적 취약성을 지닌 몇 가지 주요 문제점들을 해결하고자 노력해왔다. IMF에게까지 차관을 제공하는 등 채무국으로부터 채권국으로 그 입지가 변했고 외환보유고도 외환위기 때보다 10배나 많은 2,500억 달러 수준을 유지하고 있다. 이로써 2008년 국제금융위기로 인해 야기된 국제 투기 움직임으로부터 아무런 상처도 받지 않은 채 다시 국제사회로의 긍정적 진입이라는 모양새를 갖추게 되었다. 나아가 미주자유무역협정(FTAA)이라는 미국 주도의 프로젝트를 버림으로써 남미와 남미공동시장의 통합을 용이하게 했다. 또한 굳은 의지로 아프리카, 아시아, 중동 지역 국가들을 자국의 무역 파트너로 확대함으로써 자국을 선진국 수출에 덜 의존하는 국가로 만들었다(멕시코의 예를 보라). 브라질은 국제기구에서 그때까지 아무도 인식하지 못했던 지도적 국가로서의 역할을 더욱 많이 수행하게 되었다. 그리하여 브라질의 대외경제는 주권적 경제의 놀라운 활력소이자 점증하는 타국들과의 기술협력을 도모하는 준거점으로 인식되었다.

5. 나오면서

이제 앞에서 논의한 결과를 바탕으로 브라질의 사회적 변화 패턴과 관련하여 몇 가지 중요한 양상들을 살펴볼 수 있을 것이다. 1960년대와 2010년대 사이에 브라질에서는 세 가지의 사회변화 패턴이 존재했다고 말할 수 있다. 첫 번째 패턴은 1960~1970년대에 발생했던 것으로서 이 패턴의 경우 1인당 국민소득의 높은 증가가 개인소득 간 불평등의 강한 확대와 어우러져 발생했던 반면에 1981년과 2003년 사이에 발생했던 두 번째 패턴의 경우는 1인당 국민소득의 정체와 사회적 소외가 높은 상황에서 불평등이 억제되었다는 특징을 나타냈다. 마지막으로 2004년 이래 지금까지 지속되고 있는 세 번째 패턴의 경우 1인당 국민소득의 증가가 소득의 개인 간 불평등 축소와 전례 없는 조화를 이루며 진행되고 있다. 최근의 이러한 사회변화 움직임이 드러내고 있는 주요 특징들은 이미 이 연구에서 제시되었던바, 그것은 이러한 움직임이 연령별, 성별, 직업별, 주거환경별, 피부색별 그리고 지역별로 동일하게 일어나고 있지 않다는 것이다. 어쨌든 사회의 상향적 이동성은 경제뿐만 아니라 공공정책 범주에서도 확인 가능한 것 이상의 큰 변화를 보여주고 있다. 종합하자면 브라질 사회의 피라미드 저변을 목표로 한 여러 정책들이 정치적·경제적인 합류를 이루고 있으며, 이러한 흐름을 지속하기 위해서는 소득재분배 정책의 새로운 업그레이드뿐만 아니라, 가능한 한 가장 빠른 경제성장 유지와 연계된, 사회 결속 정책의 새로운 업그레이드가 선행되어야 한다는 것이다.

제3장

브라질의 새로운 농촌 풍경

농촌 환경의 변화와 연속

아릴송 파바레투 _홍욱헌 옮김

브라질 농촌사회는 근본적인 변화를 겪고 있다. 이 변화는 지엽적이거나 점진적인 것이 아니라 브라질의 공간적 구조를 새로운 국면으로 접어들게 한 큰 변화이다. 이 새로운 단계에 있는 농촌사회를 단순히 발전이 지연된 사회라든지 또는 전적으로 농사만 짓는 사회로 이해하는 것은 더 이상 정확하지 않다. 이 논문에서는 과거의 브라질 농업을 이해하던 틀은 더 이상 유용하지 않지만, 아직 새로운 인식의 틀이 형성된 것은 아니라고 주장한다. 그리고 새로운 농촌사회의 지역적 및 환경적 특성은 농촌 풍경에 대한 새로운 정의와 분류를 요구하며 이에 걸맞은 행정체계의 정비가 필요함을 주장한다.

아릴송 파바레투 Arilson Favareto ABC연방대학교(Universidad Federal del ABC) 환경과학 사회학 교수.

주: 이 글은 지속 가능한 농촌발전국립위원회(Consejo Nacional de Desarrollo Rural Sustentable)와 미주농업협동연구소(Instituto Interamericano de Cooperación Agrícola)가 주최한 회의에서 최근 발표된 논문을 근간으로 작성되었다. 필자는 그때의 조언과 비판에 감사드린다. Sarah Daitch가 번역을 해주었다. 포르투갈어 원문은 <www.nuso.org>에 있다.

*이 글은 ≪Nueva Sociedad≫ 223호(2009년 9~10월호)에 실린 글을 옮긴 글이다.

1. 서론

브라질 농촌사회가 변화했다. 농업국가라는 전통적 낙인은 점차 사라지고 대신 다양한 모습이 농촌사회에 나타나고 있다. 변화된 농촌 모습의 하나는 여러 농업 관련 산업들이 국제경쟁력을 확립한 것이다. 이외에도 가족농의 상당 부분이 시장경제의 동향과 밀접한 관계를 형성하고 있으며 국제경쟁력이 있는 특정 농산품을 대규모로 재배함에 따라 사회적·환경적 영향이 (언제나 긍정적인 것은 아니지만) 변화하고 있다. 이러한 변화에 따라 농촌과 사회 전반의 주요 관심사가 변모하고 또한 지역발전이란 새로운 개념이 부상하고 있다.

이 논문은 최근 브라질 농촌사회가 경험한 다양한 변화들이 무엇인지를 밝히고 이 변화들 속에 감추어진 의미를 분석하려 한다. 이 글은 농촌사회의 변화로 인해 브라질은 국가형성의 마지막 발전단계에 접어들었음을 주장한다. 다른 말로 하면 브라질 농촌 부문은 과거와 같지 않은 데 그 이유는 농촌이 도시화와 공업화의 진전으로 마지막 발전단계에 진입했기 때문이다: 오늘날 브라질 농촌은 완전히 합의된 것은 아니지만 분명히 도시에 통합되었다. 하지만 농촌사회를 이해하는 분석틀과 농촌발전을 위한 각종 제도와 기관은 여전히 과거의 시각으로 접근하고 있어 새로운 단계에 진입한 농촌을 분석하는 데 적절치 않다. 따라서 농촌에 대한 시각 및 제도 변화가 앞으로의 브라질 농촌 문제를 풀어나가는 데 절실히 필요하다.

이 글은 세 절로 구성되어 있다. 첫째 절은 지난 25년 동안, 즉 민주화 이후 지금까지 브라질 농촌사회가 경험한 여섯 가지 주요 변화를 검토했다. 이 변화는 브라질의 사회적·공간적 구성이 새로운 발전단계에 진입했음을 밝히는 지금까지의 주요 연구로부터 추출한 것이다. 둘째 절은 이 새로운 발전단계에 접어든 브라질 농촌사회의 지리적 특성을 살펴보겠다. 오늘날 브라질 농촌사회가 과거와 어떻게 달라졌는지, 즉 어떻게 분화되었는지에 초점을 두었다. 셋째 절은 농촌 발전을 겨냥한 여러 제도적 장치가 새로운 상황변화에 어떻게 재조정되어야 할지를 검토했다. 마지막으로 이 글은 간략한 결론으로 끝을 맺었다.

2. 변화: 여섯 가지 주요 추세

1980년대 중반 이후 브라질 농촌지역은 인구통계적·경제적·사회적 측면에서 많은 변화를 경험했다. 여러 변화 중에서 과거와는 다른 질적인 변화로 여섯 가지가 눈에 띈다.

1) 추세 1: 농촌지역의 인구통계적 변화

아는 바와 같이 20세기 후반 브라질 농촌사회의 특징 중 하나는 농촌에서 도시로의 대규모 인구이동이다. 공식통계에 의하면 1990년대 말 10명 중 4명이 도시에 살고 있다.[1] 그렇지만 브라질에서 현재 사용되고 있는 농촌과 도시에 대한 구별은 통일되어 있지 않아 이러한 인구동태의 특성을 더 정확히 이해하는 데 방해가 되고 있다. 농촌과 도시 지역에 대한 구분의 혼란은 시군 단위의 지방자치단체의 소관으로 되어 있는데서 초래되었다. 즉, 5,560개의 시군 자치정부가 도시지역의 범주를

---

1) Instituto Brasileño de Geografía y Estadística(IBGE), Censo demográfico 2000, <www.ibge.gov.br>.

자율적으로 법제화할 수 있기 때문이다.

이러한 자율성으로 인해 인구규모가 작고 인구밀도가 낮은 그리고 사회기간시설이 미비한 시군의 자치정부들은 도시화 수준을 과장하는 경향을 보여주었다. 예를 들면 주로 농업으로 생계를 꾸려나가는 주민들이 모여 사는 조그만 읍 수준의 마을을 도시로 분류하여 인구통계를 잡는 경우이다.

이러한 문제들을 극복하기 위해 몇몇 연구들은 국제적 기준을 적용하여 브라질 농촌의 실체를 재정리하려 했다(Eli da Veiga, 2001: 1~82). 인구밀도, 시군의 면적과 위치 등과 같은 기준을 적용하여 농촌을 재정리해본 결과, 브라질 인구의 약 1/3은 농촌 인구로 분류되었다. 이는 공식 인구통계에서 집계된 약 18%보다 훨씬 많다. 더욱 중요한 발견은 전형적인 농촌 성격을 가진 여러 지역과 시군들이 과거처럼 지속적으로 인구감소를 경험하고 있지만 동시에 새로운 거주자도 불러들인다는 것이다. 사례 연구들에 의하면, 새로운 인구의 농촌 유입은 한 가지 이유 때문이 아니라 일련의 복합적 요인 때문이다. 예를 들면 일부 지역에서는 고용 위기와 탈도시화로 인해 과거 농촌에서 도시로 이동과는 다른 반대방향으로 인구가 이동하고 있거나, 또는 국가 전체적으로 느리지만 활기를 찾고 있는 경제활동의 분산화로 농촌으로 인구이동이 일어나고 있다. 또는 내륙 지역에 대한 사회복지비의 확대와 일부 농촌지역에 특히 대도시 근교 농촌지역에 쾌적한 주택의 공급 확대는 농촌으로 인구이동을 가속화시키고 있다.

농촌 가정의 구성과 지역의 동태에 관한 다른 연구도 있다. 히카르두 아브라모바이(Ricardo Abramovay)는 농촌인구의 노령화와 남성화 경향을 밝힌 재미있는 연구를 했는데 이 현상은 유럽 특히 프랑스를 조사한 피에르 부르디외(Pierre Bourdieu)의 연구 결과와 유사하다(Abramovay et al., 1998; Bourdieu, 2004). 마리아 주제 카르네이루와 엘리자 카스트루 (Maria José Carneiro y Elisa Castro)가 편집한 연구에 의하면 농촌 청년들의 관심과 요구가 도시 청년들의 그것에 근접하고 있다: 농촌 청년과 도시 청년들은 다 같이 미래의 불확실한 상황에 대처하기 위해 기회에 대한 관심과 기회의 확대를 중요시하는 경향을 보이고 있다(Castro y Carneiro, 2007). 브라질 농촌에 대한 이러한 연구결과는 유럽에서의 농촌과 도시의 통합 현상, 즉 전통적으로 분리되어 있던 농촌과 도시의 제품시장들이 유럽에서는 통합되고 있다는 부르디외의 연구결과와 유사하다.

2) 추세 2: 국제무대에서 브라질 농업은 중요해졌지만, 농촌의 고용 및 소득증대로 연결되지 못하고 있다

인구구조의 변화와 함께 농촌 공간의 경제적 기반도 변했다. 농업이 국내경제에서 중요한 역할을 한다는 것은 의심의 여지가 없다: 비록 순수한 의미의 농업생산은 최근 수십 년간 GDP의 10~12%에 불과하지만, 국제가격의 상승과 경쟁력의 상승으로 농업은 상당히 역동적인 분야가 되었다. 농업 및 농업 연관산업 전체를 포함하면, 농업생산은 GDP의 약 1/3에 달하고 있다. 수출 면에서 농업상품의 비중이 공업화로 줄어들었지만, 아직 총수출의 1/4을 차지하고 있다. 브라질은 다양한 농업제품을 수출하는 전형적인 세계 농업수출국으로 우뚝 서 있다. 주요 수출제품으로 커피, 오렌지 주스, 콩, 설탕, 담배, 펄프 및 종이, 쇠고기, 돼지고기, 그리고 닭고기 등이다.

농업 및 농업 관련산업이 국내총생산과 수출에 기여도가 높지만, 농촌 소득과 고용 증대에는 별로 기여하지 못했다. 농촌 고용시장 확대를 위한 후르바노 프로젝트(Rurbano Project)가 조사한 자료에 의하면, 1990

년대 말경 농촌의 비농업분야 소득은 이미 농업 소득을 앞지르고 있다 (Graziano da Silva, Grossi, Campanhola, 2005: 47~68). 이러한 현상은 도시화와 공업화가 높은 지역에 한정된 것이 아니었다. 또한 이 연구에 의하면 농업 소득은 증대되지 않았으며 농업인구는 기계화와 기업농이 팽창하는 중서부 농업지역이나 전통적인 영농의 북동부지역에도 농업 소득은 다 같이 상대적으로 줄었다.

이러한 분명한 모순은 세 가지 요인으로 설명된다. 첫째, 영농기업의 지속적 증대로 인해 브라질 북부의 농업지대에 생산요소의 단가가 광범위하게 상대적으로 값싸게 되었기 때문이다. 값싼 토지와 값싼 노동의 결합은 윤리적으로 이해하기 힘든 비참한 사회적·환경적 조건에서 빈번히 이루어졌다. 소득과 고용 증대에 이르지 못한 둘째 요인은 자본집약적인 현대적 영농 때문이다. 세아지 재단(Fundação Seade) 자료에 의하면 한 사람의 일자리를 만들기 위해 평균 약 100ha의 사탕수수밭이 필요하다. 대두의 경우 200ha의 밭, 목축의 경우 350ha의 목초지당 일자리 하나가 생긴다. 셋째, 경제활동의 불안정한 분산화와 사회복지정책의 확대에 따라 인구 구성이 변화했기 때문이다: 더 나은 학력의 일부 인구가 도시로의 이동을 준비하기 위해 농촌지역에 머물고 있거나 농촌지역에 경제활동의 분산화와 사회복지의 확대 때문에 비농업 분야에 더 많은 고용기회가 생기고 있다.

3) 추세 3: 농업 문제의 변질

앞의 두 가지 경향은 농업 문제의 소진으로 해석될 수 있다. 농업은 더 이상 일자리와 소득 창출의 원천이 아니다. 물론 브라질에는 식량생산의 부족 현상은 없다. 하지만 기업농이[2] 지배적인 지역과 가족

영농이 지배적인 지역을 서로 비교해보면, 양자의 발전 양식이 매우 다르다는 것을 알 수 있다.

최근 한 논문에서 소득, 빈곤 및 불평등 지표를 사용하여 브라질의 주요 도시와 농촌지역의 시군 자치단체들의 발전을 서로 비교했다 (Favareto y Abramovay, 2009). 이 논문의 결론에 의하면 1990년대 브라질 일부 지방자치단체들은 빈곤과 불평등을 줄이며 동시에 경제성장을 이루어냈다. 또한 성장과 재분배의 동반 성취는 도시지역보다 전통적인 농촌지역에 더 흔한 경우였음을 보여주고 있다. 사실 농촌지역의 지방자치단체들 10곳 중에서 2곳은 소득을 개선시키고 동시에 빈곤과 불평등을 축소시켰다. 반면에 도시지역의 경우 단지 1곳만 이에 성공했다. 더 중요한 발견은 도시화와 발전은 함께 간다는 공식이 브라질에는 성립되지 않는다는 것뿐만 아니라, 이러한 '성공적 도시들'과 '내륙의 가장 역동적인 경제 지역들'이 서로 일치하지 않는다는 점이다. 다시 말하면 얼핏 보기엔 진보는 관개시설이 잘된 지역이나 아니면 석유화학 공업, 신발, 및 섬유산업이 활발한 지역에서 일어나는 것 같지만 사실 꼭 그렇지만은 않다.

같은 연구에 의하면 가족영농보다 기업농이 지배적인 중서부는 브라질 중에서 성장과 재분배를 같이 달성한 소위 성공적인 지방 자치단체가 가장 적은 곳이다. 중서부에는 대부분의 지방자체단체들이 고도성장을 했지만 불평등이 심화되어 고생하고 있다. 마지막으로 아마존 지역에는 두 가지 목적을 같이 성취한 지방자치단체는 하나도 없다.

위에서 본 바와 같이, 브라질 농업 문제는 단순히 소득의 시각에서

---

2) 여기서 '기업농'은 가족이 생산의 주체가 아닌 생산단위를 지칭한다. 이는 가족 단위의 영농에는 가족기업이 없다는 의미는 아니다.

바라볼 문제가 아니며 더 복잡한 다른 형태의 문제로 변질되었다고 말할 수 있다. 토지소유와 사용양식은 농업 근대화의 장애물이라기보다는 삭스(Ignacy Sachs)의 표현을 빌리면(Sachs, 2001), 사회적으로 포용적인 발전과 환경적으로 지속 가능한 발전을 동시에 추구하는 데 있어 난관이었다. 농업 문제는 이제 농촌에만 국한된 것이 아니라 더 넓은 지역적 차원의 문제이며 동시에 환경적 문제와도 뗄 수 없는 현안이 되었다.

4) 추세 4: 두 가지 형태의 사회적 생산양식의 공존

토지 관련 주요 쟁점이 큰 변화를 가져왔지만, 기업농과 가족농이라는 두 가지 사회적 생산양식이 서로 (갈등적이기는 하지만) 공존하는 현상을 보여주고 있다. 최근의 농업조사 통계가 발표되기 전까지는 추계치에 의존할 수밖에 없는데, 현재 농업분야에 종사하는 가족농장은 약 400만 개에 이르고 있다. 가족농의 평균 크기는 78ha에서 63ha로 줄어들었다. 가족농 소유주는 약 35만 명이 늘어났다. 동시에 약 90만 가족들이 농업개혁으로 새로이 농촌에 정착했으며, 이 중 약 50만 가족은 룰라 정부의 집권 이후 새로이 정착했다.

이 통계 자료가 말해주는 것은 그동안 브라질 농업구조에 획기적인 변화가 없었다는 점이다. 일부 농산물은 시장에서 높은 경쟁력을 가지게 되었고(이는 특정 작물에 대한 시장 수요가 많아졌기 때문에 나타난 현상이다), 의도와는 다르게 농촌에 대한 투자는 토지 집중을 야기했다. 발렌치(Valente)에 의하면 가족농이나 소규모 농장을 전통적인 또는 후진적인 영농으로 간주하고 대규모 영농을 경쟁력 있는 기업농으로 등식화하는 것은 오류일지 모른다(Valente, 2009). 가족농과 기업농 속에는 다 같이 경쟁력이 없는 분야와 역동적인 시장경제에 편입된 분야가 공존하고 있다.

5) 추세 5: 개발계획 단위로서 지역

1990년대 농촌발전을 위한 제도와 정책 중에서 가장 혁신적인 방안의 하나는 가족농을 공적 투자의 주된 대상으로 삼았다는 점이다. 가족농 강화 국가 계획(Programa Nacional de Fortalecimiento de la Agricultura Familiar: Pronaf)은 이러한 주요 프로그램의 하나일 것이다. 2000년대에는 아마도 농촌의 지역적 접근을 강조한 것이 농업정책의 핵심일 것이다.

지역적 정책은 가족농 강화 국가계획의 단점, 즉 농업 분야에 국한된 발전전략이 농촌 발전을 유도해내는 데 한계가 있었다는 인식에서 출발했다. 대신 지역적 정책은 농촌지역의 사회기간시설을 확충하는 것을 목표로 삼았다. 결과적으로 이 지역적 정책은 특정 농촌사회와 지방 자치단체를 대상으로 하지 않고 범위를 넓혀 여러 지역 간 연결을 가능케 한 투자로 이어졌다. 이후 지역 간 교류 확대를 위해 농업발전부 (Ministerio de Desarrollo Agrario)를 설립했는데, 이 부서는 농촌지역과 주변지역 간의 발전에 관여했다. 최근에는 정부 부서 간 농업발전과 관련된 발전계획을 통합하기 위해 시민지역계획(Programa Territorios de Ciudadania)을 추진했다.

이러한 발전 노력에도, 아직은 농촌 주변의 광역 지역들은 투자 지역으로만 인식되고 있지 그 이상의 진전은 없다. 시민지역계획도 단지 부분적 진전을 이루었을 뿐이다. 지역적 개발계획의 성공을 위해서는 최소한 빈곤감축과 경제 활성화라는 이분법적 구분을 극복해야 할 필요가 있다. 사회기간시설 건설과 사회복지정책은 필요조건은 되지만 충분조건이 되지 못하고 있다. 예를 들면 관광부, 상공부, 또는 과학기술부 같은 정부부처의 각종 사업이 농촌지역에 대한 고려가 없는 것을 어떻게 설명할 수 있을까? 이런 부서들의 관심 없이 지역적 발전을 추구하는 것이 과연 가능할까?

다른 한편으로는 연방정부가 지역적 투자를 추진하기 위해 준비한 토론회와 회의에서 발표된 연구 발표문을 보면, 영농 부문에 관한 것이 다수를 차지하고 있다. 시민지역계획은 바로 영농의 강조로부터 탈피하려 하지만 아직은 그 성과가 걸음마 단계에 불과하다.

이 두 가지 현상, 즉 농촌 부문에 대한 편견과 사회정책에 대한 편견은 농촌발전을 진작시키기 위한 제도적 개선을 이루기에는 아직도 할 일이 많다는 것을 보여주고 있다. 또한 브라질의 새로운 농촌 풍경, 즉 다양한 경제활동과 다양한 발전국면의 농촌사회를 정확하게 파악하는 노력이 사회적 급선무임을 보여주고 있다.

6) 추세 6: 새로운 농촌환경으로부터 새로운 농촌경제의 탄생

만약 역동적인 경제를 보이고 있는 지역에서 각종 농촌 발전 지표가 개선되지 않고 있고, 농촌 발전을 위한 여러 노력들이 소기의 효과를 가져오지 못하고 있고, 그리고 경쟁력이 높은 농업 분야가 있는데도 농촌 발전의 긍정적 결과를 얻지 못하고 있지만, 최근 일부 농촌지역은 상당히 효과적인 농촌 발전을 보여주고 있다. 이 현상을 보면, 다음의 질문이 자연히 제기된다. 최근 일부 농촌지역에서 농촌 발전을 효과적으로 이룩하고 있는 것은 어떤 요인 때문일까?

한 가지 설명은 최근 20여 년간 브라질에는 사회복지 프로그램이 크게 확대되어 소득 이전이 이루어졌기 때문이라는 것이다. 이를 부정할 수는 없지만 사회복지를 통한 소득 이전으로는 충분히 설명되지 않는다. 왜냐하면 사회복지 프로그램의 혜택을 다 같이 받고 있는 지역들이지만 발전의 차이가 나기 때문이다.

파브레투(Favareto)와 아브라모바이는 다른 설명을 제시하고 있다. 최근 일부 농촌지역에서는 사회복지의 공공자금 이전과 함께 다섯 가지 요인들이 나타나고 있다. 첫째, 공산품(예를 들면, 의류와 인터넷) 판매와 계절적인 농업 임금(특히 사탕수수) 등을 통한 민간 자금의 이전이다. 이 경우 개인들은 일시적으로 이주하여 소득을 올리며 고향 농촌에 돌아와서 소비하고 있다.

둘째, 일부 농촌 지역의 변화를 가져온 다른 요인은 우유의 공적 배분 프로그램이다. 예를 들면, 학교와 병원 등에 대한 공적 배분이다. 이 프로그램은 1990년대 후반에 도입되었는데, 현 정부까지 지속적으로 확대되었다. 이 배분 프로그램의 분명한 목적은 소규모 농가의 우유 생산을 장려하는 데 있다. 그러나 소규모 농가가 우유를 일정 규모 이상으로 생산하게 되면, 주 정부는 더 이상 구매하지 않도록 정하고 있다.

셋째, 농촌경제의 다양화와 소규모 도시 및 읍 지역에 가내공업의 활성화다. 농촌경제의 다양화는 브라질 남동부 지역에 주로 나타나고 있는데 과거 도시 공장지대에 집중되어 있던 공장들이 분산되면서 나타난 현상이다. 그리고 섬유 및 신발 공업 분야에서 지방의 전통적 공장들이 활기를 찾으면서 가내공업이 활기를 찾았다.

넷째, 가족농 강화 국가 계획의 수혜자가 크게 증가했기 때문이다. 북동부의 경우 100만 명 이상이 대출을 받았다.

마지막 요인으로 사회기간시설과 공공서비스 확대다. 브라질 내륙지역은 아직도 낙후되어 있지만, 교육, 건강 및 통신 분야는 전기 보급 확대, 유선통신망과 휴대전화기의 확대 등으로 인해 상당한 발전을 이루었다. 또한, 각 주(州)간 도로망 확충, 소형 오토바이의 급증 등으로 인해 과거 외딴 지역들의 전통적인 고립 현상을 크게 줄어들었다 (Favareto y Abramovay, 2009).

전체적으로 파브레투와 아브라모바이의 조사 결과에 따르면 일부 농촌사회의 성공적인 발전은 다양한 요인에 의해 이루어졌다. 이 논문에서 강조한 것은 일부 농촌사회의 성공적 발전 실적은 경제성장을 주도한 역동적인 산업이 농촌으로 이전되었기 때문이 아니고, 대도시가 기술혁신 및 경제적 동력을 제공한 것 때문도 아니며, 또한 국제 자본을 유치하기 위한 노력이 집중된 지역 때문도 아니라는 점이다. 대신 성공적인 발전 성적표를 낸 농촌지역은 연금(공적 자금도 일부 포함하여) 수혜자를 유치할 수 있는 여러 장점과 능력을 가지고 있거나, 도시지역으로 이동한 인구들의 송금을 받아들이거나, 또는 기존의 지역경제의 강점을 활용하여 아직 개발되지 않은 잠재적 자원(대도시 지역에서의 개발과정과는 달리)과 세계적 경쟁력을 접목시킨 경우였다.

3. 최근 변화의 의미

앞에서 본 여섯 가지 경향은 브라질에 새로운 농촌풍경이 출현하고 있다는 것을 말해주고 있다. 이러한 추세들은 농촌사회에서 일어난 보편적인 현상이 아니라 일부 농촌지역에 한정되거나 또한 지역마다 서로 다른 요인에 의해 나타난 것이다. 그렇다면 브라질 농촌사회에 공통적으로 나타난 변화는 없는 것일까? 필자의 논문, '새로운 농촌 풍경'에서, 브라질 농촌사회가 세 가지 측면 — 자연과의 친화성, 인간관계, 그리고 도시와 농촌과의 관계(Favareto, 2007) — 에서 공통적인 변화를 경험했음을 지적했다.

새로운 농촌 풍경의 첫째 특성으로 자연과 사회와의 관계 변화다. 자연자원의 사회적 이용은 1차산품 생산 중심에서 다양한 활용으로 변모하고 있다. 예를 들면 쾌적한 생활환경, 생물 다양성 보존, 그리고 신재생 에너지 등으로 활용하고 있음을 들 수 있다.

둘째 특성으로 동질성이 높았던 농촌사회가 이질적이고 연대성이 낮은 사회로 바뀌었다. 높은 동질성과 연대감은 과거 농촌 풍경의 전형적인 특징이었다.

셋째 특성으로 농촌사회는 더 이상 1차상품의 수출 기지가 아니며 복잡하고 다양한 용도로 토지가 구획되고 있다. 다시 말하면 도시와 농촌의 두 축은 과거와는 다른 연결고리로 결합되고 있으며 노동시장, 작물, 및 서비스 부문 간에 새로운 통합양식이 나타나고 있다. 농촌지역은 더 이상 과거 단순한 자원 수출업자(원료 상품과 노동)가 아니며, 중소도시의 매력 있는 주택 및 소득원으로 변모했다. 전체적으로 농촌을 도시와 반대되는 공간으로 간주하거나 농촌을 사라진 공간으로 보거나 또는 농장을 독립된 공간으로 보는 것은 더 이상 적절한 표현이 아니다.

그러나 이러한 새로운 농촌 풍경은 브라질 전체 사회가 똑같은 수준으로 경험한 것은 아니다. 다음 장에서 새로운 농촌상의 공간적 차이를 살펴보겠다.

4. 브라질 농촌 발전 양식들

<그림 3-1>은 '새로운 농촌상'의 다양한 형태를 표시한 것이다. X축은 농촌지역에서 자연자원의 사회적 이용 양식을 나타낸다. 아래쪽으로 갈수록 경작지로서의 활용 정도가 높으며, 위쪽으로 갈수록 새로운 사

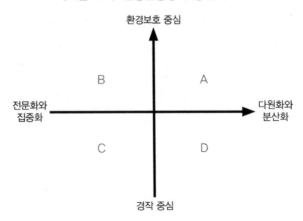

〈그림 3-1〉 신농촌풍경의 형태 구조

환경보호 중심

B   A

전문화와   다원화와
집중화   분산화

C   D

경작 중심

회적 이용 정도가 높다. 신농촌상은 경작지에서 새로운 질적 변화, 즉
여러 형태의 새로운 환경보호적 농지활용으로 야기된 새로운 농촌 사회
구조 및 제도를 나타낸다. Y축은 토지 사용의 집중화와 전문화 정도를
나타낸다. 왼쪽으로 갈수록 전문화와 집중도가 높으며 오른쪽으로 갈수
록 다원화와 분산화가 높다. 신농촌사회에서의 발전과정은 부분적으로
다른 부문의 발전과정과 유사하며 또한 사회구조와 환경체계의 다원화
와 분산화와 관련되어 있다.

크게 봐서 <그림 3-1>은 농촌사회를 토지의 환경적 활용과 사회제도
적 구조를 축으로 네 가지 형태로 구분한 것이다. 계속해서 각 형태의
속성을 자세히 살펴보자.

1) A 형태: 환경친화적 토지사용과 좀 더 다원화 및 분산화된 사회구조의 농촌사회

이 농촌사회 형태(A)는 지역의 지형적 특성, 즉 환경과 사회계층을

모두 고려한 일종의 도시화 모델이다. 이 형태에서는 사회생활을 역동적으로 영위할 수 있도록 자연자원을 보존하는 자연친화적, 자원의 사회적 활용 양식을 구축하고 있다. 지역경제는 다원화되어 있고 동시에 지역 내 경제통합과 결합의 정도도 높다. 자연환경, 문화 및 경제가 서로 조화를 이루어 경제는 역동적이고 사회지표는 좋은 실적을 보여주고 있으며 환경도 잘 보존되고 있다. 이러한 개발의 대표적인 예로는 산타카타리나 주의 이타자이(Itajaí) 지역이다.

2) B 형태: 환경친화적 토지사용과 좀 더 전문화 및 집중화된 사회구조의 농촌사회

지역의 지형적 특성들이 환경보존을 가능하게 했지만 사회계층구조가 사회집단 간 격차를 줄이는 제도를 만드는 데 도움을 주지 못했다. 환경보존은 농촌생활의 활성화와는 서로 갈등적인 관계를 가질 가능성도 높다. 도시화는 초기 단계에 있지만 농촌적 특성은 가지고 있지 않다. 대표적인 사례로는 산림과 기업농이 공존하는 아마존의 일부 지역이다. 기업농은 생물적 다양성을 손상하고 토지와 물 등의 자연자원을 소진할 가능성이 높지만, 농촌지역의 사회구조는 기업농의 생산활동을 저지할 능력을 가지고 있지 못하다. 이러한 형태의 농촌사회에서는 높은 수준의 사회적 갈등을 나타내고 있다.

3) C 형태: 작물특화 중심의 토지사용과 전문화와 집중화된 사회구조의 농촌사회

지역의 지형적 특성들은 수탈적 농촌개발을 가능하게 했다. 환경보존과 사회구조의 분화는 제한적으로 이루어졌다. 즉, 1차상품 생산과 이에 따른 사회구조적 변화로 인해 경제성장이 활성화될 가능성이 높았지만 환경보존적 측면이나 농촌공동체의 해체 면에서 전통적 농촌사회의 특성이 상당히 유지되고 있다. 이 형태의 농촌사회는 농업 부문 생산활동의 활성화로 인해 높은 수준의 경제적 역동성을 경험하고 있다. 이곳에서는 부의 창출이 특정 시군 지역에 집중되어 있으며 다른 지역으로 확산되지 않고 있다. 다시 말하면 지역의 모든 사회계층을 위한 부의 확산으로 이어지지 못하고 있다. 환경보존은 자투리땅, 하천 주변, 또는 산악지대 등에 국한되며, 법적 제한에 따른 최소한의 보존에 그치고 있다. 농촌의 생물 다양성은 상업농으로 인해 크게 위협받고 있다. 대표적인 예로는 상파울루 주 내륙의 일부 지역을 들 수 있다. 이곳은 가장 역동적인 지역에 속하며 도시화로 인해 상당한 수준의 사회기간시설과 서비스가 정비되어 있지만 지역적으로 집중되어 있다. 바이아 주나 페르낭부쿠 주의 밀림지역의 코코아 생산지역에서와 같이 경제적 역동성은 떨어지지만 작물 특화와 사회구조의 경직화가 강화되어 사회적 불안이 심화되고 있다.

4) D 형태: 작물 특화 중심의 토지사용과 다원화 및 분산화된 사회구조의 농촌사회

자연자원의 보존 측면에서 지형적 특성이 환경친화적이진 않지만, 사회구조가 변화와 새로운 제도의 출현에 긍정적 역할을 하고 있다. 경제적 집중이 새로운 사회제도의 출현을 방해하거나 가로막고 있다. 작물 특화 지역과 환경 간에 그리고 사회집단 간에 불평등이 심하다. 대표적인 사례로는 산타카타리나 주의 서부 지역을 들 수 있다. 기업농이 지배적인 일부 지역과 가족농이 집중된 다른 지역이 공존하고 있다. 이 농촌사회는 상당한 수준의 경제성장을 이룬 지역을 여럿 갖고 있지만, 사회지표는 별로 좋지 않으며 또한 불평등이 심하고 토양과 물의 오염도 상당하다. 지역사회의 인적 자원을 외부로 빼앗기고 있어 자체적인 사회집단의 다원화는 이루어지지 않고 있다. 이 형태에 속한 지역에서는 농촌사회가 자체적으로 다른 부문과 상호관계를 강화할 가능성은 별로 갖추지 못하며 농촌개발을 통해 사회 변화를 가져올 수 있는 사회제도를 창출하는 데도 어려움을 갖고 있다.

5. 제도적 과제에 대한 시사점

위의 네 가지 새로운 농촌사회 형태에서 볼 때, 앞으로 브라질 농촌사회의 발전을 위해 어떠한 변수가 중요할까? 분명히 여러 가지가 있다. 그러나 중요한 것은 현재 추진하고 있는 여러 노력들이 농촌사회의 혁신과 변화를 가져오고 있기는 하지만(아마도 가족농 강화 국가 계획이 단적인 예일 것이다), 바람직한 발전을 가져오는 데는 실패하고 있다. 장래 진정한 농촌사회 발전을 위해, 몇 가지 가능한 시나리오를 제시하면 다음과 같다(Favareto y Eli da Veiga, 2006). 모든 중요한 것이 다 제시될 수는 없지만, 농촌발전을 위해 가장 기본적이고 일반적인 정책들을 제시해보겠다.

1) 농촌에 대한 새로운 정의

현재 사용되고 있는 공식통계의 의미를 재정의하는 것이 농촌 발전을 위한 논의를, 즉 발전 전략 및 투자에 대한 논의를 위해 필수적인 첫걸음이다. 공식통계에 의하면 투자대상에 대한 논의는 인구수 면에서 단지 18%만이(또한 앞으로 계속 줄어들 것이다) 살고 있는 지역을 겨냥하고 있다. 다른 한편으로는 공간 정책은 인구의 1/3이 안정적으로 살고 있는 지역을 대상으로 다루고 있어 농촌사회가 매우 다르게 규정되고 있다.

오늘날 사용되고 있는 분류는 1930년대에, 즉 브라질이 도시화를 막 시작하려는 때에 확립된 것이다. 그 당시에는 도시화라는 것이 오늘날의 도시가 아닌 과거의 어느 한 형태의 도시로 농촌사회가 변형될 것이라고 생각했을 수 있다. 거의 한 세기가 지난 오늘날, 농촌과 도시를 재정의하는 것은 어쩌면 당연하다.

2) 부문에서 지역으로

앞에서 본 바와 같이, 지역적 접근은 세 가지 축에 기초하고 있다. ① '신농촌풍경'에 나타난 바와 같이 새로운 비교우위의 강점들이 출현: 생물다양성의 경제적 이점과 관광적 가치를 개발, 도시 소비자 일부를 겨냥한 틈새시장개발, 또한 대량 '상품화'와는 별로 관계가 없는 특정 농산품의 개발 등. ② 부문 간 연결성, 즉 1차산품 생산 활동 중심에서 지역경제의 여러 부문을 결합하여 생산가치를 높이는 노력. ③ 도시와의 연결성, 즉 농촌지역과 도시 간의 상호교류를 활성화시킬 목적으로 (또는 다른 말로 하면 지역을 개발계획의 단위로 고려하는 것) 공동체 단위에서 참여활동의 강화.

그러나 많은 개발정책들이 아직도 특정 부문만을 염두에 두고 전개되고 있다. 중앙정부의 각종 기관, 여러 기관의 문서와 협력 실태, 그리고 투자 실적, 그리고 지역적 정책이 정부 부처에 차지하는 위치 등을 살펴보면, 얼마나 모순되고 애매한지 알 수 있다. 일반적으로 지역 발전을 담당하는 기관은 정부에서 한직 부서나 별로 중요하지 않은 부서에 속해 있으며, 바람직한 지역발전 전략을 위해 소요되는 공공재원을 충당하지 못하고 있다. 또한 지역 개발정책에 대한 경시는 정부 관리들의 인식 부족과 정부 조직의 경직성 등에서도 기인한다.

3) 분권화와 참여

최근 농촌개발정책은 분권화와 사회적 참여의 확대를 장려하는 방향으로 전환되고 있는데 여기에는 두 가지 목적이 있다. 한 가지 목적은 거래비용과 정보수집 비용을 줄이는 것인데 정책들의 대상 인구들이 서로 인접하기 때문에 가능하며 이러한 비용감축을 통해 지역 정부기관들은 가장 필요하다고 여기는 문제에 좀 더 집중적인 투자를 할 수 있다. 다른 목적은 공공지출에 대한 더 많은 사회적 통제를 강화하는 것으로 이는 정부자금의 유용을 줄이고 정책과 공공사업의 합법성을 더 높여준다. 이와 같이 분권화와 참여는 개발정책의 좀 더 효율적인 결실을 얻는 데 도움을 줄 것이다(Avritzer, 2003; Gaventa, 2004).

하지만 최근 연구에 의하면 분권화 - 참여 - 효율이라는 공식을 어렵게 하는 일련의 문제가 나타나고 있다. 첫째 문제로 분권화를 통한 정책집행 장치가 마련되어 있지 않다. 정책의 집행 권한은 분권화되었지만, 재원은 분권화되지 않고 있으며, 중앙정부와 지방정부의 활동범위에 대한 계약관계를 관장하는 장치가 전혀 없다(Ray, 2000). 둘째 문제로, 정책의 지도·감독에서 합리성의 제한이다. '위로부터의' 지도 방식은 정책 입안자의 편견, 즉 제한된 합리성 결함을 나타내며 '아래로부터의' 또는 '공동체 주도의 전략' 방식도 유사한 결점을 드러낸다. 지역기관도 언제 어떻게 투자를 할 것인가에 대한 편견으로 자원을 가장 효율적으로 사용하지 못하고 있다. 마지막 문제로, 특정 사회세력에 의한 참여 독점이다. 정책의 우선순위를 정하는 권한을 지방정부에 이전하는 것이 더욱 민주적이고 지역 사회세력의 권한 증대에 기여할 수 있다. 하지만 지역의 오래된 그리고 더 많은 자원을 가진 전통적인 세력들이 새로운 참여 공간을 독점하는 위험도 감수해야 한다(Coelho y Favareto, 2008: 2937~2952).

4) 빈곤퇴치에 대한 강조

농촌발전을 위한 전략과 정책 연구에서 빈곤퇴치에 대한 강조는 라틴아메리카 국가들의 사회적·경제적 발전의 기반 조성이다. 빈곤퇴치가 여러 차례 좀 더 많은 관심을 받은 것은 부인할 수 없다. 그 관심의 집중으로 자원 활용을 효율적으로 추진하고 근본적인 문제를 피하지 않고 해결하는 데 도움을 주며 나아가서 사회적 갈등을 완화하기 위해 필요한 최소한의 빈곤퇴치를 가능케 했다.

그러나 빈곤퇴치에 대한 강조는 중기적 발전을 저해하는 부정적 측면도 물론 있다. 첫째, 분배적 효율의 잠재적 효과를(생산적 및 경제적 성과를 모두 포함하여) 간과하여 사회정책과 생산정책 간에 잘못된 갈등을 야기한다. 둘째, 매우 위험한 충격을 줄 수 있다. 이론상 가난한 사람들의 빈곤탈출 노력은 과거에는 없던, 또는 접근할 수 없던 자원에 대한 접근 가능성을 높여 주지만 동시에 가난한 사람에게 주어졌던 가능성과 방법들을 제한하고 있다. 또한 빈곤을 확실히 제거하고 더욱 지속적인 경제활동에 참여할 수 있도록 하는 데 사용될 재원을 동시에 제한한다.

6. 결론

이 글에서 필자는 최근 수십 년간 브라질 농촌사회가 겪은 근본적인 변화가 무엇인지 분석했다. 브라질 농촌사회는 미미한 또는 점진적 변화를 한 지역도 있지만, 나라의 지형을 바꾼 새로운 국면의 공간적 변화도 있었다. 이 새로운 변화 국면에 있는 농촌사회는 단순히 발전이 지연된 사회라든지 농업이 지배적인 사회로 이해하는 것은 더 이상 정확하지 않다. 사실 농촌사회에 대한 기존의 사회적·경제적 및 환경적 모델이나 농촌사회가 무엇인가 그리고 앞으로 어떤 방향으로 변할 것인가에 대한 기존의 인식 틀도 유용성을 많이 잃었다.

그러나 새로운 농촌사회를 분석할 수 있는 새로운 이해의 틀은 아직 확립되지 않았다. 농촌사회와 도시와의 교류에 따른 지역적 근접성의 증가와 환경적 요소에 대한 관심 증대는 농촌사회의 특징에 대한 새로운 정의와 분류, 나아가서 행정적 제도의 변화를 요구하고 있다. 이러한 변화에 대한 적응은 아직 초기 단계에 머물고 있을 뿐이다. 새로운 농촌상에 발맞추어 새로운 농촌사회 이론과 발전정책을 개발하는 것은 앞으로 수십 년간 브라질 사회가 당면한 중요한 과제이다.

참고문헌

Abramovay, Ricardo. et al. 1998. *Juventude e Agricultura Familiar.* Brasilia: Unesco.

Avritzer, Leonardo. 2003. *Democracy and the Public Space in Latin America.* Princeton: Princeton University Press.

Bourdieu, Pierre. 2004. *El baile de los solteros: La crisis de la sociedad campesina del Bearne.* Barcelona: Anagrama.

Castro, Elisa y Maria José Carneiro(eds.). 2007. *Juventude Rural em Perspectiva.* Río de Janeiro: Mauad.

Coelho, Vera y Arilson Favareto. 2008. "Questioning the Relationship Between Participation and Development." *World Development,* vol. 36, pp. 2937~2952.

Eli da Veiga, José. 2001. "O Brasil Rural Precisa de uma Estratégia de Desenvolvimento." *Serie Textos Para Discusión,* No. 1, Brasilia: NEAD, pp. 1~82.

Favareto, Arilson. 2007. *Paradigmas do Desenvolvimento Rural em Questão.* San Pablo: Fapesp/Iglu.

Favareto, Arilson y Ricardo. Abramovay. 2009. "O Surpreendente Desempenho do Brasil Rural nos Anos Noventa." *Documentos de Trabajo,* no. 35, Santiago de Chile: Rimisp.

Favareto, Ver A. y José Eli da Veiga. 2006. "A Nova Qualidade da Relação Rural Urbano: Implicações para o Planejamento Territorial do Desenvolvimento." *nota técnica.* CGEE/Unicamp.

Gaventa, John. 2004. "Towards Participatory Governance: Assessing the Transformative Possibilities." in Samuel Hickey and Gilles Mohan(eds.). *From Tyranny to Transformation: Exploring New Approaches to Participation in Development.* Londres: Zed Books.

Graziano da Silva, José, Mauro E. Del Grossi, Clayton Campanhola. 2005. *El nuevo mundo rural brasileño,* vol. 1, México: Alasru/Asociación Latinoamericana del Medio Rural, pp. 47~68.

Ray, Christopher. 2000. "The EU Leader Programme: Rural Development Laboratory?" *Sociologia Ruralis*, vol. 40, no. 2, 4/2000.

Sachs, Ignacy. 2001. *Desenvolvimento: Includente, Sustentável, Sustentado*. Río de Janeiro: Garamond/Sebrae.

Valente, Ana Lúcia. 2009. "Algumas Reflexões sobre a Polêmica Agronegócio versus Agricultura Familiar," *Textos para Discusión*, no. 29, Brasilia: Embrapa.

Instituto Brasileño de Geografía y Estadística(IBGE), *Censo demográfico 2000*, <www.ibge.gov.br>.

제 2 부
세계 속의 브라질

제4장 브라질 대외정책의 기조와 변화 _이승용

제5장 브라질 '파워외교'의 개념화와 실용적 의미 _김원호

제6장 세계체제의 재설정과 브라질의 공간 _마르시우 포쉬망

제7장 브라질-카리브 지역의 아프리칸 디아스포라와 정체성 _임소라

제4장

브라질 대외정책의 기조와 변화

이승용

브라질 대외정책의 근간은 자주성(autonomy)다. 역사적으로는 독립 직후의 광활한 영토를 훼손 없이 지키기 위한 노력으로부터 출발하였고 그 이후에는 다른 강대국이나 국제적인 정세로부터 자국의 이익을 보호하기 위해 브라질은 꾸준히 다른 나라들과의 관계에서 독립성을 유지하려고 노력해왔다. 브라질은 독립 후 제 1, 2차 세계대전, 냉전시대는 물론 제1, 2차 석유파동, 보호무역주의와 신자유주의 경제체제 등 급변하는 국제정세 속에서도 자주성과 독립성이라는 기조를 유지해왔다. 이 글에서는 브라질이 시기별로 어떻게 자주성과 독립성을 추구해왔는지를 살펴보고자 한다.

이승용 한국외국어대학교 포르투갈어과 교수

* 이 글은 《포르투갈-브라질 연구》 10권 2호(2013)에 실린 글을 이 책의 성격에 맞게 편집한 것이다.

1. 들어가는 말

이 연구의 목적은 브라질 건국 이후 브라질 대외 정책의 흐름을 소개하고 한국의 대브라질 진출이나 관계증진에서 대외전략적인 측면에서 고려해야 할 부분이 무엇인지를 알아보고자 하는 것이다. 브라질 대외정책의 흐름에 대해서는 비혜바니와 세팔루니(Vigevani and Cepaluni, 2007, 2012)를 중심으로 소개하고자 하며 이를 바탕으로 효과적인 브라질 진출과 협력강화를 위한 방법을 모색하고자 한다.

대외정책의 역사는 브라질 독립을 전후해서 시작된다. 나폴레옹의 침공을 피해서 브라질로 피신해 있던 포르투갈 왕실이 1821년 본국으로 귀환하자 브라질에 남았던 동 페드루(D. Pedro)는 자신의 권위를 식민지로서의 브라질로만 국한시키려는 포르투갈 궁정의회(as Cortes)에 대항하여 브라질을 왕국으로 인정해줄 것을 요구하며 영국, 프랑스, 비엔나 그리고 교황에게 특사를 파견하는데 이것이 브라질 외교의 시작이었다. 이렇게 파견된 특사들은 1822년 9월 7일 브라질 독립과 함께 브라질 최초의 외교관이 되었으며 이들의 첫 임무는 유럽 국가들로부터 브라질 독립을 인정받는 것이었다.

독립국가로서 150년이 채 되지 않는 짧은 역사 속에서 브라질은 군주제에서 공화정으로 국가 체제가 바뀌었고 20세기에는 20여 년 동안의 군사독재 시기를 겪기도 했고 설탕과 커피와 같은 환금 작물을 통해서 급속한 경제성장을 맛보기도 했는가 하면 모라토리움을 선언할 정도로 경제위기를 겪기도 하는 등 결코 순탄하지 않은 과정을 거쳐 왔다. 그러나 이러한 내적인 요인에도 불구하고 브라질의 대외정책은 독립 이후 지금까지 일정한 기조를 유지한 채 이어지고 있다는 점을 주목할 필요가 있다.

브라질 대외정책 또한 시기별로 조금씩 달라지는 모습을 보이고는 있지만 그 속에서 변하지 않고 추구하고 있는 것은 국가의 자주권(autonomy) 확보라는 대전제이다. 브라질 독립을 전후해서 20세기 초반까지 자주권은 국제적으로 독립국가임을 인정받고 국토를 온전히 보존하는 것이었으며 이러한 목적을 달성하고 난 후에는 외부의 조건에 종속되지 않는 것을 의미하는 것으로 그 의미가 바뀐다. 그리고 룰라 정부를 전후해서는 국제사회에서 브라질의 위상 제고라는 의미가 더해진다. 브라질 대외정책은 자주권 확보라는 대전제를 만족시키기 위해서 시대에 따라서 달라지는 국제정세의 변화에 따라 거리 두기(distance), 참여(participation) 그리고 다변화(diversification)라는 서로 다른 접근 방법을 사용하고 있다(Almeida, 2002; Vigevani and Cepaluni, 2007, 2012).

이 연구에서는 앞서 언급한 바와 같이 브라질 대외정책의 통시적으로 기술하는 한편 현재 브라질 대외정책의 지향점을 밝히고자 한다. 이 글은 브라질 대외정책의 기조와 현재의 지향점을 이해할 수 있도록 하여 한국 정부나 한국 기업들이 브라질에 더욱 효과적으로 진출할 수 있도록 하는 데 많은 기여를 할 것으로 여겨진다.

2. 거리 두기를 통한 자주권추구 정책

1) 브라질 독립 시기의 대외정책(1822~1930)

1822년 독립을 선언한 브라질의 당면과제는 모국이었던 포르투갈을 비롯한 유럽의 제국들로부터 독립국가임을 인정받는 것이었고 독립을 인정받은 후에는 브라질의 영토가 분할되지 않도록 그 영토를 지켜내는

것이었다.[1]

동 페드루가 1822년에 브라질의 독립을 선언하기는 했지만 국제사회에서 바로 독립국가로서 인정을 받은 것은 아니다. 국제사회에서 브라질을 독립국가로 인정한 최초의 나라는 미국으로 1824년 5월 16일에 브라질 독립을 인정했다. 브라질이 독립을 인정받기 어려웠던 이유는 무엇보다도 모국이었던 포르투갈이 브라질의 독립에 반대했으며 유럽의 다른 국가들 또한 포르투갈의 동의 없이 브라질의 독립을 인정하는 데 부담이 있었기 때문이다. 아울러 왕권신수설의 재확립을 통해 군주주의를 공고히 하려는 신성동맹(Holy Alliance, 1815~1825) 국가들이 라틴-아메리카에서 군주주의에 역행하는 식민지 국가들의 독립에 반대하는 분위기 역시 큰 몫을 차지하고 있었다.

당시 포르투갈의 생각을 바꿀 수 있는 유일한 나라는 영국으로 포르투갈은 영국과 우호적이면서도 의존적인 관계를 맺고 있었다. 찰스 2세에게 인도의 봄베이 섬을 지참금으로 가져간 캐서린이 포르투갈 왕녀였고 영국은 1755년 리스본 대지진 때 약 10만 파운드에 해당하는 구호자금과 물자를 포르투갈에 제공했을 뿐만 아니라 나폴레옹 침공 시에도 포르투갈 왕실이 브라질로 무사히 피신할 수 있도록 편의를 제공했다.[2]

브라질은 포르투갈에 영향력을 행사할 수 있었던 영국의 도움을 받아 포르투갈로부터 독립을 인정받는데 그 대가로 포르투갈에는 200만 파운드를 지불했고 영국에는 최혜국지위를 부여하고 특별 양해조약을

---

1) 19세기는 제국주의 열강들에 의한 아프리카 분할과 라틴아메리카 분할이 정점에 다다르는 시기이다.

2) 리스본 대지진 때 포르투갈에 구호자금과 물품을 보낸 나라가 영국만 있었던 것은 아니지만 규모나 포르투갈 왕실에 끼친 기여도와 효과 면에서 영국이 단연 압도적이었다(시라디, 2008).

체결함에 따라 1844년 브라질이 조약을 파기하기 전까지 실질적으로 영국의 보호령으로 전락하게 되는 결과를 빚었다.

신생국으로서 국제사회에서 군사력이나 위상이 약했던 브라질이 국토가 열강들이나 인접 국가들에 의해서 분할되는 것을 막기 위한 선택지는 제한적이었고 브라질이 선택한 방법은 국제법의 법리해석을 통한 논리적 설득의 방법이었다.

이 과정에서 강대국 특히 영국과 프랑스와 브라질 안에서 마치 자기 나라 안에서와 같을 정도로의 권리를 인정해주는 불평등 조약을 맺게 된다. 특히 브라질 독립 초기 브라질의 존립이 영국에 달렸을 정도로 영국의 영향력과 지배력은 절대적이었다.

영국의 이러한 태도를 잘 보여주는 것이 바로 「에버딘 법(Aberdeen Act)」(1845)[3]이다. 이 법령은 브라질이 노예제도를 폐지하도록 영국의회가 영국해군에게 공해에서 브라질 선박을 수색할 수 있도록 하는 내용을 담고 있다. 이 법령은 1820년대에 대서양 노예무역 종식에 합의한 내용을 지키지 않고 있었던 브라질에 물리적인 압박을 통해서 합의사항 이행을 강요하려는 의도가 있었다. 브라질의 의사와는 상관없이 행해지는 영국해군의 브라질 선박의 나포, 재판 및 처벌 등은 엄연히 브라질 주권을 무시한 행위였으며 브라질 역사에 가장 치욕적인 한 장면으로 남아 있다(최영수, 2010: 161).

노예제도의 폐지가 주목적이었던 이 법령의 배경은 그러나 영국이 내세우는 명분처럼 박애주의적인 것은 아니었다. 브라질의 경제는 노동

---

3) 정식 명칭은 An Act to amend an Act, intituled An Act to carry into execution a Convention between His Majesty and the Emperor of Brazil for the Regulation and final Abolition of the African Slave임.

집약적인 사탕수수재배에 의존하고 있었는데 그 사탕수수 농장의 주 노동력이 아프리카에서 들여온 노예들이었다. 영국은 프랑스와의 7년 전쟁에 종지부를 찍고 파리조약(1763)을 통해 세계 무역의 지배권을 장악한다. 이 시기에 영국의 설탕 부호들은 자국으로 유입되는 설탕 값의 하락을 막기 위해 파리조약을 통해 획득한 마르티니크와 과들루프를 다시 프랑스로 돌려주며 아울러 브라질에서 설탕생산을 억제하기 위해서 이른바 인권이라는 명분으로 브라질에 노예제도 폐지를 요구했었다.[4] 영국이 노예무역을 불법적인 것으로 규정했다고는 하지만 식민지에는 여전히 노예가 있었으며 식민지 경제가 이들에 의존하고 있었기 때문에 영국이 브라질에 노예제도를 폐지하라고 요구한 것은 인본주의적인 발상이 아니라 자국의 경제와 세계 무역의 지배력을 공고히 하려는 목적에 불과했었던 것이다. 브라질은 1844년에 이르러서야 1827년에 영국과 한 조약의 소멸을 천명하면서 영국과의 불평등한 관계를 청산한다.

영국, 프랑스와의 관계가 불평등적인 관계였다면 동시대의 미국과의 관계는 비교적 우호적이었다고 할 수 있다. 앞서 언급한 바와 같이 브라질의 독립을 국제사회에서 가장 먼저 공인한 국가가 바로 미국이었다. 1824년 미국의 브라질 독립 공인과 함께 브라질은 미국과의 우호적인 관계를 지속적으로 이어왔다. 두 나라 사이의 관계가 모든 면에서 항상 좋았던 것은 아니지만 브라질이 영국에 대해서 지니는 감정과는 비교할 바가 아니었으며 미국이 브라질을 대하는 태도 역시 다른 라틴

---

4) 유럽에서 설탕은 귀한 상품이기는 했지만 일반적인 소비는 영국이 주도하고 있었다. 영국은 홍차와 커피 문화가 발달한 반면 다른 유럽국가에서는 여전히 포도주가 대중적인 음료였기 때문에 일반인들의 설탕 소비는 영국에 비해서 국가의 경제를 좌우할 정도까지 크지는 않았다(가와기타 미노루, 1996).

아메리카 국가들이 반감을 갖는 정도와는 달랐다. 특히 1865년 이후로 미국이 브라질의 최대 커피 수출국이었기 때문에 경제적인 면에서도 브라질은 미국과 우호적인 관계를 지속할 필요가 있었다. 브라질의 미국과의 이러한 관계는 이후 라틴 아메리카 국가 중에서 브라질이 유일하게 친미 성향의 국가로 분류되어 한동안 라틴 아메리카 국가들과 어울리기 어렵게 되는 배경이 되기도 한다.

독립과 함께 브라질이 직면한 과제는 독립 당시에 이미 현재와 비슷한 규모의 영토를 온전하게 보전하는 것이었다. 라틴 아메리카 절반이 넘는 면적을 차지하고 있는 것에 비해 당시 브라질 인구는 약 400만 명 정도로 인구밀도가 $1km^2$당 두 명 정도에 불과했다. 1836년 촉발된 텍사스 혁명으로 텍사스가 멕시코로부터 떨어져나와 1845년 미국의 28번째 주가 되고 미국-멕시코전쟁(1846~1848)의 결과로 멕시코가 캘리포니아와 뉴멕시코 지역을 미국에 양도하게 되고 대 콜롬비아 공화국이 콜롬비아(1886). 에콰도르(1822) 그리고 베네수엘라(1811)로 각기 분리되는 사례를 목도한 브라질로서는 독립과 함께 주변 국가들 그리고 유럽의 강대국들에 의해서 국토가 분할될 수도 있겠다는 두려움과 걱정이 앞설 수밖에 없었다.[5] 이러한 우려 속에서 브라질은 국토보존을 대외정책의 최우선 과제로 삼는다. 국토보전에 중점을 둔 브라질 초기 대외정책은 다음과 같은 원칙을 갖게 된다(Rodrigues, 1938: 325; Lafer, 2000).

---

5) 라틴 아메리카뿐만 아니라 아프리카에서도 열강들에 의해 해당 국가나 민족들의 의사와는 무관한 영토분할이 이루어졌다. 영국의 케이프타운 진출(1815), 프랑스 알제리 점유(1830), 영국의 이집트 점유(1875), 벨기에의 콩고지역 분할(1884) 등, 1884년 베를린 회의를 기점으로 1914년까지 에티오피아와 라이베리아를 제외한 아프리카 전 지역이 제국주의 열강들에 의해 분할된다.

〈그림 4-1〉 브라질 영토의 확장

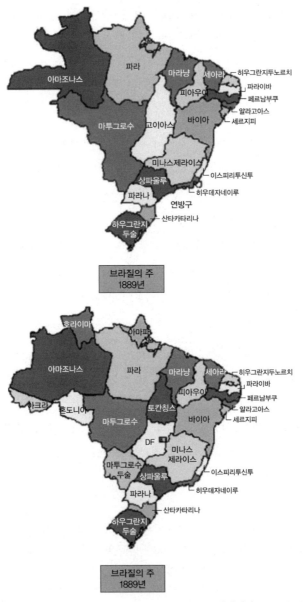

자료: http://commons.wikimedia.org/wiki/Atlas_of_Brazil (검색일자: 2013.08.07.)

① 유럽과 미국에 대해서는 정치적 해법보다는 국제 중재에 따른 사법적 판단을 중시하면서 평화적 해결책을 모색함

② 식민 시대부터 국경을 맞대고 있어 국경문제가 꾸준히 대두되고 있던 주변 국가들과는 로마법의 거주자 소유권인 우티포시테디스(uti possidetis, 점유를 계속하라 — '현상승인의 원칙, 실효적 점유권을 인정하는 전시국제법 상의 원칙)를 기초로 평화적이고 합법적인 해결책을 찾는 것을 원칙으로 함

③ 라플라타 강(River Plate) 지역의 총독부를 재건하려는 시도처럼 브라질 영토를 직접적으로 위협하는 경우에는 무력적인 방법을 사용함

신생 독립국 브라질은 유럽의 강대국들과는 대화와 법률적 접근을 통해 논리적이고 합리적인 설득을 시도했으며 국경선 전체를 물리적으로 지킬 수 없었기 때문에 주변 국가들과의 국경문제도 법적인 논리로 해결하고자 했다. 영토에 비해 인구가 현저히 적었던 브라질은 당연히 군사적인 면에서 열세였기 때문에 대부분의 문제를 법리적 해석을 가지고 논리적으로 대응할 수밖에 없었을 것이다.[6] 단 영토가 위협을 받는 일부 충돌 지역에서는 힘의 논리로 대응했는데 군사력을 이용해서 영토를 보전하는 것은 비단 브라질뿐만이 아니라 미국도 마찬가지였다.

브라질의 영토와 국경문제와 관련해서 브라질 외교사에서 히우 브랑쿠(Barão do Rio Branco, 1845~1912)[7]를 빼놓고 이야기할 수 없다. 그는 1902년부터 1912년까지 외무부장관직을 수행하면서 앞서 언급한 법률

---

6) 1960년대까지 167명의 외무부장관들 중에서 145명이 법조계 인사였다는 것이 브라질 외교에서 법리적 해석을 얼마나 중요하게 여겼었는지를 상징적으로 보여주고 있다.

7) 본명은 José Maria da Silva Paranhos Júnior.

적 해석과 논리적 협상을 무기로 국제중재를 통해서 1900년에 아마파 (Amapá) 주를 귀속시켰으며 1903년에는 볼리비아와 페트로폴리스 조약 (Treaty of Petrópolis)을 체결하여 볼리비아와 국경선 분쟁을 종식시키고 아크레(Acré) 주를 브라질 영토로 확보하는 등 브라질 영토와 국경선이 현재의 모습을 갖는 데 크게 공헌했다. 히우 브랑쿠는 이러한 과정에서 라틴 아메리카에 친미적인 국가의 성립을 바라는 미국의 의도를 적절하게 이용하여 미국과 칠레와는 우호적인 관계를 유지하면서 영토문제를 성공적으로 해결할 수 있었다.[8]

히우 브랑쿠의 기본적인 외교정책은 인접국가의 내정에 개입하지 않으며 현재의 지정학적인 상태를 유지하는 것이었다(Fernando, 2000: 131). 그는 브라질 주변의 정세가 변하여 브라질에 그 영향이 미치는 것을 원치 않았기 때문에 가능하면 주변국의 상황이 변하지 않고 현 상태를 유지할 수 있는 방법을 선호했다. 이러한 외교정책의 대표적인 예는 1903~1904년 사이의 우루과이 내전에 대한 브라질의 태도에서 명백히 드러난다.

친브라질 정권에 대한 친아르헨티나 반군의 반란 형식의 우루과이 내전에서 브라질은 아르헨티나와의 적대적 관계나 우루과이 정부군에 가담하여 경제적·정치적 실리를 취할 수 있었음에도 우루과이 내정에 간섭하지 않았다. 결과적으로 우루과이 정부군의 승리로 끝났지만 브라

---

8) 국경문제를 평화적으로 해결하려는 히우 브랑쿠의 외교노선은 이후 브라질 정부의 국경정책에도 영향을 끼쳐 국경 근처의 자원을 이용하는 데서도 인접 국가들과 협력과 공생을 원칙으로 하며 결코 배타적인 정책을 취하지 않는다. 그 대표적인 예로 파라과이와 함께 운영하는 이타이푸(Itaipu) 수력발전소이다. 분쟁 없이 국경 문제를 해결한 브라질은 국경문제로 분쟁을 겪었었거나 아직도 겪고 있는 미국, 러시아, 중국 등에 대해서 국제무대에서 상대적으로 유리한 입장을 취할 수 있다.

질은 내전 동안 중립을 지키면서 불간섭 원칙을 고수했다.

브라질 독립과 국경문제가 해결된 이후 1912~1930년 사이의 브라질 외교의 초점은 제1차 세계대전과 국제연맹의 출현 속에서 국제사회, 특히 기존의 강대국 사이에서 브라질의 자리매김을 하는 것이었다. 이 시기에 브라질은 경제적으로나 군사적으로 기존의 강대국과 견줄 만한 위치가 아니었으며 더욱이 식민지를 경영했던 제국주의 강대국들에게 식민지국가였던 브라질은 정서적인 면에서 동등한 대우를 받기 어려웠다.

2) 바르가스 정부(1930~1945)의 대외정책

1930년 집권한 바르가스[9] 정부는 브라질 독립 후 국제무대에서 유럽의 국가들과 대등한 위치를 확보하기 위한 적극적인 대외활동과 경기침체와 신제국주의의 등장 앞에서 국가의 자주성을 보존하기 위한 수동적이고 방어적인 대외활동이 겹치는 시기였다. 브라질은 이제 독립국가로서 국제사회에서 자리매김해야 하는 당위성뿐만 아니라 어지러운 국제정세 속에서 독립국가로서 자주성을 지켜야 하는 문제도 함께 지니고 있었던 것이다.

1929년에 발생한 미국의 경제 대공황은 미국뿐만 아니라 영국, 독일, 프랑스 등 유럽의 강대국들 그리고 브라질에도 직접적인 영향을 끼쳤다. 20세기 초반까지 브라질 경제는 절대적으로 1차 생산품 특히 커피에 의존하고 있었다. 1924년 대공황 직전 브라질의 수출에서 커피가 차지

---

9) 바르가스(1882~1954), 브라질 14대(1930~1945), 17대(1951~1954) 대통령을 역임했다. 제1차 집권 시절 신 국가체제(Estado Novo)를 세우면서 브라질 최초의 독재 정권으로 기록되었지만 1951년 민주선거에 의해서 다시 대통령으로 선출된다. 반공주의자로 민족주의, 중앙집권화, 산업화정책을 추진한 인물이다.

하는 비중이 75%로 브라질 경제의 절대적인 상품이었는데(이승덕, 2006: 148) 미국은 당시 브라질 커피의 최대 수출국이었기 때문에 미국 경제의 침체는 바로 브라질의 경기침체로 이어졌다.

대외의존적인 경제구조로 인한 브라질 경제위기 속에 1930년 쿠데타로 정권을 잡은 바르가스 정부는 대외의존적인 경제구조에서 탈피하고자 수입대체산업화를 골자로 하는 경제정책을 입안, 추진하게 된다. 수입대체산업화는 보호무역주의와 유사해 보호관세의 제정과 인상 그리고 외한 통제를 통한 해외자본 유입에 대한 제한 등을 필연적으로 동반하게 된다.

브라질 정부의 이러한 정책은 대외관계에서도 다른 나라들의 일에 관여하지도 다른 나라가 자국의 일에 관여하는 것도 원치 않는 외교정책을 취하게 한다. 브라질이 이러한 정책을 취하게 되는 데에는 경제적인 이유 이외에도 1930년대에 들어서면서 각국의 군사력 규제에 대해서 합의를 이루지 못하면서 강대국들 사이에 이해관계에 따라서 서로 이합집산을 통한 블록화와 공산주의, 사회주의 나치즘, 파시스트 등 사상적 대립이 격해지는 등 전운이 감돌고 있었던 국제 정세와도 관련이 있다.

1920년대에는 그리스-불가리아 분쟁을 해결하는 등 나름대로 가시적인 성과를 거두던 시기에는 브라질 역시 국제사회의 일원으로 분쟁조정이나 의사결정에 적극적으로 참여하는 모습을 보이지만 1930년대에 들어 국가 간의 대립이 격해지면서 국제연맹이 국제사회에서 조정능력을 상실하게 되고 강대국들의 간섭이 심해지자 수동적인 방법으로 자주성을 담보하려는 히우 브랑쿠식의 외교노선으로 되돌아가게 된다.[10]

---

10) 하지만 제2차 세계대전의 발발과 이어지는 냉전 시대의 도래 속에서 브라질

독립을 인정받고 독립 후에 국가안정을 위해서 어쩔 수 없이 영국과 프랑스 등 강대국들과 불평등 조약을 맺을 수밖에 없었던 경험이 있는 브라질은 강대국 중심으로 재개편되는 국제질서 속에서 내정간섭의 빌미를 제공하지 않기 위해서 다른 나라들의 내정문제나 국가 간의 분쟁에 개입하지 않으려는 태도를 취하게 된다. 바르가스 정부의 수입 대체산업화 정책도 경제 대공황의 여파로 침체된 브라질 경기의 회복을 도모하면서 다른 한편으로는 외부의 영향으로부터 자유로운 경제 환경을 만들려는 의도가 기본적인 출발점이었다.

그러나 다른 나라들과의 관계나 외국자본의 유치에 늘 수동적인 것만은 아니었다. 비생산재와 비내구재 중심 수입대체산업화로만은 브라질 경제를 활성화하는 것이 어려웠고 더욱이 비생산재를 국내에서 생산하는 산업을 발전시키기 위해서는 생산재, 즉 생산설비와 사회 간접자본에 대한 투자가 선행되어야 했고 당시 낙후된 브라질 산업 발전에 반드시 필요한 부분이었다. 바르가스 정부의 대표적인 외자 유치 사례는 미국의 자본과 기술의 도움을 받아 건설한 보우타 헤돈다(Volta Redonda)의 제철소[11]이다.[12]

역시 자유로울 수는 없었고 미국을 주축으로 한 대서양연합군의 일원으로 제2차 세계대전(1939~1945)에 참가하고 이후 민주주의 서방진영의 일원으로 남미에서 친미적인 정책을 유지한다.

11) 국립제철소(Companhia Siderúrgia Nacional: CSN). 라틴 아메리카에서 제일 큰 제철소로 히우데자네이루 주 파라이바 내 보우타 헤돈다에 위치하고 있으며 1946년 준공됨.

12) 미국이 브라질 제철소 건설에 도움을 주기로 결정한 이유는 제2차 세계 대전 당시 미국과 연합군에 필요한 철강제를 공급하기 위한 것이었다.

3. 참여를 통한 자주권 추구 정책

제2차 세계대전이 끝나면서 세계는 미국과 소련이 주도하는 양극체제로 변한다. 공산주의와 민주주의 간의 이념대립이 정치, 경제, 군사분야에서 날카롭게 대립하면서 대부분의 나라들이 이 두 진영 중 하나에 속해야 하는 상황이 되고 말았다. 이른바 냉전 시기로 한 진영에 속한다는 것은 다른 한쪽과의 모든 관계를 포기한다는 것과 같은 말이었다. 서방국가들 진영에 속한 브라질 역시 소련을 중심으로 한 공산권 또는 사회주의국가들과의 정치, 경제, 외교관계를 단절할 수밖에 없어 결과적으로는 사회주의권 시장을 잃어버리는 결과를 낳았다.

하지만 1960년대는 동서냉전이 가속화되는 시기이기도 하지만 다른 한편으로는 식민지국가들이 대거 독립하면서 남-북 문제가 발생하는 시기이기도 했다.[13]

동-서관계가 정치적·사상적 갈등이라면 남-북 문제는 선진국과 개발도상국 또는 후진국 간의 갈등이었다. 정치경제적으로 선진국들에 뒤처진 신생 독립국들과 개발도상국들은 미국과 소련을 중심으로 하는 양극화 가운데서 어느 한 편에 가담하는 대신에 두 초강대국 사이에서 중립과 비동맹노선을 취하면서 둘 사이의 이해관계를 이용하여 정치-경제적인 실익을 얻고자 했다.[14]

이러한 국제정세 속에서 쿠비체크(Kubitschek) 대통령(1956~1961)은 라틴 아메리카 국가들과 미국과의 상호협력을 통해 라틴 아메리카 국가들

---

13) 알제리(1962), 콩고(1960), 말리(1960), 트리니다드토바고(1962), 케냐(1963), 르완다(1962), 부룬디(1962) 등

14) 브라질은 개발도상국의 경제개발을 돕기 위해 설립된 UNCTAD의 설립(1964)을 주도했다.

의 경제적·사회적·정치적 발전을 도모할 수 있는 범아메리카 계획(Pan-american Operation)을 주도적으로 추진한다. 특히 라틴 아메리카의 인접 국가들과의 관계개선과 적극적인 관여를 통해서 남미에서 브라질의 위치를 공고히 하려는 노력이었다. 그동안 남미의 국가들 대부분이 좌파적인 성향을 띠고 있었던 반면에 브라질은 유독 친미 성향의 우파적 국가였기 때문에 브라질은 남미에서 정치적으로 고립되어 있었다.

쿠비체크에 이은 굴라르(Goulart) 정부(1961~1964)는 아프리카의 포르투갈어권 식민지 국가들에 대한 전통적인 지원과 사회주의 국가들과의 소극적인 무역관계에 대해서 재고하게 되고 미국과의 관계도 정치적인 연합관계로 보기보다는 소련과 미국의 두 축 사이에서 자국의 이익을 극대화하기 위해 협상 가능한 대상으로 새롭게 정립하는 시각을 갖게 된다. 그러나 브라질의 이러한 중립 외교적 노선은 1964년에 발생한 군사쿠데타로 굴라르 정부가 실각하면서 더 이상 진전을 보지 못한다.[15]

미국의 지원을 받아 쿠데타에 성공한 새 군사정부는 그 성격 자체도 보수 우파적이었지만 필연적으로 미국의 영향에서 벗어난 정책이나 외교를 지향할 수 없었기 때문에 이전 굴라르 정부의 독립외교노선을 버리고 동-서 냉전체제 속에 다시 편입하게 된다. 브라질은 군사 정부가

---

15) 굴라르 정부는 소련 및 공산권 국가들과 관계를 회복했으며 쿠바에 대한 제제에도 반대하는 등 반미적 성향이 있었고 다국적 기업이 자국에 송금하는 한도를 규제하는 등 자본주의 자유시장 질서에 반하는 정책들을 폄으로써 미국을 중심으로 한 서방 진영의 국가들에게 정치적으로 경계심을 갖게 만들었다. 굴라르 정부가 국유화와 사회주의적 경제개혁을 연속적으로 추진하자 미국은 굴라르 정부를 공산주의 정권이라고 판단하고 굴라르 정부의 좌파적 경제개혁에 반대하는 군부 엘리트와 보수층을 이용하여 굴라르 정권을 붕괴시키기 위한 작업을 진행시켰으며 1964년 3월 31일 미국의 지원을 받은 군부가 일으킨 군사 쿠데타에 의해서 굴라르 정권을 축출하게 된다.

들어서면서 쿠바나 여타 사회주의 국가들과의 관계를 단절하며 도미니카 위기(Crisis of Dominican Republic, 1965-1966)[16]에 개입하기도 한다.[17] 브라질 외교노선의 이러한 변화는 독립 이후 가능하면 불간섭주의에 입각하여 브라질의 자주성을 지키려고 해왔던 전통적인 외교정책과는 크게 달라진 모습이었다. 쿠비체크 정부에서 범아메리카 정책을 제안하기도 했었지만 1964년 쿠데타로 집권한 카스텔루 브랑쿠(Castelo Branco) 정권의 친미정책은 남미에서 브라질이 정치적으로 고립되는 결정적인 계기가 되었다.

브라질이 독립외교노선을 포기하고 서구 자유진영이라는 틀 속에 재진입하면서 외채와 관련한 양자 간, 다자간 협상에 이전 정부보다 협상의 여지를 늘려주는 긍정적인 효과도 가져왔다. 그러나 브라질의 서방 편향적인 외교나 정책은 한없이 지속된 것은 아니다. 브라질이 편향적인 외교노선을 고수한 시기는 1964년 군사 쿠데타 직후와 동-서가 극한 대립을 보였을 때뿐이며 이후의 군사정권(1967~1985) 시절에는 정부의 국가안보 논리에도 불구하고 점진적으로 전문 외교관과 외교정책가들이 엘리트 군인들을 대체하면서 실용주의 노선을 취하며 특히 경제성장에 초점을 맞춘 이른바 성장주의 외교(diplomacia do crescimento)

---

16) 도미니카 위기(1965~1966)도 브라질에서 굴라르 정권이 붕괴되고 친미성향의 군사정부가 들어서는 것과 유사한 사건이다. 1961년 도미니카 공화국의 오랜 독재자인 라파엘 트루히요(Rafael Trujillo)가 암살당하자 정국이 불안해지고 1963년 좌파성향의 후안 보쉬(Juan Bosch)가 대통령으로 당선되자 가톨릭교회와 미국은 또 다른 쿠바의 등장을 우려하여 1965년 미해병을 동원해 도미니카 공화국을 점령하고 친미 정권을 세운다.

17) 도미니카에 상륙한 미군은 1965년 8월 31일까지 전투를 벌이며 이후 소수의 병력을 제외하고는 경찰이나 평화유지군 역할을 브라질 군대에 인계한 후 대부분의 미군이 철수한다.

정책을 취한다(Almeida, 2002).

　이후 이어지는 군사정권 속에서도 브라질이 전통적인 불간섭주의 외교정책에서 탈피하고 국제사회에 적극적인 참여를 통해서 브라질의 자주성을 담보하고자 하는 시도는 동-서 냉전 시대의 긴장이 서서히 완화되는 추세와 세계화(globalization)의 조류 속에서 나온 자연스러운 결과라고 할 수 있다. 1990년대 이후 냉전이 종식되자 더 이상 이념이나 안보논리는 국가 정책 결정에서 최우선 순위가 아니게 되었으며 오히려 국가의 안녕을 좌우하는 가장 중요한 요소로 경제가 떠오르게 된다.18)

　1980년대 후반 이후의 브라질 외교정책의 가장 큰 변화는 전통적인 불간섭주의에서 탈피해서 국제사회의 정책결정과정에 적극적으로 참여하여 국제정세를 브라질에 유리하게 만들어가려고 한다는 점이다. 이러한 변화는 1980년대 중, 후반에 두드러지게 나타나는데 미국 레이건 정부(Ronald Reagan, 1981~1989)의 통상압력과 1987년 브라질의 모라토리엄과 관계가 있다.

---

18) 인류 역사에서 정책을 결정하는 데 가장 크게 작용을 해온 것이 경제적 요인들이다. 표면상으로 내세운 이유가 무엇이든지 간에 거의 대부분 그 배경에는 경제적인 이유가 있다. 대항해 시대 역시 복음의 전파라는 명분을 내세우기도 하지만 그 이면에는 설탕이라는 부의 원천을 확보하기 위한 경제적인 목적이 좀 더 근본적인 이유였다. 영국이 브라질 내정에 깊이 개입한 이유 또한 설탕값을 조정하기 위한 설탕 부자들의 횡포였다. 미국을 위협하는 대량살상무기의 제거를 이라크 침공의 이유로 들지만, 사실은 석유자원의 확보와 미국 메이저 석유회사들과 무기산업체의 이권이 중요한 동기가 된 전쟁이다. 브라질 외교 정책 역시 어떤 노선을 취해왔든지 간에 그 배경에는 기본적으로 경제적인 이유가 존재한다. 단지 20세기 후반에는 공산주의나 이념 투쟁을 출발점으로 하는 국가안보논리가 개입할 여지가 절대적으로 줄었고 경제적인 논리가 정책 결정에서 차지하는 비율이 상대적으로 늘어났을 뿐이다.

레이건 정부는 브라질에 IT와 특허권 등에 대한 지적재산권의 보호를 강력히 주장하고 서비스시장의 개방 등을 요구한다. 또 브라질은 1987년 국가 부도사태를 겪으면서 1930년대 바르가스 정권 이래로 지속해 온 수입대체산업 위주의 경제정책이 결과적으로 실패했고 브라질이 겪고 있는 경제적·사회적 문제를 폐쇄적인 경제 산업구조로 해결할 수 없음을 인정할 수밖에 없었다. 결국 사르네이(Sarney) 정부는 브라질 경제 속에서 지적재산권 문제에 대한 미국의 요구를 수용하고 대외부채 상환 협상에서 출구를 찾기 위해서 국제통화기금(IMF)이 요구하는 일련의 조치를 취할 수밖에 없었다. 그래서 사르네이 정부 말기의 브라질은 전통적으로 외부에 의존하지 않으려는 정책과는 다르게 실질적으로는 외부의존적인 국가가 되어버렸다.

사르네이 정부를 이은 콜로르 정부(1990~1992)는 이미 세계화라는 새로운 환경을 맞이하고 있는 시대에 브라질이 당면한 정치적·경제적 현안이 브라질 내부적으로만 해결될 수 있는 것이 아니라는 것을 직시하며 1992년 셀수 라페르(Celso Lafer)[19]를 외무부 장관으로 기용하면서 세계화 시대에 새로운 질서에 적극적으로 참여하여 국익과 자주성을 확립(autonomy through participation)하려는 대외정책을 세우게 된다.

거리 두기를 통한 자주성 확립이라는 것이 외적인 요소에 의해서 브라질 사정이 변하는 것을 원하지 않는 소극적인 정책이라면 적극적인 참여를 통한 자주성을 추구하는 것은 국제사회의 여러 가지 변수들을 브라질에 유리하도록 미리 조정해나가는 좀 더 공격적인 외교정책이라고 할 수 있다.

---

19) 콜로르 정부에서 외무부장관을, 카르도주 정부에서 외무부장관과 통상장관을 지냈다.

4. 다변화를 통한 자주권 추구 정책

룰라 정부(2003~2011) 외교의 특징은 적극적인 정상외교이다(Almeida, 2004: 1). 룰라 대통령의 해외 순방이 많았고 이에 못지않게 각국의 대통령이나 수상 등 국가원수나 행정수반급 인사의 브라질 방문도 많았다. 실용적 외교노선에서 크게 벗어나지 않은 상태에서 룰라 정부는 적극적인 정상외교를 통해서 새로운 국제외교 무대에서 주도적인 목소리를 내기 시작했고 남미의 이웃 국가들뿐만 아니라 인도, 중국, 남아프리카공화국과의 협력을 강화해나가면서 다원외교를 표방하고 나선다.[20]

냉전 시대가 끝나고 더 이상 동서의 이념적 대립이 무의미하게 되면서 러시아와 미국 중심의 양극 체제가 무너지고 국제사회는 자연스럽게 다원주의 시대로 들어서게 된다. 냉전 이후 국가안보 논리의 설득력이 약해지면서 각국이 자국의 경제적 이익을 극대화하기 위해 국제무역기구(WTO), 국제통화기금(IMF) 등의 협상테이블에서 이해관계에 따라서 이합집산을 반복하게 된다. 룰라 정부는 이와 같은 환경의 변화 속에서 남미의 이익과 개발도상국들의 이해를 대변하는 역할을 자처하면서 룰라 대통령 특유의 정상외교를 바탕으로 적극적인 다원주의 외교를 펼친다.

룰라 대통령 이후 브라질이 다변화전략을 통한 다원주의 대외정책을 적극적으로 펴는 데에는 경제적인 이유도 있겠지만 국제사회에서 미국, 중국과 더불어 국제분쟁이나 WTO 등과 같은 국제회의에서 중재자나

---

20) 룰라 정부의 대외정책은 그러나 이전 카르도주(Cardoso) 정부의 대외정책과 단절된 것이 아니라 과거 정부들이 해오던 적극적인 참여를 통한 자주성 확보라는 대외정책의 연장선이라고 보아야 한다.

의사결정을 주도하는 선도국가로의 역할을 자임하고자 하는 정치적 목적도 적지 않은 비중을 차지하는 것으로 보인다. 브라질의 이러한 의도를 단적으로 보여주는 것이 유엔 안전보장이사회에 상임이사국 진출을 위한 노력이다.[21]

UN을 비롯한 국제사회에서 비중 있는 위치를 갖기 위해서는 국제사회에 기여한 몫이 있어야 하는데 전통적으로 불간섭원칙을 고수해온 브라질은 나라 간 분쟁이나 이해관계가 첨예하게 대립하는 이슈에 대해서 항상 침묵해왔기 때문에 브라질은 국제사회에서 책임감 있고 신뢰할 수 있는 국가라는 이미지를 만들지 못했다. 이에 룰라 정부는 한편으로는 개발도상국의 외채 탕감이나 기아극복 프로그램 등을 제안하면서 전통적인 남북 문제 해결에 주도적으로 나서는가 하면 다른 한편으로는 브라질 군대를 UN 평화유지군으로 세계 곳곳에 파병하여 국제분쟁 해결에 적극적인 기여를 하고 있다는 것을 보여주고 있다. 브라질 군대가 UN군의 소속으로 평화유지 임무에 투입된 것은 1940년대로 거슬러 올라가지만 룰라 정부가 들어서면서 파견 규모가 커지고 부여된 임무성격도 단순 의무나 지원임무를 수행하는 보조적인 성격에서 전투임무 중심의 평화유지군 역할을 하는 중심적인 성격으로 바뀌었다. 현재 브라질은 평화유지군 활동에 규모 면에서 세 번째로 많은 병력을 파견하고 있는 나라이다.

브라질이 이렇게 2005년 히우데자네이루 인근에 평화유지군 양성소를 만들면서까지 평화유지군 파병에 공을 들인 것은 국제경찰로서 국제

---

21) 브라질은 1946년 처음 안보리 비상임이사국으로 선출된 이후 2010년까지 모두 10번에 걸쳐 안보리 비상임 이사국으로 활동해왔다. 안보리 상임이사국 진출을 위해 독일, 인도, 일본과 함께 연합하고 있다.

사회의 의무와 책임을 다하고 있음을 보여줌으로써 국제사회에서 기여도가 크다는 것을 대외적으로 알리고자 함이다. 그리고 이러한 행동의 목적은 미국, 중국과 함께 지구 상에서 국토 800만km^2 이상, 인구 1억 명 이상 그리고 국가 총생산량 1조 달러 이상을 만족시키는 유일한 국가로서 그 위상에 맞게 국제사회의 선도국가로 부상하려는 것이다.

냉전 시대의 종식으로 양극화에서 다원주의와 세계화로 향해 나가던 국제사회의 분위기가 9·11사태 이후 급속하게 냉각되며 냉전 시대 이후 유일한 초강대국으로 남아 있던 미국을 중심으로 일원주의 체제로 전환되는 모습을 보이고 있다. 과거의 냉전은 공산주의와 민주주의의 대립이었고 현재의 테러와의 전쟁은 마치 이슬람과 비이슬람권의 대립으로 보이지만 그 기저에는 자본가와 프롤레타리아 간의 갈등, 선진국과 개발도상국 간의 갈등이 깔려 있는 것이다.[22] 다만 그 관계가 단순히 물질적이고 경제적인 측면에만 국한된 것이 아니라 이제는 추상적인 권리나 주의주장을 관철할 수 있는 힘까지도 포함하고 있는 것으로 바뀌었을 뿐이다.[23]

미국의 이익 혹은 미국 내 이익집단과 이에 호응하는 국가들을 중심으로 새로운 일원주의 체제가 등장하는 가운데 룰라 대통령 이후 브라

---

22) 이슬람과 비이슬람권과의 대립은 종교적인 것이 아니라 석유를 둘러싼 선진국들의 이해관계 때문이다. 이라크 전쟁은 미국의 지원을 받아 호메이니 정권을 무너뜨린 후세인이 대외채무 해결방안으로 미국이 제시한 석유회사의 민영화를 거부한 결과 일어난 전쟁이고 아프가니스탄 전쟁 또한 북해나 중앙아시아지역에서 생산되는 석유나 천연가스를 중국이나 반서구성향의 국가들을 피해서 운송하기 위한 운송로 확보 때문에 벌어진 전쟁이다.

23) 자본가와 프롤레타리아 간의 구분은 존재하겠지만 산업화 시기의 프롤레타리아와 탈산업화 시기의 프롤레타리아의 조건이 동일할 수 없다.

질은 이러한 일원주의 체제에 반대하고 다자간 협상이 힘을 받는 다원주의체제를 옹호하며 그 역할을 수임하고자 하는 의도를 보이고 있다.[24] 국제사회에서 개발도상국의 대외부채 탕감 정책과 빈곤과 기아퇴치 프로그램을 주도적으로 제안하는 것이나 인도와 남아프리카공화국과 함께 남남 협력 시대를 열어가려고 하는 노력 그리고 유엔 안전보장이사회 상임이사국 진출을 시도하는 것 등 일련의 이러한 노력들은 모두 국제사회에서 특정 국가의 독주를 막고 브라질을 새로운 국제질서의 패러다임 안에서 선도국가로서의 위치를 확보하고자 함이다.

5. 브라질 대외정책의 기조와 시사점

브라질 대외정책의 기조는 브라질의 자주성(autonomy)을 추구하는 데 있다고 할 수 있다. 제1·2차 세계대전과 동서냉전의 시대를 겪으면서도 브라질은 비교적 외부의 영향을 덜 받은 나라라고 할 수 있다. 지리적인 면에서 유럽과 태평양 중심의 제1·2차 세계대전의 전장으로부터 한 발 떨어져 있었으며 동서냉전의 시대에도 공산 진영과 가까이 있지 않았었다. 이러한 지리적인 이점은 브라질로 하여금 상대적으로 국가안보 논리에서 다른 나라들에 비해서 자유로울 수 있도록 해주었고 불간섭주의

---

24) 룰라 정부뿐만 아니라 카르도주 정부 또한 대테러 수단으로 군사작전의 필요성은 인정했으나 물리적인 힘이 테러를 종식시킬 수 있다고 보지는 않았다. 카르도주는 테러 발생의 근본적인 이유를 국제사회의 불평등과 한쪽의 입장만을 주장하는 배타적인 태도로 보았으며 룰라는 동일한 관점에서 빈곤을 주요인으로 꼽았다. 룰라 정부는 테러와의 전쟁에서도 군사력에 의존하는 것보다는 빈곤퇴치가 가장 근본적인 테러 방지책이라고 주장했다.

에 따른 브라질 중심적인 정책을 펼 수 있는 바탕이 되었다고 할 수 있다.

이러한 환경 속에서 브라질 대외정책은 브라질의 자주성(autonomy)을 추구하는 것을 근간으로 해오고 있다. 특히 이러한 기조가 정부의 형태나 성향에 크게 영향을 받지 않고 변화 없이 일관성 있게 유지되어왔다는 점이 매우 인상적이다. 브라질이 추구해온 자주성은 앞에서 언급한 바와 같이 독립을 전후한 시기에는 주권 또는 독립과 비슷한 의미로, 그 이후에는 국제사회에서 다른 나라의 간섭을 받지 않고 자신들이 하고 싶은 정책을 결정하고 실행할 수 있는 독립성과 동일하다고 할 수 있으며 나아가서 미래의 브라질은 다른 나라에 자신들의 정책을 관철시킬 수 있는 종주국으로서의 역량을 갖추는 것을 의미한다고 할 수 있다. 특히 룰라 대통령 이후 브라질은 국제사회에서 미국의 일원주의 노선에 반대하며 중국과 함께 국제사회의 새로운 대변자 역할을 자임하고 있는데 이러한 브라질의 대외정책은 우리나라가 국가 차원에서 국제사회에서 브라질과 협력을 강화하는 데 반드시 고려해보아야 할 사항이다.

브라질 자체가 자주성을 추구하는 것만큼 브라질은 자국이 상대하는 국가와의 정책결정 역시 상호 이해관계 속에서 자주적으로 행해지기를 원한다. 이러한 관점에서 볼 때 우리나라는 브라질과의 국제공조나 협력에서 일부 불리한 입장에 놓여 있음을 부인할 수 없다.

국제사회에서 안보논리를 바탕으로 한 국가가 다른 한 국가에 영향력일 끼치는 시기는 냉전 시대의 종식과 함께 사라졌으나 지구 상에서 아직도 냉전 시대의 지정학적인 논리가 적용되고 있는 곳이 바로 한반도이다. 민주주의와 공산주의의 이념의 틀 속에서 남한과 북한이 군사적으로 대립하고 있으며 두 나라 모두 열강들의 영향력에서 자유롭지 못하다. 특히나 핵전쟁의 위협 속에서 미국과의 동맹관계를 통해서 우리나라의 안보를 일정부분 담보하고 있는 상황에서 현실적으로 미국의 정책에 반대하는 정책에 동조하는 것은 현실적으로 어려운 부분이다.25) 따라서 국제사회에서 우리나라와 브라질 간의 협력관계가 국가정책적인 면에서는 포괄적 동반자관계를 넘어 전략적 동반자 관계로 이어지기가 쉽지 않다고 보인다.

그러나 국가정책적인 차원이 아니라 경제논리가 반영되는 민간기업 차원이라면 전략적 동반자 관계를 충분히 만들어나갈 수 있을 것으로 기대된다. 우리나라와 브라질이 서로 비교우위에 있는 분야를 공유함으로써 경제적인 측면에서는 충분히 전략적 동반자 관계로 함께 성장해나갈 수 있을 것이다.26)

---

25) 실제로 2012년 팔레스타인 국가지위 부여와 관련한 유엔총회투표에서 한국은 기권하는데 그 이유는 이스라엘을 지지하고 있는 미국의 입장 때문에 자신의 독립적인 의사표현을 하지 못하고 있는 것으로 분석된다. 유엔이나 각국의 표의 행방이 중요한 기타 국제협상 테이블에서 미국과 정책을 공유해야 하는 한국은 국제외교 무대에서 그 역량이 위축될 수밖에 없다.

26) 기술력을 바탕으로 한 기업차원의 진출은 기술력의 우위로 충분히 가능할 것으로 보이지만 정치적 고려가 필요한 대규모 플랜트 사업이나 경제협력에는 우리나라가 처해 있는 어쩔 수 없는 상황 때문에 브라질과의 협상에서 불리한 조건에 놓일 수밖에 없을 것으로 보인다. 즉, 협상의 조건이 기술적으로 비교우위에 있고 비정치적 경제활동으로만 국한된다면 우리가 충분히 경쟁력을 가질 수 있겠지만 브라질이 다변화전략에 따른 정치적인 부분을 고려해서 결정을 하는 수준이라면 브라질과 경제협상을 벌이는 다른 국가들, 특히 중국에 비해 매우 불리한 입장에 놓일 것이라고 예상된다.

6. 나가는 말

비헤바니와 세팔루니(Vigevani and Cepaluni, 2007, 2012)를 중심으로 살펴본 브라질 독립 이후 이어져온 대외정책의 기조는 브라질의 자주성을 확보하는 것이었다. 시기적으로 그 의미와 추구하는 바는 조금씩 달라졌지만 큰 틀에서는 국토와 의사결정의 독립성과 다르지 않다. 브라질의 이러한 대외정책은 우리나라가 브라질에 진출하고 브라질과의 협력 관계를 증진시키고자 할 때도 반드시 고려해야 할 사항 중 하나이다. 현재 우리나라는 외교관계상 미국과 가장 높은 단계인 동맹관계를 맺고 있으며 실질적으로는 아직도 동서냉전의 양상에서 벗어나지 못하고 있기 때문에 대외정책을 결정하는 데서 완전히 자유로운 편이 아니다. 이러한 우리나라의 대외정책의 한계는 다원주의를 표방하며 정책결정에서 독립성을 추구하는 브라질의 대외정책을 만족시키기가 쉽지 않을 것으로 보인다. 따라서 한국과 브라질과의 관계가 국가정책적인 차원에서 포괄적 동반자 관계 이상으로 진전되기 또한 어려워 보인다. 반면에 민간 기업 차원에서는 한국과 브라질 양국이 가지고 있는 비교우위 영역의 교환과 공유를 통해서 전략적 동반자 관계로 발전할 가능성이 충분하기 때문에 양국 간의 협력과 발전 어젠다는 국가정책 차원보다는 민간기업 차원의 활동을 지원하는 방향으로 초점을 맞추어 진행되어야 할 것이다.

참고 문헌

가와기타 미노루(川北稔). 1996. 『설탕의 세계사』. 장미화 옮김. 좋은책 만들기.

시라디, 니콜라스. 2008. 『운명의 날: 유럽의 근대화를 꽃피운 1755년 리스본 대지진』. 강경이 옮김. 에코의 서재.

이승덕. 2006. 『브라질 들여다보기』. 한국외국어대학교 출판부.

최영수. 2010. 『브라질사』. 한국외국어대학교 출판부.

Almeida, Paulo Roberto de. 2002. "Relações internacionais e politica externa do Brasil: uma perspectiva histórica." *Atas do Simposio Brasil 500 anos depois.*

_____. 2004. "Uma politica externa engajada: a dplomacia do governo Lula." *Revista Brasileira de Política Internacional,* v. 47, nº 1, pp. 162~184.

Fernando, Francisco. 2000. "A politica platina do Brao do Rio Branco." *Revista Brasileira Política Internacional,* 43(2), pp. 130~149.

Lafer, Celso. 2000. "Brazilian International Identity and Foreign Policy: Past, Present and Future." in Daedalus special issue: *Brazil: Burden of the Past Promise of the Future.*

Rodrigues, José Honório. 1938. *Britain and the Independence of Latin America, 1812-1830.* London: Oxford University Press.

Vigevani, Tullo y Gabriel Cepaluni. 2007. "A politica externa de Lula da Silva: A estratégia da autonomia pela diversificação," *Contexto Internacional.* 29(2). pp. 273~335.

Vigevani, Tullo & Gabriel Cepaluni. 2012. *Brazilian Foreign Policy in Changing Times.* UK: Lexington Books.

제5장

브라질 '파워외교'의 개념화와 실용적 의미

김원호

룰라 대통령의 재임기간(2003~2010) 중 브라질은 경제규모의 급부상 속에서 국제정세 및 통상 이슈에 대해 매우 공세적인 외교정책을 펴왔다. 이 글은 이를 '파워외교'라고 칭하고, 그 본질과 한계를 분석하는 데 목적을 두었다. 첫째, 파워외교 구사의 중기적인 목표는 유엔안전보장이사회의 상임이사국 지위를 획득하는 것이다. 둘째, 브라질은 통상정책면에서 자신들이 국제경쟁력을 갖고 있어 실익이 보장되는 바이오에너지 및 농업시장 개방에 공세적인 입장을 취하고 있으며 이 실리노선은 브라질의 통상정책이 비교우위이론에 기반한 것이 아니라 산업정책론에 기초하여 부분적으로 1990년대 시장개방 이전의 보호무역주의 노선으로 회귀하는 것을 의미한다. 셋째, 브라질 정부는 세계금융위기 이후 미국을 비롯한 주요 국가들의 통화정책을 '환율전쟁(currency war)'이라고 규정하고 공세를 펴왔지만, 브라질의 환율전쟁 공세 입장이나 신산업정책은 모두 브라질의 상품의 수출경쟁력 강화에 초점이 맞추어져 있다. 이에는 시장(market) 원칙과 국가(state)의 역할강화라는 서로 상반된 논리가 존재하고 있다.

김원호 한국외국어대학교 국제지역대학원 중남미학과 교수

* 이 글은 ≪포르투갈-브라질 연구≫ 9권 2호(2012년)에 실린 글을 이 책의 성격에 맞게 편집한 것이다.

1. 서론

브라질은 21세기 들어 정치적·경제적·사회적으로 세계적인 주목을 가장 많이 받는 나라 중 하나가 되었다. 고질적인 빈부격차 문제를 안고 있던 브라질은 최근 각종 사회지표에서 빈부격차가 해소되고 중산계층이 확대되는 것으로 나타나는가 하면 2011년에는 영국을 제치고 경제규모에서 세계 6위에 올랐다. 또한 보스턴 컨설팅그룹이 열거한 세계 100대 기업에 브라질석유공사(Petrobras), 카마르구 코헤아(Camargo Correa), 브라질항공기제작사(Embraer) 등 브라질 기업 14개가 포함되는 등 명실공히 강국으로 부상하고 있다. 이러한 브라질의 국제적 위상 제고는 국제사회의 주목을 끌면서 마침내 브라질은 2014년 월드컵 및 2016년 하계 올림픽 개최를 연이어 유치하는 쾌거를 이룩하기도 했다.

이 같은 국내적인 성과와 국제적 위상 제고를 배경으로 룰라 다 시우바 대통령의 재임기간(2003~2010)을 전후해 브라질은 외교무대에서도 두드러진 행보를 보였다. 브라질은 20세기 후반 메르코수르의 창설과정에서 보여준 지역 내 리더십을 넘어 남미국가연합(UNASUR) 창설 등 남미지역 전체에서의 주도권을 과시하기 시작했을 뿐만 아니라, 유엔 안전보장이사회 상임이사국 진출을 본격적으로 꾀했고, 세계무역기구(WTO) 도하개발아젠다(DDA) 협상에서는 개도권(開途圈) G20+를 결성하는 등 다자무대에서 공세를 폈다. 이와 별도로 브라질은 글로벌 금융위기 이후 창설된 주요 20개국 회의체에도 참여하고 있다. 또한 브라질은 전략적 파트너 국가들을 선별하여 IBSA(India-Brazil-South Africa)라는 이름으로 인도, 남아공과의 협의체를 창설하는가 하면, 러시아, 인도, 중국과 더불어 신흥공업국 단위인 BRICs를 명실공히 회의체로 발전시키는 데 기여하는 등 국제무대에서의 활동영역을 다각화하고 있다. 이는 브라질이 경제규모의 급부상 속에서 국제정세 및 통상·금융 문제에 대해 매우 적극적인 외교정책을 펴오고 있음을 의미한다. 특히 룰라 대통령은 리비아의 카다피, 이란의 아마디네자드, 베네수엘라의 차베스 같은 인권과 민주주의를 거스르는 독재자들과 특별한 관계를 유지함으로써 세계의 이목을 끌고 주류 국제외교노선에 혼란을 초래하기도 했다. 2010년 하반기에는 브라질이 미국과 중국의 자국 통화 저평가 정책에 반기를 들며 '환율전쟁(currency war)'을 지적하고 나왔다.

이 글은 이같이 브라질이 세계 6위 경제로 부상하면서 펼친 다각적인 외교공세를 '파워외교(power diplomacy)'라고 칭하고, 이러한 파워외교가 과연 어떠한 실용적 목적을 지니고 있고 어느 정도나 그 결실을 거두었는가를 고찰하는 데 목적을 두고 있다. 아래에서는 먼저 '파워외교'를 정의하고 그 배경에 이어 브라질이 국제안보, 지역협력, 국제통상, 국제통화 부문에서 펼치고 있는 파워외교의 본질을 분석한다. 이를 토대로 이 글은 파워외교의 공과와 실용적 의미를 검토함으로써 현대 브라질의 외교정책에 대한 이해의 틀을 정립하고자 한다.

2. 브라질 외교정책론에서 본 '파워외교'

룰라 대통령은 2003년 1월 1일 취임사에서 "모든 남미 국가들은 브라질을 자연적 지도자(lider natural)로 보고 있다. 500년 전 브라질은 자신을 그렇게 보지도, 그렇게 보이기를 원하지도 않았지만 지금은 대국으로서의 지위를 수행해야 한다"라고 역설한 바 있다(Lechini and Giaccaglia, 2010). 브라질은 제2차 세계대전 후 오랫동안 지역 내 고립주의적 외교 행태를 보이다가 냉전 종식 이후부터 지역 및 다자간 정치경제 무대에의 참여도를 높이면서 국제적 영향력을 키워왔다. 이를 레치시아 핑예이루(Leticia Pinheiro, 2004)는 실용주의적 제도주의(institucionalismo pragmatico)라고 칭했는데, 이는 브라질이 양극체제 시절에는 국제사회에서 담당할 수 있는 역할에 한계를 느껴 관여하지 않다가 냉전 종식과 함께 다극체제를 지향하면서 새로운 세계질서 확립에 참여하려고 했으며, 이를 관철하기 위해 국제기구의 역할을 강조하는 입장을 취했다는 것이다.

즉, 브라질은 1930년대 제툴리우 바르가스 정권수립 이래 국가주도의 개발전략을 펴면서 외부와 유리된 채 내부지향적인 발전을 도모해왔다. 이러한 고립성향은 브라질을 냉전이 한창이던 1960년대 이래 이른바 '제3세계론'의 범주에 머물게 한 요인이 되었다. 그러나 브라질은 1985년 민주화에 이어 1988년 신헌법을 제정하면서 당시의 긴장완화 분위기를 타고 이른바 '참여적 독자외교' 성격을 띠기 시작한 것이었다.

이러한 브라질의 외교 노선 변화는 페르난두 콜로르 대통령 집권 시기에 표면화되었다. 그러나 이 시기의 대외정책은 진취적인 외교라기보다는 소극적인 대외개방이라고 부르는 것이 더 정확할 것이다. 즉, 군사독재 기간부터 군정의 잔재가 남아 있던 민주화 초기까지 브라질은 핵개발을 통한 군사외교를 추진해왔으나 콜로르 정부는 이를 전면 폐기하는 한편, 내부지향적인 수입대체산업화 정책을 수정하여 브라질 시장을 개방하기 시작했다. 콜로르 대통령은 인접 국가들과의 평화 정착 및 공동 번영을 기획하여 1991년 4월 브라질은 아르헨티나, 우루과이, 파라과이와 함께 메르코수르의 초석을 다지는 아순시온 조약을 체결했다. 당시 유럽은 냉전 종식의 분위기 속에서 유럽통합을 가속화시키고 있었고, 중남미의 한 축인 멕시코는 미국, 캐나다와 북미자유무역협정(NAFTA) 협상에 돌입하려던 시기였다.

그러나 콜로르 대통령 시기의 브라질 개방외교의 지향점에 대해서는 논란이 있다. 즉, 콜로르가 브라질의 선진화를 추구했는지 아니면 독자주의 노선을 발전시키기 위해 지역통합에 중점을 두었던 것인지 명확하지 않기 때문이다. 미리암 고메스 사라이바(Miriam Gómes Saraiva, 2007)는 브라질의 외교노선이 전통적인 자주외교노선(diplomacia autonomista)으로부터 1990년 콜로르 대통령 취임 후 자유외교노선(diplomacia liberalista)으로 돌아서기 시작했고 이러한 경향은 카르도주 대통령 말기까지 계속되었다고 주장한다(Almeida, 2009). 콜로르 대통령이 독자노선을 원했든 아니면 개방을 지향했든 간에 최소한 그의 집권기에 브라질이 국제사회에서의 역할을 시도했다고 보는 것은 틀림이 없을 것이다. 즉, 메르코수르가 창설되던 시기에 미주대륙의 북쪽에서는 NAFTA가 논의되고 있었고, 유럽에서는 EU가 탄생하는 등 국제 정치경제적으로 큰 사건들이 있어 이 시기를 방어적 개방 시기로 보는 데에 무리가 없을 것이다.

콜로르 대통령이 독직사건에 휘말려 탄핵을 받고 물러난 뒤 그의 잔여임기 동안 대통령을 물려받은 이타마르 프랑쿠(Itamar Franco) 대통령 시기(1992~1994)에 브라질은 미국의 시장개방 압력을 지속적으로 받았다. 또, 빌 클린턴(Bill Clinton) 미국 대통령은 1994년 아시아태평양경제협력체(APEC) 정상회의에 이어 미주정상회의를 개최하고 미주자유무역지대(FTAA) 논의를 주도했다. 따라서 이렇다 할 만한 변화를 가져오지 않은 프랑쿠 대통령 시기 역시 브라질의 메르코수르를 중심으로 한 외교는 방어적 성격의 지역통합외교라고 규정할 수 있을 것이다.

이때까지의 브라질의 외교정책을 케우송 폰세카(Gelson Fonseca Jr., 1998)는 '등거리 자주외교(autonomia por la distancia)'라고 부른다. 이에 반해 그는 페르난두 엥히키 카르도주 대통령 시대(1995~2002)부터는 본격적으로 '참여적 자주외교(autonomia por la participacion)'가 전개된 것으로 평가한다. 즉, 카르도주 정부 시절의 브라질은 그동안 미루어왔던 주요 국제협정들을 비준하고 국제규범의 제정과 국제기구 및 국제회의에 적극적으로 참여하면서 그동안의 소극적인 외교정책에 변화를 주기 시작했다는 것이다.

툴로 비헤바니와 아롤도 라만시니(Tullo Vigevani y Haroldo Ramanzini Jr., 2009)는 브라질 외교정책을 이해하는 두 개의 개념을 보편주의(universalismo)와 자주노선(autonomia)으로 설정했다. 보편주의는 브라질이 글로벌 통상국(global trader)에서 글로벌 행위자(global player)로 변모해 가는 과정에서의 외교정책을 이해하는 개념으로 사용되고, 자주노선은 게우송 폰세카(Gelson Fonseca Jr., 1998)가 분류하는 대로 브라질이 양극체제 시절의 등거리 자주노선에서 참여를 통한 자주노선으로, 그리고 룰라 시대에 다변화를 통한 자주노선으로 적극성을 띠게 된 것을 설명하는 데 동원되는 개념이다.

카르도주 대통령은 헌법을 수정해 연임에 성공함으로써 브라질 현대사에 드문 정치안정 및 정책지속성을 확보했다. 카르도주 대통령은 시장개방과 민영화 사업을 지속해 개방경제의 틀을 다지는 한편 브라질 경제의 발전가능성을 고조시켰다. 카르도주 대통령은 전임자들과 달리 활발한 해외순방외교를 펼쳤지만, 그의 외교의 중심에는 메르코수르가 자리했다. 즉, 카르도주 대통령은 브라질이 역내 맹주로서의 기반을 확고히 함으로써 과거의 고립주의와 완전히 차별화하고 점차 국제사회에서의 역할을 담당하기 위한 준비를 한 것으로 해석된다.

브라질이 '참여적 자주외교'에서 '다변화 자주외교(autonomia por la diversificacion)'로 선회한 계기는 미국의 부시 대통령의 일방적 대외정책이었다고 평가된다(조희문, 2009). 이는 카르도주 대통령 시기 말경이었으며, 이때부터 브라질은 선진국 중심의 외교정책에서 벗어나 인도, 남아프리카공화국, 중국 등과의 관계개선을 시도함으로써 남남 외교의 기초를 다지기 시작했다. 더 나아가 룰라 정부는 남남 외교를 룰라 외교의 주요 축으로 삼아 이를 구체적으로 제도화하려고 노력했다. 이러한 남남협력 강조는 역설적으로 위 고메스 사라이바(Gómes Saraiva, 2007)의 분류에서 볼 때는 선진국과의 관계개선을 강조하기 시작한 자유주의 외교노선에서 다시 종전의 자주외교노선으로 선회한 것으로 볼 수도 있을 것이다.

2003년 3월 20일 미국이 단독으로 감행한 이라크 침공은 룰라 외교정책에 새로운 전기를 가져왔다. 당시 미국이 UN 체제를 우회하여 수행한 이라크전쟁에 국제사회는 곱지 않은 시선을 보냈다. 미국 중심의 세계질서 형성에 국제사회가 불만을 표출하기 시작한 것이었다. 룰라 대통령은 그로부터 얼마 후 2003년 6월 1일 에비앙 G8 정상회담에 옵서버로 참여하면서 이라크전쟁을 둘러싸고 마찰을 빚는 서방국 정상들을 목격했다. 룰라 대통령은 일극체제의 와해를 예견하면서 브라질의 위상에 대해 자신감을 갖게 되었으며, 이어 직접 대통령 외교를 통해 다양한 지역의 국가, 특히 전략적 거점국가들을 중심으로 자주적인 외교통상 전략을 펴는 데 자신감을 갖게 되었다고 평가된다(조희문, 2009).

일반적으로 주요국 또는 강대국을 말할 때 파워라는 개념이 사용되는데 이때는 초강대국, 즉 수퍼파워(super-power)로서의 미국의 위상이 흔들리는 가운데 파워들이 제각기 목소리를 내는 다극화가 가속적으로 진행되기 시작한 때였다. 브라질은 여기서 '하나의 파워'로서 역할을 하는 전기를 발견한 셈이었다. 즉, 이 글에서 칭하는 브라질의 '파워외교'는 브라질의 야심적인 세계외교정책이라고 풀어쓸 수 있을 것이다. 또한 그 바탕이 되는 중요한 요소는 미국 중심의 일극체제의 붕괴, 미국 및 유럽 경제위기와 브라질 경제의 상대적 부상, 중남미 지역에서의 파워 공백 등이라고 볼 수 있다. '파워'의 개념상의 의의는 결론부분에서 다시 한번 정리하도록 한다.

브라질의 파워외교를 구사하려는 초기시도는 2003년 9월 WTO 칸쿤 회의에서 브라질이 인도, 중국과 G3 그룹을 형성하고 이를 기반으로 미국과 유럽연합의 연간 3,000억 달러가 넘는 농업보조금에 반대하는 개도국들을 결집하여 G20+를 발족시키는 적극성을 보인 데서 엿볼 수 있다. 이어서 그해 12월 룰라 대통령은 중동을 방문하여 22개 중동 국가들과의 통상협력협정을 논의했다. 이때로부터 룰라 대통령은 8년 집권기 동안 아이티 평화유지군 파병, 중동지역 평화 중재 역할 수행, 아프리카 국가들과의 상호협력 강화, 남남협력과 G20+회담 등 각종 국제무대에서 신흥국과 개도국의 입장을 공세적으로 반영하는 적극성 을 보였다. 이는 이전까지 브라질이 보여준 지역 맹주 추구의 외교정책 과는 양상을 완전히 달리한 것이었다.

브라질 파워외교는 다음과 같은 특징을 갖고 있다.

첫째, 브라질 파워외교는 남남협력을 기반으로 하고 있다. 룰라 대통 령 재임 기간 중 브라질은 메르코수르에서 벗어나 아시아, 아프리카와 의 유대강화를 커다란 축으로 삼음으로써 개도권을 외교의 중심에 두었 다. 이를 개념화한 것은 '남남협력'이었다. 남남협력은 국제정치체제가 냉전 시기 양극체제로부터 냉전 종식 후 일극체제로, 그리고 다시 다극 체제로 발전하는 단계에서 브라질이 택한 개도권 결속 전략이라고도 볼 수 있다. 2003년 브라질이 주도한 G20+는 이러한 전략을 여실히 반영하고 있다. 룰라 정부는 IBSA, 세계사회포럼 등을 통해서도 일관된 주장을 펴왔다. 즉, 개도국의 빈곤 해소에 국제사회의 노력을 모아야 한다는 것이다. 빈곤과 기아퇴치 문제는 룰라 정부가 국내에서 시행한 기아퇴치사업(Fome Zero)의 이상과 합치되면서 브라질을 개도국의 경제 적·사회적 이슈 대변자로 인식시키려 했다.

둘째, 브라질의 파워외교는 미국과 긴장관계를 갖는 국가들과의 전략적 우호관계를 유지함으로써 대미 견제 및 독자외교 성격을 강조했다. 이 점이 표면화된 외교무대는 미주자유무역지대(FTAA) 협상, 대베네수엘라 관계, 대이란 관계, 대중 관계 등이었다. 이는 브라질이 미국의 전통적인 세력범위로 인식되어온 중남미 특히 남미 지역에서 역내 주도권을 확보함으로써 미국의 역내 영향력을 견제할 뿐만 아니라, 반미 또는 미국과 경쟁관계에 있는 국가들과의 협력을 추구함으로써 역시 독자외교 노선을 표방하는 전략을 구사한 것으로 해석될 수 있다. 미국은 1990년 마스트리히트 조약에 따라 유럽연합이 결성된 데 대응하여 미주대륙에서 FTAA 협상을 주도했지만 결국 브라질을 중심으로 한 남미국가들의 선 남미지역통합, 후 대미 동등 협상이라는 전략에 막혀 FTAA는 2005년 마르델플라타 미주정상회의에서 좌초되고 말았다. 이어 룰라 대통령은 남미통합을 가속화하기 위해 베네수엘라가 주도한 남미개발은행(Banco del Sur) 설립에 참여하고, 남미국가연합(UNASUR) 결성도 주도했다. 특히 UNASUR는 미국이 주도하는 미주자유무역지대(FTAA) 협상의 대안으로 제시된 셈이었다. 또한 이란 핵문제와 같이 제3의 역외지역에서 미국 초미의 관심 사안에 관여한 것은 국제정치 이슈에 대한 이전까지의 소극적인 입장을 버리고 브라질식 파워외교를 통해 주도그룹에의 참여를 시도하는 한편 대미 협상력을 높이려 했다고 해석된다.

셋째, 브라질의 파워외교는 세계경제의 중심이 선진권으로부터 신흥경제로 옮겨지는 추세에 부응하여 여러 전략국가와의 결속을 통해 그 생존력을 유지하려 했다고 해석된다. 브라질은 BRICs라는 이름하에 중국, 러시아, 인도와의 협력을, 또한 IBSA라는 이름하에 남아공 및 인도와의 협력체제 G3를 구축했다. 여기에 다시 중국과 러시아의 합세로 G5를 구성하여 신흥경제권의 이익을 대변하는 성격을 띠기 시작했다. 이는 브라질이 남남협력으로 개도권을 대변하고 독자노선으로 대미협상을 높이는 한편, 신흥경제권의 또다른 '파워' 파트너들과의 전략적 제휴를 새로운 구심체로 삼아 자신의 파워외교의 생존력, 즉 지속성을 추구한 것으로 이해된다.

3. 브라질의 국제정치적 '파워외교' 전략

1) 전략적 기초로서의 메르코수르의 가치

학자들에 따라서는 메르코수르가 브라질에게 국제정치적 도구보다는 국제경제적 도구로서 의미가 더 크다고 볼 수도 있을 것이다. 필자는 양 측면을 가진 메르코수르를 국제정치 전략 측면에서 이해하고자 한다. 위에서 논한 바와 같이 오늘날 브라질의 대외정책의 틀은 '다변화를 통한 자주외교'이다. 그 출발점은 메르코수르이며, 표면화되는 상징 중의 하나는 대미 독자노선이다. 이는 시대에 따라 변천할 수 있다. 즉, 지역이라는 출발점은 브라질이 메르코수르나 남미지역이라는 기반을 필요로 하지 않을 정도로 국제사회에서 독자적인 영향력을 낼 때까지 또는 낼 수 있다고 브라질 스스로 판단할 때까지 유효할 것이다. 오늘날과 같이 브라질이 세계경제 순위 6위로 올랐다는 것만으로는 그 단계에 진입했다고 보기 어려울 것이며 어느 정도의 시간과 경험이 필요할 것이다. 또한, 브라질의 자주외교가 표면화되는 대상은 미국의 국제적 위상이 약화되면 될수록 또는 중국이나 EU 등 다른 제3의 패권자가 국제사회를 주도하는 형국이 될 때 바뀔 수 있을 것이다. 따라서 브라질은 메르코수르를 기반으로 남미지역 전체를 UNASUR라는 이름으로 이끌고, 더 나아가 G20+와 같은 기제를 통해 개도권 강자로서의 정체성을 공고히 하려 하는 한편, IBSA, BRICs 등의 기제를 활용한 주요 전략국가와의 협력을 통해 대미 자주노선에 힘을 더하려 한다고 볼 수 있다.

브라질은 카르도주 대통령 집권기간(1995~2002) 동안 헌법 수정을 통해 경제자유화를 추진하고 핵무기비확산조약(NPT)에 가입함으로써 브라질의 국제화에 기초를 다졌다. 그러나 미국 등 서방국들이 브라질에 대해 지역분쟁에 좀 더 적극적인 역할을 담당할 것을 요구했지만 카르도주는 브라질의 전통외교정책인 지역고립주의에 충실하려는 경향을 보였다. 이는 당시 브라질 대외정책의 우선순위가 지역 내 기반 강화에 있었기 때문이다. 즉, 브라질에는 메르코수르의 공고화가 다른 무엇보다도 중요했다. 이러한 태도는 카르도주 대통령이 재임 기간 중 메르코수르에 집중했기 때문에 동맹국인 아르헨티나와 외교마찰을 불러올 수 있는 유엔안보리 상임이사국 진출에 적극적이지 않았다는 사실에서도 나타난다(Almeida, 2007a: 6). 즉, 후술하는 바와 같이 브라질의 중기적인 목표가 유엔 상임이사국 진출임에도 브라질은 메르코수르의 공고화를 단기목표로서 더 비중 있게 보았던 것이다.

반면 룰라 대통령은 메르코수르의 확대에 더 관심이 컸다고 보인다. 즉, 룰라는 베네수엘라를 메르코수르의 회원국으로 받아들여 메르코수르의 정치화를 가속화하고 있다. 메르코수르는 불완전한 관세동맹으로서 경제공동체로서 많은 과제를 안고 있음에도 베네수엘라를 받아들인 것은 메르코수르의 회원 수를 늘리는 것이 메르코수르 발전에 기여한다는 정치적 판단이 앞선 것으로 해석할 수 있다. 즉, 무분별한 회원국의 증가가 메르코수르의 탈경제화를 초래할 수 있다는 경제통합 중시론자들의 경고에도 불구하고 브라질 정부가 베네수엘라의 가입을 지지했다는 사실만으로도 브라질 정부 내에 메르코수르의 정치적 가치에 무게를 두는 세력이 더 커졌음을 알 수 있다. 에두아르두 비올라(Eduardo Viola)는 브라질이 메르코수르를 완성하지 못한 채 칠레 대신 베네수엘라를 받아들임으로써 큰 실책을 범했다고 지적했는데 이는 메르코수르의 정치화 경향을 지적한 것으로 풀이된다(Viola, 2009).

베네수엘라가 메르코수르에 가입한 때를 전후하여 일고 있는 메르코수르 위기론의 실체는 메르코수르의 정체성과 관련된 것이다. 즉, 메르코수르가 결성되던 1990년대 초는 브라질과 아르헨티나에 모두 신자유주의 성향의 정부가 집권해 있었던 시기로서 발전모델과 통합모델이 일체를 이루고 있었다. 그러나 오늘날 베네수엘라를 포함한 주요 3국은 중도좌파적인 성향을 갖고 있어 발전모델과 통합모델이 어긋나는 상황이다. 더 나아가 베네수엘라와 아르헨티나, 파라과이는 민족주의적 성향을 띠고 있고 브라질과 우루과이는 개방적인 성향을 보이고 있다. 특히 일부 브라질 기업들은 최근 메르코수르 여타 회원국들과의 관계보다 선진국 및 남미 여타국가, 및 개도권과의 관계가 더 중요한 만큼 메르코수르의 관세동맹 성격이 득보다는 장애물이 되고 있으며, 메르코수르의 FTA 단계로의 후퇴 또는 브라질의 메르코수르 탈퇴를 주장하고 있다.

메르코수르와 별도로 룰라 대통령은 남미국가연합(UNASUR)을 추진했다. 이 구상은 2005년 9월 29일 브라질리아에서 열린 제1차 남미국가공동체 정상회의에서 구체화되었다. UNASUR는 관세동맹인 MER-COSUR와 안데스공동체(CAN)을 통합한다는 기제이다. UNASUR의 창설조약은 2008년 5월 23일 브라질리아에서 개최된 제3차 정상회의에서 브라질을 비롯한 12개국이 정상에 의해 서명되었고, 2010년 11월 우루과이가 9번째 조약비준국이 되면서 정식 발효되었다. 2011년 3월에는 에콰도르에서 UNASUR 사무국이 개소되었고, 2014년까지 비민감품목의 관세철폐와 2019년까지 민감품목의 관세철폐를 통해 단일시장을 형성하겠다는 원대한 목표도 정해졌다. 그러나 UNASUR의 창설을 주도한 주요 3인(차베스 베네수엘라 대통령 포함) 가운데 룰라 대통령은 2010년 12월 말로 대통령 임기를 마쳤으며, 2010년 5월 초대 사무총장을 맡았던 네스토르 키르치네르 전 아르헨티나 대통령은 그해 10월 사망함으로써 UNASUR는 상당한 동력을 잃었다고 볼 수 있다.

따라서 현재로서는 브라질에게 메르코수르는 전술한 바와 같은 전략적 중요성을 띠고 있기 때문에 UNASUR가 브라질의 전략적 이해관계를 대변할 수 있는 기제로 발전할 때까지는 메르코수르를 유지시키는 것이 브라질에게 절실할 것이다.

2) 지역적 고립으로부터의 탈피: '남남협력'

브라질의 파워외교가 정체성을 드러내기 시작한 것은 브라질이 외교무대를 남미지역에서 역외로 확장하면서부터이다. 룰라 정부의 외교정책은 초기부터 '주권 확립'에 집착했는데 이는 노동자당(Partido dos Trabalhadores: PT)이 강하게 주장한 것으로 브라질이 국제사회에서 주권 국가로서 적극적 역할을 해야 국가의 경제발전전략에 부합한다는 것이다. 이를 위해서는 브라질이 국제사회에서 미국 등 강대국의 일방주의에 반대하기 위해 다자주의를 강화해야 하고, 구체적으로 브라질은 국제사회서 개도권의 힘을 모아 협상력을 증진시키는 것이 필요하다는 것이다. 따라서 브라질이 택한 패러다임은 남남협력이며, 브라질은 남미지역에서의 외교적 주도력에 기초하여 WTO 다자협상에서 G20+를 결성함으로써 무역협상에서의 개도권의 이익을 대변하고, IBSA를 통해 지역별 개도권 주도자 그룹을 형성하고, 더 나아가 포르투갈어 사용 국가들과의 관계를 심화시키는 전략을 폈다. 이 중 G20+는 이 글의 통상분야에서 후술하기로 하고, 아래에서는 IBSA와 포르투갈어권 전략을 고찰한다. 특히 IBSA와 포르투갈어권 전략의 공통점은 아프리카 지역에서의 외교력 강화가 정책 목표 중의 하나라는 것이다.

첫째, 브라질은 2003년 이래 인도 및 남아공과 함께 IBSA 대화포럼(IBSA Dialogue Forum)을 통해 '남남협력'의 기치 아래 3개국 간 농업, 통상, 투자, 과학기술, 에너지, 문화, 국방 등 분야의 협력방안을 협의하는 각료회담 형식의 기구로 운영해왔다(Oliveira et al., 2006). IBSA 결성의 배경은 선진권과 개도권 간의 특허분쟁이었다. 예컨대 남아공은 HIV 감염자 수가 급증하는 데 대한 대안으로 의약품 통제법(Medicines and Related Substances Control Act Amendments)을 통해 공중보건상 특수상황하에서는 의약품 수입과 병행하여 특허권자의 승인 없이도 필요한 의약품을 생산할 수 있도록 법제화했다. 이에 제약회사들은 이 법이 남아공 헌법 및 지적재산권관련무역협정(TRIPs) 위반임을 주장하며 남아공 법원에 제소했다. 이와 같은 선진국들과의 특허분쟁을 경험했던 남아공, 인도, 브라질 3개국은 아프리카, 남아시아, 남미 등 각 지역의 대표적인 '다인종, 다문화 민주주의 국가(multiethnic and multicultural democracies)'라는 동질성에 기초하여 다자주의 발전을 통해 보호무역주의를 배격한다는 데 뜻을 같이했다. 2003년 6월 6일 3개국 외무장관들은 브라질리아에서 '브라질리아선언'을 채택하고 유엔개혁, 빈곤, 환경, 기술 등 공통 관심사에서 공동협력을 선언하여 개도권의 이익 대변을 표방했다(Oliveira, 2005).

IBSA 3개국은 모두 식민통치를 받은 경험이 있고 민주주의와 인권에

〈표 5-1〉 IBSA 정상회의

	주최국	주최국 지도자	장소
2006년 9월	브라질	룰라 다 시우바	브라질리아
2007년 10월	남아프리카공화국	타보 음베키(Thabo Mbeki)	프리토리아
2008년 10월	인도	만모한 싱(Manmohan Singh)	뉴델리
2010년 4월	브라질	룰라 다 시우바	브라질리아
2011년 10월	남아프리카공화국	제이콥 주마(Jacob Zuma)	프리토리아

대해 깊은 유대감을 갖고 있다. 2009년 9월 1일 제6차 IBSA 외무장관회
의가 채택한 선언문은 세계적 이슈로서 유엔 개편, 국제금융위기, 국제
무역(3국 간 무역협정의 추진), 지적재산권, 에너지, 군축과 비핵확산, 국제
테러, 인권, 남녀평등, 환경, 식량 안보, 인도적 원조 등에서의 공동보조
를 밝혔으며, 지역 이슈로서는 기니비사우의 선거, 짐바브웨, 중동 평화,
아프가니스탄, 온두라스 등 개별국가 문제에 대한 공동입장을 밝혔다
(India-Brazil-South Africa Dialogue Forum, 2009). 현재 IBSA는 17개의 실무
그룹회의를 운영하고 있고, 각국이 매년 100만 달러를 출연한 개발기금
을 통해 기니비사우, 카부베르지, 부룬디에서의 공동사업을 펴고 있다.
그러나 무엇보다도 IBSA 3개국이 공통적으로 가진 국제문제는 UN안
보리의 상임이사국 진출이며(Barbosa, Narcis and Bianclalana, 2011), 이는
BRICs의 정체성과 차별되는 점이다. 브라질은 2006년 9월 첫 IBSA
정상회의를 개최하면서 3개국 FTA 실현을 위한 실무그룹을 구성했고,
FTA 체결 노력을 구체화하기 위해 IBSA 포럼을 개최했다. 이들 3개국
이 FTA를 체결할 경우에는 베네수엘라를 포함한 메르코수르 5개국과,
남아공, 보츠와나, 레소토, 나미비아, 스와질랜드 등 남아프리카관세동
맹(SACU) 5개국, 인도 등 11개국이 참여하는 거대한 자유무역지대가
탄생할 수도 있다.

즉, 브라질은 IBSA를 통한 파워외교의 지향점으로서 국제안보 전략 면에서 3국의 안보리 진출을 꾀하는 한편, 자신들의 이해를 도모하기 위한 3개 지역 거대 자유무역지대 창설을 추진하고 있다고 보인다.

둘째, 포르투갈어권 공동체(CPLP)를 통한 남남협력이다. 브라질 총인 구의 약 40%, 즉 7,600만 명은 아프리카계 흑인이다. 따라서 아프리카와 의 외교관계는 국내정치적으로도 의미가 크다. 브라질이 아프리카 지역 에 대해 처음으로 본격적인 외교적 노력을 편 계기는 민주화 직후인 1986년 유엔총회에서 아프리카 국가들의 지지를 받아 남대서양평화협 력지대(South Atlantic Peace and Cooperation Zone: ZOPACAS) 결의안을 채택 하여 남대서양 지역의 평화와 안보, 협력 및 핵무기 확산방지를 도모하 면서부터였다. ZOPACAS에는 남미에서는 아르헨티나, 브라질, 우루과 이, 아프리카에서는 대서양 연안 21개국이 참여하여 1988년부터 1998 년까지 2년마다 각료회담을 열었다. 당시 미국은 이 결의안에 반대표를 던졌다. 이어 1989년에는 브라질의 상루이스두마라녀웅(São Luíz do Maranhão)에서 브라질과 포르투갈, 포르투갈어 사용 아프리카 5개국 (PALOP) 정상들이 회동을 갖고 영연방을 모델로 하는 포르투갈어 사용 7개국 공동체의 창설을 결정했으나 후속조치는 구체화되지 않았다. 이 는 사르네이 정부하에서 아프리카정책이 정책 우선순위가 아니었기 때문이었고, 뒤이은 콜로르 정부에서도 마찬가지였다. 오히려 브라질은 1983년 아프리카에 34명의 외교관을 두고 있었으나 1993년에는 24명만 남게 되었다.

브라질의 대아프리카 정책은 프랑쿠 정부 말엽부터 서서히 변화하기 시작했다. 프랑쿠 대통령은 포르투갈어 사용국들 간의 공동체 창설을 추구한바, 브라질은 1994년 아프리카지역의 평화유지활동에 참여할 기 회를 맞게 되었다. 브라질은 그해 처음으로 모잠비크에 유엔평화유지군

〈표 5-2〉 포르투갈어권 공동체(CPLP) 회원국 현황

국가	자격	가입년도	공식 언어
포르투갈	정회원국	1996년	포르투갈어
브라질	정회원국	1996년	포르투갈어
앙골라	정회원국	1996년	포르투갈어
모잠비크	정회원국	1996년	포르투갈어
카부베르지	정회원국	1996년	포르투갈어
기니비사우	정회원국	1996년	포르투갈어
상투메 프린시페	정회원국	1996년	포르투갈어
동티모르	정회원국	2002년	포르투갈어, 테툼어
적도기니	옵서버	2006년	포르투갈어, 스페인어, 불어
모리셔스	옵서버	2006년	영어
세네갈	옵서버	2008년	불어

을 파병했고, 1995~1997년에는 유엔 앙골라 독립 감시단(UNAVEM III)에 1,200명의 군대를 파견했다. 이어 마침내 포르투갈어권 공동체(Comunidade de Países de Língua Portuguesa: CPLP)가 1996년 리스본에서 교육 및 문화 협력을 목적으로 출범했다. 창립 회원국은 포르투갈, 브라질, 앙골라, 모잠비크, 기니비사우, 카부베르지, 상투메 프린시페 등 7개국이고, 2002년 동티모르가 독립과 함께 CPLP의 회원국이 되었다. 2008년에는 적도기니(공용어: 포르투갈어, 스페인어, 불어)와 모리셔스(영어), 2010년에는 세네갈(불어)이 옵서버국이 되었다.

룰라 대통령은 적극적인 아프리카 정책과 국내 정치를 결부시키려 했다. 그는 흑인해방운동(Movimento Negro)의 정치적 요구와 브라질 국민의 점증하는 아프리카 관심에 주목하면서 브라질은 아프리카 밖에서 가장 많은 흑인인구를 갖고 있어 아프리카와 밀접한 관계에 있음을 여러 차례 강조했다. 2002년 10월 대선에서 흑인들의 지지를 받고 집권한 룰라는 취임 직후인 2003년 1월 9일 법령 10639호를 통해 브라질

<표 5-3> 포르투갈어권 공동체(CPLP) 정상회의

정상회의	연도	주최국	개최지
1차	1996	포르투갈	리스본
2차	1998	카부베르지	프라이아
3차	2000	모잠비크	마푸투
4차	2002	브라질	브라질리아
5차	2004	상투메 프린시페	상투메
6차	2006	기니비사우	비사우
7차	2008	포르투갈	리스본
8차	2010	앙골라	루안다

학교교육에서 아프리카 역사와 흑인들의 역사 및 문화 교육을 의무화했다. 또한 오랜 역사 동안 부정적으로 비쳐온 도주한 흑인들의 공동체 (quilombos) 등 흑인의 역사적 유산들을 양성화하는 한편 베냉, 가나, 나이지리아, 토고 등 아프리카로 귀환한 과거 노예들의 공동체와의 관계를 유지하려 노력했다.

위와 같이 노예무역으로부터 흑인문화, 흑인인구에 이르기까지 브라질의 역사문화적 아프리카 연고는 도의적 의무이자 대아프리카 관계에서 브라질이 누릴 수 있는 비교우위로 받아들여졌다(Seibert, 2011). 특히 브라질은 아프리카지역에서 중국 및 인도와 진출경쟁을 벌이는 형국이다. 남남협력의 일환으로 적극적인 아프리카 정책을 편 룰라 대통령은 8년 임기 동안 아프리카를 12차례나 순방했다. 이는 1989년 앙골라 방문뿐이었던 사르네이 대통령, 1991년 앙골라, 짐바브웨, 모잠비크, 나미비아를 한 차례 순방한 콜로르 대통령, 아프리카를 한 번도 방문한 일이 없는 프랑쿠 대통령, 1996년 앙골라와 남아공 방문에 그친 카르도주 대통령과 대조적이었다. 룰라 집권 1기 정부는 아프리카지역 브라질 대사관 수를 종전의 18개에서 30개로 늘렸고, 2기 정부는 이를 다시

34개로 늘렸다. 전 세계 21개의 브라질 문화원 중 6개가 아프리카에
있다. 룰라 대통령은 나이지리아의 올루세군 오바산조(Olusegun Obasanjo)
대통령과 공동 노력을 편 결과 2006년 11월 나이지리아의 아부자에서
제1차 아프리카 남미 정상회의(ASA)를 열었다. 또한 약 10년간 중단되
었던 ZOPACAS 각료회의가 2007년 앙골라의 루안다에서 부활된 데
이어 룰라 정부는 2010년 12월 브라질리아에서 ZOPACAS 라운드 테이
블을 개최하여 ZOPACAS의 활성화와 회원국 간 협력 가능성을 토의하
는 계기를 마련했다.

이러한 브라질의 대아프리카외교의 실질적인 결실 중의 하나는 2009
년 4월 남아프리카 관세동맹(SACU)과 메르코수르 간의 특혜무역협정
(PTA)이다. 브라질의 기업들은 경제적으로 중요성이 높아지고 있는 아
프리카지역에 신시장을 개척해야 함은 물론 자원개발 투자기회를 모색
하고 있다.

3) 파워외교의 상징성: 대미 자주노선

위에서 언급한 남남협력이 통상이익에 주안점을 두고 펼쳐지는 브라
질의 파워외교라고 한다면, 전략국가들과의 협력은 언제든지 국제적으
로 논란과 파장을 일으킬 수 있는 안보 분야에서의 파워외교라고 볼
수 있다. 룰라 전 대통령과 호우세피 현 대통령은 모두 브라질의 대내정
책의 기본 방향을 경제성장과 사회안정에 두어왔다. 양자는 양적 성장
과 질적 성장, 고전적 패러다임과 진보적 패러다임이라는 서로 상반된
방향의 정책 목표이기도 하지만, 두 정권은 상호 간에 보완적인 측면을
강조하며 경제사회 정책을 이끌어왔다. 또한 그 덕분에 브라질은 근년
에 외국인 투자자들에게 호평을 받으며 투자증대와 함께 고성장을 이루

어낼 수 있었고, 각종 사회정책을 통해 빈곤을 타파하는 업적을 이루어 냈다. 그러나 룰라 정부의 집권 초기 정치상황에서 볼 수 있듯이 집권당인 노동자당(PT)의 기조에 맞지 않는 친기업적인 경제성장 정책은 정치지지 세력 내의 혼란을 불러일으킨 바 있다. 룰라 정부는 이 같은 대내적 정치갈등의 타협점의 하나로 브라질의 대외정책을 과거보다 진보적인 성향으로, 즉 남남협력을 강조하며 대미 자주외교 노선을 택하게 되었다(Kim, 2011).

즉, 이는 중국, 러시아, 이란 등 미국에 민감한 국가들과의 협력 분야이며 대미 자주노선을 지향한다는 기본 속성을 갖고 있기 때문이다. 이러한 노선은 룰라 대통령의 임기가 종료되고 호우세피 정권으로 넘어오면서 다소 누그러진 감이 있으나 본질적인 방향성에는 변함이 없다고 여겨진다. 이 노선에서 유용한 정책수단은 BRICS와 이란 핵문제, 대북한 관계 등이다.

첫째, 브라질은 BRIC 국가 간의 긴밀한 협력관계를 통해 국제사회에서 미국, 유럽연합 등 G7 중심의 국제관계에 제동을 걸고 유엔 개편 시 중국, 러시아의 지지를 구할 수 있는 제도적 장치를 마련하고 싶어했다. 2009년 6월 러시아의 예카테린부르크에서 개최된 제1차 BRIC 정상회의에서 4국은 유엔과 IMF에서 신흥국들의 발언권 강화를 주창했으며, 2010년 4월 브라질리아에서 개최된 제2차 BRIC 정상회의는 세계 정치경제 질서의 개편을 지지했고, 2011년 4월 중국 하이난에서 열린 제3차 정상회의에는 남아공을 회원국으로 받아 명칭을 BRICS로 개칭했다.

그러나 BRIC은 브라질에게 대미 자주외교를 표방하는 상징물은 될 수 있을지언정 진정한 정책수단이 되는 데에는 많은 장애물이 놓여 있다. 각국이 추구하는 의제도 제각각임을 발견할 수 있는데, 브라질은 철광석과 농산물, 러시아는 석유와 천연가스 공급자의 위치에 있고, 중국과 인도는 공산품과 서비스의 공급자 위치에 있다. 따라서 국제통상 어젠다에 따라 BRIC 회원국의 이해관계는 큰 차이가 날 수 있다. 이러한 상황은 안보나 군사적인 측면에서 더 심각하게 나타날 수도 있다.

브라질은 BRICS 내 회원국 중 인도 및 남아공과는 별도로 IBSA 대화포럼을 운영하고 있기 때문에 나머지 회원국인 중국과 러시아와의 전략적 협력에 초점을 맞추고 있다고 분석된다. 이 중 중국은 브라질에게 국제관계에서 미국의 일방주의를 견제하고 다자주의를 강화하기 위해 기존의 관계를 재정립하는 특별한 전략적 이해관계가 걸려 있을 것이다. 따라서 브라질로서는 국제경제 외교 정치면에서 중국의 협력이 필요하다. 그러나 대중 협력에는 한계가 나타난다. 즉, 중국은 미국과 함께 G2로 분류될 만큼 새로운 초강대국으로 등장하고 있어 잠재적으로 브라질의 국가이익에 부합하지 않는 면이 있을 뿐만 아니라 경제통상 면에서 브라질의 경쟁대상이다. 브라질로서는 중국시장 진입과 중국의 브라질 내 투자가 절실한 입장이어서 중국의 WTO 가입협상에서 종국적으로 중국을 '시장경제'로 인정했다. 그러나 중국제품의 브라질 시장 범람과 브라질 내 중국인 밀입국자의 증가는 브라질에게 중국이 전략적 파트너이면서도 위험한 동반자라는 인식을 심어주고 있다고 보인다. 또한 제3국 특히 아프리카 지역에서 브라질과 중국은 공산품 및 자원개발을 둘러싸고 경쟁하는 관계에 놓여 있다.

반면 브라질의 대러시아 주요 관심은 과학기술분야에 있다. 2008년 드미트리 메드베데프(Dmitry Medvedev) 러시아 대통령의 브라질 방문 기간 중 브라질과 러시아 양국은 비자면제협정, 우주, 핵, 방위산업의 협력협정을 체결했다. 브라질은 러시아 기술을 기반으로 위성발사체

(VLS)의 현대화 및 위성시스템의 개발을 희망했다. 러시아는 대브라질 군수 무기 수출에 큰 관심을 갖고 있으며, 자본 및 기술협력을 통해 브라질의 인프라사업에 참여하기를 바라고 있다. 러시아는 중국에 비해 브라질에게 우호적인 전략적 협력국이라고 볼 수 있다. 러시아는 이미 G2의 위상을 갖고 있는 중국과는 달리 브라질의 유엔안보리 상임이사국 진출을 지지하기 때문이다.

둘째, 이란 핵문제에서의 브라질의 '국제 중재자' 역할 자처이다. 룰라 대통령은 조지 부시 전 미국 대통령 및 반미주의자 우고 차베스 베네수엘라 대통령과 우호적인 관계를 유지하며 양국 간 충돌의 중재에 나서기도 했고, 베네수엘라·콜롬비아·에콰도르 간의 갈등을 중재하면서 남미대륙에서의 영향력도 키웠다. 그는 이 같은 대미 자주외교 노선에 따른 국제적 중재자 역할이라는 틀 속에서 국제사회의 핵무기개발 관련 대이란 제재 논의가 진행되는 중에도 이란과의 친선관계를 유지하면서 이란 지도자와 유일하게 소통할 수 있는 정상으로 보이려 애썼다. 80개 이상 국가를 방문하는 활발한 외교를 펼친 룰라를 "세계의 권력 균형을 바꾸고자 하는 대담한 야망을 가진 사람"으로 평가하는 데 대해 룰라는 영국 시사주간지 ≪이코노미스트(The Economist)≫와의 인터뷰에서 자신을 "이념론자가 아닌 협상가"라고 칭한 바 있다(The Economist, 2010). 이는 그가 이념 측면보다 실용 측면에서의 '역할'에 중점을 두고 있음을 보여주는 발언이라고 해석된다.

룰라는 2010년 5월 이란과 국제사회 간의 대화통로를 재개한다는 명목으로 이란을 방문했다. 그해 6월 9일 유엔 안전보장이사회가 이란의 농축우라늄 생산과 그에 따른 핵무기 제조 가능성을 들어 이란에 대한 제재 결의안을 통과시키자 브라질은 미국과 서구 유럽의 압력을 받고 있던 이란 입장을 지지하면서 터키와 더불어 중재역할을 자처하고 나섰다. 이때 브라질이 내세운 논리는 이란에 대한 미국과 서구 유럽의 압력이 오히려 아랍지역에서의 급진주의를 강화시킬 뿐이라는 것이었다. 브라질은 터키와 함께 농축우라늄을 핵연료와 교환하는 이른바 '스와프 딜'에 이란의 동의를 받아냈다. 그러나 서방국가들은 브라질이 핵확산금지조약의 일원으로서 핵 문제에서 최대한 개방된 자세를 취하면서도 IAEA의 사찰에 응하지 않고 있는 이란을 옹호한 점은 일관성을 잃은 것이며, 유엔안보리의 비상임이사국인 브라질이 안보리의 결의안에 반대하고 있는 점은 모순임을 지적했다. 유엔안전보장이사회의 15개 이사국 중 브라질, 터키, 레바논 3개국만이 이란에 대한 새로운 제재에 반대하고 있었다. 이 중 레바논은 친이란 성향의 군사조직인 헤즈볼라가 정부에 참여하고 있어 반대가 당연시되던 터였다. 브라질은 오히려 국제무대에서 소외당할 위기에 놓여 있었다.

마무드 아마디네자드 이란 대통령은 룰라와 마찬가지로 '남남협력 전략'을 펴 남미국가들과의 경제 및 외교관계를 확대시키고자 했다. 그는 2009년 11월 브라질리아를 방문하여 브라질이 유엔안전보장이사회의 상임이사국에 진출하는 데 지원을 아끼지 않을 것이라고 밝혔고, 양국이 서로 상대지역에의 진출을 위한 가교역할을 수행할 수 있을 것이라고 강조했다. 그해 8월 룰라는 아마디네자드 대통령의 재집권을 축하하는 메시지를 보낸 몇 안 되는 세계지도자 중의 하나였다. 이같이 양국은 급속하게 농업, 식량, 에너지, IT, 의약품 분야에서 협력하기 시작해 브라질은 이란의 주요 교역국이 되고 있었다(Realite EU, 2010). 그러나 브라질의 이 같은 자주외교 행보는 미국의 에탄올 관세율 인하 문제를 둘러싼 브라질의 대미 협상에 타격을 주었을 뿐만 아니라 대아르헨티나 관계에도 먹구름을 드리우고 있었다. 아르헨티나는 이란이 1994년 85명의 사망자를 포함해 수백 명의 사상자를 낸 아르헨티나 유태인 친선협회(Associação Mutual Israelita Argentina: AMIA) 폭탄테러의 계획 및 자금지원, 명령 등 배후조종자로서 이란을 지목해오고 있었다(이성형, 2011).

이란이 '스와프 딜'의 실행장소를 이란 영토 내로 고집하는 와중에서 협상은 더 이상 진전되지 않았고, 브라질은 2010년 8월 10일 유엔안전보장이사회의 대이란 제재 결의안에 서명했다. 브라질의 세우수 아모링(Celso Amorim) 외무장관은 브라질이 유엔 안보리의 결의안에 반대했지만 서명을 하게 된 배경에 대해 "동의하지 않는 안보리의 결의안도 이행하는 전통"을 존중한 것이라고 설명했다. 이는 브라질이 다소 무모했던 중동문제 개입에서 후퇴하여 브라질 경제와 기업들에 직접적인 큰 영향을 미치지 않는 유엔결의안을 준수하는 방향으로 전환했음을 의미한다(박원복, 2010). 2011년 호우세피 대통령이 취임한 이래 브라질의 대이란 핵문제 접근방식은 좀 더 서방입장을 따랐다. 브라질은 2011년 3월 이란에 대한 유엔인권조사 결의안에 찬성했다. 과거 룰라 시절에는 이란을 압박하는 것이 도움이 되지 않는다는 논리로 대처했다.

2012년 1월에도 아마디네자드 대통령은 유엔의 대이란 제재를 앞두고 그의 5번째 중남미 순방길에 올랐지만 방문국은 베네수엘라, 니카라과, 쿠바, 에콰도르 등 4개국이며, 룰라가 물러나고 호우세피 대통령이 들어선 브라질은 포함되지 않았다. 이는 브라질이 대미 자주외교 노선을 포기했다기보다는 호우세피 대통령이 미국과의 첨예한 갈등을 회피하고 있기 때문으로 해석된다.

셋째, 브라질의 대한반도 외교정책과 북핵문제 역시 브라질에게는 파워외교, 특히 대미 자주노선 유지에 중요한 정책수단으로 등장했다. 브라질은 냉전 시대 이래 한국의 우방국가로 비쳐왔다. 그러나 2010년 3월 발생한 천안함 침몰사건에 대한 진상보고서와 관련해 브라질은

〈표 5-4〉 브라질의 대이란 교역추이

(단위: 100만 달러)

	수출	수입
2006	1,568	31
2007	1,838	11
2008	1,133	11
2009	1,218	19
2010	2,121	123
2011(11월까지)	2,261	33

자료: *Folha de São Paulo*, 2012. 1. 23. p. A8.

국제사회의 재조사를 지지하는 입장을 취했고, 2011년 12월 김정일 사망 시에는 공식조문한 국가 중의 하나였다. 이러한 표면상으로 나타난 브라질의 대북한 입장은 매우 객관적이고 자연스러운 것처럼 보이기도 하지만, 북한과 브라질 간의 무역 추이, 브라질의 핵 관련 이해관계 및 위에서 논한 이란 핵문제 접근방법 및 집권당 PT의 정강을 고려하면 결코 간과할 수 없는 브라질의 새로운 파워외교 영역임을 알 수 있다.

김정일 사망 후 유력일간지 ≪폴랴 지 상파울로(Folha de São Paulo)≫는 "브라질은 대북한관계 긴밀화를 원하고 있다"는 제하의 기사에서 북한의 '탈고립(non- isolation)'이 브라질의 기본정책이라고 보도했다. 이 신문은 브라질의 대북한 탈고립 정책은 북한의 정치적 개방을 도모하고 바이오연료를 포함한 브라질-북한 간의 양자 무역 및 동반자관계 강화를 모색하기 위한 것이며 이 같은 정책 목표는 2012년 초 부임하는 호베르투 콜린(Roberto Colin) 신임 주북한대사의 임무라고 설명했다. 이 신문은 콜린 대사가 2011년 11월 24일 브라질 상원 인준청문회에서 행한 발언을 인용해 "브라질은 자주적인 외교정책을 펴고 있기 때문에 북한의 정치적 개방과정을 도울 수 있다"라고 보도했다(*Folha de São Paulo*, 2011).

미국과 한국 정부가 김정일 사망 후 국가조문보다 대북한주민 조문 형식으로 메시지를 보낸 것과 달리 공식조문한 브라질의 이 같은 대북한 정책은 위에서 논한 브라질의 대미자주외교 노선을 그대로 반영하고 있다고 보여진다. 또한 이란 핵문제의 경우 2010년 유엔 안보리 제재결의안에도 불구하고 브라질이 고집한 대이란 협상 역시 향후 북한 핵문제와 관련 국제적인 논의가 본격화될 경우 브라질 PT 정권이 어떠한 태도로 임할지 예견할 수 있는 부분이기도 하다. 물론 호우세피 정부는 룰라 정부와는 달리 대미 대결적인 대이란 정책을 취하지 않았고, 이로 말미암아 호우세피 정부는 이란 측으로부터 무역상의 보복도 감수한 것이 사실이다(*Folha de São Paulo*, 2012). 그러나 위에서 논한 대로 PT 정권이 대미 자주외교 노선을 포기했다고 보기는 어렵다. 더욱이 브라질은 인권 문제나 핵실험과 관련해서는 서방국가들의 노선에 입장을 같이하면서 접근법에서 뚜렷한 차이를 보이기 때문이다. 브라질은 인권 문제와 관련, 이란이나 북한에 대해 압박을 가하는 입장이다. 브라질은 2009년 11월 유엔총회 북한인권 결의안에 기권했지만 2010년과 2011년에는 인권위원회 특별보고관의 임무를 연장하는 결의안에 찬성했다. 또한 브라질 정부는 2009년 5월 북한의 핵확산금지조약(NPT)에의 복귀를 촉구하는 한편, 포괄적 핵실험 금지 조약에 서명할 것과 핵실험 모라토리엄을 엄격히 준수할 것을 요구한 바 있다.

브라질이 대북한 외교에 의미를 두는 것은 이란에서와 마찬가지로 고립되어 있는 국가들과의 교역에서 브라질의 비중이 크다는 점이다. 브라질은 2001년 3월 북한과 공식 외교관계를 수립하고, 북한은 2005년 브라질리아에 쿠바, 페루, 멕시코에 이어 중남미지역에 4번째로 대사관을 개설했다. 이에 브라질은 2008년부터 평양 주재 대사관 개설을 추진해오다 2009년 7월 아르나우두 카힐류(Arnaldo Carillo) 초대대사를 파견했다.1) 브라질은 미주 지역에서 쿠바에 이어 두 번째로 평양에 상주 대사관을 설치한 국가가 되었다. 양국은 2006년 5월 무역협정을 체결하여 2008년에는 양국 교역규모가 3억 8,000만 달러 수준에 이르렀다. 2009년에는 이보다 낮은 2억 2,100만 달러였지만 이는 중국(26억 7,000만 달러), 한국(16억 8,000만 달러)에 이어 3위로서 싱가포르나, 홍콩보다 큰 규모였다.

이같이 브라질과 북한 간 교역규모가 상대적으로 큰 수준인 점에 대해 양국 간 관계가 급속히 발전되어 있으며, 이는 안보영역에서도 마찬가지일 것이라는 보도도 있었다. 즉, ≪아시아타임스(Asia Times)≫는 한 서방전문가의 말을 인용해 일찍이 핵 포기를 선언하고 이를 1988년 헌법에 명문화한 브라질은 이란과 북한의 핵개발 문제와 관련해 양면적인 이해관계를 갖고 있을 수 있다고 분석한 바 있다. 즉, 브라질은 핵 포기에 협조한 결과 서방의 신뢰와 경험을 얻고 현재 두 곳의 원자력발전소 가동에 필요한 규모 이상의 핵농축량을 확보하고 있으며 이는 브라질로 하여금 핵확산방지 약속을 재고하게끔 하는 유인이 되고 있다는 것이다. 즉, 브라질과 북한은 미사일과 우주발사체뿐만 아니라 핵보유력을 개발하는 데 장기적인 야심을 갖고 있다는 데서 공통된 이해관계에 있으며, 시대 차가 있긴 하지만 미국으로부터 강한 압박을 받은 공통된 경험이 있다는 것이다. 오늘날 브라질은 북한이 원하는 기술을 확보하고 있다는 점에서 시사하는 바가 크다. 이 신문은 심지어 확인할 수는 없지만 국제적 제재 명단에 들어 있지 않은 브라질은 다목적 핵원

---

1) 카힐류 대사는 당초 2009년 5월 29일부터 공식 업무를 시작할 예정으로 파견되었으나 북한의 핵실험 및 미사일 발사 이후 유엔 안전보장이사회에서 제재 여부가 논의되어 부임이 연기되면서 북경 주재 브라질 대사관에 머물렀다. ≪연합뉴스≫, "北주재 브라질 초대 대사 평양 부임", 2009년 7월 9일 자.

료를 입수하기 쉬운 입장이어서 이를 북한으로 반입했을 가능성을 배제할 수 없다고 주장했다(*Asia Times*, 2010).

이 같은 보도는 사실 여부를 떠나 브라질과 북한 간의 관계 긴밀화를 주목하는 요인이 되기에 충분하다고 여겨진다. 그러나 최근 전해진 양국 간의 무역 관련 내용은, 2009년 5월 북한의 박의천 외무상은 브라질을 방문해 세우수 아모링 외무장관과의 회담에서 브라질석유공사(PETROBRAS)로부터 심해유전 탐사 지원을 받고 싶다는 희망을 피력했다는 것과 브라질은 북한에 대해 농기계 수출 및 바이오연료 기술제공에 관심을 갖고 있다는 것뿐이다. 또한 양국 간 교역은 1997년 이래 1억 1,000만 달러를 밑돈 적이 없었으나 2011년에는 최저수준으로 떨어져 11월 현재 6,000만 달러에도 미치지 못했다고 전해졌다. 다른 한편, 브라질은 김정일 사망 직후 북한에 대해 400만 달러 상당의 옥수수 16.5톤을 인도주의적 원조 차원에서 공급한 바 있다.

브라질의 대한반도 정책의 기조는 집권당인 노동자당(PT)의 정강과 브라질 정부의 대미견제 외교노선에서 시사점을 도출할 수 있다고 여겨진다. PT는 과거 집권당들과는 대조적으로 외교정책에 깊숙이 관여하는 양상을 보였다. 특히 남미지역 통합과 다자주의 강화에서 노동당의 영향력은 강하게 작용했다. 또한 '반미주의'와 '제3세계론'을 다시 되살린 점은 한반도 정책을 수립함에 있어 브라질이 두는 가치가 무엇인지를 시사하고 있다. 룰라 대통령은 전술한 ≪이코노미스트≫와의 회견에서 이란 핵 문제 개입과정에 대해 자세히 언급했다. 그는 세계 평화를 위협하는 중대문제 앞에서 의사결정을 해야 하는 세계의 지도자들이 직접 나설 필요가 있을 때에 그렇지 못하다는 점을 비판했다. 즉, "정치는 다른 사람에게 맡길 수 없는 일이며, 정치는 정치가가 다른 정치가와 대화를 통해 눈을 마주 보며 결정을 내려야 하는 일"이라고 강조한 바 있다(*The Economist*, 2010).

4. 브라질의 국제경제적 '파워외교' 전략

브라질의 통상정책은 브라질의 산업정책, 외교정책 및 경제상황의 영향을 받고 있다. 즉, 이들 세 가지는 통상정책의 결정요인이라고 말할 수 있다.

브라질은 중남미의 다른 나라들과 마찬가지로 1930년대 대공황 이후 수입대체산업화 전략을 펴왔고, 그 결과 1980년대 거시경제적 왜곡을 가져오긴 했지만 비교적 공업화에 성공했다고 볼 수 있다. 특히 수입대체산업화 전략하에서 설립된 국영철강회사(CSN, 1942년 설립), 브라질석유공사(PETROBRAS, 1953년), 국가경제사회개발은행(BNDES, 1952년), 브라질항공기제작사(EMBRAER, 1969년)는 지금도 건재한 브라질의 대표적인 기업들이다. 브라질은 전반적으로 볼 때 1990년대 이래 경제개방 정책을 추진한 편이지만 최소한 수입대체산업화 시대의 보호주의 성향은 통상정책에 깊게 배어 있다고 해도 과언이 아닐 것이다. 보호주의는 브라질의 산업정책과 통상정책이 교차점이다. 브라질의 통상정책은 군정 시절(1964~1985)에는 브라질은행 산하 대외무역위원회(Carteira de Comércio Exterior do Banco do Brasil: CACEX)에 의해 관리되었고, 오늘날에는 대통령실과 외교부가 직접 관장하며 1995년 설립된 대외무역위원회(Câmara de Comércio Exterior: CAMEX)가 정부 각 부처를 자문하고, 1996년 창설된 브라질 경영자 연합회(Coalizão Empresarial Brasiliera: CEB)가 업종별 입장을 대변하는 형식을 취하고 있다. 브라질 정부 총세수입의 85%가 기업들로부터 납부되고 있는 상황에서 정부의 통상정책은 산업계의 입장을 반영해야 하며 국가 생산부문을 보호하는 것이 통상전략의 기본이 되고 있는 것이다(Hornbeck, 2006).

따라서 브라질의 통상정책의 중심주제는 이상이 아닌 '실리'이다. 브라질은 통상정책을 수립함에 있어 국제경쟁력이 있는 수출품의 해외 시장 진출에 역점을 두는 선별적 방식을 운영해오고 있다. 대외통상협상에서도 브라질은 자국제품의 시장진입이 가능한지에 따라 추진 여부를 결정한다고 볼 수 있다. 이는 브라질이 경쟁력을 갖춘 에너지 분야에서 공세적인 입장을 취하고 있는 점이나, WTO 협상에서 농업시장의 개방, 아시아 및 중동지역에서 농산물의 시장진입 등에 통상정책의 초점을 맞추고 있는 데서 쉽게 이해될 수 있다. 따라서 브라질은 실익이 보장되지 않는 FTAA 협상에 매우 소극적으로 임한 반면, WTO DDA 협상에서는 실익 확보를 위해 강경노선을 택했다.

특히 PT 정권 이래 이러한 실리 노선을 강하게 취하는 이유는 브라질의 통상외교가 1990년대 시장개방정책이 채택된 이후 정부와 의회 간에 갈등관계가 지속되어왔기 때문이다. 이러한 갈등관계는 통상정책이 과거에 비해 국내 산업정책에 더 큰 영향을 받게 되었음을 의미한다. 따라서 정부나 여당은 통상정책의 수립과 집행을 위해 국내 산업정책에 대한 각별한 고려와 야당과의 협상 및 산업계와 시민사회의 의견을 수렴하는 데 더 큰 관심을 보이고 있다. 룰라 정부는 이전 카르도주 정부보다 통상정책과 관련하여 연방의회와의 소통을 상당히 중시했다.

이와 같은 실리노선은 브라질의 통상정책이 비교우위이론에 기반한 것이 아니라 국내 산업정책을 지지하는 수단으로 역할함을 의미하며 부분적으로 1990년대 시장개방 이전의 노선으로 회귀하는 것을 의미한다. 즉, 과거 브라질은 경제의 3대 축의 하나를 이루는 외국 다국적기업들이 자신들의 내부교역(intra-firm trade)을 넓히려 할 것이기 때문에 수출

품목의 해외시장 개척에 큰 관심을 두지 않았다. 과거 통상외교는 외교의 미미한 부분으로 취급되었고 오히려 산업정책의 이행수단으로서더 의미가 있었다. 이 시기 브라질은 수입억제 및 전략상품의 수출규제를 위해 고율의 수출입관세를 부과하고 비관세장벽을 높게 쌓았다(Almeida, 2007a).

오늘날 통상전략에서 과거 모델이 회생하고 있다는 뜻은, 통상정책의기조가 전면적 시장개방보다는 수출경쟁력 있는 일부 전략상품의 해외시장 확대라는 제한적 시장 확대 쪽으로 좁혀지고 있다는 의미로 해석된다. 이는 브라질의 통상정책이 일부 산업 부문 및 품목을 중심으로집중될 수 있음을 의미한다. 또한 정책수단으로서는 전면적인 시장개방을 의미하는 FTA보다는 부분적인 특혜무역협정(PTA)를 통해 비교우위가 확보된 일부 품목에 대해서만 시장접근을 허용하는 교역방식을 선호함을 의미한다. 전면적인 시장개방 시 자동차 부문 등 민감한 국내산업의 피해나 이에 따른 실업 등에 대한 대책을 정부가 세우는 데 어려움이크기 때문이다. 이미 브라질 정부는 역사적으로 1990년 집권한 콜로르정부의 자발적인 시장개방의 정치적 손실과 1995년 이래 카르도주 정부의 신자유주의 정책에 따른 국내산업 민영화 및 수입자유화정책으로부터 정치적 손실을 경험한 바 있다. 브라질이 확보하고 있는 국제경쟁력 있는 수출품은 그 종류도 많지 않고 대부분 대기업이나 다국적기업에 의해 주도되고 있다. PT 정권 수립 이래 브라질정부는 일부 자국상품의 시장접근성 확보라는 실리 통상외교에 더 적극적이다.

페드루 다 모타 베이가(Pedro da Motta Veiga)에 따르면 룰라 대통령집권기 브라질 정부가 중시한 3대 통상 현안은 메르코수르의 확대, FTAA와 메르코수르와 EU 간 FTA 및 WTO의 농산물협상이었다(Da Motta Veiga, 2004: 180~183). 브라질 재무부 차관을 지낸 엘리아나 카르도주(Eliana Cardoso) 교수도 과거 10년간과 향후 10년간 브라질이 깊숙이 관여할 협상은 메르코수르, FTAA, WTO라고 지적한 바 있다(Cardoso, 2009). 이 중 메르코수르는 전술한 바와 같이 브라질 파워외교의 근간으로서 브라질이 역내 공업중심 및 정치지도자로서 이를 공고화 및 확대시키는 것이 정책 방향이고, 이를 토대로 남미국가연합(UNASUR)을 발전시켰다. UNASUR는 미국이 주도하는 FTAA에 대한 대안으로 제시되었다. 룰라를 이은 호우세피 대통령도 메르코수르를 중심으로 남미통합을 가속화한다는 계획이다. 그는 베네수엘라의 정회원국 가입과 함께 남미 인프라 및 자원 투자를 강화해 나갈 계획으로 알려져 있다. 반면 FTAA에 대해서는 브라질이 관심 있는 부문, 즉 농산물 분야의 시장진입이 확보되지 않는 한 저지 또는 무산시킨다는 전략으로 임했다. 표면상으로는 FTAA가 브라질 국민의 복지를 저해한다고 밝혀왔지만, 실상은 미국이 남미지역에서 경제적 영향력을 갖는 것을 경계하기 위해 브라질은 FTAA를 좌초시킬 필요가 있었다. 또한 EU와의 FTA 협상 역시 미국과의 FTAA 협상과 보조를 맞추어 맞불 카드로 활용한다는 전략이다. FTAA는 결국 2005년 마르델플라타 미주정상회의에서 좌초되었으며, EU와의 협상이 최근 들어 재개되는 조짐을 보이긴 하지만 역시 교착상태를 면치 못하고 있다.

이 중 메르코수르 전략과 관련해서는 위에서 논했고, FTAA 및 EU와의 FTA에 대해는 이미 공동 집필한 바 있어(김원호 외, 2006), 이하에서는 브라질의 WTO DDA 협상에서의 농산물 분야 입장과 바이오에너지 분야의 통상정책, 환율전쟁을 둘러싼 공세적 입장 등을 검토하여 파워외교로서의 시사점을 도출하기로 한다.

1) G20+ 결성과 WTO 농산물 수출보조금 철폐협상

외교정책이 브라질의 통상정책을 결정하는 변수임을 가장 잘 드러낸 사례, 즉 브라질이 통상정책에서 파워외교를 구사하고자 하는 무대는 WTO DDA 협상이라고 말할 수 있을 것이다. 브라질은 WTO를 통한 국제경제규범 법제화 과정에 주도적으로 참여해왔다. 만일 농산물에 대한 무역장벽들이 의미 있게 축소된다면 브라질은 WTO 협상의 최고의 승자가 될 것이기 때문에 브라질에 WTO는 매우 중요한 외교 무대이다. 2001년 카타르 도하에서 열린 WTO 각료회의는 브라질의 이해관계에 매우 유리한 기본 공약을 설정했고, 병행협정도 공중보건과 관련 현행 지적재산권 규율을 완화할 여지를 둠으로써 무역 관련 지적재산권 협정(TRIPs)을 이행하는 데 따른 비용을 줄일 수 있다는 희망을 개도권 국가들에게 안겨주었다. 브라질은 미국, 유럽연합과 함께 세계 3대 농업 대국이다. 최근 브라질 공업부문의 비약적인 성장에 따라 GDP에서 농업부문이 차지하는 비중이 6% 수준으로 낮아졌지만, 농가공산업을 합산하면 여전히 25%에 이른다. 또한 브라질 농업부문은 총수출의 36%를 차지하며 2009년의 경우 550억 달러의 무역수지 흑자를 낸 부문이다. 브라질은 세계 1위의 사탕수수, 열대과일, 냉동농축 오렌지주스(FCOJ), 커피 생산국이며, 세계 2위의 콩, 소고기, 닭고기, 옥수수 생산국이다. 따라서 브라질은 DDA 협상에 총력을 쏟기 시작했고 특히 선진국가들의 농업 분야 수출보조금 등 보호주의와 반덤핑 법제도를 겨냥하게 되었다. 당초 브라질은 농업 보호주의를 배격하는 케언즈 그룹의 회원국으로서 이 같은 농업 보호주의 철폐를 요구했다.

그러나 룰라 정부가 집권한 이래 남남협력의 기치를 내건 브라질은 2003년 9월 10~14일 멕시코 칸쿤에서 개최된 WTO 제5차 각료회의를 배경으로 G20+ 결성을 주도했다.[2] 브라질은 2003년 6월 브라질리아에서 IBSA, 즉 브라질과 인도, 남아공 외무장관 회의를 개최하고 이른바 브라질리아 선언(Brasilia Declaration, 2003)을 통해 주요통상국들의 보호주의 정책을 비판하는 한편, 이들 3국이 무역자유화를 주도할 것임을 천명했다. 이는 DDA 협상에 미국과 EU가 농산물 분야에서 공동입장을 펴는 데 대해 이들 선진국의 농업보조금 삭감을 요구하기 위한 대응이었다. 이어 8월 20일 이들 3국은 농산물 수출국을 중심으로 총 23개국이 참여하는 G20+를 결성했다. G20+는 선진국들의 농업보조금 폐지 또는 축소, 보호무역주의 배격을 주창하는 압력기구로 부상했다. 셀수 라페르(Celso Lafer) 전 브라질 외무장관이 언급했듯이 G20는 브라질에게 강자와 약자 사이에서 "필수불가결한 중간자"로서의 역할을 수행할 기회였다(De Lima, Regina and Hirst, 2006).

G20+의 결성은 룰라 정부의 남남외교의 실체와 그 저력을 국제사회에 알리는 계기가 되었다. 중국과 인도를 포함하여 전 세계 인구의 60%, 전 세계 농업인구의 70%, 농산물 수출의 26%를 차지하고 있다는 점과 구성국들이 전 세계에 고루 퍼져 있다는 사실에서 G20+는 매우 강력한 협상그룹이 되었다. 현재 23개 구성 국가를 보면 아시아 6개국(중국, 인도, 인도네시아, 파키스탄, 필리핀, 태국), 중남미 12개국(아르헨티나, 볼리비아, 브라질, 칠레, 쿠바, 에콰도르, 과테말라, 멕시코, 파라과이, 페루, 우루과이, 베네수엘라)과 아프리카 5개국(이집트, 나이지리아, 남아프리카공화국, 탄자니아, 짐바브웨)으로 지리적으로 골고루 퍼져 있다. 이러한 지리적

---

2) G20+는 2009년 세계 금융위기 이후 결성된 세계 주요 20개국의 회의체인 G20와 구별되는 개도권 국가 20여 개국의 결성체이다. 이 역시 일반적으로 G20라고 칭하나 이 글에서는 구별하기 위해 G20+로 부르기로 한다.

분포는 WTO DDA 협상에서 선진국을 압박하는 데 유용한 수단으로 작용했다. 브라질은 남남협력 외교를 본 궤도에 올려놓는 데 결정적인 역할을 한 셈이다. G20+가 주도한 농업부문의 협상은 시장 접근과 수출 보조금이 가장 큰 쟁점이었다.

　WTO DDA 협상의 타결에 총력을 쏟은 브라질은 2005년 12월 제6차 홍콩 각료회의에서 미국이 EU를 설득하여 농산물 무역장벽에 진전을 이룩한다면 공산품 및 서비스 분야에서의 장벽을 축소할 수 있다고 제안했다. 결국 EU는 당초 브라질과 미국이 2010년으로 제시한 농산물 수출보조금 철폐 시한을 2013년으로 수정하여 합의를 보았다. WTO DDA 협상은 당초 시한인 2006년을 넘기면서 한때 좌초 위기에 몰렸으나 다시 협상이 재개되면서 2009년과 2011년 제7차, 제8차 각료회의가 제네바에서 개최되었고 아직도 타결되지 않은 분야를 많이 남겨 놓고 있다. 그러나 제5차 각료회의에서 브라질이 거둔 외교적 성과는 룰라 정부 이래 다극화를 지향하고 다자주의 무대를 활용하여 신흥개발국들의 이익을 대변한다는 통상외교 전략의 상징으로서 향후에도 재연될 가능성이 클 것으로 판단된다.

2) 에탄올 외교

　브라질은 오랫동안 에탄올 생산 세계 1위국이었다가 최근 미국에게 추월당했지만, 브라질 정부가 '에탄올 외교'를 기치로 사탕수수 에탄올 홍보에 적극적으로 나선 것은 비교적 최근의 일이다. 그 배경은 고유가가 지속되고 기후변화 협약의 영향으로 온실가스 의무 감축이 본격화되면서 대체에너지로서 바이오에탄올이 주목받기 시작했기 때문이다. 사탕수수 생산 세계 1위국인 브라질은 대규모 사탕수수 재배로부터 에탄올을 추출함으로써 전체 에너지 소비의 16%를 사탕수수에 의존하는 독보적인 에너지 소비구조를 유지해왔다. 이는 브라질이 1차 오일쇼크를 겪으면서 1970년대 중반부터 석유의존도를 줄이기 위해 에탄올산업 육성책을 실시한 덕분이다. 1975년 브라질 정부는 에탄올개발 및 보급 사업인 알코올 보급사업(Proalcool Program)을 도입했고, 에탄올을 연료로 이용한 자동차 생산에 인센티브 지원을 폈다. 룰라 정부 2기(2007~2010년) 동안에는 경제성장촉진사업(PAC)의 일환으로 약 60억 달러를 투자했다. 오늘날 브라질은 모든 휘발유에 20~25%의 에탄올을 포함하도록 규정하고 있으며 특히 2003년 폭스바겐사가 브라질에서 최초로 이중연료 자동차(Flex-Fuel Vehicle: FFV)를 출시한 데 이어 다른 경쟁사들도 잇달아 FFV모델을 개발함으로써 에탄올 수요는 급증하는 추세이다.

반면 브라질은 2000년대 초까지 전 세계 에탄올 생산의 60~70%를 차지했으나 미국정부가 국내 옥수수 산업 보호를 위해 가격보조와 에탄올 수입관세 부과 등 정책적 지원을 폄으로써 국내생산이 증가하여 2005년부터 브라질을 추월했다. 브라질의 에탄올 생산은 2006년 179억 3,200만 리터에서 2010년 289억 6,000만 리터로 지속적으로 증가했으나 세계 에탄올 생산에서 차지하는 비중은 같은 기간 36.4%에서 31.3%로 줄었다. 반면, 미국은 같은 기간 201억 7,100만 리터에서 460억 2,400만 리터로 늘어나 생산 비중은 41.0%에서 49.7%로 확대되었다. 그러나 브라질은 여전히 전 세계 에탄올 수출의 77%를 차지하는 세계 최대의 에탄올 수출국이다.

브라질의 에탄올 파워 외교는 남미지역 내에서는 남미지역통합사업 (IIRSA)의 틀 속에서 에너지 안보 협력 및 통합의 주도국으로서의 역할, 해외 주요국들에 대해서는 에탄올 수출시장 확대를 위한 에탄올 혼합연료 사용 촉구, 개도권 국가들에 대해서는 안정적인 생산 네트워크 구축과 표준화를 위한 기술외교에 초점이 맞추어져 있다. 아이로니컬하게도 브라질의 에탄올 파워외교에서 미국은 소비시장이자 경쟁 상대이며 전략적 제휴의 동반자이기도 하다. 이는 양국이 전 세계 에탄올 생산의 80%를 차지하고 있어 일종의 과점형 구조를 유지하고자 하는 데 양국의 이해가 합치하기 때문이다. 브라질은 2006년 미국과 함께 미주에탄올위원회(IEC)를 설립했고, 2007년 룰라 대통령은 2007년 3월 미국을 방문, 캠프 데이비드에서 조지 부시 미 대통령과 바이오연료 생산기술 협력 조약을 체결했다. 당시 룰라 대통령은 "브라질과 미국 간의 협정은 양국관계가 새로운 개발모델 및 사회정책을 위해 절실하며 전략적임을 보증한다"고 강조한 바 있다(Lechini and Giaccaglia, 2010). 특히 유력한 대체 에너지원으로 떠오르고 있는 에탄올의 대량생산 및 공동연구에서 미국과의 전략적 협력 관계는 브라질에게 긴요하다. 이는 석유 소비량을 줄이고 에탄올 등 대체에너지 사용을 확대함으로써 미래 에너지 부족 사태에 대비하는 '에너지 안보 정책'에 따른 것일 뿐 아니라, 남미 지역에서의 주도권을 유지하기 위해서 막대한 석유 자원을 무기로 역내 영향력을 확대하고 있는 베네수엘라를 견제하기 위해서도 필요한 것으로 분석된다.

브라질은 2007년 브라질 사탕수수 연맹(UNICA)의 주도하에 바이오에탄올 정상회담을 개최하는 한편, 국제 바이오연료 포럼을 창설하여 국제표준 및 규범개발을 추구해왔다. 그 결과 많은 나라들이 에탄올 개발은 물론, 휘발유에 일정비율의 에탄올을 함유하도록 법으로 정하고 그 비율을 점차 높여가고자 노력하고 있다(최철영, 2011). 최근 미국, 일본 등 에탄올 상용화를 이룩한 주요 선진국 수요 증가에 따라 브라질의 수출규모도 크게 늘어나고 있으며, 브라질 정부는 미국 등지의 에탄올 관세장벽 철폐에 통상외교력을 집중시켜왔다. 현재 휘발유에 10% 이상의 에탄올을 사용하는 국가는 브라질, 미국 등 8개국이고, 10% 미만 사용국은 일본 등 4개국이지만 독일 등 주요국들이 에탄올 혼합연료 사용을 검토 중이어서 향후 에탄올 수요는 지속적으로 증가할 전망이다. 브라질의 에탄올 수출 대상국은 미국이 29.7%로 가장 높고, 이어 네덜란드(26.0%), 자메이카(8.5%), 엘살바도르(7.0%), 일본(5.1%) 순이다(한국수은, 2011: 69~75).

특히 브라질 정부는 사탕수수 에탄올의 공급자로 성장할 수 있는 국가들에 대한 외교에 관심을 기울이고 있다. 독자적으로 세계 사탕수수 에탄올시장의 공급자 역할을 담당하기는 역부족이라고 판단한 브라질 정부는 사탕수수 재배가 가능한 다른 국가에 적극적으로 기술이전을 추구함으로써, 안정된 공급망에 기초한 세계 사탕수수 에탄올시장의 형성을 시도하고, 다른 한편으로 자국의 사탕수수기술 및 관련 설비가 국제규범이 되도록 노력하고 있다. 이에 대해 브라질 외교부는 "브라질의 기술을 세계에 널리 보급시켜 안정된 생산망을 확보하는 것이 국제시장에서 에탄올 상용화(ethanol as commercial item)를 이루는 데 가장 중요한 과제이며, 이 과정을 통해 브라질의 기술 및 설비체계가 세계기준으로 정착되는 이점도 누릴 수 있다"라고 밝힌 바 있다. 이에 따라 브라질 정부는 사탕수수 재배가 가능한 멕시코, 도미니카, 자메이카, 파나마, 아프리카의 아이보리코스트, 가나, 모잠비크, 앙골라, 케냐, 나이지리아, 세네갈, 그리고 아시아의 필리핀, 호주, 인도, 중국, 베트남 등과 기술이전에 관한 협력을 추진해왔다(주형민, 2011).

3) 브라질의 '환율전쟁' 공세

브라질의 파워외교는 이른바 '환율전쟁(currency war)'으로 불리는 국제통화질서와 관련한 강한 입장표명으로 나타났다.

　브라질의 헤알화는 룰라 대통령 집권 이래 강세를 이어왔다. 2003년 1월 환율은 달러당 3.53헤알이었고, 이후 내림세가 지속되어 제2기 집권 후인 2007년 4월에는 2.00헤알을 돌파했다. 이어 2008년 10월 글로벌 금융위기가 확산된 이래 대체로 2.00헤알을 넘어섰고, 2011년 7월 1일에는 달러당 1.56헤알을 넘어서면서 변동환율제가 도입된 1999년 1월 이래 최고의 강세를 보였다. 헤알화는 그 후 다시 조정을 거쳐 2011년 말 1.85헤알에 머물러 룰라 정부 집권 이래 9년간 거의 50% 절상되었고, 2012년 8월까지 2.02헤알로 물러났다. 환율전쟁(currency war)이라는 용어를 처음 사용한 사람은 브라질의 기도 만테가(Guido Mantega) 장관인 것으로 유명하다. 그는 2010년 9월 ≪파이넨셜 타임스(Financial Times)≫와의 회견에서 "세계 모든 정부가 자국 상품의 경쟁력을 높이기 위해 자국 화폐의 가치를 낮추려 함으로써 세계는 환율전쟁에 휘말려 있다"라고 지적한 바 있다. 그해 10월 경주에서 열린 G20 재무장관회의에서 비록 "시장결정적 환율제도로 이행하고 경쟁적인 통화절하를 자제한다"라는 선언문이 채택되었지만, 11월 미국 연방준비제도이사회(FED)는 6,000억 달러 규모의 2차 양적 완화 계획을 발표했다. 만테가 장관과 룰라 대통령은 이를 즉각 비판하고 나섰다. 즉, 브라질은 기축통화 발행 당국인 FED, 유럽중앙은행(ECB), 일본은행 등이 제로금리와 통화공급 확대라는 통화팽창정책을 실시함으로써 신흥국으로의 대규모 자본이동을 초래한 데 대해 이를 선봉에 서서 비판하고 나선 것이다. 브라질 정부는 그 후 여러 기회를 통해 환율을 조작하는 국가에 대해 제재를 가하는 방안을 WTO에서 협의하자고 제의해왔다. 환율을 인위적으로 조작하는 것은 보조금을 지급하는 것이나 마찬가지라는 논리였다.

그러나 브라질의 입장은 쉽게 일관성을 잃는 양상을 드러냈다. 즉, 브라질중앙은행은 2011년 9월 22일 헤알화의 가치하락을 막기 위해 27억 5,000만 달러를 매각하는 결정을 내렸다. 이는 지난 2년간 헤알화의 가치가 상승하면서 브라질의 경쟁력이 약화되자 '환율전쟁(currency war)'에 대해 불만을 토했던 것과는 반대되는 결정이었다. 브라질 헤알화는 8월 달러당 1.55헤알까지 절상되었으며 이날의 결정 직전까지 달러당 1.95달러 수준까지 하락했다가 발표 이후 1.8850헤알까지 회복되는 양상을 보였다. 이 같은 결정은 9월 들어 유럽과 미국의 경제 불안이 지속되는 가운데 투자자들이 신흥시장으로부터 안전자산인 미 달러화로 탈출을 시도하자 헤알화가 다시 지난 2년간 볼 수 없었던 현상으로 미 달러화 대비 17% 하락하자 인플레 충격을 우려해 취한 조치였다(Reuters, 2011). 그러나 다른 한편으로는 브라질이 8월 31일 기준금리를 7.3%로 전격 인하하자 이를 시기상조의 조치로 본 투자자들의 탈브라질 반응 때문이기도 했다.

　　이 같은 브라질의 '일관성을 잃은' 결정은 국제적으로 유사한 조치를 불러와 인도네시아, 페루 등도 달러를 매각했다. 아이러니한 것은 당시 지우마 호우세피 브라질 대통령은 뉴욕에서 유엔총회에 참석하고 있었다. 그러나 호우세피 대통령은 환율전쟁의 종식을 선언하기보다는 글로벌 경제에 전반적인 리스크가 높아지는 상황에서 보호무역과 환율전쟁에 강력 대처할 필요가 있다는 종전의 입장을 반복하는 데 그쳤다. 호우세피 대통령은 ≪파이낸셜 타임스≫ 기고문에서 보호주의와 환율 조작에 대한 비판을 계속하면서 부국들이 경기부양을 위해 금리를 제로 수준으로 낮추고 통화팽창정책을 쓰는 만큼 헤알화는 지속적인 압력을 받고 있다고 주장했다. 그녀는 "2008년 금융위기는 끝나지 않았다. 성장세가 여전히 취약한 상황에서 선진국들은 통화와 재정의 균형 잡힌

부양책을 시도하기보다 극도로 팽창적인 통화정책을 추진해왔다. 기축통화를 발행하는 국가들은 세계 전체의 효용에 대한 고려 없이 글로벌 유동성을 관리하고 있다. 그들은 저평가된 환율로 글로벌 시장에서 자국의 몫을 지키려 하고 있다. 이러한 일방적인 경쟁적 통화 절하가 무역과 환율의 보호주의라는 악순환을 만들어내고 있다. 이는 전반적으로 부정적인 효과를 내고 있지만 특히 신흥국의 타격이 심하다"라고 주장했다(≪머니투데이≫, 2011). 그녀는 또한 "대규모 투기적 자본 유입과 빠르고 지속 가능하지 않은 통화 절상의 위협을 받고 있는 브라질 같은 변동환율 신흥국은 자국 경제와 통화를 보호하기 위한 신중한 정책을 강요 받고 있다"라고 밝혀 달러화 매각과 같은 유연한 조치를 예고하고 보호무역조치를 정당화했다고도 해석할 수 있다.

그러나 근본적으로 브라질의 정책기조는 헤알화의 절상속도를 조절하는 것이라고 볼 수 있다. 이는 선진국의 인위적인 통화가치 절하 외에도 브라질의 금리수준이 여전히 선진국의 제로금리보다 월등히 높은 10.75%에 머물고 있어 투자자들이 위험자산을 선호하고 신흥국의 주식 및 채권에 대한 순매수세가 지속되는 상황에서 브라질과 같은 신흥국의 통화가 강화되는 것은 당연한 이치이기 때문이다. 따라서 10월에는 브라질 재무부가 외국인 채권투자자금에 부과하는 금융거래세(IOF)를 2%에서 4%로 인상했고, 11월에는 이를 다시 6%로 인상했다. 또한 투자자가 선물시장에 맡기는 증거금에 대한 세율도 0.38%에서 6%로 인상했다. 그러나 이 같은 IOF를 축으로 한 통제는 브라질의 고금리와 환차익 가능성을 염두에 둔 자금유입을 막을 수 없다.

브라질 당국이 금리를 더 내릴 수도 있겠지만 이는 최근의 인플레 상승 추세 속에서 쉽지 않은 결정이다. 브라질 중앙은행의 통화정책위원회(COPOM)는 10월에도 현행 금리수준을 유지키로 결정했다. 브라질

당국이 헤알화 강세를 막기 위해 더 취할 수 있는 조치는 달러화 매입, 금융거래세 추가 인상, 외국인 채권투자수익에 대한 소득세 부과, 정부의 현물환시장 개입 확대, 국부펀드의 시장 개입, 외국인 투자자금에 대한 투자기간 동결 등이 검토대상이 될 수도 있을 것이다.

5. 결론: 브라질 파워외교의 논리적·실용적 한계

이상에서 논한 IBSA 대화포럼 창설, 아프리카 등지에서의 유엔평화유지군 활동, CPLP 창설 등 포르투갈어권 국가들과의 결속 등 남남협력을 통한 대아프리카 외교, 또한 BRICS를 통한 전략국가들과의 협력과 이란 핵문제의 중재 노력, 대북한 관계 진전 등에서 브라질이 발휘하고 있는 나름의 '파워외교'는 하버드대학교의 조지프 나이(Joseph S. Nye, Jr.) 교수의 하드파워(군사력·경제력 등 경성권력) 및 소프트파워(문화·외교 등 연성권력) 분류에서 본다면 소프트파워와 하드파워의 중간으로 볼 수 있겠다. 즉, 아직 브라질이 경제력의 부상 면에서 하드파워의 요소를 갖추기 시작했지만 미숙 단계이고, 포르투갈어권 등을 향한 남남협력, 대미 자주노선, 에탄올 외교 등에서 보면 소프트파워를 추구하는 면도 있다고 보인다. 그러나 어느 부문에서도 브라질의 파워외교는 아직 초보단계임을 부인할 수 없으며, 또한 하드파워와 소프트파워를 조화시킨 맞춤형 스마트파워를 지향할는지의 여부는 향후 브라질의 정치적 경제적 성장에 달려 있다고 보인다. 위에서 논했듯이 현재까지 브라질이 궁극적으로 추구한 것은 유엔안전보장이사회의 상임이사국 지위를 획득하는 것이라고 해도 과언이 아니다. CPLP가 추구하는 목표 중의 하나도 포르투갈어를 유엔 내 공식사용언어 중의 하나로 만드는 것이었다.

브라질은 아프리카의 앙골라, 우간다, 르완다, 라이베리아, 모잠비크, 남아공, 유럽의 구유고슬라비아, 아시아의 캄보디아, 동티모르, 중남미의 엘살바도르, 과테말라 등지의 유엔평화유지 활동에 참여해왔다(Cortes, 2006). 브라질의 외교 전통은 국내문제 불간섭원칙에 따라 외국에의 파병에 반대하는 입장이었다. 1994년 아이티 파병문제가 유엔 안전보장이사회에서 논의될 때 브라질은 국가의 주권과 독립에 기초하여 기권한 바 있었다. 그러나 전술한 바와 같이 아프리카지역에서의 유엔평화유지군 활동에 참여한 데 이어 룰라 시대 브라질의 입장은 바뀌어 있었다. 아이티 파병은 브라질이 역내 및 군사문제에서 지도력을 발휘할 수 있다는 점을 다른 강대국들에게 과시할 수 있는 기회로 해석되었다(Lechini and Giaccaglia, 2010). 브라질은 국제사회에서 상임이사국의 역할을 수행할 수 있는 능력을 입증하기 위해 미주 분쟁에 적극적으로 개입했다. 즉, 브라질은 2004년 아이티 사태 때에는 유엔평화군(MINUSTAH)의 대표로 1,200명의 군대를 파병했다. 브라질의 역할은 사실상 단순한 평화유지보다는 이를 뛰어넘는 국가설립(nation-building)의 역할을 수행하여 그 능력을 입증하고자 했다. 2006년 브라질 책임자였던 바셀라르(Urano Bacellar) 장군이 그 스트레스를 견디지 못해 자살하는 사태도 발생했을 만큼 룰라 정부의 기대가 컸었던 파병이었다(조희문, 2008).

위에서 언급한 룰라 대통령의 활발한 순방 외교도 브라질의 안보리 진출을 겨냥한 것이었다고 해도 지나치지 않을 것이다(The Economist, 2009; Becard, 2009; 조희문, 2008). 룰라 대통령은 2006년 9월 19일 유엔총회 연설에서 "브라질은 유엔을 더 민주주의적이고 정당성과 대표성을 갖춘 기구로 만들기 위해 안전보장이사회의 상임이사국 지위를 개도국으로 확대할 것을 추구한다"라고 밝힌 바 있다(Luiz Inácio Lula da Silva,

2006). 브라질은 유엔을 위시한 다자 국제기구가 세계평화 및 안보유지
에 불가결하므로 개발국과 개도국의 균형 있는 참여하에 유엔 안보리가
재편되어야 한다는 입장이다. 즉, 60년 전 지정학의 산물인 유엔안보리
는 오늘날의 현실에 맞게 개혁되어야 한다는 것이다.[3]

　브라질의 유엔안보리 상임이사국 진출문제는 제2차 세계대전 이래
브라질 외교정책의 중심과제로 남아 있었다. 유엔 상임이사국 진출 시
도는 민주화 이후 줄곧 계속되었고, 카르도주 정부나 룰라 정부도 그
맥을 같이 했고 현 집권당인 노동자당도 공감하고 있다. 차이점이라면
카르도주 정부는 이를 현실적으로 달성하기 힘든 장기적 목표라고 보는
회의적인 입장이었던데다 아르헨티나와의 관계를 고려해 소극적으로
임했다면, 룰라 정부는 이를 현실적으로 달성가능성이 있는 중기 목표
로 생각했다는 점이었다. 구체적으로 룰라 대통령은 G7에서 개도국과
선진국을 연결하는 중개자 역할을 할 수 있다는 자신감을 브라질 사회
에 전달했으며 룰라 대통령 자신이 브라질의 상임이사국 진출이 가능하
다는 자신감을 갖게 되었다는 점이다. 또한 브라질의 유엔안보리 진출
에 대한 개도국들의 지지를 확보하기 위해 저개발국의 대브라질 부채를
일방적으로 탕감하는 호의도 발휘했다. 브라질은 상임이사국 진출에

---

3) 브라질은 남미국가로는 유일하게 제1차 세계대전에 참전했고 종전 후 1919년
　결성된 국제연맹(League of Nations)에 상임이사국의 지위를 암암리에 희망했다.
　특히 미국이 국제연맹에 참여하지 않게 되자 미주지역에서 제2국이며 중남미지역
　의 지도자를 자처했다. 그러나 결국 강대국들이 이사국 자리를 독일에게 부여하자
　브라질은 국제연맹에서 탈퇴했다. 1945년 유엔 창설 당시에도 브라질은 안전보장
　이사회의 상임이사국 지위를 희망했으나 소련과 영국의 반대로 무산된 바 있다.
　그 후 브라질은 냉전 시대 국제평화 및 안보 문제에서 저자세를 유지하는 한편,
　77그룹과 같은 제3세계 국가들의 조직화를 조정하는 역할을 담당했다(De Lima,
　Regina and Hirst, 2006).

관심이 있는 국가들(독일, 브라질, 인도, 일본)과 G4를 결성했다. 그러나 브라질은 G4를 결성할 때 아르헨티나와 사전 협의를 거치지 않아 아르헨티나는 G4에 반대 입장인 커피클럽(Coffee Club)에 가입했으며, 이는 브라질과 아르헨티나 간의 관계가 소원해지는 결과를 초래했다.

룰라 대통령은 2008년 5월 14일 앙겔라 메르켈(Angela Merkel) 독일 총리가 브라질을 방문했을 당시 연설에서 "브라질은 메르코수르와 (개도권) G20+에서, 독일은 유럽연합에서 혁신적이며 건설적인 지도력을 발휘할 조건을 갖추고 있다"라고 언급한 바 있다. 이는 브라질을 메르코수르와 G20+의 맹주로서 설정하는 한편, 혁신적이고 건설적인 지도력을 행사해야 하는 과제에서 독일과 동격임을 확인시키고자 했던 것이다. 2011년 1월 호우세피 대통령이 취임한 후 브라질은 2월부터 유엔안보리 순번 의장국을 맡아 상임이사국 진출을 위한 새로운 도전을 폈다. 2011년 10월 18일 남아공 수도 프리토리아에서 열린 제5차 IBSA 정상회의에서 브라질, 인도, 남아공 3국이 밝힌 "우리는 국제사회를 통치하는 국제기구들이 선진국 북반구에 유리하게 왜곡되어 있다는 점을 재고한다", "유엔 안보리가 대표성을 더욱 확충하고 효율적일 수 있도록 유엔을 개혁해야 할 필요성에 합의했다"라는 입장 표명은 이 같은 브라질의 정책목표를 잘 드러내는 것이라고 할 수 있다.

이와 같은 브라질의 파워외교가 룰라 시대 이후에도 지속할 것인지의 여부를 결정할 변수는 위에서 설명한 그 특징에서 도출할 수 있는바, '세계 경제에서의 개도권의 위상', '세계정치경제 및 남미지역에서의 미국의 역할과 위상의 변화', '여타 신흥 파워들의 위상변화' 등으로 설명할 수 있다. 그러나 무엇보다 중요한 것은 '브라질 자신의 정치경제적 상황'이다. 룰라 대통령 시기에 와서 브라질이 파워외교를 펼수 있었던 결정적인 배경은 무엇보다도 브라질 정치·경제의 안정이었다. 또한 연장선상에서 브라질의 파워외교의 지속성 여부도 우선적으로 브라질의 정치적·경제적 안정 여하에 달려 있다고 볼 수 있다.

브라질 경제는 룰라 대통령 재임기간 중 연평균 5%의 경제성장을 보였고, 2011년에는 경제규모 2조 5,180억 달러로 2조 4,810억 달러를 기록한 영국을 제치고 세계 경제순위에 6위에 올랐다. 시장분석 전문기관인 이코노미스트 인텔리전스 유니트(Economist Intelligence Unit: EIU)는 또한 "2020년경 브라질 경제는 독일 경제를 앞질러 중국, 미국, 인도, 일본 경제를 추격하는 양상이 될 것"이며 2027년에는 중국, 미국, 인도에 이어 4위에 오를 것으로 전망한 바 있다(MarketWatch, 2011). 한편, 유수투자기관인 프라이스 워터하우스 쿠퍼스(Price Waterhouse Coopers: PWC)는 같은 순위를 2050년을 전망했다. 외국인투자자들은 브라질을 신뢰할 수 있는 제도, 독립적인 중앙은행, 브라질계 다국적기업의 증가, 모범적인 환경 및 보건정책(AIDS 등에 대한 국가예방프로그램 등), 바이오연료 부문에서의 선구적 연구, 신용평가기관들의 '투자등급' 인정 등 투자유인이 많은 국가로 보고 있다.

2기에 걸친 룰라의 집권기에 이같이 괄목할 만한 고성장을 이룰 수 있었던 것은 이 시기에 중국의 고성장에 따른 광물 및 농산물 등 원자재 수출 붐, 기후변화와 녹색성장 패러다임, 원유가 상승을 배경으로 한 바이오 연료에 대한 수요 증가, 브라질 내 심해유전 발견 등 세계적으로 주목받는 호재가 연이어 터져 나왔기 때문이다. 그러나 브라질의 경제전망과 관련해, 중단기적으로는 세계 금융위기, 중국 경제의 경착륙 우려, 주요국의 보호무역주의 성향, 인플레 등 변수들이 존재하고, 장기적으로는 인프라 확충 및 신산업정책에 따른 국가재정의 부담 등이 우려 요인으로 남아 있다. 이에 상응하듯 룰라 대통령 시기를 지나 호우세피 대통령 집권 이후 브라질의 '파워 외교'는 분야별로 다소 누그러진 양상을 보여왔다. 특히 이란 핵 문제와 관련, 브라질은 미국과의 이해관계 충돌을 회피하는 모습을 역력했다고 볼 수 있다. 그러나 유엔 개혁, 국제안보, 통상 분야 등에서는 브라질의 영향력을 더욱 높이려는 추세이다.

이 글에서는 본격적으로 다루지 않았으나 브라질의 PT 정권은 외교 정책의 구체적인 구현수단으로 공식외교채널 외에도 정치이념에 따라 비공식외교채널인 '정당채널'을 적극적으로 동원해오고 있다. 즉, PT는 중남미지역을 중심으로 좌파 정당들을 결집하여 정치사회적인 교류를 시도해왔고, 이를 통해 다보스포럼과 대비되는 세계사회포럼(Forum Social Mundial)도 지원하고 있다(Almeida, 2007b: 10). 브라질의 이 모든 다차원적인 외교적 시도는 브라질의 국제적 영향력을 높이기 위한 것이며 상기한 대로 중기적인 목표는 유엔안보리 상임이사국 지위를 획득하기 위한 것이다.

브라질의 파워외교는 비록 룰라 시대에 강조되었고, 지금은 룰라가 대통령직을 마치고 물러났지만 PT 정권이 지속되는 한 브라질의 대미 자주외교 기조는 바뀌지 않을 것이다. 파워외교의 범위와 관련하여 룰라는 아르헨티나 일간지 ≪나시온(La Nación)≫과의 인터뷰에서 "나는 정치를 큰 실용주의에서 본다. 정책이란 실행할 수 있는 것을 이루는 것이다. 실행단계에서 한계는 가능성 그 자체이다"라고 설명한 바 있다(Diario La Nación, 2009). 즉, 가능한 범위까지 브라질은 파워외교를 펼쳐야 한다는 뜻으로 해석된다. 따라서 레치니와 히아카글리아(Lechini y Giaccaglia, 2010)가 지적하듯이 브라질의 실용주의 파워외교는 국익을 옹호하려는 가운데 갈수록 복잡해지고 많은 경우 지그재그 양상을 보일 수밖에 없을 것이다.

통상정책에서의 사례를 보면, 브라질은 국제사회에서 특히 WTO를 무대로 선진국들의 보호무역주의에 대해 강한 비판의 목소리를 높이고 있지만, 브라질 자신도 경제상황에 따라서는 보호무역주의 조치를 취해왔다. 즉, 브라질은 세계금융위기 발발 이래 주요국 G20 국가 중 가장 많은 보호무역조치를 취한 것으로 평가되고 있다(GTA, 2011). 브라질은 수출 붐과 함께 헤알화의 가치가 상승하는 가운데 상대적으로 값싸진 외국산 공산품의 국내유입이 확대되면서 국산 제품의 피해가 커지자 2009년 1월 말 WTO 수입허가협정(Import Licensing Agreement) 제2조를 원용하여 기계, 장비, 전자제품 등 수입품 60~70%에 대한 자동수입허가제를 취소한 바 있다. 2011년 들어서는 중국을 겨냥해 철강 및 자전거, 에어컨 등 철강제품에 대한 반덤핑 관세를 강화해왔고, 9월 15일에는 브라질 국내부품 사용 및 국내 생산공정 요건을 충족하지 못한 외국산 수입 자동차에 부과하는 공산품세(IPI)를 30% 인상을 발표했다(UOL Carros, 2011). 여기서 예외적용될 수 있는 특례조건은 65% 이상 국산부품 사용, 총판매액의 0.5% 이상 R&D 투자, 생산 차량의 80% 이상에 대해 11개 생산공정 중 최소 6개 공정을 브라질 내에서 수행해야 한다는 것이다. 브라질의 통상분야 파워외교는 일관성을 쉽게 잃을 수 있는 부문이라고 판단된다.

또한 브라질이 '환율전쟁'을 내세우며 환율조작국을 비난하는 배경은 지나친 환율하락이 브라질 상품의 수출경쟁력을 떨어뜨리기 때문이다. 앞에서도 언급했듯이 브라질의 PT 정권은 1990년대 급격한 신자유주의 경제정책과 무역자유화로 말미암아 브라질 제조업을 약화시켜 지속 가능한 경제성장을 저해시켰다고 판단하고 있어서 다시 국가의 역할을 강화하여 신산업정책을 추진하는 과정에 있다. 따라서 브라질의 정책 노선에는 분명한 논리적 모순이 발견되고 있다. 즉, 시장(market) 원칙과 국가(state)의 역할 강화라는 상반된 논리가 존재하고 있는 것이다. 그렇기 때문에 브라질의 환율정책은 무역정책에서와 마찬가지로 쉽게 일관성을 잃곤 하는 것으로 풀이된다. 더욱이 통상과 국제금융을 포함하는 개념에서 브라질의 대외경제정책이 외교정책과 산업정책, 경제상황이라는 변수에 의해 영향을 받는 상황에서 이러한 불일치한 정책과 조치들은 이미 예고된 것이라고도 할 수 있다.

신흥 파워로 성장한 브라질의 대외정책의 메커니즘을 이해하는 것은 향후 추이분석 및 우리나라에 미치는 영향에 대한 대응책과 함께 앞으로도 연구할 가치가 크다고 할 것이다.

참고 문헌

김원호·권기수·김진오 외. 2006. 「남미공동시장(MERCOSUR)의 FTA 협상 사례와 시사점」. 대외경제정책연구원.

대한무역투자진흥공사. 2011. 「Global Window 브라질정부, 자동차 수입규제로 피해기업과 신경전」. 10. 20.

≪머니투데이≫. 2011. 9. 22. "호우세피 브라질 대통령 '환율 조작에 맞서 싸울 것'", http://www.mt.co.kr/view/mtview.php?type=1&no=2011092209521575765 &outlink=1

박원복. 2010. 「이란의 핵문제와 브라질의 외교」. ≪트랜스라틴≫, 13호(9월). http:// translatin.snu.ac.kr/translatin/1009/pdf/Trans10091303.pdf

한국수은. 2011. 「브라질 바이오에탄올 산업의 동향과 전망」. ≪수은해외경제≫, 6월호, 69~75쪽.

연합뉴스. 2009. "北주재 브라질 초대 대사 평양 부임". 7월 9일.

스즈클라르즈, 에두아르두. 2011. 「브라질의 부상: 진실의 양면」. 『현대 브라질: 빛과 그림자』. 이성형 엮음. 도서출판 두솔. 43~60쪽, http://snuilas.snu.ac.kr/ pdfyear/snuilasgepobrazil_02.pdf

조희문. 2008. 「브라질의 통상외교정책과 한국」. ≪라틴아메리카연구≫, 제21권. http://www.ajlas.org/v2006/paper/2008vol21no302.pdf

_____. 2009. 「룰라 정부의 남남외교정책: 이상과 현실」. ≪라틴아메리카연구≫, 제22권 제4호. http://www.ajlas.org/v2006/paper/2009vol22no401.pdf

주형민. 2011. 「브라질 녹색에너지정책과 에탄올외교」. ≪국제관계연구≫, 봄호 제16권 제1호(통권 제30호), 5~283쪽.

최철영. 2011. 「브라질 신재생에너지 산업의 동향과 전망」. ≪수은해외경제≫, 12월호, 4~25쪽.

Almeida, Paulo Roberto de. 2007a. "As relações econômicas internacionais do Brasil dos anos 1950 aos 80." *Revista Brasileira Politica Internacional*, Vol. 50, No. 2, pp. 60~79.

_____. 2007b. "O Brasil como ator regional e como emergente global estratégias de política externa e impacto na nova ordem internacional." *Revista Cena Internacional*, Vol. 9, No. 1, p. 6.

_____. 2009. "Lula's Foreign Policy: Regional and Global Strategies." in Joseph L. Love and Werner Baer(eds.). *Brazil under Lula: Economy, Politics, and Society under the Worker-president.* New York: Palgrave-Macmillan, pp. 167~183.

Asia Times. 2010. June 3. "Brazil, North Korea: Brothers in trade." http://www.atimes.com/atimes/Korea/LF03Dg03.html

Barbosa, Alexandre De Freitas, Thais Narcis and Marina Bianclalana, 2011. "Brazil in Africa: Another Emerging Power in the Continent?" *Politikon*, 36(1), pp. 59~86.

Becard, D. S. R. 2009. *Relações Exteriores do Brasil Contemporâeo.* Sã Paulo: Editora Vozes.

Brasilia Declaration by Ministers of Brazil, South Africa and India. 2003. http://www2.mre.gov.br/dibas/Comunicados%20de%20Chefes%20de%20Estado-Governo%20e%20Ministeriais/2003%2006%2006%20%20Brasilia%20Decl aration%20%20Ministers.pdf June 6.

Cardoso, Eliana. 2009. "A Brief History of Trade Policies in Brazil: From ISI, Export Promotion and Import Liberalization to Multilateral and Regional Agreements." http://static.globaltrade.net/files/pdf/20100216114932.pdf

Cortes, Maríia Julieta. 2006. "La políitica exterior brasileña en los 90. Continuidades y ajustes." *Tesis de maestríia, Facultad Latinoamericana de Ciencias Sociales.* Rosario: febrero.

Da Motta Veiga, Pedro. 2004. "Regional and Transregional Dimensions of Brazilian Trade Policy." in Vinod K. Aggarwal, Ralph Espach, and Joseph S. Tulchin, (eds.). *The Strategic Dynamics of Latin American Trade.* Washington, D.C.: Woodrow Wilson Center Press. pp. 180~183.

Da Silva, Luis Ignacio Lula. 2006. *Discurso de Luis Ignacio Lula Da Silva en las sesiones de la Asamblea General de Naciones Unidas.* Nueva York, 19 de septiembre. http://www.un.org/webcast/ga/61/pdfs/brasil-e.pdf

De Lima, Soares, Maria Regina y Móonica Hirst. 2006. "Brazil as an Intermediate State and Regional Power: Action, Choice and Responsibilities." en *International Affairs*, 2006. http://www.blackwell-synergy.com/doi/abs/10. 1111/ j.1468-2346.2006.00513.x

Diario La Nación. 2009. 19 de abril.

Discurso de Luis Ignacio Lula Da Silva en las sesiones de la Asamblea General de Naciones Unidas, Nueva York. 2006. 19 de septiembre. http://www. un.org/webcast/ga/61/pdfs/brasil-e.pdf

Folha de São Paulo. 2011. "Brazil wants North Korea closer." December 28. http://www1.folha.uol.com.br/internacional/en/foreign/1027084-brazil-wants -north-korea-closer.shtml

Folha de São Paulo. 2012. "Irã ataca diplomacia de Dilma e diz que Lula faz falta." 23 de enero. http://www1.folha.uol.com.br/mundo/1038048-ira-ataca-diplomacia- de-dilma-e-diz-que-lula-faz-falta.shtml

Fonseca Jr., Gelson. 1998. "A Legitimidade e Outras Questões Internacionai." San Pablo: Paz e Terra.

Gómes Saraiva, Miriam. 2007. "As estratégias de cooperação Sul-Sul nos marcos da política externa brasileira de 1993 a 2007." *Revista Brasileira de Política Internacional*, Vol. 50, No. 2, pp. 42~59.

GTA(Global Trade Alert) Report. 2011. *Trade Tesions Mount: The 10th GTA Report*, GTA.

Holbraad, Carsten. 1989. *Las potencias medias en la políitica internacional.* México: Fondo de Cultura Econóomica.

Hornbeck, J. F. 2006. "Brazilian Trade Policy and the United States." CRS Report for Congress, February 3, 2006. http://www.nationalaglawcenter.org/assets /crs/RL33258.pdf

India-Brazil-South Africa Dialogue Forum. 2009. Sixth Trilateral Commission

Meeting, Ministerial Communiqué, 1 September. http://www.ibsa-trilateral. org//index.php?option=com_content&task=view&id=25&Itemid=16

Kim, Won-Ho. 2011. "Brazil's Foreign Policy Under Lula: Policy Change and Political Implications." ≪포르투갈-브라질연구≫, 제8권 제1호, 349~366쪽.

Knowledge@Wharton. 2011. "From the Periphery to Prosperity: The Brazil 2014 FIFA World Cup and the City of Salvador." January 26. http://knowledge. wharton.upenn.edu/article.cfm?articleid=2686&specialid=109

Lechini, Gladys y Clarisa Giaccaglia. 2010. "El ascenso de Brasil en tiempos de Lula ¿Líder regional o jugador global?" *Revista Problemas del Desarrollo*, 11(6), diciembre 2010 / mayo 2011. http://www.revistas.unam.mx/index. php/pde/article/view/23504

Marcelo Cortês Neri(coord.). 2010. "A pequena grande década: Crise, cenários e a nova classe média." Centro de Políticas Sociais da Fundação de Getúlio Vargas.

MarketWatch. 2011. "Brazil, emerging no more, seeks to cement rise: Latin American giant well-positioned to withstand economic turbulence." Nov. 23.

Oliveira, Amâncio Jorge Nunes de et al. 2006. "Coalizões Sul-Sul e Multilateralismo: Índia, Brasil e África do Sul." *Contexto Internacional*, Vol. 28, No. 2, Rio de Janeiro: julho/dezembro, pp. 465~504.

Oliveira, Marcelo Fernandes de. 2005. "Alianças e coalizões internacionais do governo Lula: o IBAS e o G20." *Revista Brasileira de Política Internacional*, Vol. 8, No. 2, Brasília: IBRI, pp. 55~69.

Pinheiro, Leticia. 2004. *Política Externa Brasileira, 1889-2002*. Rio de Janeiro: Jorge Zahar.

Realite EU. 2010. "Brazil Favors UNSC Sanctions Against Iran." 8. 11.

Reuters. 2011. "Brazil moves to protect currency from crisis." Sept. 22. http://www. reuters.com/article/2011/09/22/us-brazil-economy-idUSTRE78L5XB201109 22

Seibert, Gerhard. 2011. "Brazil in Africa: Ambitions and Achievements of an

Emerging Regional Power in the Political and Economic Sector." Paper presented to ECAS 20111 ― 4th European Conference on African Studies. Uppsala, 15-18 June.

The Economist. 2009. "Brazil's foreign policy: Lula and his squabbling friends." Aug 13th 2009.

_____. 2010. "Interview with Brazil's president: Lula on his legacy." September 9th. http://www.economist.com/node/17173762

UOL Carros. 2011. "Governo aumenta IPI dos carros importados e atinge marcas chinesas." 2011. 9. 15. http://carros.uol.com.br/ultnot/2011/09/15/governo-aumenta-ipi-dos-carros-importados-e-atinge-marcas-chinesas.jhtm

Vigevani, Tullo y Haroldo Ramanzini Jr. 2009. "Brasil en el centro de la integracióon." en *Nueva Sociedad,* núum. 219, enero-febrero.

Viola, Eduardo. 2009. "Brazil in South American Integration and Global and Regional Politics of Climate." http://www.allacademic.com/meta/p311212_index.html

제6장

세계체제의 재설정과 브라질의 공간

마르시우 포쉬망 _박원복 옮김

2003년부터 10년의 기간은 브라질 역사상 경제적·사회적 궤도의 전환점으로 기록될
것이다.

루이스 이나시우 룰라 다 시우바 전 대통령의 지휘하에 노동자당(PT)이 주도한 민주민
중전선(Frente Democrática e Popular)의 대선 승리와 그에 이은 지우마 호우세피
현 대통령의 집권은 신자유주의 정책에 의해 지난 20년 이상 야기된 국가경제의 점진적
인 쇠퇴를 뒤집어놓았다. 이 새로운 단계는 세계 자본주의 체제 내에서의 브라질 위상을
재정립시켰고 국민국가의 구축과정을 재설정했으며 또 중요한 사회적 진전을 이룩했
다. 나아가 실업을 감소시켰으며 거주민 1인당 소득의 증가가 노동에 따른 개인별
소득분배 차이를 완화시키면서 조화를 이루었다.

마르시우 포쉬망 Marcio Pochmann 캉피나스 주립대학교(UNICAMP)의 경제연
구소 교수이자 '노조문제 연구와 노동경제 센터'의 교수로 재직 중이며 응용경
제문제연구소(IPEA) 소장직을 맡고 있다.

* 이 글은 ≪Nueva Sociedad≫ 포르투갈어 특집호(2013년 9월호)에 실린 글을
옮긴 글이다.

생산력의 확대와 사회구조의 변화라는 차원에서 20세기 동안 세계 자본주의의 가장 성공적인 사례 중 하나로 꼽히던 브라질은 그 이후 브라질 역사상 가장 심각한 경제적·사회적 후퇴 국면으로 진입했다. 1980년대와 1990년대에 브라질에서 벌어졌던 일은― 적합한 비율은 유지하는 선에서― 경제 주기가 부재했던 과거에 비교될 수 있을 것이다. 예를 들면 18세기 후반에 금(金) 주기의 종결과 커피 주기의 시작 사이에 세우수 푸르타두(Celso Furtado)가 지적한 70년의 쇠퇴기를 기억할 필요가 있다. 2000년을 1980년과 단순히 비교만 해봐도 우리는 브라질의 경제 규모가 세계 8위에서 13위로 후퇴했다는 결론에 쉽게 도달하게 된다. 또한 200만 명에 못 미치던 실업인구가 최대 1,100만 명으로 늘어난 것과 국민소득에서 임금이 차지하는 비중이 50%에서 39%로 감소한 것 그리고 빈곤과 불평등이 창피한 수준으로 유지된 것도 20세기 말의 힘겨운 국가 상황 일부를 대변하고 있다.

1930년대에 시작된 생산력의 긴 성장 사이클에 장애가 발행한 것은 외채위기의 폭발에서 시작되었다. 1980년대 초, 수출 지향적 정책을 선택했는데 그 결과 국내시장이 위축되면서 경제정책이 금융을 장악한 부문과 국제외환을 창출하는 부문에 휘둘리는 상황이 도래하기 시작했다. 최종 결과는 신자유주의 헤게모니가 워싱턴 컨센서스로부터 나온 각종 내용들을 내재화했을 때 특히 1990년대에 부르주아 국민국가의 구축 계획이 그만 두 손을 들고 말았다는 것이다.

2003년부터 10년의 기간은 브라질 역사상 경제적·사회적 궤도의 전환점으로 기록될 것이다.

루이스 이나시우 룰라 다 시우바 전 대통령의 지휘하에 노동자당(PT)이 주도한 민주민중전선(Frente Democrática e Popular)의 대선 승리와 그에 이은 지우마 호우세피 현 대통령의 집권은 2003년 이래 발전주의를 재개함에서 두 가지 주요 과제를 안겨주었다. 첫 번째 과제는, 신식민주의적 성격의 신자유주의 정책들이 펼쳐진 이후, 20년 이상 진행된 국가경제의 점진적인 쇠퇴를 뒤집는 것이었다. 두 번째 과제는 국민국가의 건설을 재개할 수 있도록 세계 자본주의 체제에서 브라질의 위상을 재정립하는 것이었다.

10년이 지난 뒤 유엔의 자료에 따르면 브라질은 세계에서 두 번째로 큰 농산품 수출국이자 여섯 번째의 제조품 생산국가가 되었다. 빈곤과 불평등은 눈에 뜨일 정도로 감소했으며 그와 동시에 몇몇 부문에서는 노동인력 부족 현상이 나타나기도 했는바, 이는 1970년대 초 군정체제에서 있었던 일명 '브라질의 기적' 시기와도 비견될 수 있는 것이었다.

마지막 10년간 기 설정된 두 개의 주요 과제를 성공리에 수행했음에도 불구하고, 환경적으로는 지속 가능하고 문명적으로는 우월한 새로운 발전 프로젝트를 수립하고 추진해야 할 과제들이 남아 있다. 이것을 감안하여 이 글은 작금의 21세기 초에 세계에서 브라질이 차지하고 있는 위상의 재정립 문제를 다루고자 한다. 우선 이 글은 국제적인 차원의 자본주의 위기가 몰아치는 한가운데에 형성되고 있는, 새로운 세계적 생산 지형도에 주목하고자 한다. 이어 2000년 이래 시작된 브라질의 세계 위상 재정립 문제를 간략하게 언급하고자 한다.

1. 부의 이탈과 새로운 경제성장의 지형도

1960년대 말 이후 우리는, 제2차 세계대전 이후 일본의 강력한 산업발전으로 시작된, 세계 제조업 생산이 아시아로 쏠리고 있음을 목격했다. 그 이후 1980년대로 들어서면서 대만, 싱가포르 그리고 대한민국과 같은 다른 아시아 국가들이 세계 제조업 생산에서 점차 두각을 나타냈다. 그로부터 10년 뒤 중국이 세계 제조업 생산에서 놀라운 경제 확장을 일궈내었다. 예를 들어 1990년 중국은 세계 제조업 생산의 2.5%를 차지했지만 2010년엔 거의 15%를 차지하기에 이르렀다.

2020년에 들어서면 세계 제조업 생산에서 아시아가 차지하는 비중이 선진국들의 제조업 생산 비중에 근접할 것이라는 전망이 나오고 있다. 그 증거로 선진국들의 비중은 1990년대 이래 세계 제조업 생산에서 상대적인 하락세를 지속하고 있다. 예를 들어, 2010년에 이 나라들의 전 세계 제조업 생산 비중은 1990년의 81.5%에서 66.2%로 줄어들었다.

1980년대 이후 아시아 국가들의 경제는 나머지 전 세계 국가 경제보다 더 빠른 속도로 성장했으며, 이를 통해 생산 체인 밀집과 수출의 다변화 등을 이루어, 전 세계 제조업 생산에서의 자기 비중을 높여갔다. 이와 더불어 아시아 국가들의 경제, 특히 중국의 경우, 전 세계 생산에서 신자유주의의 세계화를 활용하여 자신의 입지를 개선했다. 라틴아메리카의 경제적 성과는 아시아가 걸었던 것과는 달리 그 궤도로부터 점차 멀어졌다. 무역개방 과정과 1980년대 말 이후 세계화에 수동적으로 통합됨으로써 전 세계 제조업 생산에서의 자기 비중이 상대적으로 축소되는 결과를 낳았던 것이다. 그와 동시에 천연자원을 이용하는 핵심 부문과 산업조립 부문에서 자신의 생산구조를 전문화하기에 이르렀다. 21세기로 넘어오는 길목에서 전 세계 제조업 생산에서 라틴아메리카가 차지하는 상대적 비중은 13.7%로 떨어졌다. 1990년 전 세계 제조업 생산에서의 비중이 7.3%였던 것이 2010년에는 6.3%로 하락한 것이다.

요약하자면 세계 경제는 전 지구적 역학 중심의 변화, 즉 OECD 회원국들로부터 비회원국들로의 이탈과 그 이탈과 연계된 구조적 변화들을 목도하고 있다. 예를 들어 2010년대 초에 OECD 비회원국들이 전 세계

GDP에서 차지하는 비중이 OECD 회원국들의 비중과 맞먹었다. 1990년에 OECD 국가들은 전 세계 GDP의 2/3가량을 차지했다. 하지만 2020년이 되면 이 국가들은 전 세계 GDP의 44%만을 차지하게 될 것이다. 2008년 이후 전 세계적으로 몰아닥친 경제위기가 심화되면서 전 세계 생산에서 선진국들이 차지하는 비중은 훨씬 더 악화되고 있는 것이다.

세계경제의 이러한 지리적 변화는 전 세계 극빈자 비율의 하락으로 이어지고 있다. 최소한 관심을 가져야 할 소비 필수품들의 금융 지원 부문을 시작으로 하여 빈곤 측정을 위한 여러 매개변수를 고려할 경우 그러하다. 세계은행의 추산에 따르면 하루당 가구단위의 소득이 1.25달러 이하인 세계극빈인구가 1990년 전체 세계인구의 약 42%에 달했으나 2010년대 초에는 1/4 미만으로 떨어진 것이다. 빈곤층의 과반수가 OECD 비회원국들에 집중되어 있는 만큼 세계에서 부의 이동은 매일 1.25달러 이하로 살아가는 인구의 수 감소와 동시에 발생하고 있는 것 같다. 그러한 의미에서 발전하지 못한 나라들에서 더욱 강한 경제성장이 이룩될 경우 사회 피라미드의 바닥에 위치한 인구가 상대적으로 줄어들게 된다.

2. 브라질에서의 신자유주의와 불분명한 점들

구공화국(1889~1930) 정부들이 추구한 자유노선과 비교할 때, 1990년대 신자유주의 정부들은 그 자체가 마치 속임수가 담긴 거짓말이거나 함정처럼 여겨진다. 발전주의국가 시대(Era Nacional Desenvolvimentista)를 전복시킬 만한 국가적 근대화 사이클을 약속하고 있음에도 신자유주의는 국가의 와해에 따른 낙후와 생산구조의 탈산업화 그리고 사회적

이동성의 정체라는 결과를 낳았으며 그때까지 브라질 자본주의의 거대한 매력이라고 하던 것도 없애버렸다.

거주민 1인당 소득의 수치스러운 정체에도, 금융 부문과 농업 부문과 같은 수입(輸入) 부문들이 1990년대에 가장 많은 혜택을 입었다. 그것의 일부분은 공공 부문의 현금성 자산을 민영화함으로써 부유해졌거나 이미 부유한 부문들의 소득이 외국인들과 소수의 내국인 그룹들로 일부 이전된 탓이기도 하다. 이들 부유 부문들은 공공 부문의 부채에 의해 그리고 주로 극빈자들에 대한 조세 부담의 급격한 가중에 의해 부를 축적할 수 있었다.

종합하자면 1995년과 2002년 사이에만도 국가는 예를 들어 민영화라는 형식으로 GDP의 15%에 해당하는 상당한 재원들을 부자들에게 넘겼는데 이것은 공공부채를 증가시킨 금융채권의 발행을 통해 이루어졌으며 그 총액은 GDP의 30.1%에 달한다. 그리고 무엇보다도 극빈자들에 대한 조세부담 가중을 통해 GDP의 5.7%가 부유층에게 이전되었다. 그 결과는 실업의 확연한 증가와 더불어 빈곤의 정체 그리고 국민소득에서 임금이 차지하는 비중의 축소 등이었다.

무분별한 무역과 금융 그리고 생산 부문의 개방은 무역수지의 붕괴와 외환보유고의 하락 그리고 노동시장의 와해를 낳았으며 그 대가로 부유층의 소비패턴에서 현대화에 따른 오류가 발생했다. 다시 말하면 다양한 경제 부문들이 생산자에서 수입업자로 탈바꿈했고 고용창출 및 임금 지불능력은 1990년대로 되돌아갔던 것이다.

신자유주의는 애매모호한 거시정책으로 브라질이 1990년대 거대한 무역의 흐름에 진입할 기회를 막아버렸을 뿐만 아니라 마치 완벽한 '공동묘지의 평화'처럼 금융안정이라는 것을 제공했다. 브라질은 인플레이션과의 전쟁에서 승리한 마지막 국가들 가운데 하나였다. 왜냐하면 다수의 세계국가들이 그런 유형의 문제 해결과 더불어 1990년대에 진입했던 것이며 그 결과 고정환율, 실질고금리, 지속적인 조세조정 등, 일종의 '족쇄(camisa de força)'를 차게 된 것이다. 이 족쇄 때문에 국가경제 운영에 자유를 포기해야만 했다.

3. 발전주의의 귀환

2003년부터 이후 10년은 아마도 브라질 역사에서 경제적·사회적인 전환점으로 남을 것이다. 국가발전 방향에서 변화가 나타났던 두 10년과 비교해봄 직하다. 첫 10년은 1880년대로써, 이 시대에 브라질은 근대화 과정에서 중요한 발걸음을 내디뎠다. 입헌군주제에서 공화국으로의 전환으로 대변되는 정치개혁들과 노예제 폐지로 시작된 경제개혁들 그리고 신연방헌법과 연계된 제도개혁들이 그것이다. 비록 구시대적인 농업중심주의의 한계로 제한적이기는 했지만 그 결과는 19세기 말 세계무역의 흐름에 브라질이 합류할 수 있었고 이로 인해 브라질은 산업자본주의로의 이행에 필요한 기초를 닦을 수 있었다.

두 번째 변화의 10년은 1930년대였다. 이 시대에는 새로운 반자유주의 정책들이 다수 채택됨으로써 농촌 중심의 후진사회가 근대 도시산업사회로 이행해가는 발전주의적 국가 프로젝트가 수립되었던 시기였다. 비록 보수적이기는 했어도 민주주의가 없는 근대화는 새로운 생산 패턴과 복잡하고 미래 전도적인 사회를 가능하게 했다.

룰라와 지우마의 민주적·대중적 정부는 발전주의의 회귀를 가능하게 했다. 하지만 그것은 1930년대와 1970년대 사이의 국가적인 산업화 사이클에서는 전혀 감지되지 않은 것이었다.

그 이유는 발전주의의 재개가 세계자본주의의 작동이라는 특별한 환경에서 벌어지고 있기 때문이다. 1929년 대공황 이래 처음으로 세계 경제의 회복이 비선진국들 주도로 이루어지고 있는 것이다. 중국과 인도 그리고 브라질은 2008년 글로벌 위기 이후 세계경제 확장의 실질적인 부분을 이끌면서 2000년대 초 이후 이미 관찰된 바 있던 어떤 방향을 재확인해주었다. 그러니까 브라질의 경우, 새로운 경제적 활력에 대한 사회적 비용의 단호한 결정에 의해서든 아니면 브라질에의 투자에 대한 전략적인 공동협력 기획에 의해서든, 국가가 세계에서의 위상 재정립을 위한 근본적인 필수 요소임을 보여주었다. 다른 한편으로는 사회경제로 부터 뻗어 나오는 원동력이 1930년대와 1980년대의 생산 확장 사이클과 차별화되는 경향을 보이고 있다. 1930년대와 1980년대의 원동력은 공기업 부문과 사기업 부문의 비용 결정에 의존하던 어떤 부차적인 힘이었다. 그때까지는 성장 후 분배라는 논리가 우세하여 사회적 비용의 상대적인 자율성이 진전을 보이는 데에는 일반적으로 그 선택의 폭이 좁았었다.

현 사회경제의 기반은— 비록 1988년 헌법에서 유래되었음에도 불구하고 — 브라질에 사회복지국가를 위한 거대한 제도들을 설립 가능하게 해 주었는데 특히 사회보장 영역(건강, 사회보장제도 등)에서 그러했으며 이 제도들은 GDP와 관련한 절대적인 사회적 비용의 중요한 진전을 대변 했다. 비록 그렇다고는 하나 1990년대 신자유주의 정책들이 펼쳐지면 서 재원의 점진적인 편중 현상이 발생하고 보편주의적 경향이 이탈했다. 그리하여 사회적 비용의 증대 가능성은 실질적으로 정체되고 말았다. 예를 들어 오늘날 총 사회적 비용은 1985년의 13.5%보다도 10포인트가 높은, GDP의 23%에 육박하고 있다. 다시 말하면 브라질에서 소비된 4헤알마다 1헤알이 사회경제와 직접 연결되어 있다. 만일 그것의 다중적인 효과(0.8%의 확장성)까지 감안한다면 국부생산 전체의 절반가량이 직간접적으로 사회경제영역과 관련되어 있음이 드러난다.

일반적으로 브라질 가정의 소득 중 약 1/5은 평균적으로 브라질 사회보장제도의 정책들로부터 파생되는 금융이체(연방정부가 저소득 가정의 최저생계비를 현금으로 보충해주는 제도로써 가족기금인 보우사 파밀리아가 그 좋은 예이다)에 기인한다. 1988년 연방헌법 이전에 브라질 가정의 소득 중 연방정부의 금융이체가 차지하는 비중이 평균 10%에도 미치지 못했다. 그러나 오늘날에는 저소득층이 사회복지국가 헌법에 의해 가장 많은 혜택을 받는 계층이 되었다. 실례로 2008년 사회 피라미드의 하위(10%의 최고 가난한 자) 계층 소득 가운데 25%가 이 금융이체에 의한 것이었는데, 1978년에 이 수치는 단지 7%에 불과했다. 다시 말하면 두 기간 사이에 3.6배가 증가했던 것이다.

사회 피라미드의 최상위층 경우(최고 부자 10%) 2008년 가구별 1인당 소득의 18%가 이 금융이체로 충당되었는데 1978년 이 수치는 8%에 불과했다. 그러니까 2.2배 증가한 것이다. 게다가 가구당 1인 소득이 소득분배에서 한 자리 숫자였을 때 그 가구 수의 8.3%만이 금융이체 혜택을 받았으며 이 당시에 최상위 한 자리 숫자의 금융이체는 그 가구 수의 24.4%에 달했다. 40년이 지난 지금 사회 피라미드의 최하위 계층 중 58.3% 가구가 금융이체의 혜택을 누리고 있는 반면에 최상위 계층은 40.8%가 그 혜택을 누리고 있다. 그러니까 저소득 가정의 경우 7배나 많은 혜택을 누리고 있는 반면에 고소득층의 가정은 1.7배 정도의 혜택을 누리고 있는 셈이다.

이것을 바탕으로 우리는 빈곤에 대한 사회보장적 성격의 금융이체 여파에 대해 어떤 결론을 내릴 수 있을 것이다. 즉, 금융이체가 없었더라면 2008년 브라질은 전국 최저임금의 1/4 이하 소득자들이 4,050만여 명에 이르렀을 것이다. 금융이체를 통한 소득 보전 덕분에 브라질은 월 최저임금의 1/4 이하 소득인 사람들의 수가 1,870만여 명인 것으로 나타나고 있다. 요약하자면 극빈 수준(1인당 월 소득이 최저임금의 1/4 이하인 사람)을 벗어난 사람들의 수가 2,180만여 명이었던 것이다. 1978년에 금융이체는 단지 490만여 명에게만 혜택을 주었었다. 연방 단위지역에서의 금융이체가 낳은 효과로 두 가지 혁신적인 양상이 목격되는데 이는 사회적 경제의 긴박성에서 파생된 것이다. 첫 번째 양상은 피아우이 주(31.2%), 파라이바 주(27.5%) 그리고 페르낭부쿠 주(25.7%)와 같이 전국 평균(19.3%)을 넘는 북동부 주들의 경우 가구당 평균 소득에서 금융이체가 차지하는 비중이 매우 높다는 것이다. 그때까지 상식에서 그다지 벗어난 것은 아무것도 없었다. 단지 16.4%인 상파울루와 달리 히우데자네이루가 25.5%로서 연방 주 가운데 금융이체의 비중이 네 번째로 많은 경우를 제외하고 말이다.

4. 사회적 경제

두 번째 양상은 연방 주 가운데 가장 부유한 주의 가정이 금융이체로 예정된 공적자금의 상당수를 차지하고 있다는 점이다. 예를 들어 남동부 지역은 사회안전망 차원의 사회보장성 금융이체로 예정된 연간 재원 전체의 50%를 가져가고 있다. 이들 지역의 경우 상파울루가 23.5%, 히우데자네이루가 13.7% 그리고 미나스제라이스 주가 10.9%를 차지하고 있다. 현 브라질 경제의 역학에서 이 새로운 사실들이 밝혀짐으로써 전통적인 거시경제 정책의 낡은 가정(假定)들이 내포하고 있는 효율성은 재평가되어야 한다. 오늘날 브라질의 사회적 경제가 브라질 사람들이 누리는 높은 삶의 질을, 특히 사회적 피라미드의 저변에 놓인 사람들의 삶의 질을 보장하는 것 외에도, 국가적 총수요의 전반적인 동향 중 상당 부분을 차지하고 있다.

브라질의 사회경제 지표들과 관련된 공식 통계정보들을 기준으로 할 경우, 21세기 첫 10년간에 부정할 수 없는 변화가 있었음을 확인할 수 있다. 예를 들어 소득뿐만 아니라 빈곤에서의 불평등이 증가하고 있다는 점에서도 엿볼 수 있는데, 불평등과 관련하여 노동소득의 개인 분배에 역전이 발생한 것은 2000년대 브라질 국민의 1인당 소득 증가와 견주어 이해될 수 있다. 그와 동시에 국민소득에서 노동소득이 차지하는 비율의 회복은 근로자들의 보편적인 상황 개선 요인들이 증가한 것과 거의 같이 움직인다는 것이 확인되고 있다. 달리 말하면 전체 노동력 대비 고용률의 확대(실업의 하락)와 절대빈곤 하락과 더불어 창출된 노동력 고용의 공식화가 연동되어 움직이고 있는 것이다.

경제사회지표들을 통해 볼 때 최근 50년은 브라질이 뚜렷한 차별적 궤도를 그리고 있음을 잘 보여준다. 1960년대와 1970년대 사이의 첫 번째 궤도를 보면 1인당 소득이 강하게 확장되어 연평균 약 4.6%의 신장세를 나타냈다. 이것은 또 전반적인 노동시장의 상황에서도 나타난 바, 노동력의 고용률, 창출된 고용의 공식화 그리고 빈곤의 축소가 확대됨으로써 고용률이 연평균 4.2%의 신장세를 기록했다. 비록 그렇다고 해도 1960년대와 1980년대 사이에 노동소득의 개인별 분배상 불평등 수준은 거의 22%를 차지한 반면에 국민소득에서 노동소득이 차지하는 비중은 11.7% 하락했다. 결국 이 기간 동안 브라질에서는 소득의 개인별·기능적 분배가 눈에 띌 정도로 악화되었음에도 불구하고 거주민 1인당 소득은 증가했고 고용은 개선되었다.

경제사회 지표들의 두 번째 궤도는 1981년과 2003년 사이에서 확인할 수 있다. 한편으로 브라질 국민의 전체 소득은 연평균 0.2% 정도 상승하여, 실질적으로는 정체된 모습을 보여주고 있다. 그리고 다른 한편으로는 전반적인 근로 상황이 고용률과 창출된 고용의 공식화가 함께 상승했던 것을 고려하면 14%나 악화되었다. 나아가 국민소득에서 노동소득이 차지하는 비중은 같은 기간에 23%나 축소되었다. 노동 소득의 개인별 분배에서 불평등 양상 역시 실질적으로 변화한 것이 없었는데 왜냐하면 연평균 0.1% 정도 축소되었기 때문이다. 마지막으로 세 번째 궤도는 2004년부터 시작되었다. 브라질 국민의 1인당 연평균 소득이 3.3% 증가하면서 전반적인 근로 상황을 반영하는 지수의 개선이 동시에 나타나 연평균 5.5%의 성장세를 기록했다.

그와 동시에 국민소득에서 노동소득이 차지하는 비중은 2004년과 2010년 사이에 14.8% 증가했다. 같은 기간에 노동소득의 개인별 분배에서의 불평등 비율은 10.7% 줄어들었다. 다른 한편으로는 처음에 생산발전정책(PDP)과 그에 따른 성장촉진정책(PAC)을 위해 배정되었으나 이 재원들로 재개된 종합투자계획을 들 수 있는데 이 계획을 통해 브라질은 거시금융정책에서 거시생산경제로의 이행을 위한 마지막 걸음을 시도하기 시작했다.

생산발전정책과 더불어 브라질은 공적재원과 국영기업들의 연금재배치를 통해, 사기업 부문과 국영 부문에서 강도 높은 자산 구조조정을 실시하고 있다. 브라질은 또 국가경제사회개발은행(BNDES)의 주도하에 다국적 대기업들(토목과 건설, 식품, 에너지, 제철, 운송 등)을 설립하고 있다. 그 목적은 500개가 채 안 되는 다국적 기업들에 의해 주도되고 있는 세계 자본주의 시장의 비좁은 초독점화 공간에서, 자신의 입지를 구축하려는 것이다. 그 500개 기업들 가운데 단지 3개 기업만이 현재 세계 GDP 규모상 8위인 브라질 GDP 규모에 맞먹는 연간 매출액을 기록하고 있다.

자본주의의 구조조정이라는 현 단계는 그 대기업들로 하여금 국민국가 이상으로 커질 것을 요구하고 있으며 또한 국가로 하여금 더 이상 기업들을 소유하는 나라가 되지 말 것을 요구하고 있다. 즉, 그 반대를 요구하고 있다. 이러한 상황에서 브라질은 과거 두 차례에 걸친 실패 ─ 두 차례의 실패란 1986년 크루자두 계획(Plana Cruzado) 기간 동안 공공 부문에서 대규모 지주회사 설립과 GDP의 15%에 달하던 공공 자산을 사기업 부문, 특히 외국인 기업 부문에 이전했던 1990년대의 민영화를 의미한다 ─ 이후 세계적인 대기업들을 만들고 있는 신아시아적 궤도를 뒤늦게 따라가는 상황이다.

최근 3년간 투자에 대한 금융지원을 위해 BNDES가 준비했던 전체 재원의 1/3가량이 흡수합병 과정에 있던 10대 민간 대기업들로 풀려나 갔다. 그런데 은행이 지출한 총재원(2,860억 헤알) 중 거의 2/3가 단지 12개의 브라질 민간 또는 국영 대기업에 풀려나갔다는 결론에 이르게 된다. 이와 더불어 브라질 정부는 신자유주의 정책들이 강요했던 애매모호하고 야만적인 민영화를 한 지 거의 20여 년이 된 시점에 국가조직을 통해 투자를 관리함으로써 19세기의 논리(1차 산품의 생산과 수출)로 점점 기울고 있는 브라질 자본주의가 겪을지도 모르는 종속과 예속을 가급적 축소하고자 한다.

세계의 역학 중심이 미국에서 아시아, 특히 중국으로 옮겨감에 따라 브라질은 ─ 라틴아메리카와 아프리카와 마찬가지로 ─ 1차 산품(commodities)의 주요 공급처 역할을 했는데 이 영향으로 수출정책이 1차 산품 중심으로 회귀하고 말았다. 그런 의미에서 생산발전정책은 비극적인 신자유주의의 과거가 부여한 이 슬픈 종속의 궤도로부터 일부 산업 부문들을 구원한 셈이었다.

성장촉진정책 속에는 신자유주의에 의해 버려지고 20여 년 이상 투자하지 않음으로 인해 열악해진 경제·사회 인프라 재건에 공적 재원을 집중시킨다는 전략적 기획이 엿보인다. 에너지 부문(전기에너지, 화석에너지, 풍력에너지)과 상하수도 부문 그리고 국민주택과 철도, 공항, 항만, 도로 등의 부문에서 국가적 통합을 강화하기 위한 대단위 국책 프로젝트들로부터 파생된 지방 및 지역의 중요한 파급효과로 드디어 경제의 수레바퀴가 움직이기 시작했다.

성장촉진 프로그램 I, II에서 예상되는 1조 헤알 이상의 투자액 가운데 4/5가량이 에너지와 도시 인프라 구축에 투입되고 있다. 단지 상하수도와 국민주택 건설에의 투자 프로그램에서만도 총 재원의 75%가 연방저축은행인 카이샤 이코노미카 페데라우(Caixa Econômica Federal) 은행에서 지출되는데 이것은 사회 피라미드의 저변을 차지하고 있는 주거문제의 엄청난 불균형을 줄이고 전국의 주요 광역시를 엄습하고 있는 빈민촌들의 일부를 도시계획화하는 데 목적을 두고 있다. 그와 동시에 성장촉진정책이 주도하는 투자들은 모두 지역의 역학을 바꾸고자 한다. 이로 인해 생산과 고용에서 일정 부분 공동화가 일어나고 있는 몇몇 지역들은 경제적 활동을 강화해줄 투자를 기대할 수 있게 될 것이며 궁극적으로는 중부와 남부지역에서의 소득 집중도를 줄이는 데 기여할 것이다.

5. 발전주의적 변화의 기초들

2000년대 후반부터는 브라질의 저발전 극복이 얼마나 시장의 자유로운 힘에 자연스럽고 자발적으로 진행되지 못하고 있는지를 알게 된다.

시장의 자율에 맡기는 것은 1990년대 브라질의 신자유주의 정권들이 주장해온 것이었다. 그 변화의 기초는 네 가지의 기본적인 전제들로 요약할 수 있다.

첫 번째는 신자유주의적 관점을 확고히 포기한다는 결정을 전제로 이루어졌다. 신자유주의적 관점에 따르면 생산과 무역, 기술과 은행 그리고 노동법 등의 개방 흐름에 맞춰 경제의 확장과 사회적 발전이 자동적으로 일어나도록 하기 위해서는 금융 안정을 이룩하는 것으로 충분하다는 것이었다. 그리하여 경제라는 파이를 크게 만든 뒤에 분배하겠다는 것을 핵심 목표를 삼았던 군정 시대처럼 1990년대 신자유주의 정권들도 금융 안정 그 자체를 목표로 삼았다. 그 결과 원칙 없는 민영화, 핵심 부문에서의 국가 역할 축소, 생산 부문을 너무 많이 외국 자본에 개방하고 조세부담을 엄청나게 늘려 가난한 사람들의 소득을 지나치게 많이 거둬들이는 것이 인플레이션 퇴치의 주요 정책으로 등장했으며 이것이 자동적으로 경제발전으로 이어질 것이라고 믿었다.

그러한 의미에서 최근 10년간 국가의 역할을 회복하겠다는 결심이야말로 브라질이 저발전을 극복하려는 투쟁 의지에 필수적이었다. 그러한 투쟁의 긍정적인 결과들이 1990년대보다도 두 배나 높은 경제성장률을 기록하며 빠르게 나타나기 시작했다. 소득의 재분배― 특히 사회 피라미드 저변으로의 소득 재분배― 가 드디어 국민소득에서 노동소득이 차지하는 비중의 증가와 조화를 이루었다. 이를 위해서는 국영기업들과 은행들을 구조조정하고 국가정책의 집행에서 하청·파견 근로자들의 교체를 통해 공무원들의 영역을 확대하며 공공 분야에서 혁신을 일으키는 것이 필요했다. 이것은 많은 예들 가운데 인프라 구축을 위한 성장촉진정책(PAC), 전국 국민주택 프로그램(Minha Casa, Minha Vida = 나의 보금자리, 나의 삶―옮긴이), 심해유전탐사, 보건과 교육 그리고 전력공급 확대 등에서 엿볼 수 있다. 브라질은 2000년대 초 이후 중요한 정치적 융합을 통해 자기 의지와 새로운 국가발전 프로젝트를 중심으로 재건 능력을 보여주며 재기했다.

두 번째는 사회정책을 강하게 추진하겠다는 선택이었다. 이것은 1990년대 신자유주의 정권들의 시각 해체를 의미했다. 그 당시에는 사회정책들의 진전이 사회보장제도를 무너뜨리고 공공재정을 파탄으로 몰고 갈 것이라는 우려가 컸던 것처럼, 노동시장에서 더 많은 비공식노동자를 양산하고 실업을 유발할 것이기에 브라질은 최저임금의 실질 가치를 올릴 능력이 없을 거라는 의견이 우세했다. 오로지 사회법과 노동법의 규제 완화만이 기업들로 하여금 더 많은 근로자를 고용할 수 있게 할 것이라고 여겼다.

하지만 신자유주의의 이런저런 요구사항들은 최저임금이 실질적으로 70% 이상 상승세를 기록하고 실업과 비공식 고용지표가 피부로 느낄 수 있을 만큼 하락하자, 최근 몇 년 사이에 헛된 망상인 것으로 확인되었다. 게다가 연금생활자들과 퇴직자들에게 지불되는 금액 및 상한선이 확대되고 1,200만 가구 이상이 가족기금(Bolsa Família)으로 흡수되는 등 수백만 명의 브라질 사람들이 은행에 계좌를 다시 열며 신용을 회복했음에도 불구하고, 2002년 GDP의 60%를 차지하던 공공부채가 2012년엔 약 35%로 줄어들었다. 그와 동시에 빈곤 역시 2003년 대비 30% 이상 축소되었다. 그 결과 브라질은 교육기회와 소득 그리고 고용이 제자리걸음을 한 지 20년 이상이 지나서야 비로소 자국의 수백만 명 국민이 사회적인 부와 경제적인 상승을 적극 향유할 수 있는 기반을 마련할 수 있었다.

오늘날 브라질 국가경제의 활력은 사회적 비용의 움직임과 연계되어 있다. 왜냐하면 그것은 전통적으로 배제되어온 엄청난 사람들이 사회적으로 포용되는 과정에서 점진적인 수요가 창출되었는바, 그것에 적합한 자본과 서비스 생산에서 사기업 부문의 강화가 뒤따라주었기 때문이다. 따라서 사회적 비용은 브라질 사회의 응집력을 높이는 데 필수적인 도구임을 의미함과 동시에 점차 소비시장에 의한 흡수의 승수(乘數)가 되고 있다. 국가경제의 지평을 확대하기 위해 분배를 하는 것과 소득을 조금 덜 불평등하게 재분배하기 위해 그 소득을 더 신속히 증대시키는 것은 무엇보다도 2008년 국제금융위기 이후 남다른 세계적 지도력의 경험을 가능하게 했다. 실제로 브라질과 인도 그리고 중국은 새로운 국제 발전주의의 추동력을 가지고 있다.

포스트 신자유주의 프로그램에 의해 설정된 세 번째 가정은 국가경제 정책의 내적인 거버넌스상 더 많은 자율권을 추구하는 과정에서 구체화되었다. 1981~1983년 외채위기 동안 브라질 정부의 슬로건 — 수출하는 것이 수입하는 것이다 — 은 외채 지불에 대한 약속으로 고통을 받던 당시의 국가상황을 보여주고 있었다. 그 당시에 수출 초과를 이룩하기 위해 국내 소비를 축소시킨 결과 국내 중요한 산업 부문들의 해외 이전이라는 양상이 나타났다. 그것은 관세 축소를 통한 자본재와 서비스의 국내 과잉공급 유지, 국내의 실질 고금리 그리고 평가절상된 환율 등 헤알 플랜(Plano Real)이 이끈 것들이 국가 생산 부분의 탈산업화 과정을 앞당겨 놓았던 것과 같았다. 1990년대 후반 국가경제의 성장 확산에도 불구하고 공식고용의 확장은 없었다. 그 반면에 결과론적으로 수입품의 증가와 높은 무역 적자를 양산하는 수출의 감소로 내부의 소득이 외부로 빠져나갔던 것이다.

그러한 의미에서 최근 10년간 정부의 개방적인 시각은 국내 시장을 현 국가경제 활력의 주요 원천으로 탈바꿈시켜놓음과 동시에 무역 적자를 흑자로 바꿔놓았다. 이를 위해 국가의 운영과 기술적 관리를 점진적으로 강화하여 민영화를 중단시킴과 동시에 민간 부문의 기대치 조정과 공공투자 재조정 계획을 재개했다. 그에 따른 직접적인 결과는 부의 금융화라는 거시경제로부터 생산성 위주의 인프라 공사와 소비증가 특히 인플레이션을 야기하지 않는 범위에서 저소득층의 소비 증가에 부응하는 국가생산의 확대라는 거시경제로의 이동이 시작된 것이다.

2008년 말의 국제금융위기 때 브라질은 그 위기를 마지막으로 맞이한 나라들 가운데 하나였으며 또 그 위기를 제일 먼저 타개한 나라들 가운데 하나였다. 왜냐하면 그때까지 확인된 바에 따르면, 가장 가난한 자들에게 부담이 옮겨가게 되는 최악의 상황을 피하도록 한, 반(反)경제 사이클 정책(공공여신 증대와 소득보장정책 확대 그리고 조세와 금리 하락)을 펼칠 능력과 과감성을 지니고 있었기 때문이었다. 그 이전의 국제위기들 (1982~1983, 1990~1992, 1998~1999)의 경우 브라질은 인간적인 고통을 심화시키고 국가경제를 외국에 더 의존토록 만든 친(親)위기 정책들(비용 및 공공여신의 축소와 더불어 조세 및 금리의 인상)을 채택했었다.

마지막으로 네 번째는 새로운 세계 지정학에서 브라질이 자신의 위상을 재정립하는 문제와 연계되어 있다. 채무국이라는 브라질의 과거는, 1981~1983년 외채위기 이후 20년 이상의 세월이 지난 뒤, 이제 멀리 사라지고 말았다. 1999년에서 2002년 사이 IMF를 포함하여 각종 협약과 의향서들이 체결되었다. 이 협약과 의향서들은 결국 국제적 차원에서 브라질의 위상을 밑바닥으로 끌어내리고 말았다. 브라질은 다면적인 금융기구들에의 종속뿐만 아니라 외환을 비축할 여건도 갖추지 못함으로써, 결국 글로벌 경제에서 점증하는 투기 세력들의 쉬운 먹잇감이 되었다. 1998~1999년 사이에 러시아의 채무불이행 선언 당시 외환보유고가 250억 달러도 채 되지 않았던 브라질은 여러 국제기구들과 수치스러운 협약들을 맺어야만 했다.

최근 들어 브라질은 몇 가지 외적인 취약성 문제를 해결하려 하고 있다. 외환보유고를 10배 이상 축적했고 채무국에서 (IMF를 포함하여 외국에 재원을 빌려주는) 국제 채권국이라는 지위를 갖게 되었다. 그럼으로써 2008년 국제금융위기에서 발생한 그 어떤 투기 움직임에서도 무사할 수 있었고 국제사회에의 진입이라는 차원에서도 긍정적인 위상을 세우는 데 성공했다. 이것은 미주자유무역지대(FTAA) 협상에서 미국 위주의 계획을 포기하게 함으로써 남미통합과 메르코수르(Mercosur)에 많은 혜택을 주었을 뿐만 아니라, 아프리카, 아시아, 중동 지역에서 무역파트너 국가들의 수를 결정적으로 확대함으로써 부유 국가들에 대한 수출의존도를 낮추는 데 기여했다(멕시코의 예를 보라). 국제기구에서 브라질은 그때까지 인식하지 못했던 지도국적 지위를 점차 더 많이 수행하게 됨으로써 자국의 대외경제 역시 타국과의 점진적인 기술협력을 총체적으로 주도하는 기준이자 자주적인 보호무역주의를 북돋우는 하나의 기준으로 탈바꿈했다.

6. 나오면서

앞에서 언급했듯이 오늘날 브라질 자본주의의 사회경제적 변화들이 가진 의미는 최근 50년간 확인된 것들, 특히 20세기 말 신자유주의 정부들이 집권하던 시기와의 비교에서 확인된 의미와는 구분된다. 2000년대 초 이래 브라질은 처음으로 1인당 국민소득의 확대와 노동소득의 개인별 분배에서의 불평등 축소를 조화시키는 데 성공했다. 국민소득에서의 노동소득 비중을 회복한 것 이외에 실업 완화 및 공식고용의 증대는 물론이고 노동 부문의 전반적인 상황이 개선된 것이 확인되었다.

현 사회적 변화의 역학은 점진적인 3차산업 부문의 활성화, 특히 고용 창출과 더불어 생산구조의 변화와 관계가 있다. 일반적으로 2000년대에 기록된 고용의 최대 흑자는 하위임금 부문, 다시 말하면 국가최저임금에 집중되어 그간 잊혔던 거대한 사회계층에게 노동과 소득의 기회를 확실하게 안겨주었다. 국가최저인금의 실질적인 가치 회복과 맞물려 최근에 저임금 고용직들이 확산되면서 저소득 노동자층의 상당 부분을 흡수하는 데 성공했으며 이는 브라질 전역에서의 빈곤율을 눈에 띄게 감소시켜주었다. 이것은 부의 금융화라는 거시경제가 생산과 소비라는 논리로 옮겨간 결과로써, 공공부채의 금리 비용이 GDP의 3% 이하로 줄어들자 취약계층을 위한 소득보존과 보호를 목적으로 하는 사회정책이 강화될 수 있었던 것이다.

이 모든 것은 21세기 초 10년을 기점으로 브라질의 전반적인 변화가 얼마나 중요한 경제사회적 변화로 이어졌는지를 보여준다. 이제 브라질은 경제적·사회적 후퇴라는 신자유주의의 기나긴 밤을 지나 자신의 길을 올바로 찾아가고 있는 것 같다. 하지만 브라질은 혼자가 아니다. 작금의 생산지의 지리적인 이탈 추세가 세계체제의 재편에 직접적인 영향을 미치고 있기 때문이다. 중국, 인도, 러시아, 브라질과 같은 나라들이 자본주의의 전 지구적 위기가 지속되는 가운데 세계경제의 활력에서 중요한 두각을 나타내고 있다.

참고문헌

Aglietà, Michel. 1979. *Regulación y crisis del capitalismo.* México df: Siglo Veintiuno.

Beinstein, Jorge. 2001. *Capitalismo senil: a grande crise da economia global.* Rio de Janeiro: Record.

Coates, David. 2000. *Models of Capitalism: Growth and Stagnation in the Modern Era.* Oxford: Polity Press.

Frieden, Jeffry. 2007. *Capitalismo global. El trasfondo económico de la historia del siglo xx.* Barcelona: Crítica.

Marx, Karl. 2011. *Grundrisse.* São Paulo: Boitempo.

Mazoyer, Marcel y Laurence Roudart. 2009. *História das agriculturas no mundo: Do neolítico à crise contemporânea.* São Paulo: Unesp.

Melman, Seymour. 2002. *Depois do capitalismo.* São Paulo: Futura.

OCDE. 2010. *OCDE: Perspectives du développement mondial.* Paris.

Pochmann, Marcio. 2001. *O emprego na globalização.* São Paulo: Boitempo.

Reich, Robert. 2007. *Supercapitalismo: Como o capitalismo tem transformado os negócios, a democracia e o cotidiano.* Rio de Janeiro: Campus.

제7장

브라질-카리브 지역의 아프리칸 디아스포라와 정체성

임소라

브라질·카리브 지역의 혼종적 정체성은 아프리카 노예무역과 흑인 디아스포라를 통해 공유하게 된 흑인성(Négritude)을 비롯해 식민지배, 지역분쟁, 노동력으로서의 유럽·아시아계 민족의 자발적인 이주, 세계대전 등으로 이어지는 디아스포라의 역사와 맞물린 그야말로 디아스포라의 정체성이라 할 수 있다. 실제로 이 지역에서의 디아스포라는 근대의 기억과 상흔을 반영하는 거울에 그치는 것이 아니라 확대·재편을 통해 지금도 끊임없이 그 모습을 바꾸며 진행 중인 현재적이고 역동적인 과정이다. 따라서 이 지역의 문화적 정체성은 혼종성 그 자체보다는 지역별 특유의 역사적·사회적 특성에 따라 새롭게 재구성된 혼종화 과정 속에서 파악하는 것이 합당하다. 이에 이 글에서는 브라질·카리브 지역 국가들의 혼종화의 단초라 할 수 있는 아프리칸 디아스포라의 역사적 배경과 형성 과정에 대해 조명하고, 이를 바탕으로 이 지역의 문화적 정체성에 대해 국가형성 및 사회통합 과정에서 나타나는 이데올로기와의 상관관계 속에서 고찰함으로써 브라질·카리브 지역의 혼종성(hybridity)을 둘러싼 논란의 궤적 및 그 지향점을 살펴본다.

임소라 한국외국어대학교 포르투갈어과 교수. 브라질 문학 및 예술 분야 전문가로 활동.

* 이 글은 한국외국어대학교 국제지역연구센터가 발행하는 ≪국제지역연구≫ 제15권 3호(2011년) 게재 논문을 이 책의 성격에 맞게 편집한 것이다.

1. 서론

라틴아메리카 사회는 역사 발전 과정을 통해 다인종·다문화적 특성을 지니고 형성되었다. 한 나라 안에서도 원주민, 메스티소, 흑인, 물라토, 백인 등 다양한 종족집단들이 존재하며, 이에 따라 종족관계가 매우 복잡한 양상으로 나타난다. 실제로 라틴아메리카는 지리적 환경과 혼혈 정도에 따라 크게 유로아메리카(Euro America), 인도아메리카(Indo-America), 메스티소아메리카(Mestizo America), 아프로아메리카(Afro America)로 구분할 수 있다. 또한 이 구분처럼 라틴아메리카에서 종족 간 혼혈의 문제는 지역 정체성, 문화, 정치, 경제 발전과 밀접한 관련을 맺고 있는 중요한 사안이다.

주지하다시피, 브라질·카리브 지역은 인구구성 비율상 흑인과 물라토가 높은 비중을 차지하고 있으며 흑인·물라토 문화는 그 어떤 다른 문화보다 이 지역의 '자국 문화 형성의 중요한 행위자'로 존재해왔다. 이에 따라 브라질·카리브 지역은 아프로아메리카라는 유사문화권으로 분류되고 있으며, 실제로 이 지역의 흑인·물라토문화는 백인문화에 동화되거나 배제되었던 여타 라틴아메리카 지역의 원주민·메스티소문화뿐만 아니라 아프리카 및 미국과 같은 여타 다른 지역의 흑인문화와도 구별되는 양상을 보여주고 있다.[1]

---

1) 브라질·카리브 지역의 흑인성 및 혼종성과 관련하여 국내에서는 다음과 같은 연구들이 이미 진행된 바 있다. 김달관, 「카리브 해에서 인종과 정치의 혼종성: 도미니카 공화국과 아이티를 중심으로」(2005); 김영철, 『브라질 문화와 흑인』(2003); 「브라질의 인종적 민주주의와 흑인운동」(2004); 「브라질의 인종관계와 인종차별 철폐법안」(2005a); 「라틴아메리카의 다문화주의와 흑인인권을 중심으로」(2005b); 「브라질의 인종관계 인식 실태: 상파울루 시민들을 중심으로(2006)」;

이러한 유사성의 배경은 무엇보다도 브라질·카리브 지역이 서로 다른 지리적·문화적 환경, 현실적인 위상의 차이에도, 열강에 의한 식민 지배를 거치면서 유사한 역사적·정치적·경제적 그리고 사회적 배경을 공유하고 있다는 사실에 있다. 16세기 이래 노예제라는 공통의 역사적 경험에서 비롯된 지역적 특수성과 흑인, 물라토, 백인 및 기타 인종들 사이의 상호의존과 갈등의 복잡한 역학관계가 오늘날 이 두 지역에서 제기되고 있는 숱한 모순과 갈등의 뿌리 혹은 주요 정체성 형성의 근간을 이루고 있는 것이다. 이 같은 두 지역의 인종적·문화적 유사성은 최근 들어 가속화되고 있는 양 지역 간 경제 협력사업 확대 노력과 맞물려 새롭게 주목받고 있다.

「질베르투 프레이리 다시 읽기」(2008); 「브라질의 인종적 유토피아와 킬롬비즘: 흑인의 종족적 영토성 형성과 변천」(2009); 박병규, 「스페인어권 카리브 해의 인종 혼종성과 인종민주주의」(2006); 송병선, 「카리브 해의 혼종성과 정치적 의미」(2004); 심재중, 「정체성 담론과 이데올로기: 아이티와 마르티니크의 흑인 정체성 담론을 중심으로」(2004); 우석균, 「페르난도 오르티스의 통문화론과 탈식민주의」(2002); 이광윤, 「네그리뚜지(Negritude)와 브라질의 흑인문학」(1998); 「브라질 문학에 나타난 다인종적 특성(혼혈성)과 이를 통한 문화적 정체성에 관한 연구」(2006); 이승용, 「브라질 인종적 민주주의에 대한 재고(再考)」(2006); 차경미, 「카리브해 빨렝께데산바실리오(Palenque de San Basilio) 흑인공동체의 저항으로서의 역사, 기억으로서의 문화」(2008); 최금좌, 「브라질 신화 '루조 프로피칼'의 창조자 질베르투 프레이리에 대한 80년대 이후의 재해석들이 브라질 사회사상사에 주는 의미」(1999a); 「질베르투 프레이리: '인종민주주의론'에서 '열대학'까지」(1999b); 「브라질 국가 정체성 확립과정: 실비우 호메루(Sílvio Romero)부터 호베르투 다 마타(Roberto da Matta)까지」(2004); 최영수, 「브라질인의 민족적 특성에 관한 고찰」(2000); 「브라질 흑인(Afro-Brazilian)에 관한 연구」(2001). 하지만 국내 선행 연구 중, 양 지역의 혼종사회 형성 배경과 현상에 대한 비교 연구, 특히 이 지역의 문화적 정체성에 대해 그 공통적 특징과 차이점들을 아프리카인의 디아스포라적 측면에서 종합적으로 분석·조망하고 있는 연구는 찾아보기 힘들다.

21세기 들어 카리브 지역 국가들은 아메리카 역내 공동시장의 중요한 한 축으로 주목받고 있을 뿐만 아니라 제3세계 신흥 정치 블록으로 국제정치에서 캐스팅 보트를 행사하게 되면서 대외적 위상이 크게 제고되었다. 이에 따라 브라질은 미국과의 에탄올 협약부터 브라질-카리브공동체(Caribbean Community: CARICOM) 정상회의 개최, 카리브개발은행(Caribbean Development Bank: CDB) 회원국 가입까지, 룰라 행정부 때부터 추진되어온 역내외 위상 강화 및 패권적 지위 획득이라는 브라질 대외정책 기조의 연장선상에서 카리브 지역과의 경제협력사업을 확대하고자 노력해왔다. 따라서 그 주된 논의 역시 양 지역 간 교류의 성과물들이 좀 더 직접적이고 가시적으로 드러나는 정치와 경제 영역에서 진행되고 있는 것이 사실이다. 하지만 또 다른 한편으로 이 같은 양 지역 간 교류 확대는 역내 지역 공동체 문화 형성을 위해 활발히 움직이고 있는 라틴아메리카 사회 내부의 매우 중요한 문화 현상이라는 측면에서 검토할 필요가 있다. 사회 구성원들의 의식과 통합 유지에 중요한 역할을 수행하는 인문학적 관점의 논의야말로 이 지역의 정체성 형성 과정과 직접적으로 관련되어 있으며, 향후 브라질·카리브 지역의 공동체적 연대감 형성의 가능성을 타진해볼 수 있다는 점에서 더욱 그러하다.

　이에 이 글에서는 브라질·카리브 지역 국가들의 혼종화의 단초라 할 수 있는 아프리칸 디아스포라의 역사적 배경과 형성과정에 대해 조명하고, 이를 바탕으로 이 지역의 문화적 정체성에 대해 국가형성 및 사회통합과정에서 나타나는 이데올로기와의 상관관계 속에서 고찰함으로써 브라질·카리브 지역의 혼종성(hybridity)을 둘러싼 논란의 궤적 및 그 지향점을 살펴보고자 한다.

2. 브라질-카리브 지역의 디아스포라의 역사와 현황

브라질의 인류학자 지우베르투 프레이리(Freyre, 2006: 159)는 자신의
저서 『주인과 노예(Casa-grande and senzala)』(1931)에서 뤼디거 빌덴
(Ruediger Bilden)의 연구를 인용해 라틴아메리카 대륙의 각기 다른 인종
및 문화의 혼혈 양상을 크게 네 가지 지역으로 분류하고 있다. 그 분류에
따르면, 첫 번째 지역은 리오데 라플라타 강 유역과 칠레가 속한 곳으로
이 지역의 기후와 지리적 환경은 유럽문화가 지배적인 사회로 발전하는
데 유리한 조건을 지니고 있었던 것으로 평가된다. 그 이유로는 칠레의
마푸체(mapuche) 부족을 제외한 이 지역의 인디오들이 수적으로 크게
열세였고, 유럽 중심의 식민화의 향방을 바꾸기에는 문화적으로 미개한
수준에 머물러 있었다는 점을 든다. 두 번째 지역인 브라질은 역사적으
로 단 한 번도 유럽적 요소가 절대적인 독점적 지위를 차지했던 적이
없는 가히 독자적인 유형을 띤다고 역설한다. 즉, 포르투갈인들은 다른
인종에 대한 경제적·정치적 지배력은 강력했지만, 지리적 환경과 식민
정책의 필요성으로 인해 사회적·문화적으로는 다른 인종들과 거의 동등
한 지위에서 경쟁하도록 강요당할 수밖에 없었다는 것이다. 세 번째는
일찍이 유럽인들과 인디오 문명과의 충돌이 있었던 멕시코 혹은 페루로
대표되는 지역으로, 풍부한 광물자원과 식민 착취 제도의 정착으로 이
미 조화로운 혼혈문화보다는 인종 간의 단순한 병렬적 집합과 반목으로
점철되어왔다고 피력한다. 마지막 네 번째 지역으로 파라과이, 아이티
혹은 도미니카 공화국을 거론함에서는, 이 지역의 유럽적인 요소가 단
지 외양에 불과하며 순수한 인디오성 혹은 흑인성과 그릇된 동화과정을
거쳐 형성된 유럽문화의 파편 및 요소들과의 부조화한 문화적 혼혈양상
의 전형을 보여준다고 지적한다.

프레이리의 견해처럼 라틴아메리카 사회는 인종의 다양성이 유지되면서 동시에 지역별로 그 지리적·문화적 환경에 따라 각기 다른 양상의 혼혈이 진행되는 '혼종과 융합의 공간'이라 할 수 있다. 이는 라틴아메리카 사회가 인종적 혼혈이 지속적으로 발생하는 공간임을 의미하며, 동시에 인종적 정체성의 붕괴와 재창조를 통해 문화적 이중성 혹은 다원성을 지니고 있음을 의미한다. 다시 말해 라틴아메리카 사회는 문화접변을 통해 지배문화가 다른 문화를 동화시켜 단일한 문화를 형성하거나, 다양한 문화들이 직접적인 접촉을 통해 상호작용을 거쳐 혼종적인 특성을 지닌 새로운 문화를 형성하고 있는 것이다.

대개 인종적 혼혈과 문화접변 현상이 발생하는 지역이나 국가에서는 인종 및 문화 간의 경계가 희석되면서 정체성 혼란으로 인해 다양한 형태의 정체성 논의가 진행되게 마련이다. 기존의 라틴아메리카 연구는 이 정체성 논의와 관련하여 대부분 상대적으로 인구구성비율이 높은 원주민이나 메스티소 연구에 집중되어 있었다. 하지만 주지하다시피 라틴아메리카는 복잡다단한 문화인류학적 다양성에 기초한 지역이다. 특히 앞서 언급했다시피, 브라질·카리브 지역과 같이 여타 라틴아메리카 지역에 비해 흑인과 물라토의 인구구성비율이 상당히 높은 비중을 차지하고 있는 지역에서 흑인·물라토문화는 그 특유의 혼종적 특성 탓에 미국과 남아공과 같은 수준의 '사회적 배제' 혹은 '차별'을 경험하기보다는 오히려 '자국 문화 형성의 중요한 행위자'로 존재해왔다.

<표 7-1>에서 볼 수 있듯, 라틴아메리카의 흑인·물라토 인구는 전체 인구 5억 7,000만 명 중에서 1억 3,000만 명 정도[2]로 약 22.7%를 차지한

---

2) 카리브에서 미국, 영국, 네덜란드령에 속하는 푸에르토리코, 버진아일랜드, 버뮤다 제도, 케이맨 제도, 버지니아 제도, 터크스 케이커스 제도, 앤틸리스 제도는 논외로 한다.

〈표 7-1〉 아메리카 대륙의 아프리카계 후손 분포 양상

(단위: %)

대륙/국가	전체 인구	아프리카계 후손2)	인구*
카리브1)	39,148,115	73.2	28,671,508
아이티	8,924,553	97.5	8.701.439
도미니카 공화국	9,507,133	80	-
쿠바	11,423,925	35.0	3,998,374
자메이카	2,804,332	97.4	2,731,419
트리니다드토바고	1,047,366	58.0	607,472
푸에르토리코	3,958,128	8.0	316,650
바하마	307,451	85.0	261,333
바베이도스	281,968	90.0	253,771
네덜란드령 앤틸리스 제도	225,369	85.0	191,564
세인트루시아	172,884	82.5	142,629
세인트 빈센트 그레나딘	118,432	85.0	100,667
미국령 버진아일랜드	108,210	79.7	86,243
그레나다	90,343	95.0	81,309
안티구아바부다	78,000	94.9	63,000
영국령 버뮤다 제도	66,536	61.2	40,720
세인트키츠 네비스	39,619	98.0	38,827
영국령 케이맨 제도	47,862	60.0	28,717
영국령 버지니아 제도	24,004	83.0	19,923
영국령 터크스 케이커스 제도*	26,000	34.0	18,000
남아메리카/중앙아메리카	425,664,476	23.9	101,532,873
벨리즈	301,270	31.0	93,394
과테말라	13,002,206	2.0	260,044
엘살바도르	7,066,403	0	0
온두라스	7,639,327	2.0	152,787
니카라과	5,785,846	9.0	520,726
코스타리카	4,195,914	3.0	125,877
파나마	3,292,693	14.0	460,977
콜롬비아	45,013,674	21.0	9,452,872
베네수엘라	26,414,815	10.0	2,641,481
가이아나	770,794	36.0	277,486
수리남	475,996	47.0	223,718
프랑스령 기아나	199,509	66.0	131,676
브라질**	190,908,598	6.9	13,252,000
에콰도르	13,927,650	3.0	417,830

페루	29,180,899	3.0	875,427
볼리비아	9,247,816	1.1	108,000
우루과이	3,477,778	4.0	139,111
파라과이	6,831,306	0	0
칠레	16,454,143	0	0
아르헨티나	40,677,348	0	0
북아메리카	440,244,038	11.8	39,264,514
미국*	298,444,215	12.9	38,499,304
캐나다***	33,098,932	2.7	783,795
멕시코	108,700,891	1.0	103,000
사하라 이남 아프리카 인구	770,300,000	99%	767,000,000
그 외 전 세계 인구	5,821,000,000	2.9%	168,879,165
합계	6,581,000,000	14.2%	936,384,565

주 1) 카리브 지역 국가의 인구센서스는 연구기관마다 수치에 차이가 나타난다. 특히 흑인 인구 규모 면에서 2, 3위를 차지하는 도미니카 공화국과 쿠바의 경우, 전체 인구 대비 흑인 인구 비율은 국내외 연구기관별로 각각 11%~91.5%, 10%~62%까지 편차가 크다.

2) 2001년 남아프리카공화국 더반에서 열린 '제3회 반인종주의 및 차별철폐를 위한 세계대회'에서는 '아프리카계 후손(afro-descendente)'이라는 용어를 사용함에 있어 히스패닉 아메리카 국가들과 브라질에서 그 개념상의 차이가 나타남을 지적한 바 있다. 말하자면, 히스패닉 아메리카 국가들의 경우 '아프리카계 후손'이라는 용어는 인종 구분상의 흑인을 지칭하는 표현으로 식민주의에서 비롯된 '흑인(negro)'의 대체 용어로 사용되고 있는 반면, 브라질의 경우 아프리카계 후손 중 백인의 수가 상당수 를 차지하고 있기 때문에 이를 피부색에 따른 인종 구분상의 용어로 사용하는 데 무리가 있다는 것이다. 가령 최근 실시된 한 유전자 조사에 따르면, 백인과 흑인 모두 를 포함한 브라질 전체 인구의 45%가 사하라 사막 이남의 아프리카인의 유전자를 약 90% 정도 보유하고 있으며, 브라질 전체 인구의 약 86%는 사하라 사막 이남의 아프리카인의 유전자를 10% 혹은 그 이상 보유하고 있다고 한다(http://pt.wikipedia. org/wiki/Afro-brasileiros/검색: 2011년 5월 5일). 이에 따라, 브라질의 경우 'negro'라 는 용어는 히스패닉 아메리카 지역에서와는 달리 단순히 인종 구분상의 어휘로서뿐 만 아니라 흑인적인 사고체계를 아우르는 사회적 범주로도 분류된다. 아울러 이 표 에 명시된 브라질의 아프리카계 후손은 혼혈을 제외한 순수 흑인의 수만을 집계한 것임을 밝혀두는 바이다.

자료: http://pt.wikipedia.org/wiki/Di%C3%A1spora_africana(검색: 2011년 5월 2일).
  * CIA - The World Factbook.
  ** 브라질지리통계청(IBGE). 2009 센서스.
  *** Visible minority population, by province and territory(2001 Census).

〈표 7-2〉 전 세계 아프리카 디아스포라 분포 현황*

국가명	인구수	순위
브라질	85,783,143	1
미국	38,499,304	2
콜롬비아	9,452,872	3
아이티	8,701,439	4
도미니카 공화국	7,985,991	5
이탈리아	3,220,000	6
프랑스	3,000,000	7
자메이카	2,731,419	8
베네수엘라	2,641,481	9
영국	2,080,000	10
쿠바	1,126,894	11
페루	875,427	12
캐나다	783,795	13
에콰도르	680,000	14
트리니다드토바고	610,000	15
니카라과	520,786	16

주: * 이 표의 아프리카 디아스포라 인구수는 <표 7-1>과 달리, 물라토 인구수를 포함
한 흑인공동체 인구수의 추정치를 나타낸다.
자료: Wikipedia(http://pt.wikipedia.org/wiki/Di%C3%A1spora_africana 검색: 2011년 5
월 2일).

다. 이는 이 지역 원주민인 인디오의 수보다 약 세 배가 많은 수치이다.
이 중 카리브 지역의 경우, 미국, 영국, 네덜란드령을 제외한 독립국가의
흑인·물라토 인구의 수는 약 2,200만 명으로 전체 인구의 63.5%를 차지
한다. 오늘날 전 세계 흑인 디아스포라 현황을 살펴봤을 때도 2위를
차지하는 미국의 경우 전체의 22.8%에 불과하지만, 전 세계에서 나이지
리아 다음으로 흑인 인구수가 많은 나라이기도 한 브라질의 경우에는
그 수가 50.8%에 이를 정도로 압도적인 우위를 나타낸다(<표 7-1>, <표
7-2> 참조). 브라질·카리브 지역을 함께 고려할 경우, 양 지역의 흑인

디아스포라 인구는 약 1억 788만 명으로 63.9%에 달할 정도로 더욱 큰 비중을 차지하게 된다. 그리고 이는 아프리카를 포함한 전 세계 흑인 인구 9억 3,600만 명의 11.5%에 해당하는 수치이기도 하다(<표 7-1> 참조).

이렇듯 이 지역에서 원주민이나 메스티소는 인적구성이나 문화통합 과정에서 극히 지엽적인 위치를 차지한 반면, 흑인·물라토의 경우에는 그 인구 비율을 통해 알 수 있듯 상당한 비중과 영향력을 차지하고 있음을 쉽게 짐작할 수 있다. 실제로 아프리카로부터 이식된 문화라 할 수 있는 브라질·카리브 지역의 흑인·물라토문화는 자생적으로 형성되어 독자적인 문화 형태를 이루며 발전해왔으며, 동시에 각자 기존 문화체계 속에서 수용과 저항의 과정을 거쳐 변용·통합되어 기존의 브라질·카리브 지역의 문화와는 또 다른 새로운 문화형태를 창출시켰다는 공통점을 지니고 있다.

지우베르투 프레이리(Freyre, 2006: 367)는 모든 브라질인들의 정신세계와 잠재의식 속에는 아프리카 유산이 직접적으로 영향을 미치고 있거나 혹은 오랜 세월의 파편 속에 아로새겨진 아련한 집단적 기억의 형태로 존재한다고 피력한 바 있으며, 쿠바의 페르난도 오르티스(Fernando Ortiz)는 "흑인이 없는 쿠바는 쿠바가 아니다"(Lewis, 2004: 192 재인용)라고 단언한다. 워너 솔러스(Werner Sollors)의 주장 역시 브라질·카리브 지역의 정체성을 논함에 있어 흑인·물라토문화의 형성 과정이 비중 있게 다루어져야 한다는 논지를 설득력 있게 뒷받침하는 또 하나의 예라고 할 수 있다. 솔러스는 아메리카의 정체성이 생득(生得)된 것이 아니라 윌슨의 민족자결주의와 그에 따른 독립을 통해 성취된 민족 구성원들의 합의의 산물이며 그 합의의 근저에는 노예제도에서 비롯된 공통의 문화적 틀이 자리 잡고 있다고 지적한다.

미국은 …… 혈통에 대한 정의를 훼손시키면서까지 합의에 큰 중점을 둬온 나라이다. 세습되는 특권에 저항하는 널리 공유되고 있는 대중적 성향은 …… 생득(生得)적 정체성이라기보다 오히려 성취된 것이라 할 수 있으며, 조상 및 부모 세대로부터 물려받은 외재적 정의의 산물인 '민족자결권'과 '독립'에 의해 지탱되어왔다. 비록 구(舊)세계 국가들의 노예제도 폐지보다 수년이나 뒤지긴 했지만, 노예제도에 있어서도 바로 이와 동일한 문화적 관점이 근저를 이루었던 것이며 요구되었던 것이다(Sollors, 1986: 18).

그의 논지에 따르면, 결국 아프리카인들의 디아스포라를 통해 형성된 신대륙 국가들의 문화는 노예제도라는 맥락 속에서 토대 문화와 이식된 문화와의 상호작용을 통해 탄생된 지속적이고 변화하는 역사 발전의 결과물로 정의될 수 있다. 다시 말해, 흑인·물라토문화에 바탕을 둔 브라질·카리브 지역의 혼종적 정체성은 아프리카 노예무역과 흑인 디아스포라를 통해 공유하게 된 흑인성(Négritude)3)을 비롯해 식민지배, 지역분쟁, 노동력으로서의 유럽·아시아계 민족의 자발적인 이주, 세계대전 등으로 이어지는 디아스포라의 역사와 맞물린 그야말로 디아스포

---

3) 일반적으로 1930년대에 파리에서 시작된 하나의 문화적·정치적 운동에서 파생된 용어인 '네그리튀드' 혹은 '흑인성'은 비평가들에 따라 조금씩 그 의미가 달리 정의된다. 이 용어를 처음 사용한 에메 세제르(Aimé Césaire)는 '흑인 민중의 모든 가치들'이라고 정의하며, 레오폴 세다르 상고르(Leopold Sedar Senghor)의 경우에는 '아프리카 흑인문명의 문화적 유산가치관, 특히 정신'을, 프란츠 파농 (Frantz Fanon)의 경우에는 '흑인으로서 지니게 된 사회적이고 신체적인 기억과 그 효과의 총체'를 뜻한다고 말한다[네그리튀드와 관련한 좀 더 자세한 논의는 심재중(2004)을 참고할 것].

라의 정체성이라 할 수 있다. 실제로 이 지역에서의 디아스포라는 근대의 기억과 상흔을 반영하는 거울에 그치는 것이 아니라 확대·재편을 통해 지금도 끊임없이 그 모습을 바꾸며 진행 중인 현재적이고 역동적인 과정이다. 따라서 이 지역의 문화적 정체성은 혼종성 그 자체보다는 지역별 특유의 역사적·사회적 특성에 따라 새롭게 재구성된 혼종화 과정 속에서 파악하는 것이 더 합당하다. 이 같은 명제하에 이 글에서는 흑인성과 디아스포라문화가 브라질·카리브 지역의 혼종문화 형성에 연속성과 광범위한 보편성을 지니고 있으며 이와 함께 문화적 연대성을 구체화할 수 있는 가능성이 있다고 보고 그 역사적 배경 및 구현 양상을 파악해보고자 한다.

1) 브라질의 아프리칸 이주 역사와 혼종사회의 형성

식민 사업의 추진과 함께 1530년경부터 사탕수수 경작이 브라질 경제의 중추적 역할을 하게 되면서 1538년 포르투갈인들은 부족한 노동력을 충당하기 위해 아프리카로부터 흑인 노예를 수입하기 시작했다. 이에 따라 1850년 영국의 정치적·군사적 압력에 의해 발표된 「에우제비우지 케이로스 법(Lei Eusébio de Queirós)」에 의해 노예무역이 금지되던 시기까지 신대륙으로 건너온 전체 아프리카 흑인 850만 명 중 약 38~45%에 해당하는 250만~390만 명 정도의 수가 브라질로 유입된다(Ade Ajayi, 2010: 888~890).

1808년 나폴레옹의 대륙봉쇄령을 피해 영국함대의 도움을 받아 포르투갈 왕실이 브라질로 천도해 온 시기부터 식민지 노동력에 대한 수요가 급증하면서, 아프리카 흑인의 브라질 유입은 1850년 노예무역 폐지 직전인 19세기 전반기에 정점을 이뤘다(<표 7-3> 참조). 하지만 17세기

〈표 7-3〉 아프리카 노예의 브라질 유입 변화 추이

기간	1531~1700	1701~1750	1751~1800	1801~1850	1851~1855
인원수	610,000	790,200	889,900	1,613,200	6,100

* 자료: IBGE, Brasil: 500 anos de povoamento(Rio de Janeiro, 2000).

중엽 전체 인구 대비 약 60%를 차지했던 흑인 인구는 1864년경 브라질
전체 인구 968만 6,000명의 17.71% 정도로 오히려 그 비중이 낮아졌
다.[4] 한편 17세기 말 브라질 남동부 미나스제라이스 지역에서 금이
발견되면서 사탕수수 경작의 쇠퇴와 함께 브라질의 정치·경제·사회·문
화의 중심지가 북동부에서 남동부로 이동하게 된다. 이에 따라 1763년
포르투갈 왕실이 식민지의 수도를 북동부 바이아 지방의 사우바도르에
서 남동부 히우데자네이루로 옮기게 되면서, <표 7-4>에서 볼 수 있는
바와 같이 흑인 노예의 유입 역시 바이아 이남의 남동부 지역으로 집중
되어갔다. 이후 1850년대부터 커피 경작이 시작되면서 브라질 북동부
지역의 흑인 인구는 급속히 감소한 반면 남동부 지역의 흑인 인구 집중
추세는 지속되어갔다.

포르투갈 왕실은 아프리카 노예들의 집단행동을 미연에 방지하고
이들을 효과적으로 통제하기 위한 목적에서 한 지역에 같은 지역 출신
의 동일 민족이 지나치게 집중되는 것을 금지하는 정책을 폈다. 하지만

---

4) 1660년 브라질의 전체 인구는 18만 4,000명으로, 그 중 흑인 노예의 수는 59.78%에
해당하는 11만 명 정도였을 것으로 추정되고 있다. 그러나 1941년 지오르지우
모르타라(Giorgio Mortara)의 연구 「브라질 인구 변동 통계자료 재정비를 위한
인구센서스 이용에 관하여(Sobre a utilização do Censo Demográfico para a
Reconstrução das Estatísticas do Movimento da População do Brasil)」에 따르면,
1864년 흑인 인구의 수는 171만 5,000명으로 전체 인구 968만 6,000명의 약
17.71%를 차지하는 것으로 나타난다(IBGE, 2000).

〈표 7-4〉 아프리카 노예의 브라질 지역별 유입 변화 추이

기간	유입 지역			
	소계	바이아 이남	바이아	바이아 이북
합계	2,113,900	1,314,900	409,000	390,000
1781~1785	63,100	34,800	-	28,300
1786~1790	97,800	44,800	20,300	32,700
1791~1795	125,000	47,600	34,300	43,100
1796~1800	108,700	45,100	36,200	27,400
1801~1805	117,900	50,100	36,300	31,500
1806~1810	123,500	58,300	39,100	26,100
1811~1815	139,400	78,700	36,400	24,300
1816~1820	188,300	95,700	34,300	58,300
1821~1825	181,200	120,100	23,700	37,400
1826~1830	250,200	176,100	47,900	26,200
1831~1835	93,700	57,800	16,700	19,200
1836~1840	240,600	202,800	15,800	22,000
1841~1845	120,900	90,800	21,100	9,000
1846~1850	257,500	208,900	45,000	3,600
1851~1855	6,100	3,300	1,900	900

자료: IBGE(2000).

송출 지역의 특성과 수요시장과의 지리적 인접성 등 여러 제반 여건에
따라 흑인 노예들은 출신 지역별로 크게 두 부류로 나뉘어 유입되었다.
오늘날 아프리카 서부 기니 만(灣)에 면한 나라인 세네갈, 감비아, 가나
출신의 이슬람계 흑인들과 베냉, 나이지리아 출신으로 흔히 요루바
(Yoruba)족이라고도 칭하는 수단인들은 브라질 북동부 지역의 사우바도
르로 주로 유입된 반면, 아프리카 중서부의 앙골라 출신 흑인과 동부의
모잠비크, 탄자니아 출신 흑인들은 브라질 남동부 지역의 히우데자네이
루로 집중되는 양상을 나타낸다. 특히 이들 중 목축 혹은 금속기술을
보유하고 있던 이슬람계 흑인들과 이미 금광 채굴 노동자로 일해본

경험이 있던 황금해안 출신의 수단인들은 주로 사우바도르를 거쳐 미나스제라이스 지방으로 팔려갔고, 체격이 좋고 의사소통이 수월했던 앙골라와 모잠비크의 반투족은 주로 플랜테이션 경작이나 가사노동에 동원되었다(Freyre, 2006: 381~393).

이처럼 브라질 식민사회 및 경제 구조의 형성 과정과 맥을 같이 한 노예제도는 19세기 초부터 폐지 논란에 휩싸이게 된다. 당시 노예무역의 폐지는 영국과 포르투갈 간의 가장 중요한 외교적 사안이었다. 1807년 자국 영토 내에서 노예무역을 금지시킨 영국은 포르투갈과 체결하는 모든 국제조약에 노예무역 금지 조항을 삽입하여 포르투갈뿐만 아니라 브라질에서도 노예무역을 즉각적으로 금지할 것을 강요하기에 이른다. 하지만 포르투갈 왕실은 브라질 커피 대농장주들의 반발을 고려하여 점진적으로 노예무역 규모를 줄여나가는 방법을 선택했다. 1810년 영국과 포르투갈 왕실은 노예무역을 포르투갈령 아프리카 지역으로 제한시켰으며, 1815년에는 적도 이북의 노예무역을 금지시켰다. 브라질은 독립 이후 1827년 영국과 포르투갈이 맺은 조약을 수정하여 조약 비준이 이루어진 3년 이내에 노예무역을 폐지할 것에 서명했다. 그러나 이에 그치지 않고 영국은 1839년 「파머스틴 법(Palmerston Bill)」으로 노예무역을 하거나 유사한 행위를 하는 포르투갈 배를 몰수할 것을 선포했다. 또한 1845년 「애버딘 법(Aberdeen Bill)」으로 그 대상을 브라질로 향하는 모든 배로 확대했다.[5] 이 같은 영국의 지속적인 압력으로 1850

---

5) 1840~1848년 사이 영국 함대는 수천 명의 노예를 실은 625척의 노예무역선을 몰수했다. 이들 중 대다수가 카리브 지역의 영국 식민지로 이송되어 임금노동자로 종사했지만, 노예살이와 별반 다르지 않은 삶을 살았다. 또한 1849~1851년 사이에는 브라질 영해에서 약 90척에 달하는 노예무역선을 몰수 혹은 전소시킴으로써 영국과 브라질 간의 크고 작은 외교 마찰이 야기되었다(http://pt.wikipedia.org/

〈표 7-5〉 1872~1991년 사이 피부색에 따른 브라질 인구의 변화 추이

	백인 (Brancos)	흑인 (Pretos)	혼혈인 (Pardos)	황인 (Amarelos)	기타	합계
1872	3,787,289	1,954,452	4,188,737	-	-	9,930,478
1890	6,302,198	2,097,426	5,934,291	-	-	14,333,915
1940	26,171,778	6,035,869	8,744,365	242,320	41,983	41,236,315
1950	32,027,661	5,692,657	13,786,742	329,082	108,255	51,944,397
1960	42,838,639	6,116,848	20,706,431	482,848	46,604	70,191,370
1980	64,540,467	7,046,906	46,233,531	672,251	517,897	119,011,052
1991	75,704,927	7,335,136	62,316,064	630,656	534,878	146,521,661

자료: IBGE(2000).

년 브라질은 「에우제비우 지 케이로스 법」을 공표하여 노예무역을 완전히 금지시키기에 이른다(김영철, 2003: 90).[6]

그러나 노예무역이 금지된 이후에도 흑인 노예의 유입은 1888년 「황금법(Lei Áurea)」이 공표될 때까지 불법적인 형태로 지속되었다. 그럼에도, 19세기 말까지 아프리카 흑인 유입 인구는 점차 줄어 1890년 당시 전체 흑인 인구의 수는 약 209만 7,000명에 불과했다. 이는 브라질 전체 인구 규모에서는 여전히 3위를 차지하는 수치였지만, 이때부터 흑인보다 혼혈인 물라토의 수가 훨씬 빠른 속도로 급증하게 되었으며 이들은

---

wiki/Bill_Aberdeen 검색: 2011년 6월 12일).

6) 세르지우 부아르키 지 올란다(Holanda, 2008: 76~77)는 1850년 「에우제비우 지 케이로스 법」의 공표와 관련하여 그 경제적 효과에 좀 더 방점을 두고 있다. 노예무역의 금지는 마땅한 투자처를 찾지 못한 막대한 잉여자본의 축적을 촉진시킴으로써 주앙 6세(D. João VI)의 포르투갈 귀환과 함께 1829년 문을 닫았던 브라질은행(Banco do Brasil)이 1851년 재설립되는 결정적인 동인이 되었으며 이후 브라질에서 전통 농업경제의 붕괴와 더불어 자본시장을 탄생시키는 배경이 되었다고 주장한다.

인종적으로 '파르두(pardo)'로 분류되었다. 이와 함께, 본격적인 식민 사업이 시작되면서 점차 늘어나기 시작한 백인의 수는 커피 경작의 활성화로 브라질 정부가 1890년대 대규모 유럽계 이민을 받아들임으로써 그 수가 급증하게 된다. 노예제도가 폐지되면서 부족한 노동력을 채우려는 목적에서 이루어진 유럽계 이민자의 유입은 1940년대 이후 제2차 세계대전의 여파로 다시 한 번 크게 증가되었다. 이 밖에도 1908년 공식적으로 일본계 이민이 시작되면서 백인, 원주민, 흑인, 혼혈인 그리고 아시아계 이민자 등으로 구성된 브라질 인종의 혼종적 특징이 본격적으로 형성되기에 이른다(<표 7-5> 참조).

지우베르투 프레이리(Freyre, 2006: 45)는 이 같은 브라질 사회의 혼종적 특징을 사탕수수 농장을 배경으로 설명하며, "오늘날에 이르기까지 브라질적인 특성과 브라질의 사회적 연속성을 가장 잘 표출해냈던 공간이다"라고 평한 바 있다. 앞서 언급했던 바와 같이, 흑인 디아스포라의 유입과 함께 본격적으로 활성화되기 시작한 사탕수수 농장은 유럽과 아프리카문화가 만나 서로 혼합되는 문화교류의 근원지였을 뿐 아니라 인종혼합의 태생지로 브라질 문화와 사회 형성의 근간을 이루는 공간이었다. 말하자면 프레이리가 말하는 '브라질적인 특성' 혹은 '브라질의 사회적 연속성'의 기원이란 '혼종성'을 뜻하며, 사탕수수 농장은 브라질의 문화적 정체성의 태생적 공간이라 할 수 있는 것이다.

이와 같은 형성배경을 가지고 있는 브라질 문화의 혼종성은 19세기 중엽부터 1930년 혁명 시기까지 사회적으로 다양성과 혼혈성이 증가하고 또한 인정되기 시작하면서 본격적으로 국가 정체성 형성에 관여하게 되었다. 이후 1930년대 제툴리우 바르가스 정권 출범 후, 근대화와 자본주의적 관계가 확산되기 시작하면서 민족주의에 기초한 민족문화가 출현하게 되었고 다양한 디아스포라 문화의 유입과 함께 브라질의 혼종적 특징이 고착화되었다고 볼 수 있다.

2) 카리브 지역의 아프리칸 이주 역사와 혼종사회의 형성

16세기 급격한 원주민의 감소로 노동력 부족에 직면한 정복자들은 사탕수수 농장 및 식민경제를 지탱할 노동력을 아프리카에서 송출된 노예들로 대체했다. 노예무역을 통해 유입된 흑인들은 주로 오늘날의 서아프리카 지역의 세네갈, 감비아, 가나, 베냉, 1967년 나이지리아에서 분리 독립한 비아프라 출신과 중서부 아프리카 출신이었다. 1600년대 이전 신대륙으로 유입된 흑인 노예의 대략 60%에 해당하는 12만 5,000명이 라틴아메리카 지역으로 건너왔으며, 17세기에는 150만 명 정도가 아메리카 대륙으로 송출되어 이 중 41%는 브라질로, 35%는 앤틸리스 제도로 그리고 나머지 22%는 히스패닉 아메리카 지역으로 유입되었다. 17세기부터 노예무역이 본격적으로 시작되면서 흑인 노예의 연평균 유입 수는 16세기 1,800명에서 17세기 1만 7,000명으로 급격히 증가되었다(Ade Ajayi, 2010: 891).

사탕수수 경작은 카리브 지역의 주요 교역물품이었을 뿐만 아니라 이 지역의 농업생산구조 및 인종구성을 크게 변화시키는 계기가 된다. 17세기 당시 대다수의 카리브 지역에서는 이미 아프리카계 흑인의 수가 압도적인 우위를 차지하고 있었다. 반면 푸에르토리코와 쿠바와 같은 스페인 식민지의 경우 사탕수수 경작에 비교적 뒤늦게 뛰어들면서 아프리카인의 수가 인구의 대다수를 차지할 정도로 높은 비율에 이르지는 않았다. 사탕수수 재배가 활성화되고 시간이 지남에 따라 스페인의 라틴아메리카 식민지화를 위한 전초기지로 변모된 카리브 지역은 라틴아메리카와 유럽을 연결하는 항로를 확보하려는 스페인, 영국, 미국, 네덜란드, 프랑스 등 강대국들의 경쟁의 장으로 바뀌었다. 결국 1655년 자메이카가 영국의 식민지로 전락한 데 이어, 프랑스는 1679년 오늘날의 아이티에 해당하는 히스파니올라 섬 서부지역을 장악하기에 이른다. 이후 1630년부터 1654년 사이 브라질 북동부지역을 점령했던 네덜란드 역시 베네수엘라 앞바다에 위치한 다수의 섬들을 식민지로 복속시킴으로써, 카리브 지역은 영국, 스페인, 프랑스, 네덜란드 등의 강대국들이 각각 나누어 식민지로 지배하게 되었다. 이후 유럽의 설탕수요가 지속적으로 증가함에 따라, 사탕수수 경작을 근간으로 강대국들의 경제, 정치 및 사회 시스템이 전면적으로 이식되는 형태로 식민화가 진행된다.

신대륙에서의 식민화 사업이 절정에 다다름에 따라, 18세기에 이르러 아메리카 대륙의 노예무역 역시 정점을 이루게 된다. 실제로 역사상 신대륙으로 이주해 온 아프리카인 중 절반 이상이 1700년에서 1810년 사이에 집중되었다. 18세기 동안 유입된 아프리카 흑인 인구 중에서 브라질은 180만 명 이상으로 31.3%를 차지했으며, 영국령 앤틸리스제도는 140만 명으로 23.2%를 차지했다. 이 중 60만 명 이상이 주요 설탕 생산지였던 자메이카로 유입되었다. 한편 프랑스령 앤틸리스제도는 130만 명으로 22.3%를 차지했으며, 이 중 약 80만 명이 아이티 서부의 현 도미니카 공화국 수도 산토도밍고로 유입되었다. 히스패닉 아메리카는 10%에 해당하는 60만 명의 노예들을 수입했으며, 이들은 주로 쿠바와 푸에르토리코, 남미 북부의 식민지 및 리오데 라플라타를 거쳐 페루 내륙지방으로 유입되었다. 그 밖의 네덜란드령 앤틸리스제도는 전체 아프리카 노예 중 8.0%에 해당하는 45만 명을 수입했으며, 미국은 5.8%에 해당하는 35만 명의 흑인을 수입했다(<표 7-6> 참조).

이후 19세기 들어 1886년 쿠바를 끝으로 카리브 지역의 노예제도가 폐지되고, 계약노동의 형태로 인도와 중국 출신의 아시아 이주민들뿐만

〈표 7-6〉 1700~1810년 사이 아메리카 대륙으로의 노예 유입 수

지역	비율(%)	인구수
브라질	31.3	1,800,000
영국령 앤틸리스제도	23.2	1,400,000
프랑스령 앤틸리스제도	22.3	1,300,000
히스패닉 아메리카	9.6	600,000
네덜란드령 앤틸리스제도	8.0	450,000
영국령 북아메리카/미국	5.8	350,000
합계		5,900,000

자료: Ade Ajayi(2010: 892).

아니라 레바논 출신의 아랍계 이주민들까지 유입되면서 카리브 지역의 인종과 문화, 그리고 종교적 다양성이 더욱 증가되는 계기가 되었다. 앞서 살펴보았다시피, 사회인구학적 측면에 있어서 19세기 말에서 20세기 초 사이의 브라질을 비롯한 카리브 지역은 근대의 타자이자 소수자로 불리는 '외부'의 디아스포라부터 국민국가의 내면화된 폭력에 항거하는 무토지 농민, 해방노예와 같은 자발적인 '내부'의 디아스포라까지 그야말로 이산(離散)으로 점철된 시기라 해도 과언이 아니다. 이와 더불어, 이미 식민 초기부터 문화 및 사회적 정체성을 확보해줄 수 있었던 원주민의 대부분이 사라진 상태였던 카리브 지역의 식민지들은 유럽으로부터 이식된 백인성과 아프리카로부터 이식된 흑인성 사이에서 단일 정체성이 아닌 다원성의 이중 자아 혹은 이산 자아라는 디아스포라적 정체성의 문제에 직면해 있었다. 바로 이와 같은 맥락에서 페르난도 오르티스(Ortiz, 2002: 137)는 자신의 저서 『담배와 설탕의 대위법(Contrapunteo cubano del tabaco y el azúcar)』(1940)에서 "담배와 설탕은 쿠바 역사에서 가장 중요한 인물들이다"라고 역설한다. 각각 토착성과 외재성을 상징하는 담배와 설탕의 이분법적 대비를 통해 쿠바의 현실에

대해 역사적·사회적·문화적으로 고찰하고 있는 오르티스는 토착민의 절멸 후 이식된 문화들 간의 상호작용을 거쳐 새롭게 탄생한 쿠바 문화를 통문화화(transculturación)된 현상으로 지칭한다.

오르티스의 주장처럼 카리브 각국의 다양한 디아스포라적 정체성들은 시간이 지남에 따라 토착문화와의 결합을 통해 독특한 혼종적 정체성을 탄생시킴으로써 국가정체성의 기반이 되었다. 그러나 식민지 경험의 산물인 정치, 경제 및 사회구조의 극복은 여전히 쉽게 성취하기 어려운 과제였다. 18세기 말 또는 19세기 초부터 독립운동이 시작되면서, 유럽 열강의 식민지였던 카리브 국가들은 독립을 통해 직접식민체제의 종식과 함께 식민유산이 극복될 수 있을 것으로 생각했다. 하지만 그럼에도, 그것이 곧 열강에 대한 종속의 극복, 더 나아가 식민주의로 인해 구조화된 사회적 모순의 극복으로 이어진 것은 아니었다. 이와 동시에 카리브 각국의 식민유산 극복을 위한 노력이 근본적으로 내부의 구성원들을 어떻게 운영할 것인지에 대한 문제보다 근대의 통합 이데올로기를 통한 진보적 개혁을 중시하는 입장으로 표출되면서, 직접식민체제의 붕괴 이후에도 이 지역 국가들은 식민 경험을 통해 구조화된 사회적 모순을 극복하는 데 어려움을 겪을 수밖에 없었다. 사실 이는 비단 카리브 지역의 문제만은 아니었다. 독립 이후 대부분의 히스패닉 아메리카 국가들은 도시지역의 유럽식 교육을 받은 엘리트 계층과 농촌지역의 가난한 문맹 노동자 계층으로 첨예하게 양분된 사회구조를 갖고 있었다. 이와 같은 대립 구조는 종족적 특성도 함께 지니고 있었다. 대다수의 국가에서 지배 엘리트 계층은 크리오요들이었고 인디오, 흑인, 메스티소 혹은 물라토는 서민계층에 속했다(Helg, 1992: 37). 실제로 카리브 지역 국가들의 문화적 다양성은 유럽, 아프리카, 토착 인디오문화 간의 상호교류와 창조적 상호작용을 거치면서 그 깊이와 외연을 더해 가며 진화해왔지만, 동시에 이는 사회에 실재하는 불평등, 빈곤 등을 은폐하는 정치적 혹은 이데올로기적 도구로 쓰여 각기 다른 집단의 종족적·계층적 특성을 고수하는 기본 틀로 작용하기도 했다(Nettleford, 1979: 4~5).

이처럼 카리브 지역은 유럽과 아메리카를 잇는 대서양의 관문이자 기나긴 수탈과 억압의 한 가운데서 부침을 거듭해온 근대 디아스포라 역사의 살아 있는 증인이라 할 수 있다. 이로 인해 이 지역 국가들은 다인종·다언어 사회로서 오늘날 세계에서 가장 다양성을 보이는 지역 가운데 하나가 되었다.[7] 또한 카리브 지역의 국가들은 15세기부터 시작되어 20세기 중반까지 이어진 식민의 경험을 통해 각국이 처한 특수한 상황에도 불구하고 비교적 유사한 정치, 경제, 사회 문제들을 공유하게 되었으며 특히 아프리카 전통이 강하게 남아 있는 문화적 동질성을 지니게 되었다. 이는 오늘날 이 지역의 문화적 정체성의 근간이 되고 있다.

3. 브라질-카리브 지역의 디아스포라적 정체성과 혼종성

아프리칸 디아스포라와 함께 유입된 흑인성은 브라질·카리브 지역의 혼종문화 형성에 근원적인 뿌리를 제공했다고 할 수 있다. 그러나 본디 정체성이라는 것이 특정 집단의 고정 불변적이고 정태적인 속성으로

---

7) 카리브 지역에서 쓰이는 언어는 스페인어(60%), 영어(16%), 프랑스어(22%), 네덜란드어(2%) 등이 있고, 이 밖에 네덜란드령 앤틸리스 제도에서 쓰이는 파피아멘토와 다양한 크레올 방언들이 존재하는데 특히 아이티에서 널리 쓰이는 크레올(kréyol)이 대표적이다(Blouet, 2008: 135).

규정될 수 없듯이, 브라질·카리브 지역의 흑인성은 각국의 역동적인 사회적 관계 속에서 강화되거나 혹은 약화되었을 뿐만 아니라 새로운 모습으로 탈바꿈하기도 하면서 부단한 변이를 지속해왔다. 가령 역사적 사건이나 정치적·경제적 구조의 변화 혹은 사회적 관계에 따라 브라질·카리브 지역 각국의 흑인성 체현의 정도에는 차이가 있다.

실제로 아프로아메리카라는 유사문화권으로 분류되고 있기는 하지만, 브라질의 경우 순수 흑인의 비율보다는 물라토의 비율이 매우 높아 순수 흑인의 비율이 60% 이상인 아이티나 카리브 해의 영연방국가들인 자메이카, 바베이도스, 트리니다드토바고와는 확연히 구별되는 인종구성과 흑인성을 지니고 있다고 할 수 있다. 따라서 그 인종적·문화적 특성을 살펴봤을 때, 다른 국가들에 비해 흑인이 경제적으로 중요한 역할을 차지할 뿐만 아니라 문화 발전에도 크게 영향력을 행사해왔으며, 순수 흑인보다 물라토의 비중이 인종구성에서 우위를 차지하고 있는 쿠바와 유사한 점이 매우 많다고 할 수 있다(최영수, 2010: 61). 이러한 점을 고려하여, 여기에서는 브라질·카리브 지역의 아프리칸 디아스포라 특성의 비교 분석을 통해 도출된 결과를 종합하고 이어 각국 사회 및 문화의 주요 형성 요인으로 백인과 흑인의 혼혈에 방점을 두었던 브라질의 지우베르투 프레이리와 쿠바의 페르난도 오르티스의 혼종담론을 중심으로 양 지역의 혼종성에 관한 학문적 궤적을 고찰해보고자 한다.

1) 브라질-카리브 지역의 아프리칸 디아스포라의 특성과 정체성의 발현

아메리카 대륙은 모두 비슷한 시기에 아프리카 흑인 노예들을 수입했다. 그러나 흑인노예들의 유입 과정을 살펴보면 브라질·카리브 지역과 그 밖의 다른 지역과는 '동질성'과 '연속성'이라는 면에서 차별화된다. 앞서 살펴본 바와 같이, 브라질·카리브 지역에 유입된 흑인들은 주로 수단족과 반투족으로 어느 정도 문화적인 동질성을 지니고 있었다. 게다가 신대륙에서의 정착 과정도 자신들의 아프리카문화와 연속성을 지닐 수 있는 중요한 조건으로 작용한다. 브라질·카리브 지역의 사탕수수 농장은 각각 '파젠다(fazenda)'와 '아시엔다(hacienda)' 형태의 대단위 농장이었기 때문에 이 지역에 도착한 노예들은 뿔뿔이 흩어져 여러 농장으로 팔려나가기보다는 같은 배를 타고 온 노예들이 거의 대부분 한 농장으로 집단적으로 팔려갔으며, 브라질의 경우 센잘라(senzala)라는 노예들의 집단 숙소에 함께 기거하면서 비슷한 지역 출신의 노예들이 한 곳에 집단적으로 모여 살게 되었다. 또한 도주 흑인 노예들의 자치공동체 '킬롬부(quilombo)', '팔렌케(palenque)'가 흑인문화의 거점지역 역할을 담당하기도 하면서 이 지역의 흑인들은 좀 더 용이하게 자신들의 문화를 유지·보존할 수 있었다.[8]

이와 더불어 비교적 많은 수의 흑인 노예들이 이 지역으로 지속적으로 유입되었다는 점도 흑인성이 보존될 수 있었던 간과할 수 없는 이유이다. 브라질은 1538년부터 1888년까지 꾸준히 아프리카 노예를 수입하여 그 수가 대략 400만 명에 달했으며, 1886년 쿠바가 마지막으로 노예제도를 폐지할 때까지 카리브 지역 역시 흑인 노예의 유입이 지속적으로 이어져 그 수가 약 500만 명에 달했다(<표 7-7> 참조). 이와 같이 특정 부족의 대거 유입이 지역별로 일정 기간 동안 지속적으로 이루어짐에 따라, 브라질·카리브 지역의 흑인성은 아프리카와의 문화적 연속

---

8) 브라질의 킬롬부에 대해서는 김영철(2009), 카리브 지역의 팔렌케와 관련해서는 차경미(2008)를 참고할 것.

〈표 7-7〉 19세기 브라질-카리브 지역으로의 노예 유입 수

지 역	노예 유입 수 (100만 명)	전체 노예무역 규모 대비 (%)	아프로아메리카 인구수 (100만 명)	각 지역별 전체 인구 대비 (%)
브라질	4.0	38.0	2.1(1890년 기준)	14.6
앤틸리스 제도	5.0	43.0	2.2(1886년 기준)	60.0

자료: Ade Ajayi(2010: 896).

성을 지님과 동시에 유럽문화와의 상호 접촉을 통해 변용·유지되면서 양 지역의 문화적 다양성과 통합성을 증가시키는 역할을 하게 되었다.

그러나 노예제도 폐지에 즈음하여 양 지역에서 이루어진 인구센서스 조사에 의하면, 브라질의 경우 흑인 인구의 수가 절반인 210만 명으로 감소했고 카리브 지역의 경우에는 전체 유입 인구의 절반에도 못 미치는 수준인 220만 명에 그치는 것을 확인할 수 있다(<표 7-7> 참조). 카리브 지역 각국의 개별적인 상황을 살펴보면, 이 같은 현상이 규모에 있어서 약간의 차이가 있을 뿐 이 지역 전체에 걸쳐 보편적으로 나타났음을 알 수 있다. 18세기 동안에만 60만 명 이상의 흑인 노예를 수입했던 자메이카는 1838년 노예제도 폐지 당시 그 수가 25만 명에도 채 미치지 못했고, 해방노예를 합한 전체 흑인 인구 역시 35만 명을 밑도는 수준이었다. 18세기 전체에 걸쳐 80만 명 이상의 흑인 노예를 수입했던 산토도밍고의 경우에도 노예제도 폐지 직전인 1790년 당시 흑인 노예의 수가 48만 명을 넘지 못했다. 1810년에서 1870년까지의 시기 동안, 쿠바는 약 60만 명의 아프리카 노예를 수입했는데, 1810년에는 비백인 자유민의 수가 대략 14만 명에 달했던 반면, 1880년에는 흑인 노예의 경우 그 수가 20만 명에 그쳤으며 비백인 자유민의 수는 26만 9,000명을 조금 웃도는 수준이었다(Ade Ajayi, 2010: 897).

이는 무엇보다도 당시 흑인의 성비 불균형으로 인해 자연적인 인구증

가가 불가능했다는 점에 기인한 바 크다. 브라질의 경우, 1837년에서 1840년 사이 유입된 흑인 노예 중 남성의 수는 73.7%를 차지한 반면 여성은 26.3%에 불과했다.[9] 노예상인들이 여성, 어린아이, 노인보다 비싼 가격에 거래되는 젊은 흑인 남성을 더 선호했기 때문이다. 이에 따라 신대륙에 평균적으로 흑인 남성 2명당 여성이 1명꼴로 유입되면서 성비 불균형이 불가피하게 초래될 수밖에 없었다. 다음으로는 부족한 영양섭취, 열악한 위생시설, 의료서비스의 미비 등으로 인해 전체 국민의 평균 사망률에 비해 흑인 노예의 사망률이 훨씬 높았다는 점을 들 수 있다. 특히 18세기 카리브 지역의 사탕수수 경작 붐이 일면서 노예에 대한 수요가 급증하자, 대서양을 오가는 노예무역선 안에서 수만 명의 노예들이 비좁은 선실에 갇혀 전염병으로 죽어가는 비인간적인 상황이 비일비재하게 발생했다. 실제로 총 594명의 흑인 노예를 싣고 아프리카 서부 해안을 출발해 1717년 부에노스아이레스에 도착한 노예무역선에서 살아남은 사람은 단 98명에 불과했던 사례도 있었다. 식민지 시대 전 시기에 걸쳐 아프리카로부터 유입된 전체 노예 수의 10~20%에 해당하는 100만~200만 명의 흑인들이 항해 중 사망한 것으로 나타나며, 이 중 절반에 달하는 수가 아프리카에서 노예사냥 중에 혹은 항해 중 가해진 폭력으로 인해 사망했을 것으로 추측되고 있다(Burkholder and Johnson, 1998: 128~129).

그러나 또 한 가지 반드시 주목해야 할 사실은 앞서 살펴본 바와 같이 19세기 중반부터 두드러지는 브라질·카리브 지역의 흑인 인구 감소 현상이 유럽이민정책으로 인한 혼혈 인구의 증가나 대규모 백인 인구의 증가와 맞물려 나타났다는 점이다. 즉, 브라질·카리브 지역의

---

9) http://pt.wikipedia.org/wiki/Afro-brasileiros(검색: 2011년 5월 4일).

유럽이민정책은 각국 사회의 흑인 인구 감소와 백인화(Whitening)를 목적으로 추진된 일련의 정책 중 하나였던 것이다.

흔히 브라질과 카리브 지역의 스페인어권 국가들의 인종적 혼종성은 인종민주주의가 수립될 수 있는 사회적 기반으로 손꼽히곤 한다. 인종민주주의는 라틴아메리카 국가 가운데 스페인과 포르투갈의 식민 지배를 받은 국가에서는 인종평등이 이뤄졌으며, 미국과 같은 인종차별과 편견이 존재하지 않는다는 이론이다. 이 같은 논지에 근거하여, 20세기에 등장한 혼혈 혹은 혼종담론들은 스페인과 포르투갈 제국의 문화 포용적 혹은 동화주의 식민정책 덕분에 현재와 같이 인종차별과 편견이 존재하지 않는 혼종국가를 이룰 수 있었다고 주장한다. 하지만 사실은 스페인과 포르투갈 모두 식민지 시대 내내 순수 혈통 유지에 집착했으며, 흑인에 대한 차별 및 편견이 명백히 존재했을 뿐만 아니라 혼혈을 장려하거나 혼혈아를 합법적으로 인정하지도 않았다(이승용, 2007: 186; 박병규, 2006: 96~97). 오히려 많은 경우, 혼혈인은 미풍양속의 와해와 사회악의 주범으로 간주되곤 했다.

『약제와 광물로 얻은 브라질 문화와 풍요(Cultura e Opulência do Brasil por suas Drogas e Minas)』에서 예수회 선교사 안드레 주앙 안토닐(André João Antonil)은 18세기 초 브라질 사회의 흑인의 지위에 대해 이야기하며, "브라질은 흑인에게는 지옥, 백인에게는 연옥, 물라토와 물라타에게는 천국이다"라고 적고 있다. 대개 이 말은 있는 그대로 받아들여져 흔히 '혼혈인의 천국'으로 지칭되는, 다양한 문화와 인종이 어우러진 조화로운 모습의 브라질 사회를 잘 드러내주는 표현으로 자주 인용되곤 한다. 그러나 사실 이 말은 그와는 정반대의 뜻을 내포하고 있다. 말하자면 국가통합을 위한 '브라질인으로서의 정체성'을 강조하면서 내부에 존재하는 인종적·계층적 차이는 은폐하려는 브라질 지배계층의 속뜻을 그 행간에 교묘히 숨기고 있는 것이다. 실제로 이 말이 겉으로 풍기는 이미지와는 다르게, 물라타(mulatta)에 대한 안토닐의 시선은 결코 곱지만은 않다. 그는 이 저서에서 물라타가 자신의 관능미를 사회적 신분상승이나 노예 신분의 가혹한 현실에서 벗어나기 위한 수단으로 이용하고 있다고 말하며, 그들은 은밀한 혹은 공공연한 매춘을 통해 경제적으로도 흑인에 비해 비교적 풍족한 생활을 누리고 있다고 밝히고 있다(임소라, 2007: 73~74).

19세기 말부터 추진된 브라질·카리브 지역의 대대적인 유럽이민정책 역시 이와 같은 맥락에서 인종민주주의에서 비롯된 정책이라기보다는 백인화라는 인종차별적인 담론과 정책을 추구했다고 보는 것이 타당하다. 실제로 당시 유럽이민정책의 목적은 단순히 토지개간이나 노동력 확보, 국가의 경제적 발전에만 있지는 않았던 것이다. 19세기 유럽의 우생학적 논리에 빠져 있던 당시의 브라질·카리브 지역의 지배층은 다인종 혼종문화를 이루고 있는 자국 사회가 사회진화론적 관점에 볼 때 열성사회로 진화론에 의거하여 종국에는 도태될 것이라는 불안감에 시달리고 있었다. 말하자면 각 인종의 중요성의 정도를 서열화시킨 인종적 이데올로기에 따라 자국의 인종을 크게 합리성과 권력을 지닌 백인, 백인화 되는 중간자적 위치의 혼혈인, 인종적·사회적 열등성을 지닌 흑인 혹은 인디오로 구분한 것이다. 이는 곧 흑인과 인디오는 인종적 진화의 초기 단계에 위치함을 의미하는 반면, 혼혈인은 혼혈을 통해 백인으로 진화가 진행되는 상태에 있음을 뜻했다. 다시 말해, 흑인과 인디오는 아직 진화가 덜 된 '미개인' 혹은 '야만인'으로, 이들의 존재는 브라질을 비롯한 카리브 지역 국가가 서구 유럽 국가들에 비해 낙후된 원인이라 평가되면서 혼혈을 통해 소멸되어야 하는 존재로 인식되었던 것이다. 이는 어느 특정 엘리트 집단만의 생각에서 비롯되었던

것이 아니라 이 시기 거의 대부분의 라틴아메리카 지역의 엘리트 집단이 지니고 있던 시각이었다.[10)

실제로 히우데자네이루 국립박물관 부관장이자 의사였던 주앙 바치스타 지 라세르다(João Batista de Lacerda)는 1911년 런던에서 열린 제1회 세계인종회의에서 다음과 같이 역설한 바 있다.

격세유전(隔世遺傳)의 영향으로 인해 흑인의 몇몇 유전적 특성이 아직 남아 있는 사례가 발견되기도 했지만, 3세대가 지난 후 혼혈인의 자손들에게선 백인의 모든 신체적 형질이 나타남이 목도되었다.

격세유전 현상은 지속적인 백인화를 통해 완벽히 극복되어 흑인의 모든 형질을 지닌 혼혈인 자손들의 순혈화(純血化)를 이루게 될 것이다. 이 같은 인종 감소로, 다음 세기에는 브라질에서 혼혈인이 사라질 것은 자명하며 그와 동시에 흑인도 브라질 국민들 사이에서 멸종될 것이다. ……

이로써 브라질의 혼혈 인구는 한 세기 안에 현재와는 확연히 다른 양상을 띠게 될 것이다. 나날이 늘어가는 유럽인의 대량이주로 브라질 인구에서 백인의 수가 급증하게 될 것이며, 이를 통해 어느 시점에 다다르면 아직 남아 있는 흑인의 유전적 형질은 모두 소멸될 것이다.

그때가 되면 브라질은 전 세계 주요 문명 중심국 중 하나가 될 것이며 아메리카 대륙의 풍요로운 자원을 바탕으로 거대한 시장이 될 것이다.[11)

비슷한 시기의 실증주의 철학자 프란시스쿠 피게라스(Francisco Figueras)

---

10) 브라질의 백인화 정책에 대해서는 이승용(2006), 카리브 지역의 백인화 정책과 관련해서는 박병규(2006)를 참고할 것.

11) http://moodle.stoa.usp.br/file.php/967/Sobre_os_mesticos_do_Brasil.pdf/(검색: 2011년 5월 9일).

역시 『쿠바와 식민지 형성과정(Cuba y su evolución colonial)』(1907)에서 쿠바인은 아직 형성 단계에 있지만 그 신체적 특징은 이미 스페인인에 가까우며, 무광(無光)의 황갈색 피부색을 지니고 있으나 이는 열대기후에 의한 것으로 "혈통의 소제(掃除)(limpieza de sangre)"를 결정짓는 요소는 아니라고 주장한다. 또한 흑인이 자연도태에 의해 우월한 인종에게 흡수되게 되어 있으나 이러한 과정은 장시간에 걸쳐 서서히 진행되므로, 백인과의 통혼을 통해 신체적으로나 정신적으로 흑인의 형질을 지워야 한다고 논한 바 있다(Helg, 1992: 48).

이와 같이 브라질·카리브 지역의 유럽이민정책은 우생학적 논리에 근거한 백인화 정책의 일환으로, 생물학적 백인화를 통한 문화적 백인화를 추구했다고 할 수 있다. 실제로 이 지역에서의 백인화는 백인들에 의해서만 이루어졌던 것이 아니라 재생산 과정을 거쳐 흑인들 또한 백인화 과정에 스스로 동참하는 모습을 보이고 있다. 흑인들이 주체가 되는 백인화 과정은 신체적인 것과 정신적인 것으로 나누어 볼 수 있는데, 신체적인 면은 백인들이 주도한 백인화 과정과 유사하게 혼혈을 통해서 흑인적인 요인을 희석시키는 것이며 정신적인 면은 흑인들 스스로 자신의 존재를 부정하고 흑인으로서의 정체성을 의도적으로 숨기려 하는 것이다. 말하자면 흑인들 스스로 아프리카 노예의 후손이라는 점을 부정하고 자신들의 모습에 남아 있는 흑인적인 요소를 부인하며 백인에 동화되려는 태도를 보이는 것이다.

앞서 살펴본 <표 7-1>의 공식 통계에 따르면, 브라질·카리브 지역 국가들의 흑인 인구 구성비는 브라질은 6.9%, 카리브 지역 국가들의 경우 8~98%까지 국가별로 편차가 크다. 하지만 이는 흑인과 물라토를 구분한 수치이며, 물라토까지 포함한 흑인 구성비는 브라질의 경우 전체 인구의 절반에 해당하는 49.5%, 아이티, 도미니카 공화국, 쿠바, 자메이카와 같은 흑인 인구의 비율이 높은 국가들의 경우만 살펴봤을 때 62~96%로, 평균 흑인·물라토 인구 구성비는 56~73%를 선회하고 있다 (Almanaque Abril, 2009). 더군다나 이들 국가의 흑인과 물라토의 인종적 구분이 불분명하고 이를 반영한 인구통계 역시 논리적 근거가 부족해 신빙성이 떨어진다는 점을 고려한다면, 흑인·물라토 인구의 그 실제 수치는 더욱 늘어날 것이다.

현재 브라질·카리브 지역에서는 객관적 토대 없이 피부색에 기초한 주관적 인지(self-identification)를 사용하는 모호한 인종구분 정책을 쓰고 있으며, 이를 통해 드러난 흑인·물라토 인구의 구성 비율은 어찌 보면 이 지역 흑인들의 사고를 고스란히 대변하고 있다고도 말할 수 있다. 다시 말해, 브라질·카리브 지역에서는 많은 흑인들이 흑인과 백인의 혼혈인 물라토를 폭넓게 정의하여 자신이 순수한 흑인보다는 문화종족적으로 백인에 근접한 물라토라고 생각하곤 한다. 이는 브라질·카리브 지역의 흑인들이 아프리카를 제외한 미국이나 여타 다른 지역의 흑인보다 어떤 의미에서 좀 더 '현지화된 흑인', '라틴아메리카화된 흑인', 즉 물라토라는 의식 상태를 지니고 있음을 말해주는 것이다. 결국 브라질·카리브 지역의 흑인과 흑백 혼혈에 대한 인식은 여전히 백인화 논리의 연장선상에 놓여 있으며, 물라토라는 의식 상태는 브라질·카리브 지역의 흑인들이 처했던 이와 같은 디아스포라적 상황이 필연적으로 내포하고 있는 불안정성에서 연유한 디아스포라적 의식 상태로 볼 수 있다. 즉, 이주민 집단으로서의 흑인사회가 주류사회에 정착 후 적응하고 동화해가는 과정에서 주류사회의 문화는 물론 주변문화들과의 부단한 갈등과 상호작용의 결과물로 생존전략의 차원으로 파악할 수 있는 것이다.

강요에 의해서든 자발적인 동기에 의해서든 디아스포라인들은 그들이 새롭게 정착하는 곳에서 주류사회로부터 소외될 수밖에 없는 소수자이자 주변인이다. 따라서 이들은 '이중 정체성, 부재하는 정체성, 반(半) 정체성'으로서의 자의식으로 말미암아 자신을 '긍정적'으로 규정할 수 없으며 자신의 분열성을 의식할 수밖에 없다(정은경, 2007: 16, 48). 다시 말해, 브라질·카리브 지역의 물라토적 의식 상태는 그들이 지향하는 바가 아니라 바로 경계인이자 이방인으로 존재할 수밖에 없는 고통스러운 현실에 대한 표식으로 끊임없이 온전한 자아로서의 정체성을 갈구하게끔 하는 것이다. 오늘날까지도 이 지역에서 여전히 제기되고 있는 정체성 논란도 바로 이러한 이유에서 비롯된 것이라고 볼 수 있다.

2) 지우베르투 프레이리와 페르난도 오르티스의 혼종 담론: 디아스포라를 넘어서

19세기 말부터 20세기 초 사이에 브라질·카리브 지역에서 집중적으로 양산된 대부분의 혼혈 담론 혹은 혼종 담론은 지역별로 정도의 차이가 있을 뿐 정치적으로 유럽화와 백인화를 지향하고 있었다. 앞서 파라과이, 아이티 혹은 도미니카 공화국을 두고, 지우베르투 프레이리가 이 지역의 유럽적인 요소는 단지 외양에 불과하며, 순수한 인디오성 혹은 흑인성과 그릇된 동화과정을 거쳐 형성된 유럽문화의 파편 및 요소들과의 부조화한 문화적 혼혈양상의 전형을 보여준다고 역설했던 점 역시 카리브 지역의 혼종 담론 이면에 숨겨진 정치적 의미를 간파했기 때문일 것이다. 그러나 프레이리 역시 정작 브라질 문화에 대해선 간과할 수 없는 오류를 범하고 만다. 브라질 사회의 혼종성에 대해 그는 다음과 같이 밝히고 있다.

초기부터 혼종적 성격을 지녔던 브라질 사회는 인종관계에서 전체 아메리카 대륙에서 가장 조화롭게 구성되어 있다. 이는 결과적으로 문화적 상호주의에 거의 근접한 환경 안에서 낙후된 민족의 가치와 경험이 선진 민족에 의해 최대한 많이 활용되고, 외래 문화의 경우 토착 문화와 정복자 문화의 경우 피정복자 문화와의 조정을 거쳐 현지 환경에 가장 잘 적응할 수 있게끔 했다(Freyre, 2006: 160).

프레이리의 혼종 담론은 흔히 '인종적 민주주의(democracia racial)'[12]의 효시로 평가되며 1950년대 이후 그가 개념화한 '루주-트로피칼리즈무(luso-tropicalismo)'[13]로 대표된다. 하지만 그 모든 이론적 토대가 되었던 작품은 1931년 발표한『주인과 노예』라고 할 수 있다.[14]『주인과 노예』

---

12) 비록 지우베르투 프레이리 자신은 '인종적 민주주의'라는 용어 대신에 '종족적 민주주의(democracia étnica)'라는 용어를 사용했지만, 그가 자신의 저서『주인과 노예』에서 주장한 내용들은 이후 1990년대까지 브라질에서 보편적으로 받아들여진 '인종적 민주주의'라는 개념의 토대가 되었다.

13) '포르투갈-열대주의'라 할 수 있는 '루주-트로피칼리즈무'는 포르투갈이 해외 팽창정책에 따라 열대지방에 형성한 식민지 문화를 지칭하는 것으로 포르투갈 중심의 인종적·문화적 혼종을 의미한다. 프레이리가 1951~1952년 사이 동티모르를 제외한 포르투갈의 모든 식민지 국가들을 여행한 뒤 1953년 두 권의 저서『모험과 일상(Aventura e rotina)』,『포르투갈 땅의 한 브라질인(Um brasileiro em terras portuguesas)』을 발표하면서 처음으로 사용한 개념이다.

14)『주인과 노예』에 이어 발표된『저택과 빈민촌(Sobrados e mucambos)』(1936)에서는 브라질 노예제도의 폐지와 그로 인한 농촌경제의 붕괴 및 도시의 성장과정을 분석했다.『주인과 노예』를 발표할 당시 지우베르투 프레이리는 노예제도에 기반한 브라질 가부장제도의 기원과 붕괴에 대한 총 6권에 달하는 방대한 저술 계획을 가지고 있었다. 그러나『질서와 진보(Ordem e Progresso)』(1957)를 끝으로 더 이상의 저술은 이루어지지 않았으며, 완결판에 해당하는『질서와 진보』에

에서 프레이리(Freyre, 2006: 65~79)는 포르투갈이 열대 국가 브라질을 전체 아메리카 대륙에서 가장 조화로운 식민사회로 형성시켰을 뿐만 아니라 아시아, 아프리카, 아메리카 세 대륙에 걸쳐 식민제국을 건설할 수 있었던 이유로 포르투갈 문화의 '유연성(Plasticidade)'을 꼽는다. 그는 포르투갈 문화가 이러한 성향을 띠게 된 것이 무엇보다도 유럽과 아프리카 대륙 사이에 자리 잡은 포르투갈의 지정학적 위치에서 기인한다고 주장하며 크게 세 가지 측면에서 접근하고 있다. 첫째, 포르투갈인들은 711년부터 1249년까지 약 5세기 이상 북아프리카 무어인의 지배를 받으면서 유럽과 아프리카 양 대륙의 문화적 전통을 비롯해 가톨릭 문화와 이슬람 문화가 양립하는 독특한 민족적 기질을 유산으로 물려받았다. 이를 통해 결과적으로 타민족에 대한 이례적인 관용성과 문화적 유동성을 생득적으로 체득하게 되었다. 둘째, 타민족에 대한 포르투갈인들의 유연한 태도로 인종 혼혈에도 관대하여 해외 팽창정책의 수단으로 인종 간의 통혼정책을 적극적으로 장려했다. 셋째, 유럽보다는 아프리카 기후와 좀 더 유사한 기후적 특성 탓에 포르투갈인들은 상대적으로 영국, 프랑스, 네덜란드와 같은 아메리카 대륙의 식민정복자들에 비해 열대기후에 대한 적응력이 뛰어나 이들 국가들의 식민지였던 카리브 지역보다 플랜테이션 경작을 더 빠른 시기에 도입하여 발전시킬 수 있었고, 한때 브라질 북동부 마라냥 주를 침략했던 프랑스인들과 페르낭부쿠 주를 점령했던 네덜란드인들과의 전쟁에서도 승리하면서 열강의 이권 다툼으로 야기된 영토 분쟁을 비교적 빨리 해소할 수 있었다는 것이다. 이와 같은 논거를 기반으로 프레이리는 브라질 사회가

서는 제1공화정 시기 브라질의 권력관계에 대해 다루고 있다. 이 세 작품은 브라질 가부장사회에 관한 3부작으로 불리며 프레이리의 대표작으로 손꼽힌다.

포르투갈 문화로 대표되는 백인성의 단순한 이식과 정착으로 이루어진 것이 아니라 인디오와 흑인이 지니고 있는 열대성과의 문화접변을 통해 지속적인 혼종성과 유동성을 지닌 새로운 문화 양상을 창출해냈다고 평가한다.[15)]

프레이리의 이 같은 논리는 일상이나 성, 가족 등과 같은 사적인 영역의 미시담론을 통해 브라질적인 것에 대한 가치 부여와 브라질 문화의 주요 형성 요인으로 흑인성의 중요성을 최초로 부각시켰다는 점에서는 분명 매우 의미 있는 작업이라 할 수 있다. 하지만 프레이리 스스로 여러 차례 언급하고 있다시피 브라질은 "농업 중심의 노예제도에 기반을 둔 혼종(agrária, escravocrata e híbrida)" 사회였다. 다시 말해 농경사회의 가부장제 질서와 그 수직 구조 탓에 실질적인 계층 간 유동성은 적을 수밖에 없었으며, 앞서 살펴본 안토닐의 지적처럼 계층 간의 통혼이 이루어지는 경우에도 대부분이 주인과 노예 간의 상하 수직구조 안에서 혼외관계에 의한 것이거나 유색인종이 백인적 가치에 더 높은 가치를 두고 사회적 신분상승을 위한 수단으로 이용하는 등 인종적 요소의 영향이 크게 작용했다. 이와 더불어 포르투갈이 식민지 동화정책의 일환으로 실시했던 혼혈정책은 식민지 원주민이나 흑인 노예들을 위한 정책으로 수립되었던 것이 아니라 플랜테이션 경작의 노동력 확보와 통치수단의 일환으로 시작되었다는 점 역시 간과해서는 안 된다. 이러한 측면에서 프레이리의 관점은 포르투갈의 식민지 동화정책의 이면에 놓여 있는 정치적·경제적 배경을 고려하지 않고 당시 브라질 사회를 미화하여 포장하는 데 그치고 말았다는 점에서 논란의 여지가 있다. 브라질과 같이 불평등한 경제발전과 사회변동의 결과로 계급 분화가

---

15) 지우베르투 프레이리에 대해서는 김영철(2008)과 최금좌(1999a, b)를 참고할 것.

인종 분할과 거의 일치하는 국가에서 그 정치적·경제적 배경에 대한 고려 없이 사회적·문화적 고찰로만 일관함으로써 현존하는 사회적 문제와 갈등, 특히 인종의 문제를 희석시키는 정치적 효과를 지니고 있는 것이다. 또한 프레이리의 '루주-트로피칼리즈무' 역시 포르투갈의 식민지 동화정책을 비판의식 없이 옹호하는 입장을 취함으로써, 현대사에서 포르투갈의 아프리카 식민지배에 대한 논리적 근거를 제공하고 다른 유럽 국가들보다 오랫동안 식민통치를 유지하게 하는 데 일조했다는 비난을 받기도 했다.

한편 페르난도 오르티스[16] 역시 프레이리의 경우처럼 사적인 영역의 일상의 삶으로부터 출발하여 쿠바 문화의 흑인성에 대해 논하며 쿠바 문화의 형성에서 흑인문화의 역할과 기여를 평가한다. 그러나 오르티스가 1906년 발표한 첫 저서 『아프로-쿠바인의 지옥(Hampa Afro-cubana)』[17]의 상(上)권에 해당하는 『흑인 주술사(Los negros brujos)』를 비롯하여 그의 초기 저술들은 철두철미하게 실증주의적 연구방법론에 천착한 연구로 서구의 제국주의적 담론을 그대로 재생산하는 모습을 보였다. 특히 『흑인 주술사』에서 그는 앵글로색슨의 모델에 따른 쿠바의 근대화를 주장하며, 범죄와 매춘, 무지와 가난의 원천인 흑인문화를 백인화하여 쿠바의 문화에 나타난 아프리카 문화를 근절해야 한다고 역설한다. 말하자면, 인종 간의 통혼 및 유럽이민을 통한 생물학적 백인화론 대신에 문화적 백인화를 내세우고 있는 셈이다(Helg, 1992: 48~53). 그럼에도 『흑

---

16) 페르난도 오르티스에 대해서는 우석균(2002)을 참고할 것.
17) 페르난도 오르티스는 1916년 발표된 『아프로-쿠바인의 지옥』 하(下)권에 해당하는 『흑인 노예: 공공권리에 대한 사회학적 연구(Los negros esclavos: estudio sociológico y de derecho publico)』에서 아프로-쿠바인들의 주물숭배에 대해 상권의 내용을 재정립하여 접근하고 있다.

인 주술사』는 쿠바 최초로 흑인 문화의 중요성을 환기시키고 "아프로-쿠바인"이라는 명명하에 국가 정체성 논의의 한 축으로 흑인성을 편입시키려 시도하고 있다는 측면에서 쿠바 정체성 담론에 한 획을 그은 작품으로 평가받는다(Oliveira, 2003: 32~33).

사실 19세기 말 민족주의 사상에 근거한 시대적 당면과제로 탄생된 대부분의 라틴아메리카 국가들의 정체성 담론이 그러하듯, 당시 쿠바의 국가 통합 담론에는 상당한 모순이 내재되어 있었다. 일찍이 쿠바의 지식인 호세 마르티(José Martí)는 "쿠바인은 백인, 물라토, 흑인 그 이상 것을 의미한다"(Helg, 1992: 47 재인용)고 단언하며 피부색과 인종을 초월한 국가 통합을 역설한 바 있지만, 독립 이후에도 쿠바에서는 1912년 흑인들의 반란으로 3,000여 명이 살해되는 등 인종갈등이 지속되었다. 특히 쿠바가 국가의 면모를 갖춰가던 19세기 말 쿠바 정부는 스페인 정복 이전의 쿠바 문화의 원천으로 원주민 문화를 지목하며 인디오 문화를 중심으로 쿠바 문화를 통합하려 했던 반면, 아프리카계 후손들은 쿠바의 치욕이자 극복해야 할 야만성의 표상으로 여기며 쿠바 사회의 주변부로 내몰았다. 이러한 작업을 통해 원주민들의 존재감을 고양시킴으로써 쿠바인들의 정체성 확립과 함께 국가의식을 고취시키려 했던 것이지만 당시 이미 원주민들은 쿠바에서 사라진 후였다. 이후 1906년 미국이 쿠바를 점령하면서 쿠바의 인종주의는 미국식 인종분리 모델의 영향으로 더욱 강화되는 양상을 띠었다. 하지만 1959년 혁명 이후 인종 편견이나 차별은 더 이상 존재하지 않는다는 인종민주주의를 공식적으로 천명한 이래로 쿠바는 인종 간의 평등이 이루어진 사회로 인식되곤 한다.

이와 관련하여 박병규(2006: 96)는 라틴아메리카 국가 가운데 스페인과 포르투갈의 식민지 국가들이 인종평등을 이룬 것으로 평가되는 주요한 요인으로 다음의 세 가지를 꼽고 있다. 첫째, 스페인과 포르투갈은 각각 711년부터 1492년, 711년부터 1249년까지 북아프리카 무어인과 공존한 역사적 경험이 있어서 아프리카 흑인이나 원주민과 같은 유색인종에 대한 거부감이 없었다. 둘째, 가톨릭을 신봉하는 이베리아 반도의 정복자들은 이민족을 개종의 대상으로 보고, 이들을 적극적으로 포용하고자 했다. 따라서 청교도 국가인 미국의 경우처럼, 원주민을 배제의 대상으로 여기지 않았다. 셋째, 남성 혼자 신대륙으로 건너왔기 때문에, 가족단위로 이주한 미국의 주민과 달리 원주민이나 흑인 여성과 쉽게 관계를 맺었으며 이로 인해 더욱 쉽게 혼혈이 이루어졌다는 것이다. 말하자면 프레이리의 관점처럼 이베리아 반도 식민제국들의 유연한 식민지 정책과 인종적 혼혈이 이 지역의 인종민주주의가 수립될 수 있는 사회적 기반을 형성하게 되었다는 것이다. 하지만 그의 주장은 스페인과 포르투갈 문화 사이에 존재하는 문화적 차이점에 대한 고려 없이 양 문화를 획일화시켜 하나의 단일 문화권으로 지나치게 단순 유형화하는 오류를 범하고 있다.

난시 모레혼(Nancy Morejón)은 『담배와 설탕의 대위법』의 오르티스의 주장에 근거하여 식민 시기 쿠바로 이식된 스페인 문화는 동질성을 확보하지 못한 이질적인 다양한 문화적 배경을 가지고 있었다고 설파한다. 실제로 당시 이베리아 반도에서 건너온 이주민들은 안달루시아, 엑스트레마두라, 갈리시아, 바스크, 카탈루냐 출신이거나 혹은 고대 지중해 문화권 지역 출신의 혼혈인들로 각각 다양한 배경과 고유한 문화를 갖고 있었기 때문에 이들을 언급할 때는 '인종 그룹'이라는 용어가 더 적절하다고 지적한 바 있다.[18] 다시 말해 카리브 지역으로 유입된

---

18) 난시 모레혼, 「쿠바와 쿠바 문화에 뿌리 깊게 자리한 아프리카적 특성」, 강문순

스페인 문화는 이미 내재화된 혼종성을 지니고 있었으며, 이에 따라 외재적 요인과 자극에 의해 타문화와 혼종에 대한 유연한 태도를 체득하게 된 포르투갈 문화와는 다소 차이가 있다고 할 수 있다.

이러한 문화적 배경의 차이는 이데올로기적 스펙트럼에서 '반동'과 '급진'이라는 정반대의 지향점을 지니고 있었던 프레이리와 오르티스의 이데올로기적 성향의 차이와 맞물려 각각의 글쓰기 안에서도 다른 시각으로 투영되어 나타난다.[19] 앞서 소개한 바와 같이, 페르난도 오르티스는 『담배와 설탕의 대위법』에서 각각 토착성과 외재성을 상징하는 담배와 설탕의 이분법적 대비를 통해 쿠바 문화를 통문화화된 현상으로 지칭하고 있다. 하지만 사탕수수 농장에 대해 유럽과 아프리카 문화가 만나 서로 혼합되는 문화교류와 인종혼합의 태생지로 브라질 문화와 사회형성의 근간을 이루는 공간이자 포르투갈 문화의 유연성이 만들어 낸 결정체로 미화하는 프레이리와 달리, 오르티스(Ortiz 2002, 31; 210)는 쿠바에서 외세의 지배를 상징하는 설탕은 사회 통합적 요소인 통문화의 산물이 아니라 불균등성을 조장하는 요인인 노예제도의 원인이었다고 비판하며, 따라서 "담배는 태생적·정신적·경제적 측면에서 항상 설탕보다 더 쿠바적이었다"라고 단언한다.

그러나 이러한 상이한 시각에도 불구하고, 오르티스와 프레이리의 혼종 담론은 결코 간과할 수 없는 유사성을 지니고 있다. 우선, 그 형식

옮김(http://www.coreal.kr/kor/attachments/1887_AC20110220morejon1.pdf 검색: 2011년 6월 25일).

19) 지우베르투 프레이리의 경우 브라질 바르가스 군사독재정권과 포르투갈 살라자르(António de Oliveira Salazar) 독재정권의 공모자로 인식되는 반면, 페르난도 오르티스는 쿠바 혁명 후 카스트로 정권의 인종민주주의 국가통합담론 정립의 일등공신으로 평가되곤 한다.

에서 사회과학적 연구에선 흔치 않은 문학적 서사를 선보이고 있다. 우석균(2002: 186)은 『담배와 설탕의 대위법』이 다음과 같은 이유로 한 편의 에세이와 같다고 평한다: "『가연지서(Libro de buen amor)』를 패러디 하여 쿠바 역사를 '담배 씨와 설탕 부인의 싸움(Pelea de don Tabaco y doña Azúcar)'이라고 정의하며 서두를 열고 있으며, 때로는 돈 후안, 돈 키호테, 산초, 파우스트 등을 언급하기도 하는 등 문화적 상상력을 유감 없이 발휘하고 있다". 한편 프레이리의 『주인과 노예』 역시 "톨스토이, 발자크, 프루스트, 조이스에 준하는 소설"(Coutinho, 1981: 9)이라 평가될 정도로 문학적 특성이 두드러진 서사를 선보이고 있다. 이러한 문학 고유의 서사 기법을 통해, 오르티스와 프레이리의 혼종 담론 안에서 민족적 역사는 과거라는 단순한 시간적 틀 안에 정체되어 있는 것이 아니라 기억, 환상, 신화 등의 형식을 빌려 새로운 의미작용과 문화 창조의 역할을 수행하며, 민족 정체성 형성에 더욱 효과적으로 관여하 게 되는 것이다.

다음으로 이론적인 측면을 살펴봤을 때, 오르티스(Ortiz, 2002: 254)의 경우 『담배와 설탕의 대위법』에서 "쿠바의 진정한 역사는 고도로 정교 한 통문화의 역사다"라고 주장하며 역사발전 과정을 통해 다양한 디아 스포라 문화 사이에 복잡다단한 문화 횡단 현상이 벌어지면서 '쿠바성 (cubanía)'이 생겨났다고 역설한다. 말하자면, 쿠바 문화는 자국의 토양 에 뿌리를 내린 다양한 이주민 문화 간의 상호작용을 거쳐 고유의 문화 로 탄생한 것이며, 이는 무엇보다도 스페인 문화와 아프리카 문화의 만남과 그 기저에 존재하는 혼종성이 기반을 이루고 있음을 함의하고 있는 것이다. 엘로이자 톨레르 고메스(Gomes, 2008: 128)는 오르티스의 '통문화' 개념을 논함에 있어, 1936년 프레이리가 발표한 『저택과 빈민 촌』의 '상호침투성(Interpenetração)'과 유사한 개념으로 지목한 바 있다.

『주인과 노예』의 속편에 해당하는 『저택과 빈민촌』은 이전부터 프레이리가 주장해온 흑인성에 기반한 브라질의 문화적 혼종성에 대해 19세기 말에서 20세기 초 사이 변화된 시대적 배경과 인식을 바탕으로 새롭게 접근하고 있다. 프레이리는 브라질로 이식되어온 흑인문화의 형식에 대해 언급하며 다음과 같이 평한다.

　　유럽은 그들〔흑인문화〕을 이기지 못할 것이다. 상호침투성이 그들에게
　　그들 자신의 가치와 유럽적 가치 그리고 인디오적 가치와의 새로운 결합을
　　통한 새로운 형식을 제공할 것이다(Freyre, 1977b: 650).

결국 오르티스와 프레이리가 제시하고 있는 '통문화'와 '상호침투성'은 이질적인 여러 디아스포라 문화 간의 접촉이 기존 문화의 소멸 혹은 상실이 아닌 상호영향을 통해 문화적 풍요로움을 창출할 수 있는 요소로 이 지역의 문화적 정체성은 여러 문화 현상 또는 삶의 형상들이 서로 맞부딪치는 유동적 경계에 위치하며, 그렇기에 각각의 디아스포라 문화의 내부도 외부도 아닌 그 경계 사이에 위치하는 디아스포라적 정체성임을 보여준다. 이와 동시에 개별 디아스포라 문화가 표방하는 유·무형의 차이 속에서 혼종성을 통해 하나의 공통분모를 구성할 것을 제안하고 있는 것이다. 이와 유사한 견지에서 스튜어트 홀은 혼종성을 디아스포라적 삶의 본질적인 구성 요소로 제시한 바 있다. "디아스포라 경험은 …… 본질 혹은 순수성이 아니라 필연적인 이질성과 다양성을 인식함은 물론, 차이를 거부함이 아니라 이와의 공존을 통한 '정체성' 개념에 의해 혼종성으로 정의되며, 디아스포라 정체성은 변신과 차이를 통해 끊임없이 그들 스스로를 새롭게 생산하고 재생하는 것이다"(Hall, 2003: 244). 말하자면 오르티스와 프레이리는 각국 문화 형성의 근간을

이루는 디아스포라적 경험의 특징으로 혼종성을 들고 있으며, 이 혼종성을 통해 기존 문화를 재의미화하고 새로운 문화를 끊임없이 생성해내는 원동력이 창출된다고 본 것이다.

4. 결론

모든 디아스포라가 태생적으로 타문화와의 만남을 전제하고 있듯이, 브라질·카리브 지역의 원주민 인디오 문화, 유럽 백인 문화, 아프리카 흑인 문화와의 섞이는 과정에서 싹튼 혼종성은 기존 문화와의 연속성을 지님과 동시에 각 문화 간의 끊임없는 상호 접촉을 통해 유지되어 오면서 항상 경계를 넘나드는 지속적인 유동성과 양가성이 내재된 디아스포라적 속성을 지니게 되었다. 이에 따라 브라질·카리브 지역의 혼종성은 결과적으로 이 지역의 문화적 다양성과 통합성을 증가시키는 역할을 해왔을 뿐만 아니라 중층적이고 복합적인 형성 과정을 거쳐 고유의 문화적 특수성으로 자리 잡게 되면서 오늘날 이 지역의 문화적 정체성으로 확립되었다.

하지만 이와 더불어 혼종 사회에 잠재된 인종차별과 갈등을 차단하고 이에 기초하여 민족주의적 국민통합을 이루려는 국가 이데올로기로서의 혼종 담론 탄생의 단초를 제공하기도 했다. 말하자면 19세기 말에서 20세기 초 사이의 근대국가 형성기 브라질과 카리브 지역의 백인 엘리트 지배계층은 흑인과 혼혈인 계층을 국가 정체성 안에 포섭하고자 했지만, 이는 국가적 통합과 자신들의 지배를 강화하기 위한 수사(修辭)에 불과했을 뿐 이들에 대한 실질적인 평등을 고민한 것이 아닌 선택적 포용과 배제의 형태를 지니고 있었다. 이로 인해 결과적으로 브라질·카리브 지역에서의 혼종 담론 속에는 정치적 목적이 개입될 수밖에 없었고, 주로 신생 독립 국가로서의 독자적인 정체성 건설이라는 프로파간다 아래 지배계층의 정치적·경제적 이해관계에 따른 이데올로기 강화에 초점을 맞추게 된 것이다.

그러나 현대문화연구와 탈식민주의 이론은 혼종성을 국가 이데올로기의 반대 기제라는 관점에서 재접근하고 있다. 실제로 브라질·카리브 지역을 비롯한 라틴아메리카의 혼종 담론은 국가건설과 사회통합을 강조하는 민족주의적 패러다임에서 탈식민주의와 결합한 하위주체 연구로 옮겨가게 되면서 지배 이데올로기에 대한 의도적인 저항의 수단으로 새롭게 재조명되고 있다. 즉, 오르티스와 프레이리의 '통문화'와 '상호침투성' 개념을 통해 살펴봤듯, 브라질·카리브 지역의 혼종성이 지니고 있는 디아스포라적 속성은 호미 바바(Bhabha, 2001: 19~42)가 말하는 '사이-내 공간(entre-lugares)'과 같은 양가적 속성을 지니고 있으며, 각 문화들의 차이의 영역이 중첩되고 전치되는 가운데 집단적인 국가 경험, 공동체의 이득, 문화적 가치가 상호주체적으로 협상할 수 있도록 일종의 중재적 역할을 담당하고 있다고 볼 수 있는 것이다.

물론 호미 바바의 양가성 혹은 혼종성이 지니는 모호성과 같이, 라틴아메리카 혼종 담론은 여전히 실천적 층위가 아닌 무의식 차원의 논의에 머무는 한계를 지니고 있다는 비판이 있는 것도 사실이다. 그러나 네스토르 가르시아 칸클리니(2011: 23)가 지적하듯, 세계화에 따른 다문화현상이 점차 일상적이고 편재되어 갈수록 혼종화 개념을 차용해야 할 필요성은 더욱 절실히 제기될 수밖에 없다. 혼종적 실천과 사유는 차별성을 인정하고 차이 간의 긴장을 숙고하기 위한 수단이 될 수 있으며, 교차와 상호작용 과정으로서의 혼종화는 다문화성의 단절·분리를 피하고 상호문화성으로 나아갈 수 있도록 해줄 수 있기 때문이다.

참고문헌

김달관. 2005. 「카리브 해에서 인종과 정치의 혼종성: 도미니카 공화국과 아이티를 중심으로」. ≪국제지역연구≫, Vol. 9, No. 1, 25~50쪽.

김영철. 2003. 『브라질 문화와 흑인』. 서울: 세종출판사.

_____. 2004. 「브라질의 인종적 민주주의와 흑인운동」. ≪포르투갈-브라질 연구≫, Vol. 1, No. 1, 119~145쪽.

_____. 2005a. 「브라질의 인종관계와 인종차별 철폐법안」. ≪이베로아메리카≫, Vol. 7, No. 1, 139~162쪽.

_____. 2005b. 「라틴아메리카의 다문화주의와 흑인인권을 중심으로」. ≪라틴아메리카연구≫, Vol. 18, No. 4, 71~103쪽.

_____. 2006. 「브라질의 인종관계 인식 실태: 상파울루 시민들을 중심으로」. ≪이베로아메리카≫, Vol. 8, No. 2, 125~145쪽.

_____. 2008. 「질베르투 프레이리 다시 읽기」. ≪라틴아메리카연구≫, Vol. 21, No. 1, 131~162쪽.

_____. 2009. 「브라질의 인종적 유토피아와 킬롬비즘: 흑인의 종족적 영토성 형성과 변천」. ≪중남미연구≫, Vol. 28, No. 1, 133~162쪽.

모레혼, 난시(n.d.). 「쿠바와 쿠바 문화에 뿌리 깊게 자리한 아프리카적 특성」. 강문순 옮김. http://www.coreal.kr/kor/attachments/1887_AC20110220morejon1.pdf

박병규. 2006. 「스페인어권 카리브 해의 인종 혼종성과 인종민주주의」. ≪이베로아메리카≫, Vol. 8, No. 1, 93~114쪽.

Blouet, Olwyn M. 2008. 『현대 카리브의 삶과 문화』. 신정환·문남권·하상섭 옮김. 서울: 한국외국어대학교 출판부.

송병선. 2004. 「카리브 해의 혼종성과 정치적 의미」. ≪외국문학연구≫, Vol. 18, 55~72쪽.

심재중. 2004. 「정체성 담론과 이데올로기: 아이티와 마르티니크의 흑인 정체성 담론을 중심으로」. ≪라틴아메리카연구≫, Vol. 17, No. 2, 5~23쪽.

이광윤. 1998. 「네그리뚜지(Negritude)와 브라질의 흑인문학」. ≪외대논총≫, Vol. 18, No. 1, 587~608쪽.

_____. 2006. 「브라질 문학에 나타난 다인종적 특성(혼혈성)과 이를 통한 문화적 정체성에 관한 연구: 흑인성(Negritude)을 중심으로」. ≪이베로아메리카≫, Vol. 8, No. 1, 21~46쪽.

이성훈·김창민. 2008. 「세계화 시대 문화적 혼종성의 가능성」. ≪이베로아메리카연구≫, Vol. 19, No. 2, 91~110쪽.

이승용. 2006. 「브라질 인종적 민주주의에 대한 재고(再考)」. ≪중남미연구≫, Vol. 25, No. 2, 179~202쪽.

임소라. 2007. 「근대국가 형성기 브라질 문학 속에 나타난 물라따(Mulata) 이미지에 관한 연구」. ≪포르투갈-브라질 연구≫, Vol. 4, No. 2, 67~86쪽.

우석균. 2002. 「페르난도 오르티스의 통문화론과 탈식민주의」. ≪이베로아메리카연구≫, Vol. 13, 181~197쪽.

정은경. 2007. 『디아스포라 문학』. 서울: 이룸.

차경미. 2008. 「카리브해 빨렝께데산바실리오(Palenque de San Basilio) 흑인공동체의 저항으로서의 역사, 기억으로서의 문화」. ≪라틴아메리카연구≫, Vol. 21, No. 2, 103~127쪽.

최금좌. 1999a. 「브라질 신화 '루조 트로피칼'의 창조자 질베르투 프레이리에 대한 80년대 이후의 재해석들이 브라질 사회사상사에 주는 의미」. ≪중남미연구≫, Vol. 18, No. 1, 101~123쪽.

_____. 1999b. 「질베르투 프레이리: '인종민주주의론'에서 '열대학'까지」. 이성형 외. 『라틴아메리카의 역사와 사상』, 265~284쪽. 서울: 까치.

_____. 2004. 「브라질 국가 정체성 확립과정: 실비우 호메루(Sílvio Romero)부터 호베르투 다 마타(Roberto da Matta)까지」. ≪포르투갈-브라질 연구≫, Vol. 1, No. 1, 189~227쪽.

최영수. 1995. 『라틴아메리카 식민사』. 서울: 대한교과서.

_____. 2000. 「브라질인의 민족적 특성에 관한 고찰」. ≪중남미연구≫, Vol. 19, No. 2, 57~90쪽.

_____. 2001. 「브라질 흑인(Afro-Brazilian)에 관한 연구」. ≪중남미연구≫, Vol. 20, 131~147쪽.

_____. 2010. 『브라질사』. 서울: 한국외국어대학교출판부.

칸클리니, 네스토르 가르시아. 2011. 『혼종문화: 근대성 넘나들기 전략』. 이성훈 옮김. 서울: 그린비.

파농, 프란츠. 1998. 『검은 피부, 하얀 가면』. 이석호 옮김. 고양: 인간사랑.

Ade Ajayi, J. F.(ed.). 2010. *História geral da África, VI: África do século XIX à década de 1880*. Brasília: UNESCO.

Almanaque Abril. 2009. 35. ed. São Paulo: Abril.

Bhabha, Homi K. 2001. "Tradução de Myriam Ávila, Eliana Lourenço de Lima Reis, Gláucia Renate Gonçalves." *O local da cultura. 1. reimpressão*. Belo Horizonte: Editora UFMG.

Burkholder, Mark A. and Johnson Lyman L. 1998. *Colonial Latin America*. 3. ed. New York and Oxford: Oxford University Press.

Coutinho, Edilberto. 1981. "A ficção do real em Gilberto Freyre." Tese de Doutorado em Literatura Brasileira. Rio de Janeiro: Univerdidade Federal do Rio de Janeiro.

Freyre, Gilberto. 1974a. *Ordem e progresso*. 3. ed. 1° tomo. Rio de Janeiro: José Olympio.

_____. 1974b. *Ordem e progresso*. 3. ed. 2° tomo. Rio de Janeiro: José Olympio.

_____. 1977a. *Sobrados e mucambos: decadência do patriarcado rural e desenvolvimento do urbano*. 5. ed. 1° tomo. Rio de Janeiro: José Olympio.

_____. 1977b. *Sobrados e mucambos: decadência do patriarcado rural e desenvolvimento do urbano*. 5. ed. 2° tomo. Rio de Janeiro: José Olympio.

_____. 2006. *Casa-grande & senzala: formação da família brasileira sob o regime da economia patriarcal*. 51 ed. São Paulo: Global.

Gomes, Heloisa Toller. 2008. "Identidade Cultural, Mestiçagem, Colonialidade: Uma Leitura Comparatista." *Revista Brasileira do Caribe*, Vol. IX, No. 17, pp. 117~148.

Hall, Stuart. 2003. "Cultural Identity and Diaspora." Jana Evans Braziel and Anita Mannur(eds.). *Theorizing Diaspora: a reader*, pp. 233~246. Oxford: Blackwell Publishing Ltd.

Helg, Aline. 1992. "Race in Argentina and Cuba, 1880-1930: Theory, Policies and Popular Reaction." Richard Graham(ed.). *The Idea of Race in Latin America: 1870-1940*. pp. 37~69. Austin: University of Texas Press.

Holanda, Sérgio Buarque de. 2008. *Raízes do Brasil*. 26. ed. São Paulo: Companhia das Letras.

IBGE. 2000. *Brasil: 500 anos de povoamento*. Rio de Janeiro. http://www.ibge.gov.br/brasil500/

Lacerda, Batista João. 1911. "Sobre os mestiços no Brasil." http://moodle.stoa.usp.br/file.php/967/Sobre_os_mesticos_do_Brasil.pdf.

Lewis, Gordon K. 2004. *Main Currents in Caribbean Thought: the historical evolution of Caribbean Society in its ideological aspects, 1492-1900*. Nesbraska: University Nebraska Press.

Nettleford, Rex. 1979. *Caribbean Cultural Identity: The Case of Jamaica*. Los Angeles: University of California.

Oliveira, Emerson Divino Ribeiro de. 2003. "Transculturação: Fernando Ortiz, o negro e a identidade nacional cubana, 1906-1940." *Dissertação do Programa de Mestrado em História das Sociedades Agrárias*. Goiânia: Universidade Federal de Goiás.

Ortiz, Fernando. 1916. *Hampa afro-cubana: los negros esclavos*. Habana: Calles L y 27.

_____. 2002. *Contrapunteo cubano del tabaco y el azúcar*. Madrid: Ediciones Cátedra.

Sollors, Werner. 1986. *Beyond Ethnicity*. New York & Oxford: Oxford University Press.

http://pt.wikipedia.org/wiki/Di%C3%A1spora_africana

http://pt.wikipedia.org/wiki/Brasil

http://pt.wikipedia.org/wiki/Afro-brasileiros

http://es.wikipedia.org/wiki/Esclavitud_en_Am%C3%A9rica_Latina

http://pt.wikipedia.org/wiki/Demografia_do_Brasil

http://pt.wikipedia.org/wiki/Bill_Aberdeen/

제 3 부
브라질의 새로운 과제들

제8장 브라질의 에너지 분야: 정책과 전망 _마우리시오 치옴노 토우마스캉

제9장 신발전주의와 심해유전 개발의 과제들 _지오르지우 호마누 슈치

제10장 브라질의 청정개발체제(CDM) 사업: 추진 성과와 과제 _권기수

제11장 라틴아메리카 기후변화정책 발전 동인 분석: 브라질과 멕시코 비교 _하상섭

제12장 아웃소싱의 법률문제: 브라질법에서의 논의를 중심으로 _조희문

브라질의 에너지 분야
정책과 전망

마우리시오 치옴노 토우마스킴 _김정아 옮김

이 글은 2020년까지의 국내 에너지 공급량 진화를 예측한 최신 통계자료를 바탕으로 브라질 에너지 분야의 개요를 제공한다. 특히 전기 분야를 다루며 설치 용량의 현황 및 발전 또한 제시하고 있다. 이 외에도 석유, 천연가스 및 바이오연료의 문제도 다루고 있다. 이 글은 에너지공급의 성장이 없었다면 브라질이 최근 몇 년간 경험했던 빠른 경제성장도 불가능했을 것임을 명확히 하고 있다. 이와 같은 이유로 수력발전소와 화력발전소의 건설, 풍력발전단지, 수송관, 에너지 보존 방침, 송전체계 확충 등과 같은 다양한 부문에 장기적인 투자가 진행되었다.

마우리시오 치옴노 토우마스킴 Mauricio Tiomno Tolmasquim 히우데자네이루 연방대학에서 생산공학 학사학위 및 에너지계획학 석사학위를, 히우데자네이루 주립대학에서 경제과학 학사학위를 취득했다. 또한 프랑스의 사회과학고등학술연구원(École des Hautes Études en Sciences Sociales)에서 개발사회경제학(Socio-Economie du Développement) 박사학위를 취득했다. 현재 히우데자네이루 연방대학의 공과대학과 연구소(Coppe/UFRJ)에서 부교수로 재임 중이다. 현 브라질 에너지연구소(EPE)의 소장이다.

* 이 글은 상파울루대학교(USP) Instituto de Estudos Avançados가 발행하는 ≪Estudos Avançados≫ 26(74)(2012년)호에 실린 글을 옮긴 글이다.

1. 들어가며

국가경제의 지속 가능성을 뒷받침하는 토대 중 하나는 경제 활동 개발에 필요한 물류 인프라 및 에너지 제공 능력이다. 물론 이때 에너지 보안 관련 이슈와 환경의 지속 가능성 그리고 경쟁력이 담보된 여건이 전제된다.

브라질은 에너지와 발전설비(power mix)의 재생성을 필두로 심해원유와 에탄올 생산량, 수력발전 용량, 기하급수적 풍력사용 및 광범위한 상호연결 송전체계 등에서 국제적 기준이라고 종종 언급되어왔다. 이는 브라질이 에너지 분야에서 제시되었던 주요 과제들을 어느 정도 완수했음을 우리에게 시사한다.

2. 국내 에너지공급의 발전

브라질 에너지 분야의 주요 성과는 근본적으로 2004년, 규제 및 제도적 틀을 빈틈없이 재고할 수 있었던 데에서 비롯한다. 이를 통해 투자에 유리한 조건이 마련되었다는 것은 최근 있었던 풍력/수력 경매(auction)의 경쟁력에서 여실히 드러났다(히우마데이라 댐과 벨루몬치 댐).

에너지는 아마도 브라질이 정부, 민간 합작을 통해 계획된 행동을 이끌어내는 능력과 정책 수립 능력을 유의미하고도 상징적이게 회복시킬 수 있었던 분야 중 하나일 것이다.

오늘날 전 세계가 브라질을 에너지·환경 분야의 리더로 인식하고 있다고 해도 과장은 아닐 것이다. 실제로 브라질은 다양한 에너지원을 풍부하게 보유하고 있다. 원자재 비축량이나 대규모 생산 능력은 많은

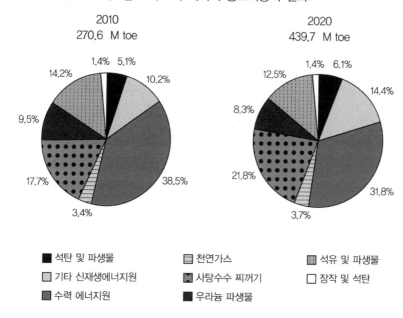

〈그림 8-1〉 1차 에너지 총소비량의 진화

2010
270.6 M toe

2020
439.7 M toe

■ 석탄 및 파생물   ▦ 천연가스   ▨ 석유 및 파생물
▧ 기타 신재생에너지원   ▩ 사탕수수 찌꺼기   □ 장작 및 석탄
■ 수력 에너지원   ■ 우라늄 파생물

나라들에 참고 사례가 되어주고 있다.

좋은 소식은 브라질의 에너지믹스는 아직 충분하여 향후 몇 년 동안
은 세계가 참고할 만한 사례로 남을 수 있다는 점이다. 국가 에너지매트
릭스(energy matrix)의 재생 가능 에너지 자원(수력, 풍력, 에탄올, 바이오매스
등) 중 상당 부분은 앞으로 10년간 더욱 성장할 전망이다.

브라질 에너지연구소(이하 EPE)가 발표한 에너지 생산 확대 계획(이하
PDE 2020)에 따르면 2010년에는 44.8%에 그쳤던 재생 가능 에너지 자원
의 비중이 2020년에는 46.3%로 확대될 것이다.

따라서 브라질은 '세계에서 가장 청정한 에너지 매트릭스를 보유한
국가'라는 지위를 유지할 수 있을 것이다.

게다가 석탄과 숯을 사용하는 화력에너지나 수력에너지의 비중은

경미하게 줄어들면서 에탄올과 같이 사탕수수에서 비롯된 대체 에너지원의 에너지믹스 내 비중은 증가를 경험하게 될 것이다.

앞으로 몇 년간 원유와 원유 유도체의 생산량이 증가할 것으로 예측되고 있지만, 초과공급분은 주로 외부시장(수출)을 겨냥하고 있는 만큼 에너지 총 공급량에서의 비중은 오히려 줄어들 것으로 보인다. 국내시장에서는 가솔린이 점차 함수알코올(hydrated alcohol)로 대체될 것이다.

3. 수요

향후 10년간 브라질의 에너지 총수요는 연 5.3%씩 성장하여 2020년에는 372Mtoe(석유환산톤)에 이를 것이다. 산업과 운송 분야는 총수요의 67% 정도를 담당하며 에너지 소비량 1위 자리를 지킬 것이다.

그 중에서도 정유공장의 자원 소비량과 천연가스 및 원유자원의 개발(E&P)의 성장이 두드러져 10년 내 최대 성장률을 기록할 전망이다. 전자의 경우, 신규 정유공장의 설립(COMPERJ, RnEST 등)으로 인한 브라질의 정유능력 증대에서 기인할 것임을 특히 언급할 수 있다. 한편 E&P의 성장은 향후 10년간의 국내 생산 시나리오 예측에 따라 변동 가능하다.

추정치에 따르면 2020년의 전기 소비량은 2010년 대비 61% 증가해 730TWh(테라와트)에 육박할 것이다. 이러한 전기 사용량의 확장에는 국내 산업분야가 큰 역할을 담당한다. 실제로 같은 기간 추가되는 전기 사용량 277TWh 중 138TWh를 산업 분야가 차지하고 있다. 하지만 산업 분야의 자가사용전기(own-use electricity) 생산량은 전기 수요량보다 높은 증가율을 보이는데, 이는 발전용량 확대에 가해지는 수요 압력을 줄여준다. 이 외에도 가정 부문 또한 주목할 만하다. 브라질은 1998년의

〈그림 8-2〉 1인당 에너지 소비량 대비 1인당 소득: 국제적 비교

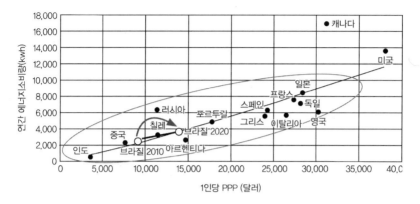

에너지 절약기간(179kWh/월) 이래로 가장 높은 평균 가정전력소비량을 2017년경에 회복할 것으로 보인다.

그러나 브라질의 1인당 소비량은 다른 국가들과 비교했을 때에 매우 낮은 편이다. 현재로서는 중국과 비슷하다. 브라질의 1인당 소비량은 점점 증가하여 2020년에는 2007년도의 칠레 수준을 넘어설 것으로 보이나 그래도 프랑스나 스페인의 소비량에는 크게 못 미칠 전망이다(<그림 8-2>).

모든 경제 분야 중에서도 에너지 효율이 부각된다는 사실은 2020년경의 하루당 4만 4,000배럴의 수요(2012년 국내 석유 수요량의 약 1/4)를 피할 수 있게 해준다. 이렇게 될 경우 에너지 총수요가 온실가스 배출전망치(BAU) 대비 7%까지 절약되어 산업 분야가 에너지 절약의 측면에서 중요한 역할을 담당하게 된다.

결국 산업 분야가 2010년부터 2020년까지 달성하게 될 에너지 효율은 13.8Mtoe 또는 27만boe/d(일일 석유환산배럴)을 넘어설 전망인데, 이는 같은 기간 6,900만 톤의 CO_2 배출 감축이 가능하다는 것을 의미하기도 한다. 이 시나리오의 선두주자는 선철과 강철, 세라믹, 비철 등의 산업분

야이다.

한편 에너지 효율성의 개선은 브라질이 7,000MW 정도의 용량을 지닌 수력발전소(마데이라 강 유역의 지라우 및 산투안토니우의 설치용량에 근접)의 연간 전력생산량에 상응하는 양을 절약할 수 있게 해줄 것이다. 달리 표현하자면, 브라질은 2020년에 34TWh의 생산량, 즉 총생산량의 4.4%를 감축할 수 있을 것으로 예상된다.

따라서 2011년과 2020년 사이 연간 평균부하 증가량은 4.6%를 기록할 것이며, 이는 연간 평균수요가 3,200MW가량 증가할 것을 의미한다.

4. 전력발전

EPE는 '10개년에너지계획(이하 PDE)'를 매년 발표한다. 이 계획서는 환경의 지속 가능성 및 공급 안보 기준을 따르는 전력발전 확장의 참고 사례를 다룬다. 이 연구는 국가성장에 필요한 에너지공급 적정선을 보장하기 위해 진행되는 전력공급 확장 입찰과정에 도움을 준다.

PDE의 주요 목적은 재생 가능 에너지원의 비중에 우선순위를 부여하여 브라질이 10년 내 경험할 전기소비량의 증가에 대비할 수 있게 하는 것이다. 지금까지 재생 가능 에너지원이 10년 단위 내에서 상당한 발전 가격 경쟁력을 보여왔기 때문에, 이러한 우선순위 설정은 신규 에너지 경매 및 매장 에너지 경매에 매우 시기적절하다고 할 수 있다.

경매된 에너지의 양과 가격 측면 모두를 본다면 2010년 열린 총 세 건의 수력에너지 매입 경매 중 두 건에 주목해볼 수 있다. 이 두 건의 경매에서는 벨루몬치(1만 1,233MW)와 텔리스피리스(1,820MW) 댐이 각각 메가와트당 78헤알, 58헤알에 규제시장에 낙찰되었다.

결국 수력에너지는 브라질의 에너지믹스가 차별성을 갖게 하는 요소이다. 2010년에는 브라질 전체 에너지 생산의 81%를 차지하는 등 수력에너지는 브라질 전력발전의 주요 원천이 되어왔다.

또한 브라질은 전 세계의 실질적 수력자원 잠재량의 10%를 차지하고 있기 때문에 국가전략의 차원에서는 이 잠재량을 사용하는 것이 매우 중요하다. 수력발전은 다음의 네 가지 중요한 특성을 동시에 가지는 유일한 에너지원이다.

- 재생 가능함
- 온실가스 배출이 거의 없음
- 높은 경쟁력 보유
- 브라질의 경우, 발전소 건설에 소요되는 모든 자재와 노동력을 100% 국내에서 충당 가능하며 이는 국가의 소득 및 고용 증대를 의미함.

물론 수력발전 잠재량을 모두 개발할 때에는 환경에 미칠 영향이 완화 또는 상쇄 가능함을 증명해내야 한다. 실제 최근 여러 해 동안 진일보가 이루어져 많은 저수지 지역들이 생태보전이 가장 잘된 곳으로 꼽히고 있으며, 해당 지역의 생물군계가 안전히 보호되고 있다. 최근 프로젝트가 사회경제적 측면에서 끼친 영향 또한 특기할 만하다. 저수지 인근 거주민의 인간개발지수는 저수지 관할 지역의 주민들의 것보다 훨씬 더 높다.

따라서 현대적인 관점에서 볼 때 수력발전소는 단순한 발전소 그 이상이다. 사실상 지역 발전과 환경보전을 가늠할 수 있는 척도인 것이다.

2016년과 2020년 사이에는 19GW(기가와트)의 수력발전능력을 가진 발전소가 배치될 것으로 예측된다. 이 중 15.5GW, 즉 82%가 브라질

북부에 배치될 예정인데, 특히 설치용량 7,000MW의 상루이스두타파조스 발전소를 주목할 만하다.

브라질의 에너지 분야에서 또 하나 강조할 만한 것은 풍력에너지다. 풍력에너지는 최근 몇 년간 상당한 비용 절감을 보여주었다. 2005년에는 당시 시세로 메가와트당 약 300헤알만이 가능했지만, 2011년 8월과 9월에 개최된 전력 경매에서는 풍력에너지가 각각 2005년 기준가의 1/3인 평균 99헤알/MWh, 105헤알/MWh에 매입되었다.

즉, 풍력 발전 시장은 긍정적인 놀라움(positive surprise)을 기록해왔다고 할 수 있다. 2004년 전까지만 해도 설비 용량은 30MW에 못 미쳤지만, 2016년에는 계약된 플랜트만 고려하더라도 8,000MW을 상회할 전망이다. 플랜트 외에도, 세계 윈드터빈 생산업자들이 브라질에 생산 시설을 짓고 있다. 올 한해 설립된 신규 기업들만 해도 2011년 말이면 윈드터빈의 생산 능력을 2010년 12월의 연간 1,100MW에서 3,700MW까지 끌어올릴 수 있다. 이는 2009년 이후의 연평균 계약 풍력 용량의 두 배에 달한다(대략 연간 1,930MW).

EPE의 PDE에 따르면 전국 송전선망의 설비 용량은 재생 가능 에너지(수력, 풍력, 바이오매스)가 우선시됨과 동시에 대략 110GW(2010년 12월)에서 171GW(2020년 12월)로 증가해야 한다. 이 기간 동안 수력발전 용량은 22GW의 절대 증가세를 보이겠지만, 수력발전 용량이 차지하는 비중은 기존의 75%에서 67%로 감소할 것이다. 또한 풍력발전 단지(wind farm)나 바이오매스 화력 발전, 소수력발전(SHP) 등과 같은 재생 가능 에너지가 차지하는 비율은 10년 내 두 배로 증가할 것이다(<그림 8-3>)

풍력발전 용량의 점유율은 기존의 1%에서 2020년 7%까지 두드러진 상승세를 보일 것이다. 따라서 재생 가능 에너지가 차지하는 비율은 10년 후에는 약 82~83%대에 육박할 것이다.

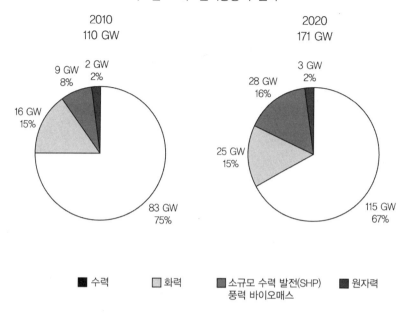

〈그림 8-3〉 설치용량의 진화

2010
110 GW

9 GW
8%
2 GW
2%

16 GW
15%

83 GW
75%

2020
171 GW

28 GW
16%
3 GW
2%

25 GW
15%

115 GW
67%

■ 수력　　□ 화력　　■ 소규모 수력 발전(SHP)　　■ 원자력
풍력 바이오매스

이와 같이 61GW가 확장되는 데에 필요한 투자액은 대략 1,900억 헤알 정도이다. 이 중 77%(47GW)는 전력 경매를 통해 이미 계약이 체결된 상태이다. 계약전력용량의 71%가 재생 가능한 에너지 자원(수력 및 대체자원)을 의미한다는 것은 주목할 만하다.

2014년까지는 모든 전력 수요에 상응하는 계약이 체결될 전망이며, 기존 잉여분은 브라질이 같은 기간 내 평균 7%의 성장률을 달성하게 해준다.

계획 대상 기간 동안 수력발전 및 재생 가능 에너지가 우선시될 수 있으려면 무엇보다도 계획발전소가 신규 프로젝트의 전력수급 경매에 참여하는 데에 필요한 사전환경면허가 적법하게 취득되어야 한다. 그렇지 못할 경우 계획발전프로그램 지연에 대한 대안으로 화력 발전 프로젝트(가급적 천연가스 사용)를 채택할 수 있다.

5. 송전

2010년 10만km에 달하던 전국 송전선망의 길이는 2020년에는 대략 14만 2,000km로 확장될 것이다. 이는 현재의 송전 시스템의 거의 절반이 오는 10년간 건설된다는 것을 의미한다. 대부분의 확장은 북부지역(마데이라 강 유역의 지라우와 산투안토니우)과 벨루몬치의 발전소를 나머지 국내 지역과 상호 연결하는 대규모 송전 트렁크(large transmission trunk)를 수반할 것이다.

또한 마나우스와 보아비스타를 잇는 500kV 송전선이 향후 호라이마주 히우브랑쿠 분지의 수력 발전소에서 발전될 에너지를 송전할 것이라는 점도 주목할 만하다.

2011년부터 2020년까지의 기간 동안의 축적량 및 향후 10년간 착수 예정인 전송시설을 반영한 예상 투자액은 약 464억 헤알에 달한다. 이 중 300억 헤알은 송전선에, 164억 헤알은 경계 시설(border facilities)을 포함한 변전소에 각각 투자될 것이다.

6. 원유 및 천연가스

연안 심해 탐사 및 생산을 성공적으로 수행하게 되면서 브라질이 원유 및 천연가스 산업 내에서 맡은 역할의 중요성은 더욱 심화되었다. 특히 브라질에 역사적으로나 경제적으로나 괄목할 만한 성과는 2006년에 거두어졌다. 이때 브라질은 최근 들어 촉망받는 암염하층(pre-salt)의 도움 없이도 오랫동안 염원해왔던 원유자급목표를 넉넉히 달성해내며 2009년 국제 원유수출국의 지위에 오를 발판을 마련해낼 수 있었다.

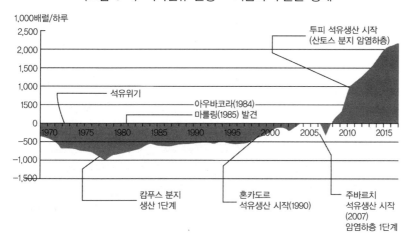

〈그림 8-4〉 국가원유 균형 - 자급과 수출을 향해

암염하층 유전에 대한 전망은 매우 밝다. 이 발견은 에너지믹스의 이점을 사회복지를 위한 실질적 이득으로 전환시킨다는 브라질의 도전 과제를 강화 및 증가시킨다.

천연자원 보유국이라는 지위 자체만으로는 천연자원이 가져다주는 이득을 취하거나 향유하기에 역부족이라는 사실은 이미 전 세계적인 경험을 통해 공유되었다. 오늘날 브라질은 다행히도 이러한 일을 미연 에 방지해줄 우호적이고도 객관적인 조건을 보유하고 있다.

최근의 암염하층 유전 발견은 브라질석유공사가 브라질의 지하자원 을 탐사와 관련하여 축적해온 기술 역량에서 비롯됐다. 우리는 브라질 이 신규 유전에서 원유와 천연가스를 생산할 수 있는 시스템에 이와 같은 기술 역량을 활용할 수 있을 것이라 확신한다. 브라질의 산업 부분은 자본, 기술 및 경영 능력 면에서 견고하다.

이 외에도 암염하층 유전에 대한 계획탐사는 국가 전체의 사회경제적 발전에 영향력을 미칠 수 있기 때문에 국내 원유 매장량의 고갈에 대응

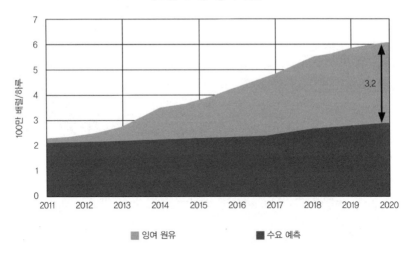

〈그림 8-5〉 잉여 원유

100만 배럴/하루

3.2

2011 2012 2013 2014 2015 2016 2017 2018 2019 2020

■ 잉여 원유   ■ 수요 예측

하는 국내 생산 체제의 확립을 뒷받침해준다.

자원개발(E&P) 분야의 경우, 기발견 자원(유전저장량 및 발견 잠재 자원량)과 미발견 자원(민간기업과 계약된 구역 및 연합정부의 구역 일부)에서 얻어지는 원유 및 천연가스의 생산량이 2011년부터 2020년까지 최소 두 배 이상 증가할 것으로 예상된다. 괄목할 만한 것은 암염하층의 기여로, 2020년에는 암염하층의 생산량이 총생산량의 절반에 달할 것으로 내다보인다(<그림 8-5>)

브라질은 국제 원유 무대에서 주목받는 생산자일 뿐 아니라 진정한 강자로 등극했다. 2020년에는 국내 생산량의 약 50%가 국제시장을 겨냥하게 된다. 이는 브라질이 한편으로는 원유 수출에서 큰 수익을 거둘 수 있게 해줄 뿐 아니라 동시에 국내 에너지믹스 내 화석연료 비중 증가 부담을 완화시켜줄 것이다.

2011년 5,800만m³이던 천연가스의 일일 국내 총공급량은 2020년에는 1억 4,200만m³에 달할 것으로 예상된다. 이 중 약 6,900만m³는 발견 잠재 자원에, 3,200만m³는 신규 발견 자원에 각각 해당된다. 이 외에도 3,000만m³의 볼리비아산 수입가스 및 2,100만m³의 액화천연가스(LNG)는 일일 국내 총공급량을 2011년의 약 1억 900만m³에서 2020년 1억 9300만m³로 끌어올린다.

원유와 가스 생산량의 증가가 예상됨에 따라 브라질의 저장량 생산비율(R/P)은 첫 몇 년 동안에는 성장세를 보이다 최종적으로는 적어도 현재의 수준에 안착할 것으로 예상된다. 또한 양적 측면에서 세계 주요 생산지의 생산량과 비슷한 수치를 이어갈 전망이다.

한편 지역유통기업 시장과 정유공장 및 비료공장의 소비량을 고려해 볼 때 일일 천연가스 수요는 2011년의 5,800만m³에서 2020년 1억 1400만m³로 성장할 것으로 예측된다. 또한 가스 및 바이오연료를 사용하는 화력발전소가 최대 용량을 사용한다고 가정한다면 2011년에는 9,800만m³이던 것이 2020년에는 1억 6,900만m³에 달할 것이다.

결국 브라질 E&P(원유 및 가스) 사업의 2011~2020년 예상 투자액은 총 5억 1,000만 헤알이 될 것으로 예상된다.

EPE의 보고서는 수송관, LNG 재기화 터미널 및 가스처리시설의 뚜렷한 확장에 대해 다음과 같은 의미 있는 결론을 이끌어내었다.

① 2015년을 시작으로 가스베우(Gasbel)관(管)과 가스보우(Gasbol)관(管)이 강화될 필요가 있음
② 2013년과 2015년 사이에 LNG 수입이 증가해야 함
③ 2019년부터 신규 LNG 재기화 설비가 북동부 지역에 설치되어야 함.

따라서 2011~2020년 기간 동안에 천연가스 공급 인프라에 예상되는 총 투자액은 약 90억 헤알 정도이다.

국가의 정유능력 향상 및 개선뿐 아니라 원유 및 파생상품의 물류인 프라 향상을 위해서도 하류부문에 대한 투자가 필요하다. 정유의 초점은 중간 유분(특히 디젤)의 증가하는 수요는 물론 날이 갈수록 더욱 엄격해지는 파생상품(특히 황성분 저함량 디젤과 가솔린) 품질의 필요조건을 충족시키는 데에 맞추어져야 한다.

이렇게 정유에 대한 투자는 브라질이 현재의 연료(디젤 등)의 외부 의존을 극복하고 국내 시장에 유통되는 연료의 질을 개선시켜 브라질 사회에 유익을 가져다줄 것이다. 또한 연료의 품질향상은 국내연료의 품질이 국제시장이 추구하는 표준 사양에 도달할 수 있게 해주어 연료 수출의 더 높은 수익성이 담보될 수 있게 해줄 것이다.

브라질의 파생상품 일일 순 수출량은 2020년 약 345배럴을 기록할 것으로 추정된다. 여기에 같은 기간 주로 암염하층 유전에서 얻어질 일일 50만m³(약 300만 배럴)의 수출량까지 고려한다면 브라질은 순 수출국이 될 것으로 보인다.

브라질에는 다음과 같이 다섯 기의 신규 정유공장이 건설될 예정이다.

① 히우그란지두노르치 주의 포치과르클라라카마랑(RPCC)
② 페르낭부쿠 주의 아브레우이리마(RnEST)
③ 히우데자네이루 주의 히우데자네이루 석유화학단지(COMPERJ)
④ 마라냥 주의 프리미엄 I
⑤ 세아라 주의 프리미엄 II

위의 신규 설비들을 통해 브라질의 명목 일일 정유용량은 현재의 200만 배럴에서 2020년 350만 배럴로 확대될 전망이다.

나날이 증가하고 있는 원유 및 파생물 수송수요를 충족시키기 위한 물류인프라(수송관, 선박, 터미널 등)에 대한 투자도 현재 계획되어 있다. 석유 파생상품 공급(정제 및 운송 포함)에 대한 총 투자액은 2020년까지 1억 6,700만 헤알을 기록할 것이다.

7. 바이오연료

바이오매스는 브라질의 또 다른 중요한 에너지원 중 하나이다. 국가 영토의 대부분이 지구에서 바이오매스 생산량이 가장 높은 지역에 위치해 있다.

바이오에너지 중에서도 사탕수수가 특히 두각을 나타내는 까닭은 농업 및 산업 부문에서 고르게 진보한 기술력이 있기 때문이다. 사탕수수는 브라질의 에탄올 및 바이오 전기의 경쟁력을 견인해왔다.

하지만 기술발전은 에너지 공급에만 한정되지 않았다. 에탄올과 휘발유의 자유로운 혼합이 가능한 플렉스 차량의 경우 이미 되돌릴 수 없는 현실이 되었다. 브라질 소비자들이 플렉스 차량을 접한 지는 처음 도입된 2003년 이래로 겨우 8년째이지만 이미 그 비중은 전체 경차시장의 49%에 육박하고 있다. 즉, 약 150만대의 플렉스 차량이 현재 국내에 보급되어 있는 것이다. 2020년에는 플렉스 차량의 경차시장 점유율이 78%에 도달할 것으로 예상된다.

향후 10년 동안의 브라질 시장 내 에탄올 수요는 지속적인 성장세를 보일 전망이다. 단기적으로는 제한된 공급이 예상되지만, 플렉스연료 차량의 국내 판매량 확대 및 함수에탄올의 높은 가격경쟁력은 브라질이 에탄올 수출의 주도적 위치를 잃지 않게 해줄 것이다.

중기적으로는 공급의 증대로 인한 사탕수수 플랜테이션 확대, 에탄올 생산공장 확충, 신기술 도입 등이 에탄올 수요를 충족시켜줄 것이다. 또한 신기술 도입을 통해 에탄올 생산 사슬의 효율성이 강화될 것이다. 에탄올 수송을 용이하게 하고 저장 비용을 감소시키고자 하는 프로젝트 또한 같은 관점에서 계획 중에 있다.

한편 바이오디젤은 오직 혼합의무를 충족시키기 위해서만 사용될 것이다. 원료와 생산절차의 가용성 및 유출량에 대한 분석은 브라질이 이 수요에 대응할 수 있는 필요조건을 이미 갖추었음을 시사한다.

바이오전력 생산을 위한 사탕수수 바이오매스의 경우 용량확대 여유가 넉넉하다는 것이 에너지 계약량 평가를 통해 입증되었다. 재생 가능 에너지자원을 이용한 용량확장을 위해 마련된 가이드라인에 따르면, 이 여유 덕택에 바이오매스는 브라질 발전설비의 중요한 에너지자원으로서의 위치를 더욱 공고히 할 수 있을 것이다. 현재의 잠재량은 약 9.6GW로 추정되지만 2020년에는 17GW을 약간 상회하는 수준까지 이를 것이다.

주로 에탄올 공급에 집중되는 바이오연료 투자는 2010년도 말 즈음에는 총 970억 헤알이 될 것으로 예상된다.

8. 환경

브라질의 에너지 정책은 천연자원의 지속 가능한 관리 및 환경보전의 의무를 엄격히 이행하며 공정한 가격, 질 좋은 서비스를 전 국민에 공급한다는 목적을 갖고 결정된다. 에너지 정책은 또한 온 국민의 경제적·사회적 여건을 개선할 뿐 아니라 국가가 세계에서 가장 깨끗한 에너지매트릭스 중 하나를 유지할 수 있게 한다.

화석 연료의 외부 의존에 대한 우려는 재생 가능하며 환경부하가 적은 에너지원에 대한 선호로 이어졌고, 결국 에너지자원이 다각화되게 만들었다. 오늘날 브라질은 재생 가능 에너지 자원 개발 분야에서 특히 에탄올에 역점을 두고 효율적이고도 환경친화적인 방법을 모색한 선구자로서 국제적인 인정을 받고 있다.

EPE가 진행하는 에너지연구에는 생태사회적 지속 가능성 개념이 포함된다. 지속 가능한 대안을 찾기 위한 노력은 코펜하겐총회(COP15)에서 도출된 뒤 칸쿤총회(COP16)에서 채택된 합의문을 따른다. 기후변화 당사국총회의 논의를 통해 브라질이 맡기로 한 의무는 법률 제12.187/09호에 의해 공식화되었다. 이 법에 따르면 브라질은 2020년까지 자발적으로 온실가스 배출 감소 목표를 수립하고 브라질 기후변화에 대한 논의를 새로운 제도적 단계에까지 끌어올려야 한다.

이러한 맥락에서 'PDE 2020'은 에너지 생산 및 소비로 인한 온실가스 배출 감소에 기여할 수 있는 여러 조치를 포함하고 있으므로 배출감소 시나리오를 전개하는 데에 꼭 필요한 도구라 할 수 있다. 에너지 효율성을 높이고 기존 설치된 수력발전단지 및 풍력, 바이오매스, 소형수력발전(SHP) 등과 같은 대체에너지원을 강화함과 동시에 바이오연료 생산 증대 및 그에 따른 화석연료 대체를 진행한다면 2005년 기록된 배출량을 그대로 유지할 수 있을 것이다.

지금까지의 논의를 토대로 우리는 브라질의 수력발전 잠재량을 지속적으로 사용하면서 풍력발전단지 및 바이오에너지(발전 및 액체연료 공급 모두에 해당되는)와 같은 재생 가능 에너지원의 다각화가 브라질이 청정 에너지믹스를 유지할 수 있게 해 주는 주요 요소라고 결론내릴 수 있다. 또한 원유 및 천연가스의 국내 생산량 증가는 브라질이 국제 에너지 무대에서 중요한 행위자로서의 입지를 공고히 할 수 있게 해줄 것이다.

즉, 브라질이 21세기 환경 에너지 분야의 리더로 거듭나는 데에 필요한 요소들은 이미 마련되어 있는 것이다.

제9장

신발전주의와 심해유전 개발의 과제들

지오르지우 호마누 슈치 _박원복 옮김

최근 노동자당 집권 10년의 의미에 대한 논의에서 여러 문제점들이 제기되고 있는데 그 가운데 하나는 그 집권이 워싱턴 컨센서스의 논리를 극복할 어떤 새로운 발전 패러다임을 성공리에 수립했는가의 여부이다. 이 글은 '신발전주의'를 둘러싼 토론의 몇몇 요점들을 소개함과 동시에, 2007년에 발견된 것으로써, 두터운 암염층 아래에 탄화수소가 매장되어 있는 브라질 심해의 어마어마한 유전에 초점을 맞추고자 한다. 그 토론의 중심에는 국가와 브라질석유공사(Petrobras)의 역할 그리고 국산부품의 조달에 필요한 요건들을 시작으로 산업기술정책 및 석유탐사에서 발생하는 이익금의 환수문제가 포함될 것이다.

지오르지우 호마누 슈치 Giorgio Romano Schutte 암스테르담 대학교의 국제관계학 석사(1987년), 상파울루대학교 사회학 박사(2003). 현재 브라질 ABC지역 연방대학교(UFABC) 인문사회학 대학원 교수이자 국제관계학과장이다.

* 이 글은 《Nueva Sociedad》 244호(2013년 3~4월호)에 실린 글을 옮긴 글이다.

1. 들어가면서

20여 년간 거의 정체기에 가까운 시기를 거친 후 2002년에 브라질은 노동자당 출신의 대통령을 선출했다. 그의 당선은 워싱턴 컨센서스의 폐해를 극복할 수 있는 경제사회적 변화를 추진할 것이라는 전망을 상징하고 있었다. 초기에 그의 정부는 정통 거시경제정책을 통해 시장의 신뢰를 회복하겠다는 방침을 세웠다. 하지만 2006년부터는 새로운 모델이라고 특징지을 수 있는 그 무언가의 구축을 더욱 분명하게 설정하기 시작했다(Barbosa e Souza, 2010). 루이스 이나시우 룰라 다 시우바의 제1기 정부 시절에 경제학자인 루이스 카를루스 브레세르 페레이라(Luiz Carlos Bresser-Pereira)는 '신발전주의'라는 개념을 개진했다(Bresser-Pereira, 2004). 그 이후로 이 논쟁은 두 가지 흐름을 형성했다. 한편으로는 기존에 수립된 사회경제 정책들의 본질을 포착하여 이를 체계화할 수 있는 협정(convencao)을 구축하려는 시도였다. 다른 한편으로는 어떤 특징들이 신발전주의 협정에 연계되어야 하는지를 우선적으로 설정하는 좀 더 규범적인 접근에 관한 문제였다. 이 규범을 시작으로 룰라 정부 그리고 그의 뒤를 이은 현 지우마 정부가 그 방향에 얼마나 부응했는지 또는 하고 있는지를 평가하는 것이었다. 문제는 사회적 포용과 불평등 감소가 지속된 기간과 지속 가능한 성장의 시대를 열려는 새 기간 모두를 올바르게 평가하기 위한 파라미터를 설정하는 것이다. 이 모든 것은 새로운 프레임에서 국가가 자신의 역할을 재추구하는 문제와 근대적-전통적인 엘리트들과 연계된 자신들의 이해관계를 강요하는 강대국들을 상대로 국제무대에 브라질이 능동적으로 진입하는 문제를 전제로 하고 있다.

이 글에서 필자가 하고자 하는 것은 2010년 말에 의회에서 통과된 심해유전 관련 법규의 변화를 신발전주의 전략에 대한 토론의 차원에서 설명하려는 것이다. 핵심문제는 국가의 역할과 국가의 통제를 받는 혼합자본 기업인 브라질석유공사의 역할 그리고 산업정책의 핵심으로써 국산부품의 조달요건들을 설명하는 것이다.

2. 신발전주의와 국가발전주의 그리고 신자유주의 정책들

신발전주의라는 개념은 워싱턴 컨센서스의 극복을 대변할 뿐만 아니라, 1948년 창설 이래 유엔 중남미경제위원회(CEPAL) 소속 지식인들의 강력한 지지와 더불어 1930년대부터 1970년대 말까지의 경제 논쟁을 지배했던 구(舊)국가발전주의(nacional-desenvolvimentismo)와 차별화를 시도하는 것이기도 하다. 한편으로 이것은 국가발전주의 정책의 수립과 추진 시기에 저질러진 실수들을 인정한다는 것을 의미함과 동시에 다른 한편으로는 대내외적 환경이 달라졌으므로 새로운 대응이 필요하다는 인식을 반영하고 있다. 주엉 식수(João Sicsú), 페르난두 파울라(Fernando Paula), 헤노 미셸(Renaut Michel)은 과거의 경험을 바탕으로 세 가지 문제점을 지적했다. 첫째, 보호무역정책들이 시간적 제한 없이 일반화된 방식으로 적용되는 죄를 범했다는 것이다. 둘째, 기술발전과 내부에서 발생하는 혁신력의 형성에 거의 관심을 두지 않았다는 것이다. 셋째, 국내의 금융 능력 향상이 만족할 만큼 되지 않아 외부자본에 대한 지나친 종속이 야기되었다는 것이다(Sicsú, Paula y Michel, 2007). 이미 그 당시에 세우수 푸르타두(Celso Furtado)는 소득과 부의 지나친 편중이 정확히 지속발전의 주요 장애물이었다는 점을 자신의 저서에서 내내 주장했다. 그리고 파비우 에르베르(Fábio Erber)는 이를 상기시키면서 소득의 배타적이며 편중된 양상을 그 당시의 큰 단점으로 간주했다(Erber, 2010). 브레세르 페레이라(Bresser-Pereira)도 소득의 편중과 그와 관련된 것으로써 중상층을 위한 내구소비재 생산에의 불균등한 편중 현상을 지적했다(Bresser-Pereira, 2011). 그는 다른 글에서 공공부채의 양가성과 인플레이션에 대한 '상대적 안주'의 양가성을 비판했다(Bresser-Pereira, 2012: 19). 어떤 형태로든 새로운 전략을 요구하는 새로운 현실과 관련하여 식수와 파울라 그리고 미셸은 제철이나 석유화학과 같은 생산활동에 직접적으로 간여할 필요성이 더 이상 존재하지 않는다고 주장한다(Sicsú, Paula y Michel. 2007). 따라서 오늘날의 과제는 기간산업단지와 같은 것을 추진하여 유독 농업이 강한 현실을 바꾸려는 시도를 더 이상 하지 않는 것이다. 이들의 의견에 따르면 오늘날의 문제는 혁신을 이룩하여 질과 생산성을 향상시키는 것이다. 이들 모두가 새로운 발전주의의 본질을 규정함에서 공통적으로 주장하는 바는 발전전략을 추진함에 필수적으로 여겨지는 국가의 역할을 재개하고 이 전략을 위해 국제시스템에의 진입을 추진하자는 것이다. 자세히 말하자면 우리는 국가의 이러한 역할에 대해 거의 만장일치 같은 합의를 확인할 수 있다.

▶ 대중소비와 사회적 포용 그리고 불평등 축소를 통해 내수시장에 새로운 활력을 불어넣는 것
▶ 산업정책의 혁신, 특히 국산부품의 조달 요건을 활용함으로써, 전략적인 부문을 위해 저축을 장려하고 혁신에의 투자 기회를 창출하는 것
▶ 국내 저축 확대를 장려하고 자본을 관리함으로써 지역 화폐의 지나친 평가와 변동을 피하는 등 외적인 취약점들을 줄여나갈 필요가 있다는 것
▶ 일반화된 보호무역주의 정책들을 거부하면서도, 부정직한 외국의 무역 관행에 대해 국내 산업을 보호하면서 국제시장과 통합을 이룩할 것. 여기

에는 상호호혜의 원칙에 따라 시장의 개방을 실리적으로 협상하는 것이 포함된다.

▸ 국가 기획력의 재구축을 포함, 국가발전의 중장기전략을 마련하는 것 등이다.

이 마지막 지점이 바로 앞으로 논의하게 될 것으로서, 새로운 석유 및 가스탐사 관련 법규의 본질적인 변경사항을 구성한다.

3. 무슨 이야기인가?

심해 암염층 아래에 거대한 원유와 가스매장지가 발견되자 2007년 11월, 브라질 정부는 국내뿐만 아니라 국제 원유산업계에도 이 새로운 지질학적 소식을 공식적으로 발표했다. 즉, 브라질 해안에서 200km 이상 떨어진 지점을 중심으로 산타카타리나 주 북쪽으로부터 상파울루 주와 히우데자네이루 주를 거쳐 이스피리투산투 주 남부에 이르는 지역의 암염층이 그 소식의 핵심을 이루었다.

이 유전지대의 탐사는 기술적으로 엄청난 도전거리이다. 물과 암염들이 이루는 크기가 에베레스트 산의 크기와 맞먹기 때문이다. 2010년부터 국제에너지기구(AIE)와 미국 에너지부의 통계들은 브라질을 거대한 원유생산국으로 지목하기 시작했다. 2012년 말, 암염층 전체 면적의 32%에 달하는 지역에서 발견된 새로운 유전은 브라질석유공사가 1953년 창설된 이래 생산해온 총 원유(150억 배럴)와 이미 맞먹는 매장량을 가진 것으로 나타났다. 관련 기관들의 예상에 따르면 단지 원유 생산만도 2012년 하루당 223만 배럴에서 2021년 543만 2,000배럴로 늘어날 것이라고 한다(EPE, 2012). 가스의 생산량은 수요 확대에 부응하지는 못할 것이지만 원유보다는 훨씬 클 것으로 기대된다. 이 모든 것은 암염층하의 유전이, 항상 외적인 제한요인이었던 에너지 의존을 극복하는 것 외에도, 브라질의 새로운 발전 주기를 열어줄 잠재력을 가지고 있음을 의미한다. 하지만 역사적 관점에서 볼 때 암염층 주기가 지난 수세기 동안 브라질 저발전을 특징지었던 1차 산품들의 수출 주기에 비교되지 않는다는 것을 보장하기 위해서는 앞으로 헤쳐가야 할 과제들이 많다.

심해유전의 역사는 세 가지 이유로 인해 세계사의 독특한 시기에 시작되었다고 볼 수 있다. 첫 번째 이유는 선택받은 대형 원유수출국 대열에 진입했고 또 그토록 잠재적으로 유리한 부가조건(평균 소득, 상대적으로 다양화된 산업단지, 브라질석유공사와 같은 기술경쟁력을 갖춘 대기업)들을 조화시킨 다른 나라들의 예들을 찾기가 쉽지 않다는 것이다. 그와 동시에 효능과 완벽성에서는 거리가 멀다고 할지라도 안정적이라고 간주할 수 있는 민주주의체제와 또 개선될 것으로 예상되는 제도들로 공고해진 민주주의 국가들을 찾기도 쉽지 않다는 것이다. 하지만 브라질은 많은 결점을 안고 있는 개발도상국이다. 다시 말하면 한편으로는 새로운 자원을 활용할 기본 인프라를 가지고 있으면서 다른 한편으로는 질적인 도약을 위해 그러한 자원을 필요로 하는 나라라는 것이다. 둘째, 에너지 문제는 항상 본질적으로 환경문제와 결부되어 있다는 것이다. 향후 수십 년간 세계는 온실효과를 낳는 가스 배출 문제를 해결해야 할 상황이다. 이는 저탄소경제로의 이행을 요구하고 있다. 결국 점차적이고도 지속적으로 원유의 사용을 줄여나가야 할 것이다. 그러나 한편으로는 기존 유정들의 상당 부분이 고갈될 것이라는 것과 다른 한편으로는 특히 중국과 인도의 수요 증가가 정체될 것이라는 점을 고려할 경우 이러한 이행의 국면이 오히려 심해유전 탐사를 불가능하게 만들 수도 있을 것이다. 세계 에너지 차원의 변화는 원유, 석탄 그리고 가스 등이 아직 세계 경제에서 에너지의 주요 원천이 되는 한 거기에 맞춰 진행될 것이다.

세 번째 이유는 원유의 발견이 룰라 정부의 두 번째 임기 동안에 발생했다는 것이다. 룰라 정부는 국내외적으로 자신의 리더십을 공고히 해왔고 또 국가의 발전을 주도함에서 국가의 역할을 확실하게 강화해왔다.

4. 심해유전과 신발전주의

심해유전 발견이라는 새로운 현실 앞에 룰라 대통령은 그 유전의 탐사를 위한 공개입찰을 중단하는 과감한 결정을 내렸다. 그는 또, 정부가 심해유전의 핵심 부분을 장악하고 국영석유공사의 경영진 지명권을 장악했음에도 불구하고, 국내외 민간 부문에 주식의 과반수를 매각하여 국영석유공사의 독점을 종결시켰다. 이를 위해 1997년 도입된 개발인허가권의 관련 법규 내용을 변경할 필요가 있다고 인식하고 이에 대한 논의를 재개하는 과감한 결정을 취했다. 이것은 기존 계약의 파기가 아니라 새로운 현실에 대한 새로운 법 규정을 의미할 것이었다.

그리하여 2007년 12월에 제9차 공개입찰에서 41개의 광구가 제외되었다. 이 광구들은 심해유전지대에 있었다. 18개월 동안 룰라 정부는 내부적으로 연구와 토론을 거듭한 끝에 일련의 법안들을 마련하여 2009년 8월 31일 의회에 제출했는데 이것은 원유와 가스 탐사 관련 법규의 변경을 목적으로 하고 있었다. 무엇보다도 새로운 관련 법규들을 둘러싼 이 논쟁이 브라질에 매우 중요함에도 이것이 2010년 중엽의 대선

캠페인 이슈로 부상하지 못했다는 데에 관심을 기울일 필요가 있다. 새로운 법규가 의회에서 승인되어 2010년 12월 룰라 대통령의 임기 마지막 달에 서명되었다.

5. 관련 법규 전반의 주요 변경내용들은 무엇인가?

1) 국가에 의한 이익의 점유 증가

개발인허가 문제에서 인허가를 받은 기업이 발견한 모든 원유와 가스는 그 기업의 소유이며 국가는 특별세, 특히 로열티와 특수 지분을 통해서만 원유생산에 따른 이익의 일부를 차지한다. 그 구성에서 로열티 지급과 생산비용 청산 이후, 원유는 계약자와 국가 사이에 분할된다. 이에 따르면 결국 국가의 통제가 늘어나는 셈이 되는데 그 이유는 국가가 상당량의 원유와 가스를 차지함으로써, 중장기 이익을 고려한 상업화 전략으로 각종 정책에 간섭할 여지를 갖게 되기 때문이다.

2) 브라질석유공사에 대한 국가 통제의 증가

비록 심해유전이 국영석유공사를 완전히 재국유화할 명분을 줄지도 모른다는 생각을 정부가 부인하고 있음에도, 국가의 지분참여를 늘리려는 노력이 개진되었던 것은 사실이다. 2010년에 실시된 국영석유공사의 대규모 증자를 통해 연방정부는 자신의 지분을 확대했는데 그 이유는 여타 주주들의 완전 구매권 실행이 없을 경우 연방정부가 그 나머지 부분에 대한 권리를 행사할 가능성이 이미 예견되었기 때문이다. 하지

〈표 9-1〉 국영석유공사의 자본금에 대한 국가의 지분율 증가

(단위: %)

	상장 이전의 비율	상장 후의 비율 (2010년 9월 24일)	2011년 12월 31일 현재의 비율
국영 부문	39.8[1]	48.3[2]	47.60
전국 민간 부문	22.8	19.9	18.50
외국 민간 부문	37.4	31.8	33.90

주: 1) 이 지분은 연방정부의 32.1%와 국가경제사회개발은행 지주회사(BNDESPAR)의 7.7%로 분할되어 있다.
2) 이 지분은 연방정부 31.1%, BNDESPAR 3.9%, 소베라누 펀드(Fundo Soberano) 3.9%, BNDES/FPS 1.7%로 구성되어 있다.
자료: 광물에너지부(MME), 「국영석유공사: 2011년 활동보고서」(Brasília, 2012) 재구성.

만 국가의 지분참여가 상당히 진척되었음에도 아직 50% 이상이 민간 부문의 자산으로 남아 있다.

그 외에도 새로운 관련 법규는 새로운 100%의 국영기업의 설립을 가능하게 했다. 그 기업은 브라질 원유 및 가스 관리공사(Pré-Sal Petróleo S/A: PPSA)로서 이 기업은 연방정부의 몫인 원유와 가스를 생산하고 상업화하는 계약들을 관리 책임지는 역할을 맡고 있다. 이 기업은 또 국영석유공사뿐만 아니라 연방정부의 이해관계를 도모하기 위해 운영비의 관리도 도맡게 될 것이다.

3) 원유 생산에 대한 국영석유공사의 통제권 증가

원유에 대한 권리 분배 모델하에서 원유 및 가스 탐사는 가능한 두 가지 형태의 계약을 통해 국영석유공사의 강한 우월권을 보장하고 있다. 하나는 공개입찰을 통한 방법인데 그 입찰에서는 국영석유공사에 최소한 30%의 계약을 보장하고 있으며 그 외에도 어떤 경우든 국영석유공사는 운영자가 될 것이다. 그러니까 국영석유공사는 심해유전 탐사

의 리더로서 그 관리도 책임지는 국영기업이 된 것이다. 또 다른 하나는 국영석유공사의 직접 계약이 예상되는데 그 경우 국영석유공사는 그 사업의 100%를 장악함으로써 공개입찰을 시행할 필요가 없게 된다.

우리는 이러한 변화들을 온화한 재국유화(moderada reestatização)라고 부를 수 있다.1) 이에 대한 비판은 주로 브라질 원유연구소(IBP)와 사적인 컨설팅사들로부터, 특히 국제 민간 원유사들을 통해 전해졌다. 이들은 인허가 모델이 이미 예견된 결과이며 그 모델을 바꿀 하등의 이유가 없다고 주장했다. 인허가 관련 법규들은 매우 융통성이 많아 정부의 세수 확대를 가능하게 할 것으로 보인다. 하지만 솔직히 말해 주요 비판은 상원의원인 프란시스쿠 도르넬리스(Francisco Dornelles)의 주장에서 분명히 나타났듯이, 정부의 권한이 더욱 커진 데 비해 민간 기업들의 활동력이 제한되었다는 점에 집중되어 있다. 도르넬리스 상원의원은 "하나의 국영회사를 더 만든 것 이외에, 투명하고 효율적인 인허가 시스템을 나눠 갖기라는 관료화된 시스템으로 교체하려는 정부의 발표는 국가의 현행 원유탐사 정책에서 엄청난 후퇴를 의미한다"(Dornelles, 2009)라고 주장했다.

정부의 입장에서 볼 때 정부의 권한을 확대하는 것은 심해유전 탐사에 대한 산업정책을 추진하고 나아가 수익의 융통성을 둘러싼 복잡한

---

1) 단독노조(CUT)의 회원단체인 원유종사자 단독연맹(FUP)은 다른 입장을 표명했다. 이 단체는 2009년 다른 사회운동단체들과 더불어 법안 제5891호에 대한 캠페인을 전개했는바, 이 법안의 주 내용은 국영석유공사의 국가독점을 회복하고 이 기업을 100% 국공립기업으로 탈바꿈시키려는 것이었다. 이것은 공개입찰의 종말과 이미 공개입찰로 매각된 광구들을 다시 획득하겠다는 것을 의미한다. 하지만 이 제안에 대한 지지는 좌파 성향이 분명한 정당들의 몇몇 의원에 한정되었으며 이들은 룰라 대통령이 이 싸움에 끼어들지 않을 것이라는 점을 사전에 인지하고 있었다.

문제를 해결하는 데 바람직한 일인지도 모른다.

6. 산업정책과 기술정책

심해유전 개발과 관련된 법규들을 읽다 보면 여타 다른 경제 부문들, 특히 종합적인 고부가가치 혁신 산업들과의 연결고리가 허약한 점이 천연자원의 생산과 탐사의 주요 특징 중 하나로 꼽힌다. 이것은 심해유전을 고립된 경제로 이끌 수 있다. 이러한 고립구조는 인적자본의 축적에 별다른 보상이 없는 낮은 수준의 기술 부문과 동일시된다(Sinnott, Nash e Torre, 2010).

심해유전은 원유산업의 선진기술이 집약된 대규모 사업인 만큼 그러한 평가에 꼭 해당되는 것은 아니다. 왜냐하면 브라질의 국가경제 전반을 위해 전략적인 중요성을 인정하는 경제적·제도적 여건들이 형성되고 있기 때문이다.

심해유전의 활용 문제는 결국 상류(upstream) 생산체인뿐만 아니라 하류(downstream) 생산체인으로의 진입 전략과 관계된다. 여기서 상류 생산체인이란 탐사와 개발 그리고 생산을 가능하게 하는 상품과 서비스에 대한 수요 일반을 의미하는 반면에 하류 생산체인이란 최종 소비자에게까지 이르는 파생상품들의 생산을 의미한다.

상류 생산체인 단계에는 수입이나 국가의 생산능력 창출과 같은 문제를 포함하는 엄청난 구매력이 존재한다.[2] 이 경우 이러한 기회를 활용

---

2) 원유와 가스에 대한 투자는 2020년까지 투자금 약 4,000억 달러에 달하는 국내 수요를 창출하는 잠재력을 가지고 있다. 이 투자는 상업과 서비스업 부분과 마찬가

〈표 9-2〉 최종 상품의 질에 결정적인 영향을 미치는 장비들에 대한
국영석유공사의 수요변화 예측

	2010년	2015년	2020년
공해상의 시추선*	15	37	65
지원 선박과 특수 선박	287	479	568
생산 플랫폼	44	61	94

주: *시추선은 오프쇼어 산업의 핵심 장비이다. 시추선은 유정의 시추를 가능하게 하는
일련의 보조장비들로 구성된다. 이 장비들은 물에 뜨는 플랫폼 위에 설치된다. 시추선
은 에너지 생산, 화물이동, 유정의 안전 그리고 시추과정에서 예상되는 다양한 환경들
을 끊임없이 모니터하는 여러 시스템들로 구성되어 있다. 2010년 현재 전 세계에서
가동 중인 시추선은 총 70척이다. 이를 보더라도 이 설비에 대한 향후 수요를 잘 이해
할 수 있을 것이다.
자료: Petrobras, "Plano de negócios 2011-2015,"(Brasília: MME, 2011).

하고 나아가 <표 9-2>에서 관찰할 수 있듯이, 예상되는 성장이 생산
인프라를 확정지을 수 있도록 보장하기 위해서는 선별적 공공정책의
채택이 주효하다. 심해유전은 생산규모 문제뿐만 아니라 관련 산업이
국영석유공사의 수요 리듬을 쫓아갈 수 있도록 도전 거리를 제공하고
있다는 것이 명백해진다.

심해유전의 잠재력 문제와 기존 유정에서의 생산문제를 관리하기
위한 장치들을 보장하고 또 새로운 유정들을 탐사하는 데 필요한, 시간
의 문제에 직면하여 국영석유공사는 심해유전을 우선적으로 다룬다는
결정을 내렸다. 이것은 브라질이 2011년 이래 심해유전에서의 예상
밖 생산 확대와 옛 유전에서의 고갈지수를 훨씬 상회하는 생산하락이라
는 두 가지의 상호 모순되는 현실을 마주하고 있음을 의미한다.[3] 다시

지로 기계, 장비, 조선 등의 부문을 포괄한다. Eloi Fernández y Fernández e Bruno
Musso, "Oportunidades e desafios da agenda de competitividade para construção
de uma política industrial na área de petróleo: Propostas para um novo ciclo
de desenvolvimento industrial," onip, Rio de Janeiro, 2010, p.7.

말하면 심해유전의 생산 확대는 아직, 옛 유전에서의 생산하락 때문에, 총량에 반영되지 않은 것이다. 이것은 새로운 장비들의 동원으로 회복될 것이다. 이러한 사실은 심해유전 개발 관련 법규들에 대한 비판 그룹들에게 이용되어 논란이 재개되기에 이르렀다.

7. 국산부품 조달문제

심해유전을 산업발전의 지렛대로 활용하는 데서 키워드는 국산부품의 조달상황으로써 이는 시장과 탐사 및 생산 기간이라는 두 가지 차원에서 이해되어야 한다. 그렇게 되어야 초기 학습단계가 지나고 비용의 구조와 기술의 질을 제시할 수 있는 임계점을 끌어낼 가능성을 탐색해 볼 수 있을 것이다. 이것은 비단 국내 수요에 부응하기 위한 것일 뿐만 아니라 국제적으로 경쟁력을 높이기 위한 것이기도 하다. 적절한 정책들을 결정하는 것은 한편으로 더 낮은 가격에 더 빠른 공급을 선택할 것인가라는 문제와 다른 한편으로는 시간을 요함과 동시에 최소한 초기에 발생할 큰 비용을 감당하기 위해 자체의 능력을 끌어올리는 문제 사이의 균형 유지라는 과제에 직면할 것이다. 그러니까 이것은 단기간에 재정적 기회를 잃게 될 위험을 안고 있으나 중장기적인 관점에서는 하나의 발전전략을 의미한다. 하나의 예를 들면 선박들의 인도 지체가 그것이다. 이 문제는 오늘날 조선업이 직면하고 있는 일반적인 상황을 대변하는 것으로서 2000년만 해도 조선업에는 단지 1,900명의 직접고

---

3) 유전 고갈지수는 유전 시추를 통한 원유추출에 따라 매장지의 압력 하락과 함께 유정이 고갈되는 정도를 나타내는 지수이다.

용 근로자들이 종사했으나 2010년에는 그 수가 8만 명으로 대폭 확대되었
다(Sinaval, 2010: 7).

그 정책의 초점은 자본의 출처와는 상관없이 브라질에서의 일자리
창출과 소득창출의 문제라는 것을 강조하고 싶다. 브라질 정부는 이것
을 통해 다국적 기업들을 자극하여 브라질에 정착하게 할 심산이며
이것은 무엇보다도 선진기술을 습득하는 것을 그 목적으로 하고 있다.

8. 기술적 품질 향상

이것이 선진기술의 문제를 다루는 것임을 상기할 때 다른 산업분야와
여타 관련 분야에서, 예를 들어 신소재와 나노기술 등의 분야에서 심해
유전 탐사용 선진기술을 활용할 수 있게 된다. 이를 위해서는 원유탐사
를 위한 규정이 결정적이다. 그 규정은 기업들이 훌륭한 생산능력을
보여주고 있는 유전에서 취득한 연간 총매출액의 1%를 원유, 가스 혹은
바이오연료 부문과 관련된 연구개발에 투자할 것을 규정하고 있다. 이
1% 가운데 절반은 대학들이나 공인된 연구기관들과 협력관계를 통해,
그리고 나머지 절반은 내적 연구개발을 위해 투자할 것을 규정하고
있다. 그리하여 연구개발에 투입된 기금은 2002년 26만 4,000헤알과
2007년 61만 7,000헤알에서 2011년 10조 헤알로 뛰었으며 이 가운데
96%는 국영석유공사로부터 나온 것이었다(ANP, 2012).

〈표 9-3〉 신발전주의 관점에서 본 심해유전

신발전주의 전략의 핵심 요소	심해유전	과제
생산성 증가와 혁신을 보장하기 위한 산업화	산업 전반에 대해 상당한 파급효과를 가진 국내 생산체인을 강화하고 밀집시키기 위한 엄청난 잠재력	수익과 특권을 피하면서 다양화와 국제경쟁력에 초점을 맞춘 국산부품의 조달여건들; 경쟁력과 내생적 혁신 능력의 창출
사회계층 간, 국내 지역 간 소득분배	사회정책을 추진하기 위한 정부의 현저한 예산와 기금의 가용성	사회적 발전(특히 교육)과 적절하고 고품질 고용의 창출용 기금 사용을 위한 특수하고도 투명한 정책들; 국가가 획득한 수익을 연방정부의 다양한 기관들 사이에 분배를 촉진할 것; 지대추구와 부패를 피할 것
탈산업화 과정을 피하면서 경쟁력 제고를 추진한다는 의미에서 지역 화폐의 지나친 평가를 피하기 위한 경상수지 보호정책	원유수출과 국내로의 민간 자본 유입 확대를 통한 자본의 현저한 유입(민간 부문의 채무 포함)	지나친 환율보호정책과 인플레이션 압력을 피할 것
에너지정책과 전반적인 산업발전의 일부로서 환경적 발전의 지속 가능성을 옹호	연안지대의 원유와 가스 생산은 환경에 직접적인 위험을 의미(원유생산과 유통에서 처리 과정상 가스의 방출과 유출할 뿐만 아니라 재생 가능한 원천자원(특히 에탄올)의 크라우딩 아웃(정부의 자금 조달로 인한 민간 투자 자금 경색) 위험성	불필요한 관료주의를 양산하지 않는 강력한 통제 메커니즘으로 탐사와 생산 그리고 유통 과정에 환경적 고려사항들을 가미할 것. 저탄소 경제로의 이행을 위한 분명하고도 확실한 중장기 정책 수립. 국제가격으로부터 지역가격의 이탈을 피할 것.
브라질의 새롭고도 질 높은 국제사회로의 진입을 촉진하기 위한 우선적 과제로서의 남미통합	심해유전 탐사를 위한 가용 재원을 집중시킬 필요가 있는데 이것은 이 지역에 대한 투자에서 국영석유공사의 이해관계를 줄이는 걸 의미한다.	심해유전을 둘러싼 에너지 및 산업정책에서 시너지효과 검토(예를 들어 지역단위의 이해관계 개념을 지방단위로 확대하는 것). 남미 에너지 정책을 포괄하는 어떤 정책을 개발할 것.

9. 맺는 말

브라질의 발전에서 심해자원의 기여는 세 가지 정책을 통해 가능해질 것이다. 첫 번째는 연방정부의 몫인 원유의 판매와 로열티 수입을 통한 국가의 직접적인 세수가 그것이다. 둘째는 국산부품의 조달여건을 설정한 정책이 그것으로써 이 정책은 원유와 가스의 탐사와 개발 그리고 생산을 하는 과정에서 생산품과 서비스에 대한 수요를 국내에서 상당수 실현되는 어떤 생산으로 변모시킴으로써 브라질 내에 고용과 소득 그리고 세금을 창출하고자 한다. 그리고 세 번째는 대규모 유전과 가스전들의 총 매출 중 1%를 브라질 국내 연구개발에 투자할 것을 의무화한 정책이 그것이다.

참고문헌

ANP. 2012. *Anuario Estatistico Brasileiro de Petroleo, Gas Natural e Biocombustíveis.* Rio de Janeiro: ANP.

Barbosa, Nelson e José Antônio Pereira de Souza. 2010. "A inflexão do governo Lula: política econômica, crescimento e distribuição de renda." in Emir Sader e Marco Aurélio Garcia(orgs.). *Brasil entre o passado e o futuro, Fundação Perseu Abramo,* San Pablo: Boitempo.

Bresser-Pereira, L. C. 2004. "O novo desenvolvimentismo." *Folha de São Paulo,* 19/9/2004.

_____. 2011. "From Old to New Developmentalism in Latin America," em José Antonio Ocampo e Jaime Ross(orgs.), *The Oxford Handbook of Latin American Economics.* Oxford-Nova York: Oxford University Press.

_____. 2012. "A taxa de câmbio no centro da teoria do desenvolvimento" em *Estudos Avançados* vol. 26, 8/2012, p. 19.

Dornelles, Francisco. 6/8/2009. "Retrocesso no pré-sal." em *O Globo,* 6/8/2009.

EPE. 2012. *Plano Decenal de Expansão de Energia(PDE),*

Erber, F. 2010. "Convenções de desenvolvimento no Brasil contemporâneo: um ensaio de economia política." em *Textos para Discussão Cepal-Ipea.* N. 13, lc/brs/r.230. Cepal/Ipea, Brasília.

Fernández, Eloi y Fernández e Bruno Musso. 2010. "Oportunidades e desafios da agenda de competitividade para construção de uma política industrial na área de petróleo: Propostas para um novo ciclo de desenvolvimento industrial," Rio de Janeiro: onip, p. 7.

Sicsú, João, L. Fernando Paula y Renaut Michel. 12/2007. "Por que novo-desenvolvimentismo?" in *Revista de Economia Política,* vol. 27 N. 4.

Sindicato da Indústria de Construção e Reparação Naval e Offshore(Sinaval). 2010. *A indústria da construção naval e o desenvolvimento brasileiro.* Rio de Janeiro: Sinaval, p. 7.

Sinnott, Emily, John Nash e Augusto de la Torre. 2010. *Recursos naturais na América Latina: indo além das altas e baixas.* Rio de Janeiro: Elsevier; Washington, DC: Banco Mundial.

제10장

브라질의 청정개발체제(CDM) 사업

추진 성과와 과제

권기수

이 글은 브라질이 어떻게 청정개발체제(CDM) 사업 선도국으로 부상했는지, CDM 사업 추진을 통해 어떠한 성과를 거두었는지를 고찰해보고자 하는 물음에서 출발했다. 현재 지구온난화 대책의 획기적인 수단으로 주목받고 있는 CDM은 브라질이 처음으로 설립을 주장했다. 이후 브라질은 개도국 중 가장 먼저 CDM 사업 추진을 위한 국가 승인기구(DNA)를 설립하는 등 CDM 사업에 적극적이다. 이 같은 브라질 정부의 적극적인 노력의 결과, 현재 브라질은 중국, 인도와 더불어 세계 3대 CDM 프로젝트 추진국가로서 위상을 확고히 하고 있다. 특히 브라질은 기후변화 국제협상에서 선진국으로부터 기술이전을 강조해오고 있다. 그러나 CDM 프로젝트 추진을 통한 기술이전 성과는 높지 않았다. 그 이유는 무엇보다도 브라질이 CDM 프로젝트 추진 시 수입 기술보다는 자체 기술을 많이 활용했기 때문이다. 또한 브라질에서 CDM 프로젝트 추진은 새로운 기술이전이나 기술혁신을 동반하기보다는 브라질 국내에서 조달 가능한 장비나 인력의 활용을 확대시키는 데 그쳤다.

권기수 한국외국어대학교 경제학 박사. 브라질리아연방대학교(UnB) 초청연구원. 한국외국어대학교 국제지역대학원 겸임교수. 현 대외경제정책연구원(KIEP) 구미유라시아실 미주팀장.

1. 서론

브라질은 21세기 지구 온난화 시대에 청정에너지로 각광받고 있는 바이오에탄올의 선도국이다. 브라질은 전 세계적으로 바이오에탄올을 가장 먼저, 가장 광범위하게 상용화해 많은 국가들의 벤치마킹 대상이 되고 있다.

브라질은 또한 지구온난화의 주범인 온실가스 억제를 위한 혁신적 협력수단으로 평가되는 청정개발체제(Clean Development Mechanism: CDM) 분야에서도 중국, 인도와 더불어 선도국의 위치에 있다.

1997년 제정된 교토의정서는 환경을 보호하고 지속 가능한 발전을 달성하기 위한 세계적 노력의 이정표로서 인류 역사상 처음으로 각국 정부가 온실가스 배출에 대한 법적 제약을 수용했다는 점에서 커다란 의의가 있다. 특히 교토의정서는 온실가스 배출 억제 비용의 최소화를 목표로 하는 혁신적인 세 가지 협력 메커니즘, 즉 국제배출권거래제 (IET), 공동이행(Joint Implementation: JI), 청정개발체제(CDM)를 창안하여 도입했다는 점에서 높게 평가된다. CDM은 기본적으로 선진국의 정부나 기업들이 온실가스 감축 비용이 상대적으로 저렴한 개도국에서 온실가스를 줄이고 이를 자국의 감축 실적으로 인정받도록 한 제도이다.

현재 지구온난화 대책의 획기적인 수단으로 주목받고 있는 CDM은 브라질이 처음으로 설립을 주장했다. 이후 브라질은 개도국 중 가장 먼저 CDM 사업 추진을 위한 국가승인기구(Designated National Authority: DNA)를 설립하는 등 CDM 사업에 적극적이다. 이 같은 브라질 정부의 적극적인 노력의 결과, 현재 브라질은 중국, 인도와 더불어 세계 3대 CDM 프로젝트 추진국가로서 위상을 확고히 하고 있다.

이 글은 브라질이 어떻게 CDM 사업 선도국으로 부상했는지, CDM

사업 추진을 통해 어떠한 성과를 거두었는지를 고찰해보고자 한다. 본격적으로 브라질의 CDM 사업 발전 현황을 살펴보기에 앞서 2절에서는 CDM 사업의 개념, 최근 CDM 사업을 둘러싼 국제적 논의 동향에 대해 살펴보았다. 3절에서는 브라질의 기후변화정책을 살펴보고 그 속에서 CDM 정책이 어떠한 위상을 갖는지 고찰해보았다. 4절에서는 브라질의 CDM 사업 추진 현황을 중점적으로 살펴보았다. 특히 4장에서는 브라질이 CDM 사업 추진을 통해 어떠한 성과를 달성했는지를 기술이전 효과 측면에서 살펴보았다. 마지막으로 5절에서는 브라질의 CDM 사업 발전 잠재력과 전망, 그리고 향후 발전 과제에 대해 살펴보았다.

2. CDM의 개념과 국제적 논의 동향

1) CDM이란?

(1) CDM의 개념

1997년 체결된 교토의정서는 기후변화대책의 획기적인 전환점으로 평가된다. 당시 교토의정서에서는 효율적인 시장 메카니즘을 활용해 지구온난화에 대처할 수 있는 배출권거래(Emission Tradding), 청정개발체제(CDM), 공동이행(JI) 등 세 가지 수단이 탄생했다.

먼저 배출권거래란 온실가스 감축 목표에 따라 국가나 기업에 온실가스 배출 허용령이 부과되었을 경우 허용량보다 더 많이 온실가스를 배출한 국가나 기업에게는 부족분의 배출권을 시장에서 사도록 하고 허용량보다 온실가스를 덜 배출한 경우에는 잉여분의 배출권을 시장에서 팔 수 있도록 하는 것이다(김현진, 2009: 159).

CDM과 JI는 온실가스 감축비용이 상대적으로 싼 다른 국가에서 온실가스를 감축하고 이를 자국(혹은 기업)의 감축 실적으로 인정받도록 한다는 측면에서 기본적으로 동일한 개념이다. 다만 차이점은 CDM의 경우 온실가스 감축 의무가 있는 국가(선진국)와 감축 의무가 없는 국가(개도국) 간에 이루어지는 데 반해 JI는 감축 의무가 있는 국가(선진국) 간에 이루어진다는 점이다.

CDM은 선진국과 개도국이 윈윈할 수 있다는 점에서 교토에서 탄생한 획기적인 작품으로 평가되고 있다. 먼저 선진국의 경우 CDM 사업을 통해 효율적으로(cost-effectively) 온실가스 의무감축량을 달성할 수 있다. 선진국인 부속서 I 국가는 제1차 공약기간인 2008~2012년 동안 매해 평균 1990년 온실가스 배출량의 5.2% 정도를 감축해야 한다. EU는 8%, 미국은 7%, 캐나다 및 일본은 1990년 대비 6%를 감축해야 한다. 그러나 할당된 양을 자국에서 모두 감축하기에는 비용이 너무 많이 들기 때문에 선진국은 CDM 사업을 통해 개도국의 온실가스 배출 감축사업에 투자한 후 '탄소배출권(Certified Emission Reduction: CER)'을 획득해 상대적으로 저렴하게 감축 할당량을 달성할 수 있다(한바란·김민희, 2010: 2).

한편 CDM 사업 유치국인 개도국은 CDM 사업을 통해 기술이전, 투자자금 유입, 온실가스 감축 등 다양한 이점을 누릴 수 있다. 그 이유는 CDM 사업이 궁극적으로 개도국의 지속 가능한 발전에 기여하는 것을 목표로 하고 있기 때문이다. CDM 사업 수행기간 동안 선진국은 개도국의 기후변화 대응 기술을 발전시킬 의무를 지닌다(마라케시합의문 결정문 17/cp.7). 교토의정서 12조에서도 "CDM의 목적은 개도국의 지속 가능한 발전을 지원하고 기후변화협약의 궁극적인 목표 달성에 기여하며 동시에 교토의정서 3조를 통해 선진국의 온실가스 감축 의무의 달성을 돕는 데 있다"고 명시하고 있다.

(2) CDM 사업의 추진 대상 및 주요 형태

CDM 사업은 교토의정서에서 규정하고 있는 6대 온실가스를 줄이는 사업을 대상으로 한다. 그러나 여기서 원자력은 제외된다. 6대 온실가스는 이산화탄소(CO_2), 메탄(CH_4), 아산화질소(N_2O), 수소불화탄소(HFCs), 과불화탄소(PFCs), 6불화황(SF_6) 등이다.

CDM 사업은 참여 형태, 규모별로 다양하게 나뉜다. 먼저 참여 형태별로는 선진국에서 사업을 개발하고 이를 후진국에서 유치하는 '양국 간 청정개발체제(Bilateral CDM)'와 다수의 선진국들이 공동으로 사업을 개발하여 후진국에서 이를 유치하는 유형인 '다국간 청정개발체제(Multilateral CDM)', 그리고 개도국이 단독으로 프로젝트 디자인에서 크레디트 발생에 이르는 청정개발체제 전 과정을 개발하는 형태, 즉 개도국 단독으로 CDM 사업을 개발하여 의무부담국에 크레디트를 판매할 수 있는 유형인 '일방적 청정개발체제(Unilateral CDM)' 등 세 가지로 구분된다.

CDM 사업은 규모별로 대규모 사업과 소규모 사업으로 구분된다. 소규모 사업은 설비용량이 15MW 이하인 재생에너지 사업, 연간 60GWh 이하 감축의 에너지효율성 사업, 연간 6만 CO_2톤 이하 감축 사업 등이 해당된다. 소규모 사업을 제외한 모든 사업은 대규모 사업으로 정의된다.

(3) CDM 사업 관련 기관 및 절차

가) CDM 사업 관련 기관

교토의정서 당사국 총회(Conference of the Parties/Meeting of Parties: COP/MOP)는 CDM 사업 최고 의사결정 기관으로 CDM 집행위원회의 절차에 대한 결정, CDM 집행위원회가 신임하는 운영기구 및 신임기준에 대한 결정, CDM 집행위원회가 작성한 연차보고서 검토, CDM 사업

〈표 10-1〉 CDM 사업 관련 기관

기관	역할
당사국 총회(COP/MOP)	CDM 사업 관련 최고의사결정기구
집행위원회(CDM EB)	CDM 사업 관리 감독
CDM 사업 운영기구(DOE)	CDM 사업 타당성 확인, 배출량 검증
국가 CDM 사업 승인기구(DNA)	CDM 사업 정부승인기관
CDM 컨설팅회사	CDM 사업의 자문 제공

운영기구의 지리적 배분에 대한 검토 등의 권한을 가진다.

다음으로 CDM 집행위원회(Executive Board: EB)는 CDM 사업의 운영 규칙을 만들고 탄소배출권 발급, 승인 등을 수행한다.

CDM 사업운영기구(Designated Operational Entity: DOE)는 CDM 집행위 원회의 신임을 근거로 COP/MOP의 지정을 받아 CDM 사업이 의정서 12조의 가이드라인 요인을 충족시키는가를 점검하고 해당사업에 수반 하는 추가 배출저감량의 인증작업을 수행한다.

국가 CDM 사업 승인기구(DNA)는 자국 내에서 이루어지는 CDM 사 업을 승인하고 제안된 CDM 사업이 자국의 지속 가능한 개발에 얼마나 기여했나를 평가하여 승인서를 발급하는 기관이다.

나) CDM 사업 추진 절차

CDM 사업은 크게 7단계로 진행된다. 먼저 사업 참여자(Project Participants)는 사업계획서(PDD)를 작성한다. 사업계획서에는 해당 CDM 사 업의 내용 및 적용된 베이스라인의 방법론, 모니터링 방법론에 관한 정보를 수록한다.

둘째, 타당성 확인(Validation) 단계이다. 이 단계에서 CDM 운영기구 (DOE)는 해당 CDM 사업이 관련 기준에 부합하는지를 평가한다.

〈그림 10-1〉 CDM 사업 추진 절차

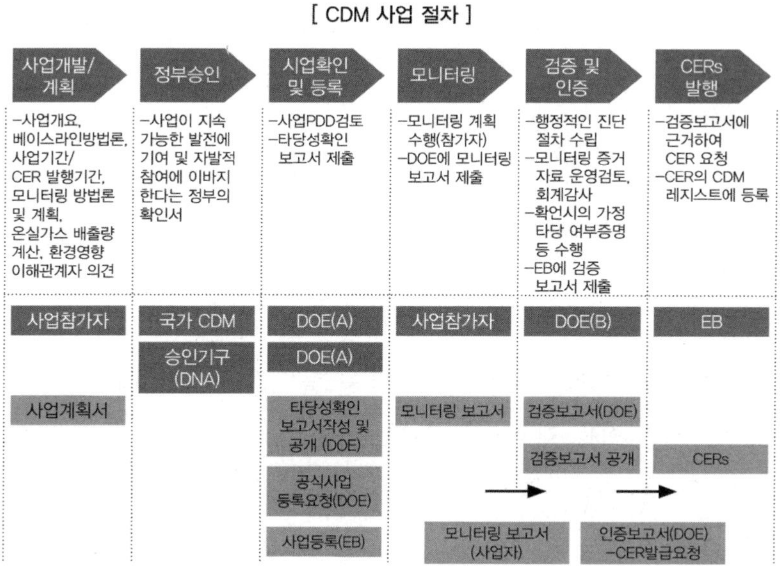

[CDM 사업 절차]

사업개발/계획	정부승인	시업확인 및 등록	모니터링	검증 및 인증	CERs 발행
-사업개요, 베이스라인방법론, 사업기간/ CER 발행기간, 모니터링 방법론 및 계획, 온실가스 배출량 계산, 환경영향 이해관계자 의견	-사업이 지속 가능한 발전에 기여 및 자발적 참여에 이바지 한다는 정부의 확인서	-사업PDD검토 -타당성확인 보고서 제출	-모니터링 계획 수행(참가자) -DOE에 모니터링 보고서 제출	-행정적인 진단 절차 수립 -모니터링 증거 자료 운영검토, 회계감사 -확언시의 가정 타당 여부증명 등 수행 -EB에 검증 보고서 제출	-검증보고서에 근거하여 CER 요청 -CER의 CDM 레지스트에 등록
사업참가자	국가 CDM	DOE(A)	사업참가자	DOE(B)	EB
	승인기구 (DNA)	DOE(A)			
사업계획서		타당성확인 보고서작성 및 공개 (DOE)	모니터링 보고서	검증보고서(DOE)	
		공식사업 등록요청(DOE)		검증보고서 공개	CERs
		사업등록(EB)	모니터링 보고서 (사업자)	인증보고서(DOE) -CER발급요청	

자료: KEMCO, 『기업을 위한 CDM 사업 지침서』.

셋째, 참여 당국 승인 단계이다. 유치국(Host Party)의 국가승인기구 (DNA)는 해당 CDM 사업이 지속 가능한 개발에 기여하는지 평가한다. 등록단계에서는 선진국의 승인서가 없어도 가능하다.

넷째, 사업 확인 및 등록 단계이다. CDM 집행위원회는 사업계획서 및 타당성 확인 보고서 등을 토대로 등록 여부를 결정한다.

다섯 번째, 모니터링 단계이다. 사업 참여자는 사업계획서에 기술된 모니터링 계획에 따라 온실가스 감축량을 계산하는 데 필요한 관련 데이터를 기록한다.

여섯 번째, 검증 및 인증(Verification and Certification) 단계이다. 여기서 검증은 모니터링된 온실가스 감축량을 확인, 인증은 검증된 온실가스 감축량을 사업운영기구의 서면으로 보증하는 것이다. 검증과 인증의 주체는 CDM 사업운영기구이다.

마지막으로 CDM 집행위원회가 인증된 온실가스 감축량에 해당하는 탄소배출권을 발행한다. 발행시 탄소배출권의 2%는 개발도상국을 지원하기 위한 기금으로 공제한다.

2) 최근 CDM를 둘러싼 국제적 논의 동향

CDM은 도입 이후 선진국과 개도국의 온실가스 감축에 크게 기여해 온 것으로 평가받고 있다. 그러나 최근 들어 CDM 사업에 비판적인 시각을 갖고 이를 개정해야 한다는 목소리가 높다.

대표적으로 기든스(2010)는 CDM 사업이 알려진 대로 선진국과 개도국에 윈윈게임이 결코 아니라고 비판한다. 그 이유는 선진국들이 스스로 온실가스 감축 노력을 하지 않고도 자신들의 목표를 달성할 수 있기 때문이다. CDM 제도가 만들어진 가장 주요한 요인의 하나는 이른바 '유럽의 절박함'이었다. 현재의 추세대로라면 EU는 자신들이 제안했던 교토의정서의 목표를 달성하기 어렵다. 그럴 경우 온실가스 저감에 앞장서고 있는 EU의 주장이 크게 위협받는 것은 자명하다. CDM은 결국 유럽의 체면을 세워 주기 위한 방편에 불과하며 투자자들은 이 사업을 추진하려고 줄을 서 있다. 언제든 신청만 한다면 어떤 사업이라도 승인될 것이 뻔하기 때문이다(기든스, 2009: 275~276).

기든스는 CDM 사업의 성과에 대해서도 회의적이다. 그에 따르면 CDM 사업은 효율적이지 않다는 평가다.

개도국이 재생에너지 관련 사업을 시작하는 데 CDM이 실제로 얼마나 도움이 될지는 아직 불확실하다. 아직까지는 기존 온실가스 배출관의 한쪽

끝에 필터를 달아서 임시방편으로 배출을 막는 식의 효과가 크지 않은 사업들이 대부분 선정되었다(기든스, 2009: 276).

와라(Wara, 2006)도 CDM 도입 당시에 기대되었던 개도국에서의 저탄소 발생 에너지 시설 건설, 개도국의 기후변화 대응을 위한 자금 형성, 개도국들에 대한 균등한 CDM 사업 분배 등이 일어나지 않았다고 비판한다. 강선주(2009: 20)도 CDM이 기후변화 완화 기제이자 개도국의 지속 가능한 발전 기제로서 성공하려면 개도국을 저탄소 배출 에너지 정책으로 유도하는 인센티브 체계 설정, 친환경적 기술의 장점 평가, 그러한 기술들에 대한 정보의 통합 촉진 등이 필요하다고 지적하며, 더 나아가 지속 가능한 발전 그 자체에 대해 측정 가능한 지표들을 개발하여 CDM 사업이 얼마나 공헌했는가를 정량적으로 평가해야 한다고 주장한다.

이 같은 다양한 비판을 반영, 2012년 이후(Post-2012) 기후변화체제를 맞이하여 CDM 개정에 대한 논의가 활발하게 이루어지고 있다. 주요 논의 내용을 정리하면 다음과 같다.

먼저 대내외적인 이유로 CDM 사업의 등록 및 배출권 발행이 지연되는 추세가 지속되면서 투자자 및 구매자의 리스크가 상승함에 따라 이에 대한 다양한 해결책이 모색되고 있다. 최근 들어 CDM 사업의 추가성(additionality) 입증 실패, CDM 집행위원회의 엄격해진 심사 등으로 사업의 등록이 보정 판결을 받거나 거부되는 사례가 증가하고 있다. 또한 CDM 집행위원회가 프로젝트를 개별적으로 검토하는 데 상당한 시간이 걸리고 있다. 현재 CDM 사업은 사업 개시부터 등록 및 탄소배출권 발행까지 2년이 넘는 시간이 소요되고 있다. 이에 따라 추가성 입증 절차 등 집행위원회의 프로젝트 심사절차 간소화를 위해 포지티브나 네거티브 리스트 도입, 배출량 벤치마킹 베이스라인 표준화 등이 검토되고 있다.

둘째, 현재 CDM 사업이 특정 지역 및 국가뿐만 아니라 일부 프로젝트 유형에 편중되는 현상을 보이고 있어 이를 개선하려는 논의도 활발하다. EU 등은 저개발국 등에서 발생하는 탄소배출권을 우선적으로 매수하는 방안을 검토 중이며, 이들 국가의 CDM 사업에 대한 다양한 지원 방안도 논의 중이다.

셋째, 선진국으로부터 기술이전 촉진을 위한 방안으로 동반이득(co-benefit) 발생 프로젝트에 대해 인센티브를 부여하는 방안이 논의되고 있다. 사실 기술이전은 자국 산업의 지적재산권 보호, 기술경쟁력 유지 등으로 현재 활성화되지 못하고 있다. 이에 따라 기술이전, 빈곤퇴치, 경제성장 등의 동반이득을 발생시키는 CDM 사업에 대해 CDM 관련 각종 비용을 면제해주는 방안이 검토 중이다.

3. 브라질의 기후변화정책과 CDM 정책

1) 온실가스 배출 현황

브라질은 세계 4대 온실가스 배출국(2000년 기준)이다. 개도국 중에서는 중국에 이어 두 번째로 많은 온실가스를 배출하고 있다. 다른 개도국과 달리 브라질은 삼림벌채 등 토지사용 전환에 따른 온실가스 배출이 절대적으로 높은 독특한 온실가스 배출 구조를 갖고 있다. 브라질과 달리 중국, 인도, 멕시코, 한국 등 대부분의 개도국에서는 에너지 소비를 통한 온실가스 배출이 절대적인 비중을 차지한다.

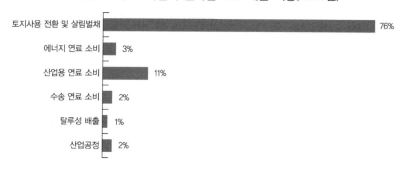

〈그림 10-2〉 브라질의 분야별 CO2 배출 비중(2005년)

토지사용 전환 및 살림벌채 — 76%

에너지 연료 소비 — 3%

산업용 연료 소비 — 11%

수송 연료 소비 — 2%

탈루성 배출 — 1%

산업공정 — 2%

자료: 브라질 과학기술부(MCT).

브라질에서는 6대 온실가스 중 CO_2가 절대적인 비중(전체 온실가스 배출의 95%)[1]을 차지하고 있다. 브라질에서 CO_2 배출의 주범은 삼림벌채와 농업·목축 면적 확대에 따른 토지사용 전환이다. 전체 CO_2 배출의 76%가 여기에서 발생한다. 그에 반해 산업용 연료 소비, 에너지 연료 소비 등 나머지 24%는 에너지 소비에서 기인한다.[2]

브라질의 에너지 소비 관련 CO_2 배출량(2006년 기준)은 3억 7,724억 톤으로 전 세계에서 17번째(전 세계 대비 1.3% 비중)이다. 개도국 중에서는 중국, 인도, 한국, 이란, 남아공, 멕시코, 사우디아라비아에 이어 8번째로 큰 규모이다.

브라질에서 에너지 소비 관련 CO_2 배출량이 낮은 이유는 청정에너지인 수력이나 바이오연료에 대한 의존도가 높기 때문이다. 브라질에서 에너지 소비 구성을 살펴보면 다른 국가와 비교해 재생에너지의 사용 비중이

---

1) 브라질에서 온실가스 배출이나 CO_2 배출 관련 공식적인 통계는 1994년을 기준으로 사용하고 있다.
2) 전 세계 평균 기준으로 온실가스 배출의 78%는 에너지 소비, 22%는 농업 및 토지사용 전환에 기인한다.

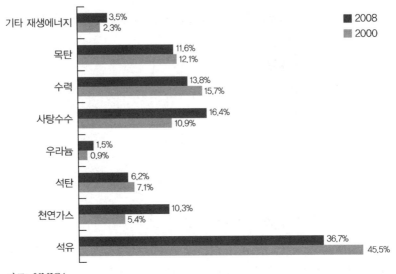

〈그림 10-3〉 브라질의 에너지 공급구조 변화

자료: UNICA.

절대적으로 높다. 브라질에서 재생에너지에 대한 의존도는 45%에 달하는 데 반해 전 세계 평균은 12.8%, OECD 평균은 6.7%에 불과하다.

2) 기후변화정책

(1) 2008년 이전까지 주요 정책

브라질은 기후변화 관련 국제협상에서 초기부터 다른 개도국들과 공조하에 자국의 입장을 적극적으로 옹호해왔다. 브라질은 기후변화 협상에서 항상 G77의 지도적 입장을 견지해왔으며, G77과 선진국 간의 가교역할을 수행해오고 있다. 브라질은 개도국의 입장을 대변해 CO_2 감축 책임은 선진국이 부담해야 한다는 입장을 주장해오고 있다. 특히 브라질은 CO_2 배출 감축 기준을 18세기 말 이후 역사적으로 축적된

〈표 10-2〉 주요국별 온실가스 배출 기여도(1850~2002)

(단위: %)

국가	미국	EU-25 개국	러시아	중국	일본	브라질	선진국	개도국
기여도	29.3	26.5	8.1	7.6	4.1	0.8	75.6	24.4

자료: Baumert et al.(2005).

기록에 기초해 산정해야지 1990년을 기준으로 해서는 안 된다는 입장을 강조해오고 있다. 실제로 보머트 등(Baumert et al., 2005)의 연구에 따르면 1850~2002년 사이 미국, EU 등 선진국의 온실가스 배출 기여도는 75.6%에 달하는 데 반해 개도국의 기여도는 24.4%에 불과하다. 특히 브라질의 비중은 0.8%로 매우 미미한 상황이다. 이 같은 브라질의 입장은 대부분의 비부속서 I 국가들의 적극적인 지지를 받았으나 부속서 I 국가들이 이 주장을 진지하게 고려하지 않아 협상과정에 영향을 미치지는 못했다. 브라질은 또한 청정기술의 이전과 개도국의 능력배양에 선진국이 자금을 지원해야 한다는 입장을 강력하게 주장해오고 있다.

기후변화 협상에서 선진국 책임론을 적극적으로 강조하는 브라질의 입장은 역설적이게도 기후변화 관련 국내대책을 소홀히 하는 결과를 낳았다. 이에 따라 브라질에서는 2008년 12월 기후변화국가계획(Plano Nacional sobre Mudança do Clima: PNMC)이 발표되기 전까지 국가 차원의 종합적인 기후변화대책 전략이나 정책이 부재하다는 비판을 받았다.

1998년 4월 29일 교토의정서 승인 이후 브라질 정부는 1999년에 기후변화협약에 대한 부처 간 이해 조정을 위해 글로벌 기후변화 협력 부처 간 위원회(Comissão Interministerial de Mudança Global de Clima: CIMGC)를 설립했다. 2000년에는 온실가스 감축 등 기후변화문제 관련 논의 및 입장을 정립하고 기후변화문제에 대한 사회적 인식 확대를 위해 브라질 기후변화포럼(Forum Brasileiro de Mudança Climática: FBMC)을 설립했다.

그러나 기후변화국가계획은 형식적 운영에 그치고 있다는 비난을 받았다. 기후변화대책의 시급성을 인식해 대통령의 주창으로 기후변화포럼을 설립했으나 설립 이후 대학 등에서 몇 번의 회의를 개최하는 데 그치고 있다는 것이 비판의 요지였다.

기후변화국가계획 제정 이전까지 기후변화 주무 기관인 과학기술부를 중심으로 브라질 정부 내에서는 특별한 기후변화감축 국내대책이 필요하지 않다는 인식이 팽배했다. 국내대책은 현재 추진 중인 CDM 사업만으로도 충분하다는 인식이었다.

이에 따라 과학기술부가 수장이며 대통령 직속기구인 글로벌 기후변화 협력 부처 간 위원회(CIMGC)는 CDM 사업에 집중했다. 외교부는 기후변화 국제협상에서 선진국의 역사적 책임과 공통의 차별적인 책임만을 강조했다. 결과적으로 브라질 정부 내에서 온실가스 배출 감축을 위한 자체적인 노력이 등한시되었다.

또한 기후변화대책은 현 룰라 정부의 대외정책에서 후순위에 머물고 있다는 비판을 받고 있다. 현재 브라질의 외교정책의 우선순위는 통상과 UN안보리 상임이사국 지위 획득에 있다. 이에 따라 항상 기후변화대책은 정부의 외교정책의 우선 순위에서 밀리고 있다고 비판받는다.

최근 환경과 개발을 둘러싼 논란도 브라질에서 종합적인 기후변화대책의 태동을 지연시키는 요인으로 작용했다. 2003년 룰라 정부 출범과 더불어 환경부 장관직을 수행해온 시우바(Marina Silva) 장관이 2008년 5월 13일 룰라 정부의 환경정책에 대한 불만을 이유로 사임했다. 환경운동가 출신의 시우바 장관은 국내외적으로 브라질 환경운동의 상징적 존재로 명망이 높았다. 환경문제를 중시했던 룰라 정부 1기(2003~2006년)와 달리 2기 정부 들어 경제성장이 국가정책의 최우선 순위에 놓이면서 환경보호를 중시해왔던 시우바 장관의 입지가 크게 약화되었다. 시우바 장관은 유전자변형 대두 재배 반대, 아마존지역의 수력발전소 건설 반대, 삼림파괴에 관한 정부발표 데이터 조작 주장 등으로 그간 정부 내에서 대립각을 세워왔다.

이러한 상황에서 태동한 브라질의 기후변화대책인 기후변화국가계획(PNMC)은 브라질 최초의 기후변화에 대한 종합적이고 체계적인 국가계획이라는 점에서 의의가 높았으나 많은 한계를 가질 수밖에 없었다.[3]

(2) 기후변화국가계획(PNMC)과 온실가스 감축목표 발표

브라질의 기후변화정책 기본방향은 2007년 대통령 직속기구인 브라질기후변화포럼(FBMC)의 제안에 기초하고 있다. 당시 브라질기후변화포럼은 ① 연방정부의 조정기능 강화, ② 기후변화 관련 연구네트워크 설립, ③ 기후변화정책 관련 국가기구 설립 등을 골자로 하는 기후변화대책 기본방향을 제시했다.

브라질기후변화포럼의 제안을 토대로 브라질 정부는 2008년 12월 마침내 기후변화국가계획(PNMC)을 발표했다. 기후변화국가계획은 감축, 취약성, 영향 및 적응, R&D, 능력배양, 홍보 등 8개 목표로 구성되며, 각 목표를 달성하기 위한 세부 조치를 담고 있다. 기후변화국가계획은 국가 차원의 전체적인 수량목표를 제시하거나 새로운 분야의 목표를 제시하기보다는 삼림벌채율 감축, 조림면적 확대, 바이오에탄올 사용 확대 등 기존에 브라질이 추진해오고 있던 대표적인 기후변화대책을

---

3) 대표적으로 그린피스는 정책의 우선순위가 없다는 점, 어떻게 삼림벌채를 제로화하고 재생에너지 시장을 촉진시키며 에너지 효율성을 제고시킬 것인지에 대한 명확한 조치가 없다는 점을 실망스러운 요인으로 지목했다. 또한 일각에서는 삼림벌채 목표가 아마존기금의 예산에 전적으로 의존하고 있다는 점도 문제점으로 지목하고 있다.

〈표 10-3〉 기후변화국가계획의 주요 내용

목표	세부 조치
효율성 제고	- 국가 에너지 효율성 정책 실시 - 철강산업에서 석탄 대신 목탄 사용 확대 - 구형 냉장고 100만대 교체 - 태양열 사용 장려 - 냉매가스 대체 - 사탕수수 소각의 점차적 폐지
전력부문에서 재생에너지 사용 장려	- 사탕수수 찌꺼기를 사용한 열병합 발전 확대 - 송·배전상의 기술외적 손실 감축 - 수력발전 확대 - 풍력발전 및 사탕수수 찌꺼기 발전 확대 - 광전지 산업 확대
바이오연료 사용 확대	- 에탄올 사용 지속적 확대 - 바이오디젤 사용 확대(2010~13년, 의무혼합비율 5%) - 농업에너지 사용 확대 - 국제에탄올시장 장려
삼림벌채율 지속적 감축	- 국가 삼림대장제도 실시 - 아마존 삼림벌채 예방 및 통제를 위한 실천계획 실시 - 삼림벌채 정밀감시 프로그램 실시 - 환경감시 강화 - 아마존 기금 - 기후기금 설립 추진 - 비건축용 목재(non-timber) 삼림 장려
삼림손실률 제로화	- 조림사업에 대한 금융지원 확대 - 국가삼림목록 정보 제공 - 건축산업에서 불법목재 사용 금지
기후변화의 브라질 국민에 대한 영향 감축 조치	- 기후변화가 인간건강에 미치는 영향에 대한 R&D 강화 - 환경보건조치 강화 - 환경교육 강화 - 보건청의 기후변화 전문가들의 기술능력 배양 - 기후변화 관련 손실 및 피해 조기경보시스템 구축 - 기후변화 감시지표 개발
기후변화 환경영향평가 및 과학적 연구 장려	- 기후네트워크 강화 - 지역 기후변화 시나리오 개발 및 평가 확대 - 가뭄 및 사막화 조기경보시스템 구축을 위한 환경부와 국립우주연구원간 파트너십 협정 체결

자료: PNMC(2008).

〈표 10-4〉 2020년까지 온실가스 감축 목표

(단위: 백만tCO2e, %)

감축조치	2020 배출량	감축 규모		감축 비율	
		최저	최대	최저	최대
토지사용	1,084	669	669	24,7	24.7
아마존 삼림벌채 감축		564	564	20.9	20.9
세라도 삼림벌채 감축		104	104	3.9	3.9
농목축	627	133	166	4.9	6.1
목초지 복구		83	104	3.1	3.8
에너지	901	66	207	6.1	7.7
에너지 효율성		12	15	0.4	0.6
바이오연료 사용 확대		48	60	1.8	2.2
수력발전 확대		79	99	2.9	3.7
대체에너지		26	33	1.0	1.2
기타	92	8	10	0.3	0.4
철강산업에서 석탄 대신 목탄 사용 확대		8	10	0.3	0.4
총계	2,703	975	1,052	36.1	38.9

주: tCO2e = 이산화탄소환산톤.
자료: IPEA.

구체화하고 그 목표를 수량화해 제시했다는 특징을 갖고 있다. 브라질 정부가 제시한 분야별 수량목표를 중심으로 기후변화국가계획의 특징을 살펴보면 다음과 같다.

먼저 브라질 정부는 2017년까지 삼림벌채율을 70% 감축하겠다는 야심 찬 목표를 제시했다. 최근 10년간(1996~2005년) 연평균 삼림벌채 면적을 기준으로 첫 4년간(2006~2009년) 40%, 두 번째 4년간(2010~2013년) 30%, 세 번째 4년간(2014~2017년) 30%를 감축하겠다는 계획이다. 브라질 정부는 이 같은 삼림벌채율 감축을 통해 48억 톤의 CO_2 감축 효과 달성을 기대하고 있다.

브라질 정부가 제시한 두 번째 수량목표는 2020년까지 조림면적을 2배 확대하는 것이다. 브라질 정부는 현재 550만 헥타르 수준인 조림면적을 2020년까지 1,100만 헥타르로 확대한다는 계획이다.

세 번째 목표는 에탄올 사용의 확대이다. 브라질 정부는 향후 10년간 에탄올 사용을 10%씩 확대해 5억 800톤의 CO_2 감축 효과를 달성한다는 계획이다.

한편 브라질 정부는 2009년 11월 코펜하겐 UN 기후변화협약 회의를 앞두고 개도국 중 가장 야심 찬 감축 목표를 제시했다. 브라질 정부는 2020년까지 배출전망치(BAU) 대비 온실가스 배출량을 자발적으로 36.1~38.9% 감축하겠다는 목표를 설정했다. 이는 2005년 대비 20% 감축을 의미한다. 분야별로 구체적인 감축 목표를 살펴보면 아마존 삼림벌채 감축 등 토지사용 전환을 통해 24.7%, 목초지 복구 등을 통해 농·목축 분야에서 최대 6.1%, 에너지 효율성 제고 및 바이오연료 사용 확대를 통해 에너지 분야에서 최대 7.7%, 기타 철강분야에서 0.4%를 감축하겠다는 계획이다.

3) CDM 정책

(1) 국가승인기구(DNA) 설립

브라질은 개도국 중에서도 CDM 사업에 매우 적극적이다. 이는 브라질이 1997년 교토의정서 협상에서 CDM 설립을 처음으로 제안한 국가라는 사실에서도 확인된다. 브라질은 또한 1999년 7월 세계 최초로 CDM 국가승인기구를 설립했다.

브라질에서 국가승인기구는 글로벌 기후변화 협력 부처 간 위원회 (CIMGC)가 맡고 있다. CIMGC는 11명의 장관으로 구성되며 위원장은

〈표 10-5〉 브라질 국가승인기구의 프로젝트 승인 기준

기준	평가내용
지역의 지속 가능한 환경에 공헌	폐기물, 오수, 대기오염 등의 완화
노동조건, 고용창출에 공헌	사회적 책임 준수, 고용의 양적·질적 변화
소득분배에 공헌	소득분배효과, 저소득층의 생활수준에 대한 영향, 사회경제적 편익
인재육성 및 기술개발에 공헌	기술도입 및 파급효과
지역개발에 공헌	지역의 사회경제적 활동과 상호 연대

자료: 2003년 9월 11일 결의서 제1호.

과학기술부 장관이다. CIMGC는 산하에 사무국을 두고 CDM 프로젝트의 승인 선정기준 결정, 프로젝트 평가 및 승인 등의 업무를 수행한다. 공식적으로 CDM 프로젝트 평가는 CDM 사업 계획서 신청 이후 최소 60일이 소요된다.

브라질에서 CDM 프로젝트 승인 기준은 매우 엄격한 것으로 알려지고 있다. 프로젝트 승인에는 지속 가능한 환경 공헌, 노동조건 및 고용창출 공헌, 소득분배 공헌, 인재육성 및 기술개발 공헌, 지역개발 공헌 등 다섯 가지 잣대가 적용된다.

일부 CDM 프로젝트 개발업자들은 브라질에서 프로젝트 승인 기준이 지나치게 엄격하며 절차도 복잡하다고 비난하고 있다. 그러나 브라질 정부는 엄격한 승인 기준이 프로젝트의 리스크를 경감시키고 프로젝트의 성공 가능성을 높여 궁극적으로 개발업자에게 이익이라는 주장이다.

(2) 금융지원정책

가) 브라질경제사회개발은행(BNDES)의 금융지원

브라질에서 CDM 프로젝트에 대한 금융지원은 브라질경제사회개발은행(BNDES)과 과학기술재단(FINEP)이 주도하고 있다. 브라질경제사회

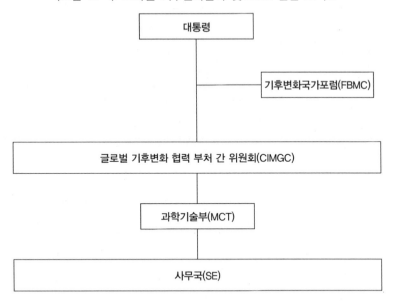

〈그림 10-4〉 브라질 기후변화협력 및 CDM 관련 조직도

대통령

기후변화국가포럼(FBMC)

글로벌 기후변화 협력 부처 간 위원회(CIMGC)

과학기술부(MCT)

사무국(SE)

개발은행의 금융지원은 크게 CDM 프로젝트 투자 확대를 지원하는 청정개발프로그램(Clean Development Program: CDP)과 CDM 승인 프로젝트를 지원하기 위한 투자기금인 브라질 지속 가능 기금(Brazil Sustainability Fund: FBS)으로 양분된다. 브라질 지속 가능 기금의 규모는 1억 4,700만~2억 3,400만 달러에 달한다.

나) CDM 프로젝트 지원 프로그램(Pro-MDL)

브라질 정부는 또한 2008년 기후변화국가계획의 일환으로 Pro-MDL[4]이라는 CDM 프로젝트 지원 프로그램 설립을 제안했다. Pro-MDL의 설립 목적은 CDM과 관련 프로젝트 활동의 사전투자 및 과학기술개발

---

4) Programa de Apoio a Projetos do Mecanismo de Desenvolvimento

〈표 10-6〉 Pro-MDL의 주요 현황

지원 대상		주요 내용
상환	사전투자	- CDM 프로젝트 추진 관련 연구 및 사업 자금지원 - 프로젝트의 최소 규모: 50만 헤알 - 과학기술재단(FINEP)이 총 프로젝트의 90%까지 참여 가능 - 금리: TJLP+5% - 상환: 36개월 거치, 120개월
	온실가스감축 기술	- 온실가스 감축 기술개발 자금 지원 - 연간 1.25%까지 세제 부담 경감 - 상환: 36개월 거치, 120개월 - 금리: 프로그램의 성격에 따라 과학기술재단(FINEP)이 결정
비상환	새로운 방법개발을 위한 산학 간 협력	- 새로운 베이스라인 방법, 새로운 온실가스 배출 산정 방법, CDM 프로젝트 활동의 모니터링/타당성 확인 방법 개발을 목적으로 한 산학 간 과학기술협력 프로젝트 지원
	기술개발을 위한 산학 간 협력	- 온실가스 감축 기술개발을 목적으로 한 산학 간 과학기술협력 프로젝트 지원

자료: PNMC.

프로젝트에 대한 자금지원이다. Pro-MDL을 통해 대기업 및 중기업, 기업 컨소시엄, 협동조합 등은 다양한 형태의 자금을 지원받게 된다. 자금지원은 크게 상환의무가 있는 자금과 상환의무가 없는 자금으로 구분된다.

먼저 상환의무가 있는 자금지원은 사전투자 지원, 온실가스 감축 기술지원으로 대별된다. 사전투자 지원은 CDM 프로젝트 추진 관련 연구 및 사업에 자금을 지원하는 것이며 온실가스 감축 기술지원은 기술개발에 자금을 지원하는 것이다.

상환의무가 없는 자금지원은 기업과 과학기술 연구기관 간 협력프로젝트를 지원하기 위한 것이다. 최소 제안 금액은 30만 헤알이며 프로젝트 기간은 최대 2년이다. 과학기술재단(FINEP)이 프로젝트 총비용의

50%까지 지원할 수 있다. 프로젝트 참여 기업은 프로젝트 총비용의 50%를 조달해야 한다.

(3) 탄소시장 육성 정책

2005년 9월에 브라질 정부는 브라질 기업들의 CDM 사업 참여를 장려하고 외국인투자자들에게 CDM 프로젝트의 정보를 제공하기 위해 CDM 사업 전자등록시스템(BM&F Carbon Facility)을 개설했다. 이 시스템 도입으로 CDM 전문 컨설팅업체로부터 사업의 타당성에 대한 기술적 검토가 용이해졌다. 또한 외국인 투자자는 등록된 프로젝트에 사업참가의향서(Express of Interest: EOI)를 제출함으로써 탄소배출권 구입이나 투자 결정을 수월하게 할 수 있게 되었다.

브라질 정부는 CDM 사업에 외국자본의 투자를 유치하기 위해 탄소배출권거래 시장의 활성화 및 관련 시스템 정비, 외국인 투자자의 파트너가 되는 브라질 기업의 CDM 사업 참여 장려책 등도 실시해오고 있다.

(4) 국제협력정책

브라질에서 에너지 관련 국제협력은 다음 두 가지 형태로 진행된다. 먼저 에너지 효율성 제고 등을 위해 첨단기술의 습득을 위한 협력이다. 여기에는 선진국이나 첨단기술 및 관련 경험을 갖고 있는 개도국과의 협력이 포함된다. 둘째, 수자원, 바이오연료, CDM 프로젝트 등에서 브라질의 경험 및 노하우 전파를 위한 협력이다. 여기에는 주로 기술수준이 낮은 개도국과의 협력, 즉 남남협력이 해당된다. 남남협력의 주요 대상국은 아프리카 국가와 남미국가들이다.

먼저 선진국과의 협력 차원에서 브라질은 캐나다, 네덜란드, 이탈리아, 스페인, 포르투갈, 덴마크, 핀란드, 노르웨이, 독일 등과 CDM 분야에서 협력을 위한 MOU를 체결했다. 특히 독일과는 2008년 5월 재생에너지 및 에너지 효율성 등을 포함한 광범위한 분야에서 협력협정을 체결했다.

일본과의 협력은 특히 금융 분야에서 활발하다. 2007년 일본 국제협력은행(JBIC)은 CDM 프로젝트 사업을 장려하고 일본기업들의 탄소배출권 획득을 지원하기 위해 브라질 대형 상업은행인 우니방쿠(UNI-BANCO)에 총 5,000만 달러의 차관을 제공했다. 또한 2007년 10월 일본 정부는 세계은행에 자금 공여한 '일본개발정책·인재육성기금(PHRD)'을 통해 브라질 과학기술재단(FINEP)과 세계은행이 공동으로 추진하는 CDM 프로젝트 육성프로그램을 지원했다.

또한 브라질은 개도국을 대상으로 CDM 경험 및 노하우 전수에도 적극적이다. 브라질은 처음으로 아이티의 국가 CDM 사업 승인기구(DNA) 설립을 지원하기 위해 기술진을 파견한 데 이어, 보츠와나, 카부베르지, 상투메 프린시페 등에도 연이어 자문단을 파견했으며, 앙골라와 네팔 등에도 자문을 제공할 계획이다.

4. 브라질의 CDM 사업 추진 현황과 성과

1) CDM 사업 추진 현황

(1) 브라질 CDM 사업의 국제적 위상

2010년 현재 전 세계적으로 타당성 확인(validation), 승인(approval) 및 등록(registration) 단계에 있는 CDM 프로젝트는 총 5,938개에 달한다.

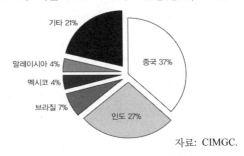

〈그림 10-5〉 국별 CDM 프로젝트 현황(총 5,958건)

기타 21%
말레이시아 4%
멕시코 4%
브라질 7%
중국 37%
인도 27%

자료: CIMGC.

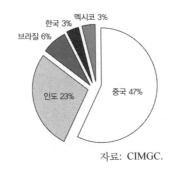

〈그림 10-6〉 국별 총감축량 현황
(총감축량: 68억 4,000만tCO2e)

멕시코 3%
한국 3%
브라질 6%
인도 23%
중국 47%

자료: CIMGC.

〈그림 10-7〉 국별 연간 감축량 현황
(연간 감축량: 8억 2,900만tCO2e)

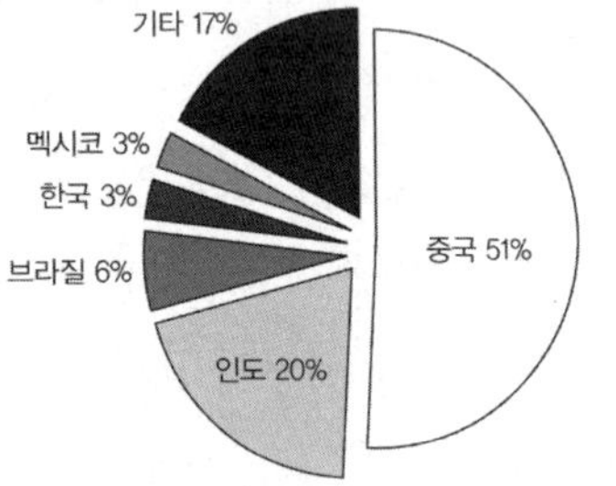

기타 17%
멕시코 3%
한국 3%
브라질 6%
인도 20%
중국 51%

자료: CIMGC.

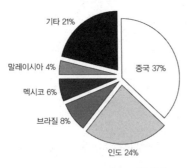

〈그림 10-8〉 국별 CDM 집행
위원회(EB) 등록 프로젝트 비중

기타 21%
말레이시아 4%
멕시코 6%
브라질 8%
인도 24%
중국 37%

자료: CIMGC.

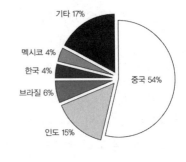

〈그림 10-9〉 국별 CDM 프로젝트
추진을 통한 온실가스 감축량 비중

기타 17%
멕시코 4%
한국 4%
브라질 6%
인도 15%
중국 54%

자료: CIMGC.

〈표 10-7〉 CDM 집행위원회(EB)에서 승인된 브라질의 CDM 프로젝트 건수

분류	건수
CDM 집행위원회(EB) 승인 프로젝트	170
CDM 집행위원회(EB) 제출 프로젝트	59
총계	229

자료: CIMGC.

CDM 프로젝트 사이클 단계별로는 CDM 집행위원회(EB)의 승인을 받은 프로젝트가 2,100개, 기타 단계에 있는 프로젝트가 3,838개에 이른다. 이 중 브라질은 중국(전체의 37%, 2,210개), 인도(27%, 1,592개)에 이어 세 번째로 많은 443개(전체의 7%)의 프로젝트를 추진하고 있다.

이상과 같은 CDM 프로젝트 추진을 통해 1차 공약기간(2008~2012년) 예상되는 온실가스 총감축량은 68억 4,000만tCO_2e에 달할 전망이다. 이 중 브라질은 중국, 인도에 이어 세 번째로 큰 3억 7,989만tCO_2e를 감축(전체의 6%)할 전망이다.

연간 기준으로 온실가스 감축량은 8억 2,900만tCO_2에 달할 전망인데, 이 중 브라질의 비중은 6%(4,819만tCO_2e)에 이를 전망이다. 이 역시 중국(51%), 인도(20%)에 이어 세 번째로 큰 규모이다.

한편 2010년 현재 전 세계적으로 CDM 집행위원회(EB)에 등록된 CDM 프로젝트 건수는 총 2,100개에 달한다. 이 중 브라질의 등록 건수는 170개로 중국(770건), 인도(495건)에 이어 세 번째로 큰 규모다.

1차 공약기간 CDM 프로젝트 추진을 통해 예상되는 온실가스 감축량은 총 26억 8,100만tCO_2e에 달할 전망인데, 이 중 브라질의 비중은 6%(1억 7,157만tCO_2e)로 중국(54%), 인도(15%)에 이어 세 번째로 크다.

〈표 10-8〉 브라질 CDM 사업 승인기구(DNA)에 등록된 프로젝트 건수

분류	건수
CIMGC 승인 프로젝트	229
CIMGC의 제한적 승인 프로젝트	5
CIMGC 평가중인 프로젝트	4
CIMGC 차기 회의 제출 프로젝트	5
총계	243

자료: CIMGC.

〈그림 10-10〉 브라질 DNA의 CDM 사업 승인 건수 추이

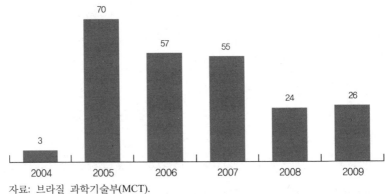

자료: 브라질 과학기술부(MCT).

(2) 브라질 국가 CDM 사업 승인기구(DNA)에 등록된 프로젝트 건수

2010년 현재 브라질 국가 CDM 사업 승인기구(DNA)인 글로벌 기후변화 각료 위원회(CIMGC)가 승인하거나 평가 중인 CDM 프로젝트는 총 243건에 달한다. 이 중에서 CIMGC의 승인을 획득한 프로젝트는 229건에 이른다. CIMGC에 제출된 CDM 프로젝트 중 편집상의 오류나 평가 위원회 위원들이 이의를 제기한 프로젝트는 제한 승인(approved with restrictions)을 받게 된다.

연도별로 브라질에서 CDM 승인은 2005년에 70건으로 가장 많았으

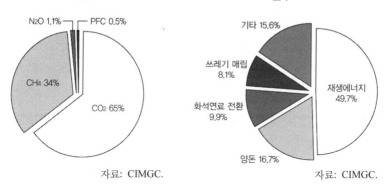

〈그림 10-11〉 온실가스별 프로젝트   〈그림 10-12〉 분야별 CDM 프로젝트
　　　　　　 건수　　　　　　　　　　　　　　　　 건수

N2O 1.1% ㄱ ┌ PFC 0.5%

CH4 34%

CO2 65%

자료: CIMGC.

기타 15.6%

쓰레기 매립
8.1%

화석연료 전환
9.9%

양돈 16.7%

재생에너지
49.7%

자료: CIMGC.

며 이후 평균 50건 수준을 유지해왔다. 그러나 2008년부터는 글로벌
금융위기 여파로 승인건수가 20건대로 크게 감소했다.

(3) 온실가스별/분야별 CDM 프로젝트 건수

브라질에서 추진되고 있는 CDM 프로젝트를 온실가스별로 살펴보면
CO_2가 65%로 가장 큰 비중을 차지하며 그 뒤를 CH4(34%), N_2O(1.1%),
PFC(0.5%) 등이 잇고 있다.

분야별로는 재생에너지 분야가 전체의 49.7%로 압도적인 비중을 차
지하고 있으며 양돈이 16.7%로 두 번째 큰 비중을 점하고 있다. 그
밖에 화석연료 전환(9.95), 쓰레기 매립(8.1%), 에너지 효율성(6.3%) 분야
도 높은 비중을 차지하고 있다.

(4) 프로젝트 크기별 CDM 사업 추진 현황

CDM 프로젝트는 크게 소형과 대형으로 구별된다. 프로젝트의 구분
은 마라케시협정과 결의안 1/CMP.2에 따른다.[5] 이 기준에 따르면 브라
질에서 소형 CDM 프로젝트의 비중은 전체의 42%, 대형 프로젝트의

<표 10-9> 브라질 CDM 프로젝트 추진 현황(2010년)

(단위: 1,000톤, %)

타당성 확인/승인 중인 프로젝트	프로젝트 수	연간 감축량	전체 감축량	비중		
				프로젝트 수	연간 감축량	전체 감축량
재생에너지	220	18,698	137,166	49.7	38.8	36.1
쓰레기매립지처리	36	11,328	84,210	8.1	23.5	22.2
N_2O	5	6,374	44,617	1.1	13.2	11.7
양돈	74	4,140	38,618	16.7	8.6	10.2
화석연료전환	44	3,272	27,382	9.9	6.8	7.2
에너지 효율성	28	2,027	19,853	6.3	4.2	5.2
조림	2	434	13,033	0.5	0.9	3.4
산업공정	14	1,003	7,449	3.2	2.1	2.0
쓰레기	17	647	5,002	3.8	1.3	1.3
탈루성배출	3	269	2,565	0.7	0.6	0.7
총계	443	48,192	379,895	100.0	100.0	100.0

자료: 브라질 과학기술부(MCT).

비중은 58%에 달한다.

(5) 지역별 CDM 프로젝트 분포 현황

지역별로 CDM 사업은 남동부 지역에 집중되고 있다. 주별로는 상파울루가 전체의 22%로 가장 큰 비중을 차지하며, 그 뒤를 미나스제라이스(16%), 히우그란지두술(9%), 산타카타리나(9%) 등이 잇고 있다.

(6) CDM 프로젝트를 통한 발전능력 현황

2010년 3월 현재 CDM 프로젝트를 통한 발전능력은 3,641MW에 달

---

5) 재생에너지 사업(설비용량이 15MW 이하), 에너지 효율성 사업(연간 60GWh 이하 감축), 기타 감축 사업(연간 6만CO2톤 이하 감축)

〈그림 10-13〉 주별 CDM 사업 분포 현황

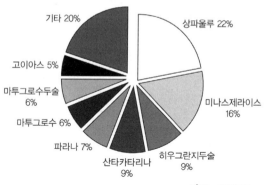

자료: CIMGC.

한다. 이 중에서 가장 큰 비중은 수력발전으로 전체의 38%(1,374MW)를 차지하고 있으며 사탕수수 찌꺼기를 활용한 열병합 발전이 30% (1,211MW), 소형수력발전이 22%(807MW)로 그 뒤를 잇고 있다.

(7) CDM 관련 컨설팅 및 평가업체 현황

현재 브라질에서는 약 50개의 컨설팅업체가 CDM 프로젝트에 참여 하고 있다. 재생에너지와 관련된 분야에서는 Ecosecurities, EcoInvest(현 Ecopart), Econergy(GDF Suez가 인수) 등의 업체들이 두드러진 활약을 하 고 있다. 최근에는 양돈 등 가축과 관련된 프로젝트에서 높은 전문성을 갖고 있는 AgCert(AES 소유), Instituto Ecológica(CantorCO2가 인수) 등이 두각을 나타내고 있다. Key Associados, Ativos Tecnicos e Ambientais, Ecogeo, Mundus Carbo 등도 최근 부상하고 있는 컨설팅 업체이다. 외국 업체로는 독일의 Perspective GmbH가 브라질의 CDM 컨설팅 분야에서 활동하고 있다.

CDM 프로젝트의 타당성을 평가하는 전문업체로는 Det Norsk Veritas(141건의 평가), TUV Sud(92건), SGS(86건) 등을 들 수 있다. 이

외에도 TUV Nord, BV Cert, TUV Rheinland 등이 두드러진 활약을 하고 있다.

(8) 외국기업의 참여 현황

CDM 프로젝트가 황금알을 낳는 거위로 인식되면서 각국은 CDM 프로젝트 개발에 나서고 있다. 브라질을 비롯한 개도국의 CDM 프로젝트는 주로 선진국 기업들에 의해 수행되고 있다. <표 10-10>에서 보듯이 브라질에서 CDM 프로젝트를 추진하는 기업들은 일본과 유럽기업들이다.[6]

선진국 기업들이 브라질을 위시한 개도국에서 CDM 사업을 적극적으로 펼치는 이유는 무엇보다도 자국 내에서 탄소배출권 생산단가가 매우 높기 때문이다. 실제로 탄소배출권 생산단가는 톤당 일본이 234달러로 가장 높으며 미국이 153달러, 유럽이 198달러이다. 그에 반해 브라질을 위시한 개도국에서 톤당 생산단가는 20달러에 불과하다.

외국기업들의 브라질 CDM 사업 참여는 크게 금융지원과 직접 개발 형태로 구분된다. 먼저 금융지원 형태를 살펴보면 일본 은행의 참여가 두드러진다. 스미토모은행은 2008년 10월 브라질에 CDM 컨설턴트 전문자회사인 BSMB[7] Consultoria Ltda.를 설립했다. BSMB는 2008년 7월 히우그란지두술 주의 금융기구인 Caixa RS와 CDM 프로젝트 자금

---

6) 2010년 5월 현재 CDM 프로젝트 최대 투자국은 영국으로 전 세계 CDM 투자의 27.8% 비중을 차지한다. 영국에 이어 스위스(19.98%), 네덜란드(11.87%), 일본 (11.68%), 스웨덴(6.62%), 독일(5.67%), 스페인(2.97%), 프랑스(1.9%), 오스트리아(1.86%), 이탈리아(1.83%), 캐나다(1.75%) 순으로 높은 비중을 차지한다 (UNFCCC).

7) Banco Sumitomo Mitsui Brasileiro.

<표 10-10> 브라질 주요 CDM 프로젝트의 외국기업 참여 현황

(단위: tCO2e/년)

등록	사업명	투자국	감축량
2004.11.18	브라질 도바제라르 매립지가스 프로젝트	네덜란드	670,133
2005.8.15	사우바도르 매립지가스 관리 프로젝트	일본, 네덜란드, 영국	664,674
2005.12.25	아산화질소 감축 프로젝트	스위스, 일본, 네덜란드, 영국, 프랑스	5,961,165
2006.2.20	반데이란치스 매립지가스 프로젝트	스위스 네덜란드, 독일	1,070,649
2006.3.9	카이에이라스 매립지가스 감축	일본	770,932
2006.5.15	마우아 매립지가스 프로젝트	스위스 네덜란드	751,148
2006.7.2	상주앙 매립지가스 프로젝트	스위스, 독일	816,940

자료: UNFCCC CDM 홈페이지(http://cdm.unfccc.int/).

지원을 위한 협력협정을 체결했다. 미쓰비시 UFJ은행도 2009년 4월 브라질 Bradesco은행과 공동으로 CDM 프로젝트 금융지원을 위한 크레디트라인을 설정했다. 스페인의 대표적인 은행인 Santander 은행도 2009년 7월 브라질을 위시한 멕시코, 칠레에서의 CDM 프로젝트에 5,000만 유로를 투자하겠다고 밝혔다. 독일 투자개발공사(DEG-Deutsche Investitions-und Entwicklungsgesellschaft mbH)도 상업조건으로 브라질 CDM 프로젝트에 자금을 공여하고 있다. 특히 DEG는 독일 경제협력개발부(BMZ) PPP 프로그램을 통해 20만 유로까지 CDM 프로젝트에 협조융자를 제공하고 있다.

직접 개발 형태의 참여 현황을 살펴보면 프랑스의 Areva, Velcan, Rhodia, 스페인의 Fortuny, 포르투갈의 EDP 그룹 등이 바이오매스를 사용한 전력생산, 쓰레기 처리장에서 발생하는 가스를 사용한 전력 생산, 소형 수력발전, 풍력발전 등의 분야에서 CDM 사업을 벌이고 있다. 현재 진행 중인 가장 큰 CDM 프로젝트(아디프산 시설의 N2O 배출 감축 프로젝트)는 프랑스 기업인 Rhodia사가 주도하고 있다.

한편 최근에는 CDM 사업 평가, 타당성 확인 등 컨설팅시장에도 외국 기업의 참여가 활발하다. 대표적으로 프랑스-벨기에계 기업인 Grupo Suez사는 2008년 7월 브라질에서 소형수력발소를 인수한 데 이어 브라질의 대표적인 CDM 컨설팅업체인 Econergy를 인수, 브라질 CDM 시장에 본격적으로 진출했다.

2) 브라질의 CDM 사업 추진 성과: 기술이전을 중심으로

브라질이 CDM 사업 추진을 통해 지금까지 얻은 성과는 무엇인가. 이에 대한 대답은 CDM 사업의 세 가지 추진 동기, 즉 기술이전, 투자유치, 온실가스 감축 등을 통해 찾아볼 수 있다. 이 글에서는 CDM 사업의 세 가지 동기 중 기술이전 효과를 중심으로 살펴보고자 한다. 그 이유는 무엇보다도 브라질이 기후변화 국제협상에서 선진국으로부터 기술이전을 강조해오고 있기 때문이다.

사실 브라질은 기술이전에 대한 관심이 높고 개도국 중에서 가장 활발하게 방안을 제시해오고 있다. 기후변화 감축 및 적응 조치를 지원하기 위한 기술개발·배치·이전을 확대할 새로운 자금지원 메커니즘 및 수단이 필요하다는 것이 브라질의 입장이다. 브라질은 공통의 차별화된 책임원칙 및 국가 간 역량의 차이를 고려해 개도국들의 기후변화 감축 및 적응에 대한 자율적인 능력 배양을 목적으로 친환경기술 및 노하우의 이전·접근·개발 자금지원을 위한 획기적인 조치가 취해져야 한다고 주장하고 있다. 개도국 당사국들이 기후변화협약 규정을 준수할 수 있도록 당사국 간의 기술개발 및 이전에 관한 협력을 심화시킬 수 있는 UNFCCC 특별 의정서(specific Protocol) 제정도 필요하다고 주장한다. 또한 브라질은 다른 개도국과 마찬가지로 기술이전의 제도화를 위해 UNFCCC 아래에 부속기구 형태로 기술집행이사회(Executive Body on Technology)를 설치하고, 다자기후기술기금(Multilateral Climate Technology Fund: MCTF)을 마련할 것을 제안하고 있다. 현재 브라질 정부가 주장하고 있는 기술이전 및 개발 관련 주요 정책 제안은 다음과 같다.

① 공동기술개발을 포함, 북-남, 남-남, 북-남-남협력 강화
② 당사국 간 신기술개발, 기술배치 및 이전과 관련된 기후변화 촉진
③ 기후변화 감축 및 적응 조치를 지원하기 위한 기존 친환경기술 및 노하우의 당사국, 특히 개도국 당사국에 대한 이전 촉진
④ 개도국의 능력배양 및 기술개발, 기술의 자율적 사용 강화
⑤ 정부지원기술의 공공부문 활용성 강화를 포함, 혁신적 접근 촉진
⑥ 개도국의 기술연구계약 확대
⑦ 지식재산권보호와 기술공유를 연계하는 새로운 접근 고려
⑧ 개도국에 진출한 자회사의 능력 강화를 목적으로 기업 간 기술이전 촉진에 대해 인센티브 제공
⑨ 공기업을 통한 기술이전 강화
⑩ 기술개발·배치·이전 촉진, 능력배양 촉진, 정보접근 개선, 혁신문화 지원, 적절한 국제협력환경 조성을 위한 국가/지역차원의 우수기술센터 설립 장려
⑪ 개도국에 대한 기술이전의 실효성을 측정·보고·증명하기 위한 성과지표 등을 포함한 메커니즘 개발
⑫ 개도국 당사국에 대한 기후변화 감축 및 적응 기술이전 장벽 제거

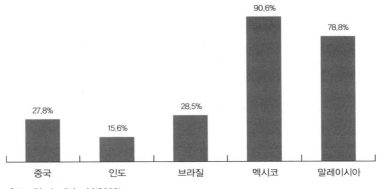

〈그림 10-14〉 주요국별 기술이전 비율 비교

자료: Gisele Schmid(2009).

⑬ 기후변화 감축 및 적응조치를 지원하기 위한 기술(특히 개인소유 기술) 개발·배치·이전 제고를 위한 새로운 자금지원 메커니즘 및 수단 개발(자료: FCCC/AWGLCA/2008/MISC.5.)

그렇다면 기후변화 대책에서 기술이전의 중요성을 강조하는 브라질이 CDM 사업 추진을 통해 얼마나 많은 기술이전 성과를 이끌어냈는가. 먼저 쉬미드(Schmid, 2009)는 전 세계 주요 개도국들을 중심으로 CDM 사업의 기술이전 성과를 조사했다. 그의 연구에 따르면 CDM 사업을 통한 브라질의 기술이전 비율은 28.5%에 불과했다. 이는 중국(27.8%)이나 인도(15.6%)에 비해 높은 수치이지만 멕시코와 말레이시아에는 크게 못 미치는 수치이다. 이는 또한 CDM 사업의 전 세계 평균 기술이전 비율 36%를 하회하는 것이다. 쉬미드(Schmid, 2009)에 따르면 브라질을 위시한 중국, 인도 등에서 기술이전 비율이 낮은 이유는 CDM 프로젝트 추진 시 수입기술보다는 자체기술을 많이 활용했기 때문이다.

분야별로 브라질에서 기술이전은 주로 농업분야에서 이루어졌다. 이

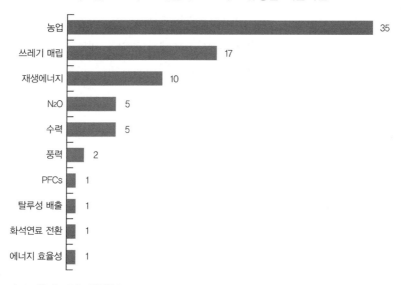

〈그림 10-15〉 브라질의 프로젝트 유형별 기술이전

농업	35
쓰레기 매립	17
재생에너지	10
N2O	5
수력	5
풍력	2
PFCs	1
탈루성 배출	1
화석연료 전환	1
에너지 효율성	1

자료: Gisele Schmid(2009).

는 전체 프로젝트의 44%에 달했다. 쓰레기 매립과 바이오연료 프로젝트에서도 비교적 많은 기술이전이 이루어졌다. 브라질과 달리 중국과 인도에서는 풍력 부문에서 가장 많은 기술이전이 이루어졌다.

앙드라지 등(Andrade et al., 2009)의 연구도 브라질에서 CDM 사업의 기술이전 효과가 매우 미미했음을 증명한다. 그들은 CDM 사업이 브라질에서 청정기술개발 및 기술이전에 얼마나 기여했는지를 분석하기 위해 에너지 분야에서 UNFCCC를 통해 탄소배출권 인증을 획득한 37개 CDM 프로젝트를 선정했다.

그들의 분석 결과, 기술이전에 기여한 프로젝트는 분석 대상 37개 프로젝트 중 1%에 불과했다. 그에 반해 브라질에서 CDM 프로젝트는 국가산업의 발전(전체의 73%)이나 브라질인의 기술능력배양(51%)에 크게 기여한 것으로 조사되었다. 여기서 국가산업의 발전에 대한 기여 비중이 높게 나온 이유는 CDM 프로젝트 수행과정에서 필요한 장비를 브라질 국내시장에서 구매, 브라질 경제성장에 기여했기 때문으로 풀이된다. 결과적으로 브라질에서 CDM 프로젝트 추진은 새로운 기술이전이나 기술혁신을 동반하기보다는 브라질 국내에서 조달 가능한 장비나 인력의 활용을 확대시키는 데 그쳤다.

5. 브라질에서 CDM 사업의 발전 전망 및 과제

1) CDM 사업 발전 전망

유럽의 CDM 전문 컨설팅업체인 낫소스(Natsource)에 따르면 브라질은 CDM 프로젝트를 실시할 수 있는 매우 적절한 여건을 갖고 있어, 중국, 인도와 더불어 CDM 사업으로 많은 배출권을 확보할 수 있는 국가로 평가받고 있다.[8]

브라질에서 CDM 사업 전망이 밝은 이유는 무엇보다도 양호한 투자환경에서 찾을 수 있다. 독일투자개발공사(DEG)가 2004년 개발하여 매년 발표하는 CDM 투자환경지수(CDM-ICI)에 따르면 브라질은 칠레, 키프로스, 말레이시아, 한국에 이어 다섯 번째로 양호한 투자환경을 갖고 있다. 중남미 국가 중에서는 칠레에 이어 두 번째로 양호한 투자환

---

8) CDM 분야에서 높은 잠재력에도 불구하고 브라질이 CDM 규모에서 중국과 인도에 뒤지는 이유는 무엇보다도 브라질의 에너지 공급구조가 청정에너지 및 재생에너지에 대한 의존 비중이 높기 때문이다. 중국과 인도는 화석연료에 대한 의존도가 높아 심각한 오염 및 공해문제에 직면하고 있다. 이에 따라 더 많은 CDM 프로젝트 개발이 용이하다는 평가이다.

〈표 10-12〉 CDM 투자환경지수(CDM-ICI)(2010년 현재)

순위	국가	CDM 지수	평가
1	칠레	93.6	매우 양호
2	키프로스	91.3	매우 양호
3	말레이시아	90.9	매우 양호
4	한국	90.1	양호
5	브라질	88.1	양호
6	멕시코	87.9	양호
7	페루	85.9	양호
8	중국	83.8	양호
9	대만	83.2	양호
10	코스타리카	81.8	양호

자료: DEG-Deutsche Investitions-und Entwicklungsgesellschaft mbH.

경이다.

분야별로도 브라질의 CDM 사업 전망은 매우 유망하다. 먼저 에너지 분야의 경우 전력생산에서 차지하는 높은 수력발전의 비중 때문에 CDM 잠재력은 석탄에 의존하는 다른 국가에 비해 높지 않은 것으로 평가된다. 이에 따라 브라질은 CO_2 감축 베이스라인 설정 시 다른 국가에 비해 불리한 조건에 있다. 그러나 최근 브라질에서 석유와 가스를 이용한 전략생산이 늘고 있어 이 분야에서 CDM 사업 발전 가능성이 크다는 것이 전문가들의 평가다. 재생에너지분야에서도 발전 가능성이 큰 것으로 평가되는데, 특히 그중에서도 대규모 사탕수수 찌꺼기를 사용한 열병합 발전과 소형수력발전을 통한 전력생산 분야에서 CDM 사업 전망이 매우 밝다.

독일의 GTZ사를 비롯한 전문업체들은 현재 브라질에서 풍력과 태양에너지가 정책적으로 크게 주목을 받고 있지는 못하지만 앞으로 브라질의 자연적 특성을 고려할 때 발전 가능성이 큰 분야로 평가하고 있다.

〈그림 10-16〉 브라질에서 CDM 사업이 기술적 측면의 이익에 기여한 정도

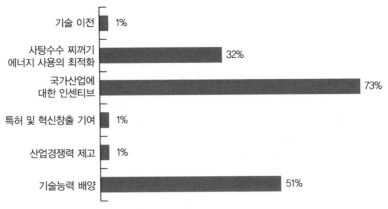

기술 이전 1%

사탕수수 찌꺼기
에너지 사용의 최적화 32%

국가산업에
대한 인센티브 73%

특허 및 혁신창출 기여 1%

산업경쟁력 제고 1%

기술능력 배양 51%

자료: Andrade et al(2009).

재생에너지 이외에 전문가들은 수송분야에서도 CDM 발전 잠재력이 높은 것으로 보고 있다. 도로에서 철도나 수상 교통으로의 전환 더욱 효율적인 공공교통시스템 도입 등이 그 좋은 예이다.

마지막으로 삼림분야에서 CDM 사업 발전 잠재력도 매우 유망한 것으로 평가된다. 브라질에서는 삼림벌채가 온실가스의 주범이기 때문에 삼림전용 억제가 CDM 사업으로 인정받을 경우 브라질의 CDM 사업 발전 가능성은 무궁무진하다고 할 수 있다. 현재 기후변화 협약에서는 신규조림 및 재조림 사업만을 CDM 사업으로 인정하고 있으나 산림전용 억제(Reducing emissions from deforestation and forest degradation: REDD)는 아직까지 CDM 사업으로 인정하지 않고 있다.

피리스 카베사스와 루보스키(Piris-Cabezas and Lubowski, 2009)의 연구에 따르면 산림전용 억제가 CDM 사업으로 인정받고 브라질이 기후변화국가계획(PNMC) 대로 삼림벌채율을 감축시킬 경우 기대되는 수익은 2020년까지 360억~1,470억 달러, 2030년까지 480억~2,480억 달러에

달할 전망이다.

2) CDM 사업 발전 과제

향후 브라질이 CDM 사업에서의 높은 잠재력을 실현시켜 CDM 선도
국으로서 위상을 공고히 하기 위해서는 해결해야 할 과제가 많다. 브라
질탄소시장기업협회(ABEMC)는 브라질에서 CDM 사업의 발전 과제로
① 탄소시장 운영 메커니즘에 대한 이해 부족, ② CDM 사업 지원을
위한 특정한 세제 부재, ③ 규제의 위험, ④ CERs에 대한 법적 정의의
부족 등을 지목했다. 특히 많은 전문가들은 브라질에서 CDM 사업의
활성화를 위한 최우선 당면 과제로 지나치게 엄격한 프로젝트 승인
기준 완화, 복잡한 절차의 개선, 평가기간의 단축을 요구하고 있다.

이 외에도 브라질에서 CDM 사업이 질적으로 발전하기 위해서는 아직
초기 단계에 머물러 있는 기술이전 비율을 확대시키는 것도 급선무이
다. 이를 위해서는 기술이전 유치를 위한 브라질 정부의 적극적인 노력
은 물론 기술이전 효과가 큰 분야로의 CDM 사업 다각화도 필요하다.

참고문헌

강선주. 2009. 「개발협력과 교차이슈(Cross-cutting Issues)와의 연계 강화: 기후변화 이슈를 중심으로」. 서울: 외교안보연구원.

김현진. 2010. 『녹색경영』. 서울: 민음사.

박형건. 2009. 「탄소시장: 포스트 교통의정서 체제」. 서울: 산은경제연구소.

기든스, 앤서니. 2009. 『기후변화의 정치학(The Politics of Climate Change)』. 홍욱희 옮김. 서울: 에코리브르.

한바란·김민희. 2010. 「CDM 사업의 국제 동향과 시사점」. KIEP 오늘의 세계경제.

Andrade, C., A. Costa, L. Napravnik-Filho, A. C. Telesforo, A. Ventrura. 2009. "Mecanismo de Desenvolvimento Limpo(MDL) e a Adoção de Tecnologias Mais Limpas no Brasil." International Workshop Advances in Cleaner Production.

Baumert, Kevin A., Timonthy Herzog, and Jonathan Pershing. 2005. *Navigating the numbers: Greenhouse Gas Data and International Climate Policy.* World Resource Institute.

Comite Interministerial sobre Mudanca do Clima. 2008. *Plano Nacional sobre Mudança do Clima.* Ministério do Meio Ambiente.

DEG(Deutsche Investitions-und Entwicklungsgesellschaft mbH). 2009. "CDM Market Brief: Brazil." CDM Market Brief.

IEDI. 2009. "Mudanças Climáticas: Desafios e Oportunidades para um Novo Desenvolvimento." www.iedi.org.br/admin_ori/pdf/20091201_cop15.pdf

IPEA. 2010. "Perspectivas sobre negociações de mudança climática e seus impactos na política brasileira." *Comunicados do IPEA*, No. 45.

MCT. 2010. "Current status of the projects activities under the Clean Development Mechanism(CDM) in Brazil and the World." CIMGC.

PEW. 2010. "Who's winning the clean energy race? Growth, competition and opportunity in the world's largest economies." G-20 Clean Energy Factbook.

Piris-Cabezas, P. and Ruben Lubowski. 2009. "The Brazilian National Plan on Climate Change: Potential Impacts in a US Cap-and-Trade System." Environmental Defense Fund, Washington, DC.

Price Waterhouse Coopers. 2009. "Projetos de Mrcanismo de Desenvolvimento Limpo no Brasil." Ministério de Desenvolvimento, Indústria e Comércio Exterior.

Schmid, Gisele. 2009. "Technology trasfer in the Clean Development Mechanism: the role of host country characteristics." *Department of Economics*, University of Geneva.

Viola, Eduardo. 2004. "Brazil in the context of global governance politics and climate change, 1989-2003." *Ambient. soc.*, vol. 7 no. 1, Campinas Jan./June 2004.

Wara, Michael. 2006. "Measuring the Clean Development Mechnism's Performance and Potential." Working Paper 56.

제11장

라틴아메리카 기후변화정책 발전 동인 분석

브라질과 멕시코 비교

하상섭

이 글은 21세기 초반 국제사회의 지속가능발전 차원의 의제인 기후변화에 대한 적응과 대응에 대한 연구로 특히, 라틴아메리카 지역을 대표하는 브라질과 멕시코를 사례로 했다. 이들 두 국가의 기후변화에 대한 대응 노력은 정책적으로 어떻게 진행되고 있는지를 평가해보고 존재하는 한계를 모색해보았다. 이러한 정책적 노력들을 분석하기 이전에 기후변화의 가장 큰 원인인 이산화탄소 배출의 다양한 원인들을 분석했으며 두 국가의 서로 다른 원인들을 비교·분석해보았다. 브라질의 경우는 대부분 산림과 관련된 부문에서 배출량 증가 원인이 분석되었으며, 멕시코의 경우는 화석연료 및 에너지 이용으로 발생하는 이산화탄소 발생 및 배출이라는 비교가 가능했다. 이에 대한 두 국가의 서로 다른 정책 우선순위와 특화된 형태의 탄소배출저감 정책의 발전을 추적해보았다. 특히 두 국가 모두 제도적 차원에서 「기후변화일반법」을 통해 다양한 부문(교통, 에너지, 산림, 농업)에서 탄소규제라는 정책적 조화를 통해 기후변화에 대응 노력을 하고 있음을 살펴볼 수 있었다. 물론 정책과 정책의 이행 사이의 불협화음, 재정지원과 인력의 문제 등 내부적인 한계는 여전히 존재한다. 이 글은 거시적 차원에서 라틴아메리카 국가들(브라질/멕시코)의 기후변화 관련 저탄소 정책 발전과 정책 이행 과정에서 발생하는 한계를 고찰해봄으로서 향후 이 분야에 대한 국제개발협력의 필요성과 방향을 제시해본다.

하상섭 한국외국어대학교 한중남미녹색융합센터 연구교수

* 이 글은 ≪포르투갈·브라질 연구≫ 10권 2호(2013)에 실린 글을 이 책의 성격에 맞게 편집한 것이다.

1. 들어가는 말

 2007년 유엔의 '기후변화에 관한 정부간협의체(IPCC)' 보고서에 의하
면, 현재의 온실가스 배출은 자연적인 현상보다는 다양한 인간 활동의
증가로 인해 급속하게 증가하고 있으며, 인류가 이에 대한 조절(완화와
적응)을 하지 않으면 미래 사회는 엄청난 재난에 직면할 수 있다는 다소
충격적인 보고서를 제출했다. 따라서 온실가스 감축 혹은 기후변화 대
응이라는 글로벌 의제와 관련한, 혹은 세계가 직면한 가장 큰 문제는
온실가스 감축의 필요성에 대한 이미 케케묵은 논쟁이 아니라 국제사회
가 어떤 다양한 정책 개발과 정책 이행을 통해 얼마나 많이 온실가스를
감축할 것인가에 대한 새로운 방법과 합의를 만들어내는 것이다.[1] 특히
이러한 정책의 발굴과 이행은 현재 국제적인 혹은 글로벌 차원에서
기후변화협약에 대한 국제협상을 통해 합의함은 물론, 서로 다른 개별
국가 간의 차이점을 극복하고 어떠한 조건에서 정책을 효율적으로 이행
해 갈 것인가에 대한 노력이 수반되어야 한다. 유엔기후변화협약
(UNFCCC)은 이러한 정책 혹은 의제는 선진국들이 이끌어가야 한다고
명시하고 있으며, 1998년 교토의정서 합의를 통해 이들 선진국들은
이미 부속서 I(Annex I)로 지정해 의무감축 할당량을 제시하고 있기도
하다.
 이와 더불어 비록 의무감축 국가들은 아니지만, 다소 급증하는 온실

---

1) 이 글은 팡 룽(Fang Rong, 2010)의 논문인 "개발도상국들의 기후변화 국제협상
  비교 연구", 데라 토레스(De La Torre, et al., 2010)의 "라틴아메리카 저탄소 발전
  을 위한 기후변화 대응" 등의 저작물에서 아이디어를 얻었으며 특히 이 글의
  연구대상 국가들인 브라질과 멕시코 사례를 참조해서 연구되었다. 저자들에게
  감사함을 전한다.

〈표 11-1〉 브라질/멕시코의 인구/경제규모/에너지 소비/이산화탄소 배출량 비교 (2009)

국가	브라질	멕시코	세계
인구(100만 명)	192	105	6610
비율(%)	(2.9)	(1.6)	(100)
GDP(10억 달러)	1,613	1,086	60.115
비율, 성장률(%)	(2.7, 5.4)	(1.8, 3.2)	(100, 3.8)
에너지 소비(백만 톤)	228	170	11.295
비율(%)	(2.0)	(1.5)	(100)
에너지 관련 이산화탄소 배출(백만 톤)	350	451	29,167
비율, 증가율(%)	(1.2, 6.8)	(1.5, 2.0)	(100, 1.6)

주: 인구통계는 2009년 World Bank 자료, 에너지 통계는 2009년 EIA 자료 참조.
자료: Fang Rong(2010: 4583) 부분 인용.

가스 배출에 책임이 있는(예를 들어 21세기 들어 급속도로 경제성장과 온실가스 배출의 비례 관계를 갖는), 다시 말해서 온실가스 배출량 증가에서 자유롭지 못한 라틴아메리카 지역 국가들도 이에 동참하고 있다. 특히 이들 국가 중에서도 인구 및 경제 규모, 에너지 소비와 탄소배출 그리고 무엇보다도 급속한 GDP 성장률과 탄소배출 증가 등을 고려하면 브라질과 멕시코는 대표적인 국가들이다(<표 11-1> 참조). 물론 세계적인 기준에서 보면 이들 국가들의 탄소배출량은 아주 적은 규모이기는 하다. 그럼에도, 현재 이들 국가들의 급속한 경제성장과 이에 따른 에너지 소비의 증가, 특히 농업생산량 증대를 통한 토지이용변경 증가 등으로 빠르게 산림이 황폐화되고 있다는 점들을 고려하면, 개별 국가 차원에서뿐만 아니라 국제적인 측면에서 기후변화 국제협력에 동참해야 하는 당위성은 존재한다. 물론 이를 해결하기 위한 이들 국가들의 국제적인 노력은 1992년 브라질의 유엔 환경개발회의, 2012년 리오 20+ UN 지속성장회의, 그리고 2010년 멕시코의 제16차 '기후변화당사국총회(COP16)' 개최 등에서 확인된다.

이 글은 2000년대 이후 이러한 기후변화의 영향과 대응이라는 차원에서 국내외적 다양한 기후변화정책 도입과 발전 노력을 하고 있는 남미의 대국 브라질과 북미의 작은 거인 멕시코 사례를 비교분석해봄으로써 현재 이 지역의 기후변화, 특히 온실가스 완화정책의 현황과 발전 정도 그리고 정책의 한계점을 고찰해보고자 한다. 이러한 연구 목적을 위해 제2절에서는 브라질과 멕시코의 기후변화정책 도입과 발전을 설명할 수 있는, 다시 말해서 왜 이들 국가들은 기후변화정책을 도입해오고 있는지에 대한 논거로서 몇몇 이론적 개념(분석변수)을 통해 정책 발전의 필요성을 살펴보겠다, 제3절에서는 라틴아메리카 지역을 포함하여 브라질과 멕시코의 탄소배출 정도를 다양한 각도(시기별, 부문별, 이슈별, 영역별)에서 살펴보고, 이후 제4절에서는 대내외적 분석변수들을 토대로 브라질과 멕시코의 기후변화정책의 현황과 이를 토대로 한 정책 방향을 점검해보고, 제5절에서는 좀 더 구체적으로 이들 국가들의 기후변화 관련 온실가스 감축 분야에서 실질적으로 어떤 핵심 정책들을 우선해서 도입·이행하고 있는지, 개별 국가 차원에서 정책 선호도는 어떻게 나타나고 있는지에 대해 고찰해보겠다. 물론 이러한 개별 국가 차원의 정책 선호도에 대한 적합성 분석과 더불어 존재하는 한계점들을 살펴보기로 한다. 마지막 결론에서는 정책적 함의를 살펴본다(제6절).

2. 기후변화정책 도입과 발전: 개념적 접근

위에서 언급했듯이, 현재 브라질과 멕시코가 국제사회 이슈인 기후변화협약에 대한 개별 국가 차원에서 수용과 특히 국내 차원의 기후변화(완화 및 적응)에 대한 정책 도입 및 발전은 이들 국가가 기후변화 영향으로 인한 다양한 국내외적 조건 악화와 이에 대한 정책적 해결 과정에서 기인하는 경우가 많다. 물론 이 지역의 기후변화 전문가들과 학자들은 이 두 국가의 기후변화정책 도입 및 발전 혹은 국제적 수용은 두 가지 수준과 이유에서 기인하고 있다고 주장한다. 예를 들어 어떤 국가는 유엔기후변화협약 같은 국제환경규제에 적극적 지지 자세를 보이지만, 다른 국가들은 마지못해 국제환경규제에 끌려가는 수동적 태도를 보이는데 이는 근본적으로 개별 국가들 차원의 국가 이익이나 상황에 기초한 정책 발전 및 정책 수용으로 설명이 가능하다는 논리이다. 예를 들어 스프린즈와 바흐토란타(Sprinz and Vaahtoranta, 1994)의 경우는 개별 국가들의 국제환경규제에 대한 지지와 철회는 '개별 국가들이 부담해야 하는 환경규제비용과 개별 국가들의 생태적 취약성의 정도에 따라 적극 추진(pusher), 혹은 지체(dragger), 중간자(intermediate), 방관자(bystander)로 범주화'할 수 있다고 주장한다. 이러한 논리와 범주를 인용해 살펴보면 개별 국가들의 기후변화정책의 도입과 발전도 위와 같은 범주와 비슷한 측면이 있다. 특히 국내적인 요인들로는 다소 상대적인 측면이 강조된 온실가스 저감 비용부담과 개별 국가의 기후변화 영향에 대해 상대적인 취약성의 정도에 따라 정책의 도입은 크게 적극적 정책 도입, 소극적 정책 도입, 혹은 중간자적 아니면 좀 더 지체 상태나 입장에서 기후변화정책이 도입되거나 혹은 정책의 도입과 더불어 중요한 정책 이행의 태만 등으로 나타날 수 있는 것이다(Sprinz and Vaahtoranta, 1994: 81, 표 2 참조).[2]

---

2) 스프린즈와 바흐토란타의 국제환경규제 참여 분석 외에도 또 다른 중요한 분석법은 1988년 푸트남(Putnam)이 언급한 'Two-Level Game'이다. 이 분석에 따르면 국제협상 참여에서 개별 국가의 협상력의 크기는 그 국가 내부의 각종 상황에 달려 있다. 예를 들어, A와 B국이 환경규제 협상에서 규제에 대한 국가 내부

〈표 11-2〉 개별 국가의 기후변화정책 도입/이행 혹은 발전 조건 분석

변수	국가의 기후변화 취약성 낮음	국가의 기후변화 취약성 높음
온실가스 저감 비용 낮음	태만한 정책 도입	적극적 정책 도입
온실가스 저감 비용 높음	소극적 정책 도입	중간적 정책 도입

자료: Sprinz and Vaahtoranta(1994); Fang Rong(2010: 4584) 인용 및 논의 재구성.

개별 국가들의 기후변화정책 도입과 이행 혹은 발전 분석에서 또 다른 고려 수준은 대외적인 변수들이다. 특히 국제금융(기후변화기금), 기술이전(CDM, REDD+), 글로벌 탄소시장(CERs), 변수들이 기후변화정책 도입과 발전을 결정하는 중요한 역할을 하게 된다. 위와 같은 분석 변수들을 종합해보면, 결국 브라질과 멕시코의 기후변화정책 도입 혹은 발전은 이들 개별 국가들이 처한 국내외적 변수들을 동시에 고려해야 한다는 것이다. 좀 더 구체적으로 국내 변수들을 확장해보면, 이 국가들은 생태적 취약성과 완화 능력 부문에서 국제협력 참여 영향을 받는다. 예를 들어 기후변화 영향으로 인한 자국의 농업생산량 감소, 극심한 날씨 변화로 인한 자연재해 증가와 경제사회적 피해 증가 등으로부터 기후변화 대응 관련 정책 도입과 이행이 발생하며, 동시에 이 국가들의 기후변화 완화 노력은 1인당 GDP, 에너지 소비, 산업경제구조 등에 의해서 제약을 받는다. 대외적인 변수들로는 선진국들로부터 기후변화 국제협력 차원의 금융지원, 기술이전 그리고 미래 탄소배출량 시나리오 확산과 대응 압력 등이 주요 변수들이다. 이러한 개념을 축으로 이

이견이 B국보다 A국이 더 크다면, 규제에 대한 협상력은 오히려 A국이 더 크다고 볼 수 있다는 논리이다.

〈그림 11-1〉 라틴아메리카 지역의 온실가스 배출량, 2000

온실가스 총배출량   토지이용변경을 제외한 배출량

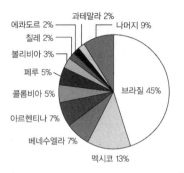

자료: De La Torre et al.(2010: 110) 인용.

글에서는 브라질과 멕시코를 대상으로 온실가스 배출 정도, 기후변화 취약성, 대응정책 등을 비교분석해보고자 한다. 먼저 2000년 이후 통계로 분석된 두 국가의 온실가스 배출 현황이다.

3. 라틴아메리카(카리브 포함) 온실가스 배출(이산화탄소) 현황

<그림 11-1> 라틴아메리카 및 카리브 지역 개별 국가들의 2000년도 수준 온실가스 배출량을 살펴보면(좌측의 총배출량, 우측의 토지이용변경을 제외한 배출량), 브라질과 멕시코가 여타 다른 국가들에 비해 압도적인 수준이다. 총배출량의 경우 브라질이 이 지역 총배출량의 거의 절반(45%)을 차지하고 있다. 토지이용변경을 제외한 분야에서는 브라질이 34%로 1위이며 뒤를 이어 멕시코가 21%로 2위를 기록하고 있다. 두 국가가 비중이 여타 다른 국가들의 절반을 넘어섰다. 말하자면 총배출량에서 멕시코는 토지이용변경 이외 부문에서 배출량이 많다는 분석이

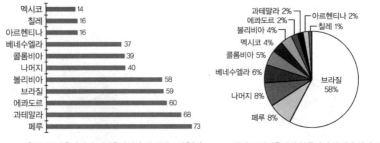

〈그림 11-2〉 라틴아메리카 온실가스 배출: 토지이용변경 부문, 2000

멕시코 14
칠레 16
아르헨티나 16
베네수엘라 37
콜롬비아 39
나머지 40
볼리비아 58
브라질 59
에콰도르 60
과테말라 68
페루 73

온실가스배출에서 초지이용변경이 차지하는 비율(%)

과테말라 2%
에콰도르 2%
볼리비아 4%
멕시코 4%
콜롬비아 5%
베네수엘라 6%
나머지 8%
페루 8%
아르헨티나 2%
칠레 1%
브라질 58%

전체 토지이용변경 부문에서 국가별 차지 비율

자료: De La Torre et al.(2010: 110) 인용.

다(예를 들어, 화석연료이용 및 에너지 소비 배출량).

전체적으로 보면 브라질과 멕시코는 라틴아메리카 지역 전체 GDP는 물론 온실가스 배출량의 거의 60%를 담당한다. <그림 11-1>에서 보듯이 25%는 아르헨티나, 콜롬비아, 페루 그리고 베네수엘라에서 발생하고 있다. 토지이용변경 부문을 제외한 배출량에서도 멕시코와 브라질은 거의 절반이 넘는 배출량에 책임을 지고 있다(55%). 만일 토지이용변경 부문을 제외하면 브라질의 경우는 45%에서 34%로 하락하는 대신, 멕시코는 13%에서 21%로 증가하는 것을 볼 수 있다. 그럼에도 전체 배출량에서 두 국가는 압도적인 배출량을 보여주고 있다. 토지이용변경 부문만을 변수로 해서 다시 두 국가를 비교해보면 <그림 11-2>와 같다.

<그림 11-2>에서 보듯이, 라틴아메리카 온실가스(GHG) 총배출에서 토지이용변경 부문은 46%에 해당한다. 하지만 토지이용변경 부문 배출은 개별 국가들마다 서로 상이한 결과를 나타내고 있다. <그림 11-2>에서 보듯이 브라질만이 유일하게 라틴아메리카 지역 중에 토지이용변경 부문에서 가장 높은 58%를 차지하고 있다. 뒤를 이어 페루가 8%이고 콜롬비아와 베네수엘라가 각각 6%를 차지하고 있다.

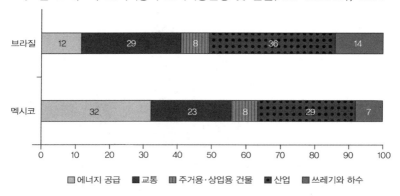

〈그림 11-3〉 비-토지이용과 토지이용변경 및 산림(Non-LULUCF), 2000

에너지 공급　교통　주거용·상업용 건물　산업　쓰레기와 하수

자료: De La Torre, et al.(2010: 111) 인용.

총배출에서 토지이용변경 부문의 몫은 개별 국가들마다 다양하다. 볼리비아, 브라질, 에콰도르, 과테말라 그리고 페루의 경우는 적어도 온실가스 배출의 60%가 토지이용변경 부문에서 배출이다. 반면에 아르헨티나, 칠레 그리고 멕시코의 경우는 총 온실가스 배출에서 토지이용변경 부문은 15% 수준이다(De La Torre et al., 2010: 110). 물론 이를 좀 더 구체적으로 그리고 다른 각도에서 비교해보면, 다시 말해서 토지이용 혹은 토지이용변경 및 산림 부문(LULUCF)을 제외한[3] 에너지 공급, 교통, 산업, 고체 쓰레기 및 오폐수 분야 등을 예를 들어 보자면 <그림 11-3>과 같다.

---

3) LULUCF의 개념은 유엔기후변화협약(UNFCCC)에 의해 정의된 것으로 '이는 일종의 온실가스 인벤토리 부문으로 인간 활동에 의한 토지이용, 토지이용변경 그리고 산림 활동에서 발생하는 온실가스 배출을 제거하거나 줄이기 위한 영역'으로 구분한다(UNFCCC 2012). 이 분야에 대한 UN과 국제환경기구(GEF) 및 국제사회의 노력과 다양한 프로젝트 진행에 대한 사항은 http://www.thegef.org/gef/sites/thegef.org/files/publication/LULUCF%20brochure_web_version%20(1).pdf 참조.

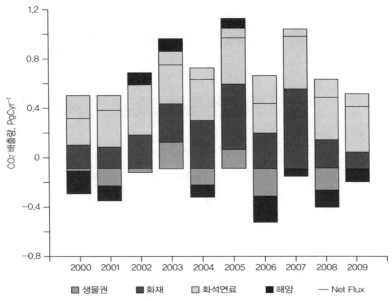

〈그림 11-4〉라틴아메리카 지역의 부문별 연간 배출량: 2000~2009

□ 생물권　■ 화재　□ 화석연료　■ 해양　— Net Flux

자료: Yu-Woon, Jang, et al.(2014: 68) 인용

좀 더 영역을 축소하여 온실가스를 대표하는 이산화탄소 배출 정도를 배출과 관련 분류된 해당 영역 — 생물권, 산림(화재), 도시의 교통 및 산업 발전 등을 통한 화석연료 영역 그리고 해양 영역 — 별로 구분하여 2000년부터 2009년 사이 배출 정도를 살펴보면 <그림 11-4>와 같은 결과를 얻을 수 있다. 특히 라틴아메리카 지역 전체에서 보면 오늘날 급증하는 에너지 이용 증가로 화석연료 부문이 큰 규모를 차지하고 있다. 특이한 변화는 2008~2009년 산림보호 및 산림보존지대 강화에 따른 산림 정책이 브라질과 멕시코에서 강화되면서 이 수치는 점점 줄어들고 있다는 것을 발견할 수 있다.

<그림 11-4>의 결과는 사실 라틴아메리카 지역의 온실가스감축 전략에서 가장 문제가 되었던 산림황폐화에 의한 기후변화 악화(<표 11-3>

〈표 3〉 LUCF 부문 탄소배출 주요 세계 주요 15개국 비교(2000년)

(단위: 100만 톤)

변수 국가	LUCF 부문 이산화탄소 배출량				이산화탄소 총배출량			각국 배출량에서 LUCF 부문이 차지하는 비율
	배출량 (MTCO2)	순위	전 세계에서 차지하는 비율	개인당 배출량	배출량 (MTCO2)	순위	전 세계에서 차지하는 비율	
인도네시아	2,563.10	1	33.64	12.4	2,859.10	3	9.01	89.65
브라질	1,372.10	2	18.01	7.9	1,708.80	4	5.39	80.30
말레이시아	698.90	3	9.17	30.4	820.80	9	2.59	85.15
미얀마	425.40	4	5.58	8.9	434.80	15	1.37	97.84
콩고민주공화국	317.30	5	4.16	6.3	318.90	20	1.01	99.50
잠비아	235.50	6	3.09	22.0	237.40	28	0.75	99.20
나이지리아	194.80	7	2.56	1.7	273.80	26	0.86	71.15
페루	187.20	8	2.46	7.2	215.40	31	0.68	89.91
파푸아뉴기니	146.00	9	1.92	27.6	148.40	36	0.47	98.38
베네수엘라	144.10	10	1.89	5.9	283.30	25	0.89	50.86
네팔	123.50	11	1.62	5.1	126.70	40	0.40	97.47
콜롬비아	106.10	12	1.39	2.5	169.50	35	0.53	62.60
멕시코	96.80	13	1.27	1.0	481.70	12	1.52	20.10
필리핀	94.90	14	1.25	0.3	170.20	34	0.54	55.76
코트디부아르	91.10	15	1.20	5.4	98.00	44	0.31	92.96
합계	7,618.6		100.00		33,544.30		100.00	22.70

자료: Myers Madeira(2008: 21) 참조.

〈그림 11-5〉 브라질의 GDP 증가-이산화탄소 배출 관계: 1970~2009

자료: Freitas and Kaneko(2011: 1460).

참조)와 이에 대한 적극적인 대응 차원에서 브라질과 멕시코가 취한 다양한 산림 정책의 제도적 이행에서 확인된다(제5절에서 설명). 이는 <그림 11-5>의 세계 주요 15개국 LUCF 국가별(특히 2위의 브라질과 13위의 멕시코 사례) 그리고 산림황폐화에 의한 탄소배출 정도(2000년 통계) 분석과 이에 대한 해결 과정에서 양 국가가 추진하고 있는 산림보존 및 복원 정책에 따른 결과라는 긍정적인 분석도 있다.

2000년 통계로 보면, 브라질과 멕시코의 토지이용변경(산림황폐화) 분야가 차지하는 상당히 크다. 멕시코의 경우, 페루와 베네수엘라에 비해 적은 양이지만 브라질의 경우는 이 분야 영향력이 배출량에서 가장 많은 양을 차지하고 있다. 특히 멕시코의 경우 화석연료 연소에 대한 배출량 영향이 큰 반면에, 브라질은 화석연료 연소보다는 토지이용변경, 산림황폐화 부문이 배출량에서 더 많은 양을 차지하고 있다. 이와 동시에 브라질의 경우 경제성장률의 증가에 따라 에너지 소비는 꾸준하게 증가해오면서 이산화탄소 배출은 점증적으로 증가해왔다. <그림

〈그림 11-6〉 멕시코의 부문별 연간 이산화탄소 배출량 변화: 2000~2009

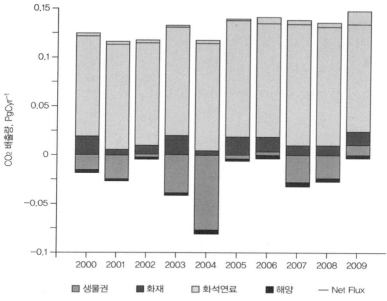

자료: Yu-Woon, Jang, et al.(2014: 68) 인용.

11-5〉에서 보듯이 브라질의 경제성장-이산화탄소 배출은 비례 관계로 발전해오고 있음을 확인할 수 있다.

<그림 11-6〉에서 보면 멕시코의 이산화탄소 배출(2000~2009)은 대부분 화석연료이용과 관련된 영역에서 많은 배출량을 보이고 있다. 2004년 생물권 영역에서의 배출이 가장 크게 증가했다가 2005년 들어 급감했지만 점점 줄어드는 경향을 보이고 있으며, 산림 부문 또한 2007~2008년 들어 점점 줄어들고 있는 중이다(제5절 설명). 실질적으로 이러한 배출량 감소는 멕시코 정부의 많은 기후변화 정책의 추진과 이행의 결과로 나타나고 있지만 여전히 한계가 존재한다.

4. 기후변화 영향과 정책도입 필요성 분석: 브라질/멕시코 사례

기후변화정책 도입 및 발전과 관련된 양국의 국내외 변수들을 살펴보면, 제일 먼저 국내적 요인들을 들 수 있다. 국내 요인들을 보면 기본적으로 기후변화로 인한 자국 농업의 영향(<표 11-4>), 극심한 자연재해로 인한 경제사회적 피해(<표 11-5>), 연료 유형에 따른 주요 에너지 소비 및 확인 매장량과 이용 가능 연수(<표 11-6>)에 대한 정책적 대응(예를 들어 대체에너지로 재생에너지 개발 및 에너지원 다변화 전략 등) 필요성에서 찾을 수 있으며 적극적으로 정책을 도입하고 이행함으로써 기후변화 영향에 대응해오고 있음을 볼 수 있다. 이러한 국내 변수들을 <표 11-4>, <표 11-5>,[4] <표 11-6>으로 구분해서 양국을 비교해보면 다음과 같다.[5]

<표 11-4>에서 보듯이 브라질(6%)은 멕시코(4%)에 비해서 농업 부문이 GDP에서 차지하는 비중이 크다. 하지만 두 나라 모두 기후변화로 인해 최근에 농업생산량은 상당히 감소하고 있으며 GDP에서 차지하는 손실도 크게 증가하고 있음을 볼 수 있다. 사실 지난 20년 동안 멕시코의 기후변화로 인한 총경제적 손실에서 거의 80%는 농업 부문에서 발생한 것으로 보고되고 있다(World Bank, 2009a). 예를 들어 1997~1998년 사이 한 해 동안 발생한 가뭄으로 인해 멕시코는 사상 유례가 없는 산불 피해를 경험했으며, 1990년대 가뭄은 멕시코 북쪽지방에서 수자원 관

---

4) 양국의 GDP 대비 산업구조(GDP의 %)를 보면 다음과 같다.

국가	농업	산업(제조업)	서비스업
브라질	6	29(18)	66
멕시코	4	36(19)	60

자료: World Bank(2009a).

5) 이 데이터는 Fang Rong(2010: 4585)에서 부분적으로 인용되었다.

〈표 11-4〉 기후변화에 대한 농업 영향(2003): 브라질/멕시코

국가	브라질	멕시코
생산(백만 달러)	29,540	25,043
GDP에서 비율(%)	(6.0)	(4.0)
생산변화(백만 달러)	-4,976	-8,856
생산변화 비율 / GDP 변화에서 비율(%)	(-16.8 / -1.0)	(-35.4 / -1.4)

주: 대기에 탄소가 증가함으로써 상대적으로 농업 생산량 증가에 혜택을 받는 작물은
배제함.
자료: Fang Rong(2010: 4585)에서 부분 인용.

리와 관련된 많은 지방 갈등을 초래한 바가 있다. 2005년도에는 강우량
부족으로 멕시코 농업생산량이 13%나 급감한 바가 있다. 이러한 기후
변화 영향은 멕시코 농업에 막대한 변화를 야기했으며 특히 산림과
목초지에 영향을 주어 현재 멕시코 산림의 67%가 건조기후 혹은 열대
림으로 변할 전망이다. 산림지대가 건조해지면 멕시코 중앙과 남부지역
에 사바나기후 지대가 형성되어 점점 자연 화재 발생률이 증가하게
되며 이로 인해 이 지역에 생물다양성 파괴, 생물종의 멸종 등과 더불어
농업생산량 감소에 다시 막대한 영향을 줄 것으로 예상된다(World Bank,
2009a: 2 참조).

특히 멕시코 농업에서 가장 중요한 농작물은 옥수수로 현재 경작
가능한 지역의 50%를 차지하고 있으며(2009년 통계), 이 작물은 기후변
화, 특히 가뭄에 상당히 민감한 반응을 하는 작물이다. 2020년 멕시코
기후변화 시나리오에 의하면, 옥수수 수확량은 점차 감소할 것으로 전
망되며 옥수수 생산에 적합하지 않은 토지도 점차 증가(약 4.2%)할 것으
로 예상된다. 옥수수 생산량 감소에 의해 이를 대체할 작물들 예를
들어, 밀이나 귀리 같은 농작물 생산이 증가할 것으로 예상된다. 하지만
멕시코 농업에 더욱 중요한 위기는 목초지의 감소로 2020년까지 현재

보다(2002년 기준) 6%, 2050년까지는 약 13.2% 감소가 예상되는바, 특히 북쪽 지방이나 중앙에서 이러한 현상은 두드러질 것으로 보이며 이는 가뭄, 토질 악화 그리고 환경 변화로 인한 전염병의 증가와도 무관하지 않다(World Bank, 2009a: 3 참조).

멕시코 정부의 위기의식은 국내 차원에서 다양한 기후변화 대응 프로그램의 도입과 정책의 제도 강화를 통해 나타난다. 1997년 처음으로 국가위원회를 구성하여 멕시코 온실가스 인벤토리 보고서를 작성했으며 멕시코 기후변화 취약성에 대한 연구 보고서를 발표했다. 특히 농업 부문에 대한 변화, 다시 말해서 토지이용, 토지이용변경 등을 분석 요소로 포함해 농업 부문에 대한 기후변화 영향과 이 분야에서 발생하는 온실가스를 연구했다.[6] 2007년 멕시코 정부는 '국가기후변화전략(ENACC)'을 공식화해 이산화탄소 배출 감축과 기후변화 적응을 위한 지방 및 국가능력(state capacity) 향상을 위해 다양한 조치를 구상해오고 있다. 가장 눈에 띄는 제도화는 2012년 6월 멕시코의 펠리페 칼데론(Felipe Calderon) 행정부가 채택한 「기후변화일반법(General Climate Change Law)」이다. 전문가들은 이러한 멕시코의 기후변화법 채택은 개발도상국 중에서 기후변화에 대한 대응과 적응에 대한 진전된 제도적 접근으로서 상당히 의미 있는 발전이라고 분석한다.[7]

---

6) 2001년 6월 발표한 두 번째 보고서는 1994~1998년 국가 온실가스 인벤토리를 구체적으로 분석하고 미래 방출량에 대한 시나리오도 작성했다. 2006년 11월 세 번째 국가 보고서는 1993~2002년간 멕시코 토지이용변경을 포함해 국가 온실가스 인벤토리를 작성했으며, 수자원, 산림과 농업 분야에 대한 평가 취약성 등을 문제점으로 지적했다. 세 번째 국가보고서 작성은 멕시코 정부 단독이 아닌 공공·민간, 대학, 비정부기구 등이 함께 참여하여 관심 분야에 대한 시민 참여를 유도했다. 이후 2009년(제4차), 2012년(제5차) 국가 인벤토리 보고서를 발표하고 있다.

〈표 11-5〉 기후변화 관련 자연재해로 인한 경제사회적 피해(2010)

		브라질	멕시코
2000~2009	인구 영향(명)	650,638	650,663
	POP의 비율(%)	0.35	0.61
	경제적 손실(달러)	409,484	1,318,330
	GDP 대비 비율(%)	0.06	0.21
1990~2009	인구 영향(명)	841,942	428,301
	POP의 비율(%)	0.52	0.46
	경제적 손실(달러)	242,532	1,025,421
	GDP 대비 비율(%)	0.04	0.23

주: 1) 인구영향: 기후변화로 인한 자연재해로부터 피해를 받은 인구수
    2) POP의 비율: 총인구에서 기후변화 영향으로 피해를 받은 인구의 비율
자료: Fang Rong(2010: 4585)에서 부분 인용.

이와 더불어 기후변화 영향은 심각할 정도로 한 국가의 경제적·사회적 지표의 불균형을 초래하는데, 예를 들어 수많은 국제환경회의 개최(리오 세계환경회의)를 통해 지속 가능한 발전을 주도함은 물론 신흥국가로 부상한 브라질과 OECD 국가로서 멕시코의 경우는 국가 위상 및 시민들의 경제사회적 삶에 대한 고려(<표 11-5>)와 에너지 소비 패턴(<표 11-6>) 등에 막대한 영향을 주었다(Fang Rong, 2010: 4585).

<표 11-5>에서 보듯이 기후변화로 인한 경제적·사회적 피해는 브라질보다 멕시코에 더 많은 영향을 주고 있는 것으로 분석된다. 특히

---

7) 기후변화법 제정과 이의 정책적 구현을 위해 멕시코 정부가 달성하려는 목표는 온실가스 배출을 2020년까지 현 배출양의 30%(2050년에는 50%)까지 감축하는 것과 2024년까지 멕시코의 전력 부문에서 저탄소원(비-화석연료, 재생에너지 등)의 몫을 35%(2050년에는 50%)까지 강화하는 것이다. 이러한 목표 ― 2050년까지 배출량 50% 감축, 재생에너지 50% 대체라는 '50년'까지 각각 '50%', '50%' 달성이라는 'triple 50 구현'을 위한 다양한 정책 도입과 이의 이행을 위한 많은 프로그램들이 가속도를 내고 있다.

<표 11-6> 에너지 유형별 소비(%)와 확인된 매장량에 따른 향후 소비 비교(연간):
브라질/멕시코(2008)

		브라질	멕시코	세계
에너지 소비 (%)	석유	46	53	35
	천연가스	10	35	24
	석탄	6	5	29
	기타**	37	6	12
매장량에 따른 이용 연수*	석유	8	10	15
	천연가스	1	3	15
	석탄	22	5	51

주: * 연간 국내 총에너지 소비 대비 실질적으로 확인된 재생에너지 잠재성 따른 사용
가능 연수.
** 기타는 수력, 원자력발전, 바이오에너지, 풍력 등을 포함.
자료: Fang Rong(2010: 4586)에서 브라질 및 멕시코 두 국가만 선별적 인용.

GDP 기준 피해는 멕시코가 브라질보다 거의 6배 이상으로 커 기후변화
에 대한 대응 수준에도 영향을 준 것으로 분석될 수 있다.

브라질과 멕시코의 경우 에너지 소비에서 여전히 화석연료가 차지하
는 비중이 거의 절반에 이르고 있으며 멕시코의 경우는 천연가스 소비
에서 브라질의 3배 규모이다. 하지만 두 국가 모두 미래 에너지원으로서
화석연료에 대한 의존도는 매장량에 따라 점점 줄어들 것으로 보이며
이에 대한 대체에너지원 개발이 신재생에너지원 개발 정책으로 옮겨와
있다.

위와 같은 국내 경제사회 및 에너지 이용에 대한 영향과 더불어 기후
변화정책 도입 및 발전은 대외적인 변수들도 고려해야 한다. 대외 변수
로는 기후변화 국제협력 차원의 탄소배출권(CERs) 거래 및 금융 혜택
(<표 11-7>), 미래에 실질 탄소배출 증가에 따른 위기 및 이에 대한 대응
압력(<표 11-8>) 등의 요인들에서 기후변화정책 도입 및 정책 이행을
살펴볼 수 있다.[8]

<표 11-7> 등록된 프로젝트 및 예상되는 연평균 탄소배출권(CERs)(2009)*

	등록된 프로젝트	예상되는 연평균 탄소배출권(CERs)
브라질	164(9.0%)	20,810,244(6.5%)
멕시코	118(6.4%)	8,948,550(2.8%)
세계	1831(100%)	318,699,336(100%)

주: * 탄소배출권(CERs)은 청정개발체제(CDM) 프로젝트 활동으로 인해 줄어든 배출량의 감축분에 대해 발행된다.
자료: http://cdm.unfccc.int

도입부에서 언급했듯이 브라질과 멕시코는 현재와 비교해서 미래에는 에너지 관련 탄소배출량은 그리 크지 않을 것으로 전망되며, 특히 멕시코의 기후변화 관련 대응과 적응 정책의 적극적인 추진(제5절), 브라질의 재생에너지 분야 정책 발전 등으로 배출량은 현저히 감소할 것이라는 전망도 가능하다. 하지만 이는 화석연료 에너지 소비 부문에 대한 멕시코 정부의 적극적인 대응 정책의 지속성과 브라질의 산림 부문에 대한 적극적인 대응 정책의 지속하에 가능할 것으로 보인다.

종합적으로 보면 멕시코의 경우 브라질에 비해 기후변화의 영향은 멕시코의 농업 부문과 경제사회적 문제에 더 많은 피해를 주었으며 이는 생태적으로 높은 취약성을 보이면서, 동시에 이 분야에 대한 온실가스 저감비용도 낮아 이 분야에 대한 적극적인 기후변화정책의 도입과 정책 이행이 예상된다. 하지만 탄소배출의 중요 원인이 되는 화석연료 및 에너지 소비 증가에 대한 취약성은 높아 이 분야에 대한 가장 적극적으로 대응 정책을 만들어야 함에도 변화하지 않고 있는 화석연료 의존

---

8) 탄소배출권(CERs)은 유엔 기후변화협약(UN Framework Convention on Climate Change: UNFCCC)에서 발급하며, 발급된 CERs은 시장에서 상품처럼 자유롭게 거래할 수 있다.

〈표 11-8〉 미래 에너지 관련 분야 이산화탄소 배출 수준 변화 예상(2007/2030)

	브라질	멕시코
2007년 연간 이산화탄소 배출량(100만 톤)	350	451
2007년 연간 이산화탄소 배출 세계 총량 대비 비율(%)	1.2	1.5
2007년 연간 1인당 이산화탄소 배출(톤)	1.8	4.1
2030년 예상 배출량(100만 톤)	682	557
2030년 예상 배출 세계 총량 대비 비율(%)	1.7	1.4

자료: Fang Rong(2010: 4585)에서 부분 인용.

경제는 멕시코의 온실가스 저감 비용을 높이고 있어 이 부문에서는
상대적으로 소극적 대응이 예상된다.

브라질의 경우는 탄소배출이 토지이용변경, 토지이용 변화 및 산림
(LULUCF) 부문, 특히 산림황폐화 부문에서 주로 발생하는데 이에 대한
저감 비용은 브라질의 향후 경제발전 및 농업생산량 그리고 수출 증가
지속 등을 고려하면 상대적으로 상당히 높은 편으로 이에 대한 정책
도입(산림법 사례처럼)은 상당히 소극적 경향을 띨 것으로 보이며, 반면에
상대적으로 저감 비용이 낮은 재생에너지(특히 에탄올 생산) 분야는 상당
할 정도로 활발한 정책 도입과 투자가 진행 중이다. 다음은 이러한
잠정적 가정과 예상들에 대한 두 국가의 실질 정책 사례들이다. 정책
도입과 정책의 이행 과정에서 이러한 가정들을 검토해보고자 한다.

5. 라틴아메리카 기후변화정책 선호도: 브라질-산림, 멕시코-에너지

위와 같은 배출량에 대한 과학적 통계 자료들(제2절, 제3절)을 기반으
로 증가하는 온실가스 배출과 기후변화 영향에 대한 대응 차원에서
이 지역에서의 기후변화정책의 도입/이행의 방향(제4절)은 많은 환경기

구의 설립과 제도변화 그리고 다양한 기후변화 실질 대응 정책의 등장에서 확인된다. 특히 2000년대 들어 이 지역의 환경정책 결정자들은 온실가스 배출을 줄이기 위한 다양한 노력들 — 법과 제도 개선, 다양한 대응 및 완화 전략을 담은 프로젝트 및 정책적 전략 마련 및 국제협력을 통한 기후변화기금 조성 등 — 을 해오고 있다. 하지만 무엇보다도 라틴아메리카 국가들의 기후변화 대응 정책은 실질적으로 탄소배출 감소 및 이의 완화 정책에서 그 중요한 변화가 목격되며, 특히 지역의 경제발전은 물론 자연자원 활용이라는 특징을 고려한 다음과 같은 2개의 거시적 방향과 전략에서 확인된다.

먼저 현재의 '화석연료' 이용과 소비를 줄이고 대체에너지로 '재생에너지원' 개발을 촉진한다는 전략과 다른 한편으로는 아마존 같은 산림 및 생태계를 보호하면서 '산림황폐화'를 막음과 동시에 '산림복원'에 많은 프로젝트를 개발해간다는 전략이 대표적이다. 예를 들어 새로운 국제기금을 마련하여 금융 보상을 통한 '산림전용방지 및 산림관리를 통한 탄소배출권 확보(Reduced Emissions from De-forestation and forest Degradation: REDD+)' 같은 프로젝트가 대표적이다(Hall, 2011).

하지만 경제 활동의 증가와 더불어 인위적인 부문에서 발생하는 화석연료 이용을 줄이고 온실가스 배출량 감소를 위해 중요한 전략으로 추진 중인 또 다른 중요한 정책은 녹색환경기술을 도입함으로써 '에너지 효율성'을 개선하는 것이다(De la Torre et al., 2010). 예를 들어, 청정개발체제(CDM, <표 11-9> 참조) 프로젝트(Lokey, 2009)의 확대 및 '저탄소 교통시스템'의 도입 같은 정책이 대표적이라고 할 수 있다(ECLAC, 2010).

좀 더 명확한 부문으로 라틴아메리카 기후변화 관련 전문가들 및 정책 결정자들은 가장 긴급하게 급증하는 지역의 온실가스 배출에 대한 대책에서 '화석연료' 및 '산림황폐화'에 대한 대응을 정책 우선순위로

<표 11-9> 세계 및 지역별 CDM 사업 현황(2012)

(단위: %)

지역 구분	등록된 CDM		2012 CERs		진행 중 총 CDM		2012 CERs	
	수	공유	kCERs	공유	수	공유	kCERs	공유
아시아 태평양	3,871	82.6	1,774,829	80.5	7,333	81.3	2,030,902	79.3
중국	2,363	50.4	1,288,064	58.4	4,028	44.7	1,419,813	55.5
인도	908	19.4	276,818	12.6	2,159	23.9	373,349	14.6
아세안	483	10.3	92,515	4.2	916	10.2	115,997	4.5
라틴아메리카	629	13.4	316,347	14.4	1,230	14.0	358,446	14.0
아프리카	94	2.0	63,235	2.9	261	2.9	101,310	4.0
중동	49	1.5	30,854	1.4	98	1.1	34,063	1.3
유럽, 중앙아시아	42	0.9	18,672	0.8	99	1.1	35,738	1.4
총	4,685	100.0	2,203,938	100.0	9,021	100.0	2,560,460	100.0

자료: http://www.cd4cdm.org/CDMJIpipeline.htm

놓고 전략을 마련하고 있다. 왜냐하면 다른 영역의 온실가스 배출 저감도 중요하지만 이는 자연적인 영향이 크고 장기적인 관점에서의 대응책이 요구되는 반면, '화석연료 이용'을 줄인다든지, 혹은 '산림의 황폐화'를 방지하고 산림을 복원하는 해결책들은 현실적으로 그리고 단기적 차원의 노력으로 가능하기 때문이다. 급증하는 인간(경제) 활동 부문, 예를 들어 교통, 경제 및 산업 발전을 위한 화석연료의 이용 증가나 농업 생산량의 증대를 위한 토지이용변경 등은 이산화탄소 배출 급증은 물론 여타 다른 온실가스들의 흡수원을 급속하게 사라지게 하는 주원인들이기 때문이다. 브라질의 탄소배출의 주요 증가 원인은 세계 최대 열대우림인 아마존의 급속한 산림파괴와 무관하지 않다(Schwartzman et al., 2012). 온실가스 배출에 대한 2000년대 이후 자료와 그리고 다양한 대응 프로젝트들(REDD+, CDM)이 진행 중이지만, 위와 같은 2개의 거시적 차원의 정책 선호도를 가지고 대응 전략을 강화해오고 있다. 이를 기초로 라틴아메리카 국가들(브라질과 멕시코 중점)의 2000년대 이후 정책적 대응 전략들을 살펴보면 다음과 같다.

1) 화석연료이용 감축 및 재생에너지 개발 정책 도입 및 발전

앞서 언급했듯이, 2000년대 이후 라틴아메리카 국가들이 가장 역점을 두고 기후변화에 대응하기 위해 펴오고 있는 정책 방향은 화석연료 이용 저감과 재생에너지(바이오연료, 태양력, 풍력, 지열 등) 개발 부문에 집중되어 있다. 이와 같은 정책 개발은 기존의 석유에 기반한 화석연료 사용 의존도를 줄이는 데에 다양한 정책 개발과 경제적 인센티브(정부 보조금제도) 제공 그리고 정책 이행을 위한 기구 설립 및 제도 개선에 집중되어 있다. 특히 대부분의 국가들이 화석연료에 대한 정책적 규제를 강화하는 한편 다양한 형태의 경제적 인센티브를 제공하고 재생에너지 개발 및 청정에너지 개발 기술에 많은 투자를 해오고 있다. 이러한 기후변화 완화 노력은 이들 국가에서 재생에너지를 통한 에너지 공급 비율을 높여오고 있는 사례에서 확인된다. 예를 들어 브라질 정부는 2002년 재생에너지인 에탄올을 이용한 겸용(에탄올/가솔린) 자동차 생산과 관련해 생산세 인하 및 구매 보조금 지급 등 생산과 소비에 대한 인센티브를 제공해 교통 부문에서 탄소배출량을 줄이는 정책을 펴오고 있다.[9]

---

9) 브라질에서 풍부한 에탄올을 활용한 교통 및 수송부문 대체에너지 개발 촉진 과정을 보면, 브라질 정부는 1973년 오일 쇼크 이후 에탄올을 중심으로 하는 대체에너지 산업을 육성하면서 교통 및 수송 부문에도 에탄올 혼합연료 사용을 의무화했으며 특히 2002년 룰라 정권 집권과 더불어 대체에너지 개발 사업이 더욱 확대되자 자동차 업체들은 가솔린 엔진을 개조한 에탄올 혼합연료 차량

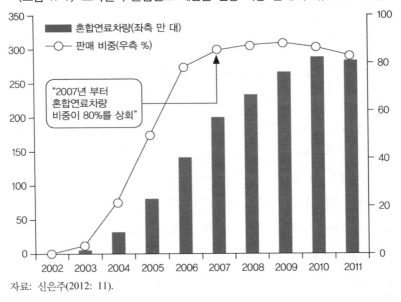

〈그림 11-7〉 브라질의 혼합연료 에탄올 겸용 차량 판매 추이(2002~2011)

자료: 신은주(2012: 11).

브라질 정부는 특히 에탄올 생산의 주원료인 사탕수수 산업에 대한 저장보관비를 지원해줌으로써 지속적인 에탄올 공급을 보장하는 정책을 펴기도 했다. 결과적으로 2008년 말에는 심지어 도로 위의 경승용차의 연료 소비에서 에탄올이 52% 이상을 점하기도 했다(Olivas, 2010).

브라질을 포함해서 콜롬비아, 아르헨티나 그리고 여타 남미 국가들은 오늘날 바이오연료 생산에서 선두의 위치를 점하고 있다. 코스타리카의 경우는 재생에너지 분야, 특히 풍력 개발 기술에 막대한 투자를 통해

생산을 강화했으며, 2003년 완전한 혼합연료차(Flexible Fuel Vehicle: FFV)의 상용화에 성공하여 가솔린과 에탄올의 혼합 비율에 상관없이 에탄올 20~100% 연료로 운행 가능한 차량을 개발해냈으며, 에탄올 혼합연료 차량은 유가 상승에 따라 꾸준히 증가하여 2007년 이후 브라질 승용차 시장의 80% 이상을 점유하고 있다(신은주, 2012: 11).

대체에너지 분야를 선도하고 있으며 이미 제1차 에너지원으로 99.2%가 재생에너지원이다(Natural Resources Defense Council, 2007). 이에 더하여 중앙아메리카 국가들은 2012년 한 해에만 지열 발전을 통해 130MW 전력 공급을 약속하고 있기도 했다. 반면에 멕시코, 칠레, 페루의 경우는 태양열 발전 관련 제도와 정책을 만들어 많은 투자를 해오고 있다(BNEF, 2012). 우루과이는 국가에너지정책 개혁을 통해 재생에너지 분야 개발 투자를 강화해오고 있는데 2008년 중장기 25년 계획을 통해 화석연료 의존을 줄이고 에너지믹스의 다원화를 추구하고 있다. 예를 들어 우루과이의 에너지 다원화 정책을 보면 2015년까지 전력 공급의 15%를 풍력 발전을 통해 달성한다는 야심 찬 계획을 실행 중이다.[10] 물론 이러한 개발 프로젝트들의 활성화를 위한 정책들을 도입해오고 있는데, 예를 들어, '재생에너지 포트폴리오 표준화 및 이의 제도화, 각종 세제 혜택 제도 도입(feed-in tariff 같은 발전차액제도) 그리고 경제적 인센티브 제공 및 재생에너지 옥션 제도 도입 등을 통해 가격의 인상 혹은 확실한 수요의 확대'를 위한 계획들이 이행되고 있다(Olivas, 2010). 이러한 관점에서 니카라과는 최근 좋은 정책 성과를 보이고 있다. 재생에너지 개발 분야에서 제도화 수준, 투자 및 기후금융, 저탄소 비즈니스 그리고 녹색가스 관리 등의 평가 대상에서 라틴아메리카 총 26개 국가 중에 브라질에 이어서 두 번째로 좋은 성과를 내고 있다(BNEF, 2012). 2010년 기준으로 니카라과 전력 총발전량인 384.7GWh 중에 이미 재생에너지 부문이 11%를 차지하기 시작했는데 이는 지역의 특성을 잘 활용한 지열발전에 많은 투자를 해왔기 때문이다(BNEF, 2012: 86). 특히 이러한 지역 특성은

---

10) http://www.upi.com/Business_News/Energy-Resources/2013/03/15(2013.07.25 검색).

오늘날 니카라과가 국제사회로부터 지열발전에 대한 잠재성을 인정받고 있으며 발전 잠재성은 더욱 커질 전망이고 이러한 정책 목표 달성을 위해 니카라과는 많은 CDM 프로젝트를 받고 있다. 많은 프로젝트들이 (라틴아메리카 지역에서 3위 수준으로) 재생에너지 개발 사업 및 산림복원 사업에 투자되고 있다.

올리바스(Olivas, 2010)와 블룸버그 신에너지 금융(BNEF)의 기후 스코어(BNEF, 2012)에 의하면 브라질은 재생에너지 발전 분야 선도국가이다. 특히, 브라질은 PROINFA 프로그램을 통해 재생에너지 개발 분야에 막대한 금융 및 투자 지원을 진행해왔는데 이러한 프로젝트 지원에 투자되는 사업비의 70%를 브라질국가개발은행(BNDES)이 담당하고 있다.[11] 게다가 코스타리카, 페루, 그리고 칠레는 에너지 정책에서 재생에너지 및 청정에너지 투자에 속도를 내고 있다. 특히 탄소무역(carbon trade) 같은 새로운 정책 도입과 이의 입법화 과정은 라틴아메리카에서 탄소감축을 위한 많은 재생에너지 분야의 개발 잠재성을 높이고 있다.[12] 아쉬운 점은 대부분의 CDM 프로젝트들은 오늘날 브라질과 멕시코에 집중되어 있는데, 그럼에도 이는 지속적으로 이들 국가들의 온실가스 관리 활동에 많은 영향을 주고 있다. 많은 투자 유인을 위한 실천적

---

11) 올리바스에 의하면(Olivas, 2010), "국가경제사회개발은행(BNDES)는 바이오 전력과 다른 재생에너지 프로젝트에 투자를 강화해오고 있다. 2009년에만 바이오 에너지 분야에 대한 투자가 총 98억 달러에 달한다. 글로벌 차원에서 가장 주도적인 투자 규모를 자랑한다".

12) 올리바스(Olivas, 2010)에 의하면 라틴아메리카와 카리브 지역은 교토기후변화 국제 레짐 발전에 가장 중요한 역할을 할 것으로 예상되며 이를 증명하는 것으로 2020년에 이르면, 라틴아메리카 지역의 탄소 금융 투자가 34억에서 42억에 이를 것으로 내다보고 있다.

인 정책의 예를 살펴보면, 멕시코 정부는 2010년 자동차 '공회전 규제 제도' 도입, 브라질의 풍력, 수력 그리고 바이오매스 사업의 경매제 도입 등이 두드러진다. 중미 지역 국가들은 '의무 할당제'를 2007년에 도입해 교통 연료 분야에서 기존 화석연료의 15%를 바이오연료로 대체 해간다는 정책을 이행하고 있다. 칠레 또한 「재생에너지법」을 2008년 에 제정하여 투자와 정부보조금 제도를 도입해 이 분야 개발을 독려하 고 있다. 페루는 모든 분야를 경매 제도로 개방하는 정책을 펴고 있다 (Olivas, 2010).

하지만 위와 같은 기후변화 관련 거시 정책들과 실천적인 정책들이 이행되고 있고 지역의 특징으로 많은 재생에너지 개발을 위한 자연자원 (풍력, 태양력, 지열, 소수력, 바이오매스 등)을 보유하고 있음에도 이 지역은 여전히 상대적으로 대체에너지원 개발에는 그리 많은 발전을 거두지 못하고 있다. 여전히 다양한 분야 — 기술, 금융 그리고 제도적 능력 등 — 에서 개발 장벽이 있기 때문이다(Lokey, 2009).

마지막으로 에너지 효율화 부문에서 많은 전문가들은 이 지역의 에너 지 효율 기술 향상을 위한 다양한 정책 발전에 대해 호의적인 전망을 내놓고 있다. 특히 지속 가능한 도시교통 관련 정책 도입 그리고 일반 가정에서의 효율성 높은 전기제품의 사용 증진 등이 눈에 띄게 발전했 다. 그럼에도 이 지역 시민들의 일상생활에서 여전히 에너지 비효율적 인 제품들에 대한 사용과 소비 선호가 우세하다는 장애도 존재한다(De la Torre et al., 2010). 지속 가능한 도시교통 정책을 통해 저탄소 교통 인프라 구축은 많은 국가에서 새로운 도전으로 등장했다. 예를 들어 2008년 아르헨티나의 철도 시스템 개선(교통신호 및 운행 시간 감축, 철로 확대 등) 정책 등은 저탄소 시스템 구축의 좋은 사례들이며, 칠레의 경우 에는 2011~2012년 동안 도로를 달리는 모든 교통수단에 대해 강력한 탄소배출 규제를 강화하는 정책과 새로운 법적 장치를 마련하는 등 노력을 하고 있다.

멕시코의 경우는 2008년 도로를 운행하는 자동차의 탄소 배출에 대한 규제 정책에서 국제적 표준을 받아들였으며, 니카라과는 2009년 자동차 탄소 배출 감시 및 규제법을 제정하여 10년이 넘은 자동차의 수입을 엄격하게 제한하는가 하면 도시 버스들을 교체하는 노력을 해오고 있다(ECLAC, 2010). 하지만 위와 같은 다양한 형태의 지속 가능한 교통 정책들은 오염 감축 그리고 에너지 효율성 증진이라는 거시적인 방향 설정 속에서 이제 막 시작한 정책이라서 향후 정책의 효율성을 지켜보아야 할 것이다.

2) 산림황폐화 감소 및 산림보존 관련 정책 도입 및 발전

2000년대 이후 라틴아메리카 국가들의 기후변화정책은 산림황폐화 감축 및 방지 그리고 생태 보호지역 유지 및 확대 노력에 많은 초점이 맞추어져 있다. 이러한 변화를 잘 설명하는 국가 사례들은 브라질, 파라과이 그리고 코스타리카(1996년 「산림법」 7575)의 산림보호 정책들이다.[13] 물론 이러한 산림보호 관련 제도 발전에도 불구하고 라틴아메리카의 많은 국가들에서 21세기 초반 이 지역 경제 붐을 이끌고 있는 농작물들(대두, 사탕수수, 커피 그리고 육류)의 생산 확대를 위한 토지이용

---

13) 아직 풍부한 산림 생태계를 보유한 라틴아메리카는 산림 감소 및 산림황폐화 방지를 통한 온실가스 배출량 감축(REDD+) 활동의 핵심적인 역할을 수행 중이다. 코스타리카는 유엔기후변화협약(UNFCCC) 내에서 열대우림 연합에 가입된 회원으로서, 탄소시장을 통해 REDD+ 활동의 재원을 마련하자는 구상에 동의한 최초의 국가이다(Schalatek et al., 2012: 2).

변경과 기존 생산 중심적인 농업 정책 유지라는 현실적인 문제로 산림 황폐화가 지속되어온 것도 사실이다(De La Torre et al., 2010).[14] 예를 들어 지난 20년 동안 브라질은 세계 수준에서 대표적인 농업생산물 수출국으로 등장했다. 특히 대두 수출은 세계 2위로 등장했을 정도이다. 이러한 농업생산물 확대로 인한 이점 그리고 경제적인 인센티브는 여전히 남미 국가들의 산림보존 정책들과 많은 갈등을 낳고 있다.

거시적 관점에서 이러한 경향과 갈등이 지속되고 있는 동안에도 산림 보호에 대한 많은 정책 혹은 제도적 노력은 지속되어오고 있다. 2012년 브라질 의회는 마침내 오랫동안의 사회 및 환경적 논쟁이 지속되어 오던 「산림보호법」을 통과시켰다. 물론 산림보호에 대한 새로운 규칙으로 토지이용변경을 엄격하게 제한하게 된 것은 새로운 정책 변화로 받아들여지고 있지만, 현실적으로 이러한 환경보호 대 농업 및 경제발전이라는 갈등과 딜레마는 실질적인 정책 이행 과정에 여전히 상존한 다.[15] 그럼에도 이와 같은 정책 변화는 중장기적인 관점에서 기후변화에 대한 정책 우선순위를 바꾸어가고 있다는 점에서 상당히 주목된다. 멕시코는 산림보호에 대한 몇몇 보호프로그램(예를 들어, PROARBOL)을 우선적인 저탄소 정책으로 받아들이면서 기후변화 정책 변화를 유도하

---

14) 브라질의 「농업에 대한 기후변화 영향 국가보고서」(2009)에 의하면, 브라질은 화석연료 부문 탄소배출 세계 4위, 산림황폐화 부문에서는 세계 1위로 기록되어 있다. 하지만 이러한 순위는 점점 낮아지는 경향이라고 보고되고 있다(World Bank, 2009b: 6).

15) 실질적으로 브라질의 1965년 「산림법」은 그동안 브라질 사회에서 많은 갈등과 문제점들을 유발해왔다. 특히 산림 소유주와 환경론자 그리고 농업 종사자들 사이에 산림 개발과 보존을 놓고 많은 이익 갈등을 벌여왔다. 이와 동시에 2012년 산림법은 상이한 이해당사자들 사이의 제한된 지역에서의 합법적 보존 문제가 갈등의 중심으로 전환되었다.

고 있다(World Bank, 2009a).

산림보호와 관련된 가장 획기적이고 중요한 정책 변화와 도전은 REDD 프로젝트16)이다. 2012년 이후 이러한 REDD 프로젝트는 산림 보호 지역의 환경과 사회적 역할을 강화해오고 있다(Hall, 2011: 184). 물론 국제적인 기후변화 협력 프로젝트 기능이 크지만 이러한 정책은 산림에 대한 탄소시장 그리고 탄소무역을 발생시켜 개발도상국을 지원 함과 동시에 국제협력을 통해 기후변화 문제에 대응한다는 의미 있는 진전이다. 최근 아르헨티나, 볼리비아, 콜롬비아, 코스타리카, 멕시코, 니카라과, 파나마, 파라과이 그리고 페루에서 이러한 프로젝트를 진행 하고 있다. 특히 아르헨티나와 멕시코 그리고 니카라과는 산림 의존형 공동체 개념의 대안 생활 시스템 개발을 통해 산림관리체제를 새롭게 해가고 있다. 볼리비아와 멕시코도 공동체 산림이라는 개념을 도입했 고, 콜롬비아는 벌채율을 줄여가고 있으며 코스타리카, 멕시코 그리고 니카라과는 산림복원 분야에 많은 정책적 인센티브 제도를 도입해 변화 를 선도하고 있다. 특히 브라질은 오늘날 시장 기반의 접근법과 그것이 국가 주권에 미칠 영향에 대해서 신중한 입장을 유지해오고 있기는 하지만, REDD+의 실행에 중요한 역할을 담당하고 있다. 그뿐만 아니라 브라질은 2009년 브라질개발은행(BNDES)이 운영하는 아마존펀드(AF) 를 설립하는 등 REDD+프로젝트를 실행하는 데 주도적인 역할을 하고 있다. 아마존펀드는 산림 파괴를 예방하고 감시하는 프로젝트에 투자하 고, 아마존 강 유역의 산림 보호와 지속 가능한 사용을 위해 투자된다.17)

---

16) CDM 사업과 달리 REDD는 개발도상국의 정부, 기업, 지역주민들과 원주민들이 산림을 벌채하는 대신 보호에 노력을 기울이면 경제적인 보상을 해주는 제도이다 (장수환, 2011: 272 인용).

17) 아마존펀드는 2011년 10월까지 1억 2,700만 달러(US)의 가치가 있는 20개 프로젝

<그림 11-8> 기후변화 적응 및 완화 기금 수혜 라틴아메리카 10개국 비교(2012)

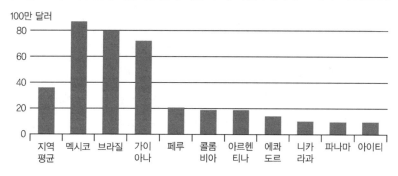

자료: Schalatek et al.(2012: 2).

특히 멕시코의 국가 기후변화 전략(ENACC)은 멕시코의 지나친 탄소 집중도 경제산업구조 개선을 위해 그리고 농업 분야에서 산림복원, 토양복원, 상업적 조림(commercial plantations) 조치들을 우선적으로 정책에 반영해오고 있다. 지난 15년 동안(1990~2005년) 멕시코의 산림황폐화는 약 4만 8,000km²에 달했다. 연평균 황폐화율은 같은 기간 동안에 0.5%로 대부분의 원인은 산림을 농경지로 전환시키는 토지이용변경, 불법벌채, 산림산업의 비효율적 관리, 인프라 건설, 불충분한 제도적 지원 등에 의한 것이었다. 산림 유형에 따라 차이가 있으나 산림 1헥타르 훼손은 20~170톤의 이산화탄소를 대기로 방출하는 양에 해당된다. 이에 대한 대응 프로그램으로 멕시코 정부는 2007년 코나포르(Comisión Nacional Forestal: CONAFOR)라는 기구를 두고 프로아르볼(Pro-Árbol 혹은

트를 인가했고 3,300만 달러(US)에 이르는 자금을 지원했다. 아마존펀드에 가장 크게 기여한 국가는 노르웨이로 노르웨이는 2009~2015년 사이 10억 달러(US)의 지원을 약속했고 가이아나 또한 REDD+를 위한 새로운 접근법을 시행하는 등의 노력을 하고 있다. 또한 브라질과 페루는 CIF 산림 투자 프로그램의 참여 국가들이다(Schalatek et al., 2012: 2).

Pro-Tree) 프로그램을 이행해오고 있다. 구체적으로 탄소보존(carbon stock)의 보호, 탄소포집, 탄소치환 등의 프로그램을 운용하고 있다. 가축에서 발생하는 메탄(CH4)은 온실가스의 주요 요인이다. 예를 들어 멕시코의 총 메탄가스 방출 중 가축이 차지하는 비중은 89%에 달했다(1990~2002년 통계). 청정개발체제(CDM) 프로젝트를 통한 국제협력 모색으로, 특히 멕시코는 농업 분야에 대한 탄소거래에 적극적으로 참여하고 있으며, 세계적으로 등록된 농업 관련 프로젝트의 25%, 라틴아메리카 지역 수준에서는 34%를 점유하고 있다(2009년 통계).[18] 이에 더하여 2005년 멕시코 정부는 '멕시코 탄소 프로그램(PMC)'을 설립해 정부와 민간 그리고 대학 연구소들, 비정부기구 등이 참여시켜 멕시코의 탄소 사이클에 대한 과학적 조사연구는 물론 공공정책에 대한 자문과 지원을 받고 있다.

위와 같은 브라질과 멕시코 정부의 REDD+, 혹은 CDM 프로젝트 투자 정책에도 불구하고 여전히 프로젝트 진행 과정에서 한계는 존재한다. 홀(Hall, 2011)이 명확하게 지적하고 있듯이, 이러한 정책은 정책 이행 과정에서 발생하는 주요 갈등에 대해서는 지나치게 낙관적이라고 비판한다. 예를 들어 '효율성과 형평성'에 대한 갈등을 정책 이행 과정 그리고 이 REDD 프로젝트 기금 수주를 놓고 경쟁하는 과정에서 발생하는 문제점을 지나치게 낙관하고 있다는 주장이다. 특히 무임승차에 대한 사전 제거를 통해 이 정책의 효율성을 증진해야 하지만 이는 라틴아메리카 산림 지역에 대한 현실적인 이해나 고려가 등한시된 다소 낭만적

---

18) 2009년 현재 이 분야에서 110개의 프로젝트를 운영 중이며, 이는 라틴아메리카에 등록된 프로젝트의 28%를 기록하고 있으며, 브라질(38%)에 이어 두 번째 수준이다. 등록된 청정개발체제 프로젝트 중에서 23개가 농업 분야와 관련되어 있다(등록된 모든 청정개발체제 프로젝트 중에서 멕시코는 21% 차지).

정책이자 프로젝트라고 비판한다. 예를 들어 라틴아메리카 산림 지역에 거주하는 대부분의 원주민공동체들에 대한 정책 이행 과정에서의 배려나 형평성의 원리는 많이 무시되고 있다는 것이다(Kronik and Verner, 2010: 130).

6. 결론 및 정책적 함의

브라질은 사탕수수를 기반으로 하는 바이오에탄올 생산 증대, 천연가스 시장 확대, 전력공급에서 대체에너지원 개발, 아마존 지역을 중심으로 산림황폐화율의 감소 정책(산림법 강화) 등을 통해 기후변화에 적극적으로 대처해오고 있다. 2008년 브라질 정부는 이미 기후변화에 대한 국가계획을 마련해 아마존의 산림황폐화율을 2017년까지 2006년 수준과 비교해 70%까지 낮춘다는 계획을 세웠으며, 2030년까지 현재의 수준과 비교해 전력 소비를 10% 감축한다는 계획과 전력공급원의 재생에너지 부문으로 확대는 물론 교통 부문에서 바이오연료 사용 확대라는 프로그램과 계획들을 기후변화 대응 정책으로 이행해오고 있다.

온실가스 배출량에서 화석연료 이용 부분이 최대인 멕시코는 천연가스의 사용 확대를 포함해서 에너지 효율화를 증대시키고 산림황폐화를 줄인다는 기본 목표와 방향을 기후변화 대응 정책에 포함시켜오고 있다. 2007년 기후변화에 대한 국가전략을 마련해 자국의 온실가스 국가보고서 작성은 물론 국제 온실가스 시장을 통해 탄소배출권 거래제(cap-and-trade)를 강화하고 있다. 2008년에는 2050년까지 2002년 수준의 50%까지 배출량을 줄인다는 장기적 플랜도 내놓았으며, 2012년 「기후변화일반법」을 제정해 제도적 차원에서 관리하기 시작했다. 이는 브라질과 멕시코가 개발도상국가들 중에 처음으로 다양한 기후변화 대응 프로그램 및 기후변화 관련 정책 도입을 통해 자발적 규제국가로의 등장을 의미한다. 이러한 자발적 규제국가로의 등장은 본문에서 살펴본 대로 브라질과 멕시코가 안고 있는 기후변화 영향에 대한 취약성의 증가, 경제성장과 에너지 소비 증가에 의한 대체에너지 개발 필요성, 미래 에너지 다변화의 필요성 증가, 특히 사회경제적 피해의 확산 등이 주요 원인으로 영향을 준 것으로 보이며, 이와 더불어 국제사회에서 점증하는 양 국가의 기후변화 어젠다 설정 주도권 확보 전략 등이 많은 기후변화정책을 도입하고 발전시키는 동인으로 분석될 수 있다. 이처럼 브라질과 멕시코의 향후 기후변화정책은 국내적 혹은 대외적 변수들에 대한 정확한 고려를 통해 더욱 발전해갈 것으로 보인다. 가장 중요한 것은 브라질과 멕시코는 기후변화의 영향과 생태적 취약성에 대한 대응 차원에서 적극성을 띠고 기후변화정책을 도입하고 명확하고 지속적인 대응 프로그램들로 이어가고 있다. 특히 각국이 온실가스 배출에서 취약한 분야에 대한 정책 우선순위(브라질은 산림, 멕시코는 화석연료 이용)를 반영해 정책을 도입하고 있으며 정책 적합성을 높여오고 있다. 물론 대외적인 변수들도 무시할 수는 없다. 특히 기후변화 완화 능력 달성에 대한 개별 국가들의 도전은 CDM, REDD+, 그리고 국제협력에서 어느 라틴아메리카 국가들에 비교해도 우월하다. 브라질과 멕시코는 기후변화정책의 제도화를 통해 국가적 차원의 기후변화 대처 전략을 수립하기 위해 국제협력을 통한 금융투자도 강화해오고 있다. 청정개발체제 (CDM) 프로젝트와 같은 대규모 배출 감소 프로젝트가 시행되고 있으며, 이 프로젝트들은 미래 라틴아메리카 대륙에서 기후변화 활동에 대처하기 위한 자금을 조달하는 데 중요한 원천이 되고 있고 브라질과 멕시코가 이를 적극적으로 선도하고 있다.

그럼에도 여전히 이러한 기후변화정책들은 실질적인 정책 이행으로 옮겨가기에는 많은 한계점들을 가지고 있다. 첫째 기술적인 측면이다. 특히 장기간의 기술이전 및 기술투자 그리고 이익의 환수 차원에서 위험 부담이 크고 변수도 크게 작용하는 기술개발 프로젝트들은 단기간에 성과를 보기 몹시 어렵다. 둘째, 적용 대상에 관한 한계이다. 이러한 정책들이 지나치게 브라질과 멕시코에 집중되었다는 것으로, 특히 CDM, REDD+ 사업을 양 국가가 독점한다는 지역 내부 비판도 존재한다. 사실 이런 프로젝트들이 실질적으로 더 필요한 국가들에 투자 우선성이 고려되어야 한다거나 국제개발협력의 효과성과 절대적 필요성에 기반한 개별 국가들에 대한 선별적 지원보다는 다소 정치적으로 혹은 경제적 투자 관점에서 지나치게 브라질과 멕시코에 집중되었다는 비판에서 자유로울 수 없다. 내부적으로도 원주민 공동체같이 경제적으로 가장 취약한 대상과 농촌지역에 거주하는 계층을 지원의 대상으로 삼는 것 역시 그에 못지않게 어려운 일이다. 홀이 언급한 것처럼 정책 이행 과정에서 효율성과 형평성의 균형이 중요하기 때문이다. 셋째, 금융에 대한 한계이다. 이러한 기후변화 대응 및 온실가스저감 비용은 민간 부문보다는 공공 부문에서 더 많은 비용을 지불해야 하지만 프로젝트의 효율성을 높이기 위해 시장 원리를 도입한 프로젝트들에서(예를 들어, 재생에너지 개발에 대한 각종 경제적 인센티브 제공과 투자 유인 같은) 민간 부문의 참여를 적극적으로 유도하고 있지만 투자 리스트는 여전해서 사적, 혹은 해외투자는 미래 잠재성만큼 현실적인 투자 정도는 크지 않은 형편이다. 기후변화에 대응하기 위한 프로그램과 프로젝트들을 시행하기 위해 민간 부문과 공공 부문이 함께 협력하는 다양한 금융투자 방법들이 개발되어야 한다. 특히 민간 부문이 얻을 수 있는 이익이 제한된 경우에는 공공 부문의 개입은 필수적이다. 이를 위한 기후변화

적응과 대응에 대한 정책 이행 측면의 국가능력(state capability)은 하루빨리 배양되어야 한다.

21세기 들어 더욱 급속한 속도로 경제성장이 이루어질 지역으로 라틴아메리카가 주목을 받기 시작하고 있다. 이와 더불어 브라질의 경우에서 보듯이 세계에서 에너지 소비 증가가 가장 높은 지역의 하나가 되리라 예상된다(IEA, 2012). 예를 들어 국제에너지기구(International Energy Agency: IEA)는 라틴아메리카 지역의 총에너지 소비가 2008년과 2035년 사이에 60% 이상 증가할 것이라고 추정하고 있다. 라틴아메리카 국가들 중에서 이 글의 연구 대상인 브라질과 멕시코는 막대한 화석연료(석유 및 천연가스) 개발에 투자하고 있기도 하다. 멕시코의 2008년 「에너지법」 개혁과 2013년 최근 페냐 니에토(Peña Nieto) 행정부의 새로운 「에너지법」 개혁 논쟁은 다소 현재 멕시코가 추구하고 있는 재생에너지 개발 정책(저탄소 정책)과 모순된 경로를 걷고 있다. 이는 거시적 안목에서 보면 지속 가능한 개발 전략이 아니다.

마지막으로 기후변화 관련 국제사회의 지원도 인색하다. CDM, REDD+ 그리고 CERs 사례에서 살펴보았듯이, 2011년 10월부터 교토의정서의 온실가스 배출량 감축 활동사업(CDM)으로 등록된 프로젝트 중 단지 14%(2012년)만이 라틴아메리카 지역에서 이행 중이다. 물론 그중 거의 60%가 브라질과 멕시코에 편중되어 있다. 기후변화 국제협력 강화 차원에서 라틴아메리카 비중을 더욱 확대할 필요가 있으며 이는 브라질과 멕시코를 포함해서 여타 다른 라틴아메리카 국가들로의 기후변화 관련 정책 도입과 발전 가능성을 위해 중요한 대외변수 하나를 더 추가시켜줄 수 있을 것이다.

참고문헌

신은주. 2012. 「브라질의 자동차산업 육성 정책」. 정책분석시리즈, 한국자동차산업
연구소(KARI).

장수환. 2011. 「기후변화에 대응하기 위한 파라과이의 산림보존과 기타 토지이용과
의 경합 사례 연구」. 『중남미연구』, 30:1, 265~294쪽.

Bloomberg New Energy Finance(BNEF). 2012. "Climate Scope 2012: Assessing
the Climate for Climate Investing in Latin America and the Caribbean."
London: Multilateral Investment Fund, Member of the IDB Group.

De La Torre, A., P. Fajnzylber, and J. Nash. 2010. *Low-Carbon Development: Latin
American Responses to Climate Change.* Washington, D.C.: World Bank.

ECLAC. 2010. "Low-Carbon Transport Infrastructure: Experiences in Latin America."
Bulletin FAL, Issue No. 291, Number 11, in www.cepal.org/transport

Fang Rong. 2010. "Understanding Developing Country Stances on Post-2012 Climate
Change Negotiations: Comparative Analysis of Brazil, China, India, Mexico,
and South Africa." *Energy Policy*, 38, pp. 4582~4591.

Freitas, L. C. and S. Kaneko. 2011. "Decomposition of CO2 emissions change from
energy consumption in Brazil: challenges and policy implications." *Energy
Policy*, 39, pp. 1495~1504.

Hall, Anthony. 2011. "Getting REDD-Y: Conservation and Climate Change in Latin
America." *Latin America Research Review*, Vol. 46, Special Issue, pp.
184~210.

International Energy Agency(IEA, 2012), "WORLD ENERGY OUTLOOK 2013:
How will global energy markets evolve to 2035?" in http://www.iea.org/
media/files/WEO2013_factsheets.pdf

Lokey, Elizabeth. 2009. *Renewable Energy Project Development Under the Clean
Development Mechanism: A Guide for Latin America.* London: Earthscan.

Kronik, Jakob and Dorte Verner. 2010. *Indigenous Peoples and Climate Change in Latin America and the Caribbean.* Washington D.C.: The World Bank.

Myers Madeira, Erin C. 2008. "Policies to Reduce Emissions from Deforestation and Degradation(REDD) in Developing Countries: An examination of the issues facing the incorporation of REDD into market-based climate policies." USA: Resources for the Future.

Natural Resources Defense Council(NRDC). 2007. "Costa Rica: Setting the Pace for Reducing Global Warming Pollution and Phasing Out Oil." https://www.nrdc.org/international/files/costa.pdf

Olivas, Ramon. 2010. "Latin American Policy Changes: Investing in Renewable Energy, Climate Change and Clean Technology." http://lavca.org/2010/07/13/latin-american-policy-changes-investing-in-renewable-energy-climate-change-and-clean-technology/

Schalatek, Liane, Heinrich Böll Stiftung and Nella Canales Trujillo, Smita Nakhooda, and Alice Caravani. 2012. "Climate Finance Regional Briefing: Latin America and the Caribbean." ODI, NOVEMBER 2012 in http://www.climatefundsupdate.org/regions/latin-america

Schwartzman, S., P. Moutinho, and S. Hamburg. 2012. "Amazon Deforestation and Brazil's Forest Code: a Crossroads for Climate Change." *Carbon Management*, 3:4, pp. 341~343.

Sprinz, Detlef and Tapani Vaahtoranta. 1994. "The interest-based explanation of international environmental policy." *International Organization*, 48(1), pp. 77~105.

Yu Woon Jang, Il-Soo Park, Sang-Sub Ha, Su-Hwan Jang, Kyung-Won Chung, Gangwoong Lee, Won-Ho Kim, and Yong-Joo Choi. 2014. "Preliminary Analysis of the Development of the Carbon Tracker System in Latin America and the Caribbean." *Atmósfera*, 27(1), pp. 61~76.

World Bank. 2009a. "Climate Change Aspects in Agriculture: Mexico Country Note." http://siteresources.worldbank.org

World Bank. 2009b. "Brazil: Country Note on Climate Change Aspects in Agriculture." http://siteresources.worldbank.org

World Resources Institute: http://cait.wri.org

World Development Indicators:

Natural Resources Defense Council, June 2007 www.nrdc.org/policy

ODI: http://www.odi.org.uk

GEF: http://www.thegef.org

http://www.upi.com/Business_News/Energy-Resources/2013/03/15

제12장

아웃소싱의 법률문제

브라질법에서의 논의를 중심으로

조희문

이 글은 브라질법상 아웃소싱의 합법성에 관한 연구이다. 아웃소싱은 1990년 시장개방 이후 치열한 경쟁상황에 놓인 기업들이 비용절감 수단으로 보편적으로 사용함으로써 노동계의 큰 이슈가 되었다. 그러나 아직 아웃소싱에 대한 법규정이 없고 단지 노동대법원(TST)의 판례에 의존하고 있어 아웃소싱의 합법성에 관한 해석 및 적용을 두고 논란이 끊이지 않고 있다. 이 글에서는 노동법원의 판례분석과 학설을 통해 아웃소싱의 합법성 기준을 살펴보고 현재 연방의회에 상정된 아웃소싱의 법제화 관련 법안들을 분석하여 브라질 법상 아웃소싱의 법적 위치를 점검해본다.

조희문 상파울루대학교 법과대학 박사, 현 한국외국어대학교 법학전문대학원 (Law School) 교수

* 이 글은 ≪포르투갈-브라질 연구≫ 제10권 1호(2013)에 실린 글을 이 책의 성격에 맞게 편집한 것이다.

1. 서론

아웃소싱이란 기업이 업무의 일부를 외부에 위탁하는 것을 말한다. 포르투갈어로 아웃소싱을 3자 위탁(terceirização)으로 번역하는 이유도 기업 외부의 제3자 노동력을 사용한다는 의미를 담고 있기 때문이다. 즉, 노동력을 제공하는 파견근로자와 노동력을 제공받는 사용업체(empresa tomadora) 사이에 이러한 노동력을 제공하는 제3자인 파견업체가 있다는 뜻이다.

기업이 아웃소싱을 통해 외부노동력을 공급받는 이유는 다양하다. 기업에 없는 외부의 전문인력을 구하는 경우도 있고, 기업이 경쟁력 있는 인력만 고용하고 나머지 불필요한 인력을 외부에서 구하는 경우도 있고, 일시적인 수요상승으로 생산확대를 위해 외부인력을 단기간 구하는 경우도 있다. 따라서 아웃소싱은 기업이 경쟁력을 극대화하기 위한 방안에서 논의된 것이며 이러한 점에서 기업전략의 하나라고 할 것이다. 반면에 아웃소싱을 근로자 입장이나 근로자 보호를 목적으로 하는 노동법 측면에서 보면 부정적 결과가 나올 수 있다. 즉, 정규고용을 줄이고 외부의 값싼 노동력을 구하고자 할 때 브라질 노동법에 저촉될 수 있다는 것이다. 법적으로 아웃소싱이 가능하면 기업이 굳이 모든 비용을 들여 정규인력을 고용할 필요가 없다는 논리가 나오기 때문에 노동계입장에서는 정규인력을 고용하지 않으려는 기업정책으로 비칠 수 있다. 예를 들어 파견된 근로자가 사용업체의 직원과 동일하거나 유사한 작업에 투입될 경우 임금에 차이가 날 수밖에 없다. 브라질 노동법은 동일 작업에서 임금의 차이가 나는 것을 인정하지 않고 있다.[1]

---

1) 노조입장에서 볼 때 파견직원이 사내직원과 같은 업무를 하면서 상대적으로 낮은

그래서 아웃소싱은 어떻게 사용하는가에 따라 불법이 될 수 있어 문제의 소지가 있다.

아웃소싱에 대한 법률적 개념은 나라마다 차이가 있다. 한국에서는 아웃소싱, 사내하도급(사내하청)과 근로자파견을 구분하고 있고 사용하는 용어도 차이가 있다. 아웃소싱은 회사가 내부조직이나 사업의 일부를 외부 전문업체에 위탁하는 것으로 파견근로자가 발생하지 않는다. 반면, 사내하도급은 원청업체가 하청업체에 생산공정의 일부를 위임하여 하청업체가 직접 사업의 독립성을 갖고 자신의 근로자를 지휘감독하기 때문에 고용관계도 하청업체에 있다. 그러나 사내하도급을 직접 규율하는 법률은 없다. 반면, 근로자파견은 「근로자파견법」에 따라 파견사업주가 사용사업주에게 근로자를 파견하여 사용사업주가 직접 파견된 근로자를 지휘 감독하도록 하고 있다. 파견근로자는 파견업체와 고용관계에 있지만 사용사업주의 지휘감독을 받는 시스템이다. 「근로자파견법」에 따르면 32개 업무에 대해 2년 한도 내에서 근로자파견이 가능하도록 했다.[2]

반면, 브라질의 경우 아웃소싱, 사내하도급, 근로자파견과 같은 구분은 없다. 외부업체에 내부조직, 시스템 또는 사업 일부를 위탁하는 형태의 아웃소싱은 브라질법상 관심의 대상이 아니다. 브라질 노동법은 근로자를 실질적으로 고용하여 그 노동력의 혜택을 받는 자와의 실질적 고용관계를 밝혀서 노동자의 권리를 보호하는 데 관심이 있다. 그래서

임금을 받는다면 아웃소싱이 부정적으로 비칠 것이다. 반면 높은 임금을 주고 회사에 없는 고급인력, 전문인력을 아웃소싱한다면 부정적인 측면은 많이 해소될 수 있을 것이다.

[2] 「파견근로자보호 등에 관한 법률 시행령」[시행 2012.8.2] [대통령령 제23853호, 2012.6.12, 일부개정].

브라질 노동법에 비추어볼 때 근로자의 권리보호와 직접 관련되는 사내 하도급과 근로자파견은 관심의 대상이 된다. 브라질 노동법상 파견된 근로자를 사용사업주가 지휘 감독하는 근로자 파견제도는 불법이다. 그리고 원청업체의 생산공정 일부를 맡아 하청업체가 직접 자신의 지휘 감독하에 작업을 하는 사내하도급은 원칙적으로 합법이다. 그러나 하도급 받은 생산공정이 브라질법상 '부수활동'이 아니라 '핵심활동'일 경우에는 모두 불법이다. 이렇게 양국 간 노동법제는 아웃소싱을 놓고 상당히 다른 접근을 하고 있다.3)

　브라질 노동법은 사실관계를 가장 중요한 원칙으로 세워놓았다. 사용업체와 파견업체의 관계에서 파견직원의 근로관계는 누구와 근로계약을 맺었는가보다는 실질적으로 누구의 지시감독을 받는가가 더 중요하다. 파견업체의 파견근로자를 사용업체가 지휘감독하면 노동법은 파견직원을 사용기업의 근로자로 간주할 수 있다. 이를 통해 파견업체가 단순히 인력공급업체로 활동하는 것을 막을 뿐만 아니라 사용업체가 인건비 절약을 위해 편법 고용을 하는 것도 막으려는 것이다. 그래서 파견근로자가 사용업체로부터 어디까지 명령을 받고 어느 정도의 자율권이 보장되는지를 밝혀내는 것이 중요하다. 사용업체가 파견직원을 사용하는 이유는 여러 가지가 있지만 비용 절감을 목적으로 하는 것이 대부분이기 때문에 노동법이나 노동법원은 아웃소싱을 상당히 부정적으로 볼 수밖에 없다.

　그러나 문제는 아웃소싱이 브라질 경제현실이 되어 있다는 사실이다. 아웃소싱을 제한하고 불법화한다 하더라도 기업들은 치열한 시장경쟁

---

3) 이하에서는 용어통일을 위해 아웃소싱, 사용업체, 파견업체, 파견근로자라는 표현을 주로 사용하겠지만 한국 노동법상 사용하는 용어와 일치하지 않는다.

에서 살아남기 위해 아웃소싱을 찾을 수밖에 없다. 그래서 최근의 논의는 아웃소싱을 부정하기보다는 합법화가 주요 법률 이슈가 된 것이다. 현재, 연방의회에는 아웃소싱의 법제화 관련하여 다양한 법안이 제출되어 있다. 아웃소싱을 합법화하되 사용업체의 책임을 강화하여 파견직원의 노동권리를 두텁게 보호하고자 하는 것이 법률안들의 주요 쟁점이 되어 있다.

이 글은 이러한 아웃소싱에 대한 브라질법상 법리의 변화과정을 검토하려는 목적을 갖고 있다. 이를 위해 아웃소싱의 법적 개념과 적용범위 및 합법과 불법의 한계를 학설과 판례를 통해 검토하고, 현재 연방의회에 제출된 아웃소싱의 법제화에 관련된 법안을 검토함으로써 브라질법상 아웃소싱에 대한 법리의 변화를 살펴보고자 한다.

2. 아웃소싱의 법적 규정

1943년 노동법전(CLT)이 제정되었을 때에는 아웃소싱은 고려대상이 아니었으나 1970년대 들어오면서 관심을 끌게 되었다. 당시 아웃소싱의 유일한 관심대상은 공공분야에서의 아웃소싱이었다. 국가가 공공행정을 분산화하는 방안의 일환으로 기존 공공행정의 일부분을 아웃소싱하면서 법적 규율이 필요했기 때문이다. 이때 긴급법 제200/67호(Decreto-Lei n. 200/67, 1967년)와 법률 제5645/70호(Lei n.5.645/70, 1970년)가 제정되었다. 긴급법 제200/67호를 통해 아웃소싱(contrato de intermediação de mão-de-obra)을 통한 공공행정업무가 가능해졌다. 이에 따라 구체적으로 어떠한 공공서비스에 아웃소싱이 가능한가를 특정하기 위해 법률 제5.645/70호가 제정되었다. 이 법은 "운송, 보수유지, 보관, 엘리베이터

운용, 청소 및 기타 유사활동은 긴급법 제200/67호에 규정한 아웃소싱 계약을 통해 수행할 수 있다"라고 규정해놓았다.[4]

1985년 12월 9일에 연방노동대법원(TST)은 판례유권해석(이하 수물라 súmula) 제239호를 발표했다. 금융업계에서 데이터프로세싱 자회사를 차려서 금융업무의 일부를 맡김으로써 은행원을 대체하는 것이 유행처럼 번져 사회문제가 된 것이다. 이에 따라 은행의 데이터 프로세싱 작업이 은행의 고유업무인가에 대한 문제가 제기되었다. 연방노동대법원은 유권해석을 통해 "동일 경제그룹에 속한 은행에 데이터처리 서비스를 제공하는 회사의 직원은 은행원이다"라고 명시함으로써 데이터처리 자회사를 통해 은행원의 업무를 대체하려는 아웃소싱을 불법으로 간주했다.

이후 사회적으로 특정 문제가 불거질 때마다 개별적으로 아웃소싱을 규제하는 법률이 나왔다. 임시근로(trabalho temporário, 법률 제6.019/74호), 은행경비(법률 제7.102/83호), 전화서비스(법률 제9.472/97호) 그리고 공공서비스 양허(법률 제8.987/95호) 등이다. 특히, 법률 제8.863/94호는 아웃소싱의 범위를 개인을 포함하여 공적 사적 재산에 대한 경비 전역으로 확대했다. 이에 따라 민간 부문에서는 임시근로와 재산경비업무(vigilância patrimonial)의 두 형태에 대해서만 아웃소싱이 합법적으로 인정되었다. 법률 제8.949/94호는 노동법전(CLT) 제442호 단독 항을 도입하여 조합(cooperativa)을 통한 아웃소싱을 인정했다. 즉, "조합의 활동분야에 관계없이 조합과 조합원들 사이, 그리고 이들과 조합의 서비스를 제공받는 사용자들 간에는 아무런 고용관계가 존재하지 않는다"라는 규정을 도입함으로써 조합을 통한 편법적 아웃소싱 사례가 급증했다. 결과적으로

---

4) 동법 제3조 단독항. 동 단독항은 1997년 법률 제9527호로 삭제되었다.

아웃소싱에 관련된 노동소송이 급증했고 법원의 판례도 해석이 다양하여 사회적 혼란이 발생했다.

이러한 법적 불안정이 지속되자 문제 해결을 위해 노동대법원(TST)은 1986년에 유권해석(súmula) 제256호를 발표했다. "법률 제6.019/74호에 규정된 일시적 근로와 법률 제7.102/83호에 규정된 경비용역의 경우를 제외하고, 파견업체가 근로자를 고용하는 것은 불법으로 파견근로자는 사용업체와 직접적인 고용관계를 형성한다"라고 명시했다. 그러나 수물라 제256호에도 불구하고 서비스업체와 관련된 아웃소싱 논쟁은 지속되었다. 그래서 노동대법원(TST)은 수물라 제331호를 발표했는데 현재까지 아웃소싱에 대한 노동법원의 입장을 밝히는 유일한 지침서로 남아 있다.

이제 이러한 내용들을 좀 더 구체적으로 살펴보겠다. 노동법상 아웃소싱은 법에서 예외적으로 인정한 경우를 제외하고는 원칙적으로 불법으로 취급되어왔다. 좀 더 정확히 말하면 아웃소싱을 포괄적으로 규율하는 법이 없기 때문에 노동대법원(TST)의 수물라 제331호가 아웃소싱의 적법성을 판별하는 중요한 지침서가 된다. 그래서 아웃소싱을 구체적으로 규율하는 법률이 제정될 때까지는 노동대법원의 지침에 따라 아웃소싱의 적법성을 고용의 사실관계에 따라 판단하기 때문에 영미법계의 판례해석적 태도를 보여 법적 불안정성도 나타나고 있다.

노동대법원은 기업 활동을 '핵심활동(atividade-fim, core activity)'과 '부수활동(atividade-meio, secondary activity)'으로 양분하여 핵심활동은 아웃소싱을 금하고 부수활동에 대해서는 아웃소싱을 인정하는 입장을 취하고 있다. 핵심활동이란 기업설립의 목적에 맞는 주된 활동을 달성하는 데 필수적인 활동을 말한다. 핵심활동에 대한 아웃소싱은 원칙적으로 불법이며 법률 제6.019/74호에서 규정한 일시적 근로(trabalho temporário)

를 예외적으로 인정해놓고 있다. 부수활동은 기업의 핵심활동과 직접적인 관련이 없지만 핵심활동의 개발수단, 지원 또는 조력을 위한 활동을 말하며 예를 들면 운송, 청소, 경비, 의료지원, 기계보수 등이 있다. 이렇게 핵심활동과 부수활동을 구분하지만 산업 분야에 따라 그 경계가 모호하여 항상 논란의 대상이 되고 있다.

　결국 아웃소싱에 대한 법률적 판단은 노동대법원(TST)의 판례해석에 따라 정해지기 때문에 아래에서는 노동대법원의 판례(기속력 있는 판례해석인 수물라)를 잠시 살펴보겠다. 1986년 수물라 제256호는 아웃소싱에 대해 아래와 같이 제한적이며 부정적인 입장을 취했다. 즉,

　서비스 용역계약. 합법성.
　법률 제6.019/74호에 규정된 일시적 근로와 법률 제7.102/83호에 규정된 경비용역의 경우를 제외하고, 파견업체가 근로자를 고용하는 것은 불법으로 파견근로자는 사용업체와 직접적인 고용관계를 형성한다.

　1993년 노동대법원의 수물라 제331호(Súmula nº 331)[5]는 1990년 시장 개방 이래 변화된 사회경제적 현실을 어느 정도 반영하여 적법한 아웃소싱의 범위를 확대했다. 즉,

　서비스 용역계약. 합법성.
　I - 파견업체가 근로자를 고용하는 것은 불법으로, 일시적 근로(법률 제6.019/74호)를 제외하고, 파견근로자는 서비스 수혜자인 사용업체와 직접적인 고용관계를 형성한다.

---

5) 결정 제174/2011호로 IV를 수정하고 V, VI을 신설함.

II - 파견업체를 통해 비정상적으로 근로자를 채용하는 경우 직접, 간접 또는 기능적 공공 행정기관(연방헌법 제37조 II)과는 고용관계를 형성하지 않는다.

III - 경비용역(법률 제7.102/83호), 보존용역, 청소용역 그리고 사용업체의 부수활동(atividade-meio)에 관련된 전문서비스의 고용은 인적관계(pesso-alidade, personal character)[6]와 직접복종관계(subordinação direta, direct subordination)가 없는 한 사용업체와 고용관계를 형성하지 않는다.

IV - 파견업체의 노동채무 불이행은 소송에 참여하고 법원집행채권이 된 경우, 해당 채무에 대한 사용업체의 부수적 책임(responsabilidade subsi-diaria, subsidiary liability)을 의미한다.[7]

V - 직간접 공공행정기관들은 1993년 6월 21일 자 법률 제8666호의 의무이행, 특히 서비스 제공업체가 파견근로자의 고용주로서 계약상 그리고 법적인 의무이행을 준수하는지 감독하는 데 있어 책임이 있음이 입증되는 경우, 상기 IV항의 동일조건하에서 부수적 책임이 있다. 이러한 책임은 적법하게 체결된 기업이 부담하는 노동의무의 단순한 불이행에는 적용되지 않는다.

VI - 서비스 수혜기업인 사용업체의 부수적 책임은 근로제공기간에 부과되

---

6) 인적관계란 파견근로자가 파견업체를 통하지 않고 근로자 자신이 직접 사용업체와 업무 관련하여 접촉하는 경우에 발생한다. 예를 들어 계리사가 개인적으로 사용업체의 업무를 해주는 경우 외견상 계리사와 사용업체 간에는 인적관계가 있는 것으로 간주될 가능성이 높다.

7) 원래 규정은 다음과 같다. "VI - 파견업체의 노동채무 불이행은 해당 채무에 대한 사용업체의 부수적 책임을 의미한다. 사용업체의 범위에는 소송절차에 참여했고 법원의 집행채권이 있는 경우 직접행정기관, 공공독립기관, 공기금, 공기업, 공사 혼합기업 등도 포함된다(법률 제8.666/93호 제71조)."

는 모든 노동배상금액을 포함한다.

이와 같이 수물라 제331호는 수물라 제256호보다 아웃소싱의 범위를 좀 더 확대시켰다. 수물라 제331호를 따를 경우 적법한 아웃소싱은 2개 그룹으로 나뉠 수 있다. 첫 번째 그룹은 특별법에 의해 아웃소싱이 인정된 경우로 경비용역과 일시적 근로(trabalho temporário)로써 법률 제6.019/74호를 통해 합법성을 인정받은 경우가 이에 해당한다. 일시적 근로는 단기간에 주문이 늘어나 기업의 업무가 일시적으로 증가할 경우나, 단기적으로 필요한 인력이나 업무증가는 없으나 휴가, 산재휴가, 출산휴가와 같이 정규인력이 복귀할 때까지 일시적으로 인력을 대체해야 하는 경우에 고용하는 경우를 말한다. 수물라 제331호 I는 이러한 법률 제6.019/74호를 재확인해준 것이다. 경비용역(serviços de vigilância, surveillance services)도 이미 법률 제7.102/83호로 아웃소싱의 적법성을 인정받았다. 노동대법원(TST)은 수물라 제256호와 제331호를 통해 적법성을 재확인한 것이다. 그래서 경비용역 전문회사와 서비스계약을 통해 경비용역을 제공받는 것은 합법적인 아웃소싱이다.[8]

두 번째 그룹은 법규정이 없지만 노동대법원이 판례를 통해 아웃소싱을 확대 적용한 것이다. 수물라 제331호는 보존용역과 청소용역의 아웃소싱을 합법화했다. 판례로 이러한 규정을 한 것은 당시 사회수요를 적극적으로 수용한 것이다. 이전 수물라가 법률에 규정된 아웃소싱만을 확인했다면 수물라 제331호는 법률에 명시규정이 없는 보존용역과 청

---

8) 경비용역에 관한 사항이지만 수물라 제331호는 제256호보다는 더 확대 해석하는 입장을 보였고, 1994년에 이에 바탕하여 법률 제8.863/94호를 통해 법률 제7.102/83호를 부분 개정했다.

소용역에 대해서도 확대 적용한 것이다. 당시 브라질 사회에서는 건물이나 시설물들의 보존이나 청소 등, 예를 들어 건물 소독, 청소, 유리창청소, 부엌청소, 화단관리 등을 외부용역회사를 통해 하는 것이 일반화되어 있었다. 수물라 제331호는 이러한 일반화된 아웃소싱을 합법화한 것이다.

그리고 노동대법원은 핵심활동과 부수활동이라는 이분법적 판단기준을 도입하여 부수활동에 대해서는 아웃소싱을 인정함으로써 아웃소싱의 범위를 획기적으로 확대시켰다. 사업업체의 핵심활동에는 아웃소싱을 금지하지만 부수활동은 인정한다는 것이다. 그러나 이러한 이분법적 판단기준은 한편으로는 아웃소싱의 범위를 확대시켰지만 무엇이 핵심활동이고 무엇이 부수활동인지에 대한 판단기준이 모호하여 불법기업을 양산하는 부작용을 초래했다. 수물라 제331호가 아웃소싱의 범위를 확대해준 면에서는 상당히 긍정적이지만 합법성의 범위를 핵심활동과 부수활동으로 분류하여 그 명확한 적용기준을 정하지 않아 지금까지 구체적인 사안에서 혼란을 야기하고 있다. 가르시아(Garcia)는 '부수활동'은 수혜기업 활동의 주된 목적, 즉 생산공정의 핵심이 아닌 보조수단을 말하는 것이고, '핵심활동'은 핵심 생산공정에 포함된 것이라고 설명하지만(Garcia, 2008: 309) 핵심 생산공정이 무엇인지 구체적인 사안에서 단순히 정량화하기가 어려운 점이 있다.

한편 수물라 제331호 III에서 언급한 직종은 합법성을 인정받기 위해서는 반드시 사용기업과 파견근로자 간에 인적관계와 직접복종관계가 없어야 한다. 인적관계(pessoalidade)와 직접복종관계는 파견기업과 맺어야 한다. 즉, 파견기업이 파견근로자와 근로계약이라는 인적관계를 맺고 직접 작업지시를 해야 한다. 그렇지 않을 경우, 즉 사용기업이 파견근로자와 고용관계에 있는 것으로 인정되는 것이다.

즉, 파견근로자는 자신을 파견한 파견업체의 명령을 받아 근무를 해야 한다. 이러한 요건은 위장파견을 막기 위한 것이지만 브라질에서 사실상의 위장파견이 보편화되어 있어 파견근로자가 불법 아웃소싱으로 간주될 수 있는 가능성이 매우 높다. 노동대법원(TST)이 이러한 요건을 규정한 이유를 수세킨드(Süssekind)는 "파견업체의 직원으로 등록된 근로자가 사용업체에 파견되어 그 기업의 작업지시를 받으면 양자 간에 고용관계가 형성되는 것으로 보는 것이 노동법의 원칙이다. 노동법은 형식보다 사실관계를 더 중요시하는 사실 우선의 원칙(princípio da primazia da realidade)을 폭넓게 받아들이기 때문이다"(Süssekind, 2001: 39)라고 잘 설명하고 있다. 즉, 브라질 노동법에서 고용관계를 파악하는 데 가장 중요하게 생각하는 것은 사실관계이지 형식관계는 아니라는 점이다. 이는 사회관계법으로써 노동법이 고용주와 근로자의 관계에서 근로자가 실질적 약자라는 관점에서 접근하고 있음을 잘 보여준다고 하겠다.

이러한 노동대법원의 판례를 검토해보면 1986년 수물라 제256호까지는 아웃소싱에 대해 상당히 부정적인 입장이었으나, 1993년 수물라 제331호부터는 아웃소싱에 대해 어느 정도 완화된 입장으로 돌아섰음을 알 수 있다. 수물라 제256호가 아웃소싱을 법에서 인정한 것 외에는 모두 불법화한 반면, 제331호는 기업의 핵심활동이 아닌 경우 아웃소싱을 인정하는 적극적 입장으로 선회한 것이다. 이에 따라 아웃소싱은 사용업체의 기업활동에서 필수적 또는 주된 사업이 아닌 부분을 운영하기 위해 외부의 개인 또는 법인의 업무를 지원받는 것으로 정의될 수 있게 되었다. 구체적으로는 사용업체는 기업의 핵심활동에 해당되지 않는 서비스를 제공받기 위해 파견업체와 아웃소싱계약을 체결하는 것이다.

이러한 노동법원의 판례는 어느 정도 아웃소싱의 원칙, 한계 및 효력에 대해 몇 가지 가이드라인을 제공한다. 그럼에도 아웃소싱의 법률문제는 근본적으로 해결되지 않고 있다. 수물라 제331호가 아웃소싱의 적법성을 구분하기 위한 판별기준으로 기업의 핵심활동과 부수활동을 제시한 이래 각 산업별로 무엇이 기업의 핵심활동과 부수활동인지에 대해 학설과 판례, 그리고 감독기관인 노동부와 노동검찰의 판단기준에 분명한 합치점이 보이지 않기 때문이다.

전문서비스를 제공하는 기업은 그것이 경비, 보존, 청소 그리고 부수활동에 관계되는 것이건 간에 그러한 서비스에 정말로 전문화되어 있어야 하고 전문인력의 제공능력이 있어야 한다. 달리 말하면 단순한 인력제공이 아니라 전문인력의 파견이 되어야 한다. 전문서비스를 강조한 이유가 바로 사기적인 단순한 인력공급을 규제하기 위함이었다. 구체적으로는 전문서비스 제공업체는 그러한 서비스에 전문화된 인력과 조직을 구성하여 자신의 능력으로 사용업체에 전문인력을 파견해야 한다는 것이다.

노동고용부(Ministério do Trabalho e Emprego)는 수물라 제331호의 제정 후 근로감독절차를 통일하기 위해 1997년에 아웃소싱의 사기방지를 위한 근로감독에 관한 규범지침(Instrução Normativa) 제3호를 발표했다. 이 지침에 따르면 아웃소싱회사(empresa terceirizante, 파견업체)란 적법하게 설립된 상업적 성격의 민간법인으로써 핵심활동(atividades-fim)에 해당되지 않는 외부기업의 특정된 전문서비스를 제공하는 업체라고 명시하고 있다. 사용기업(empresa tomadora)은 "민간 또는 공공기업 또는 개인으로써 전문서비스 제공업체의 해당 서비스를 받기 위해 계약을 체결하는 기업"으로 규정해놓았다.

그리고 사용업체와 파견업체는 서로 다른 활동을 해야 하고 구별되는 설립목적이 있어야 하며, 파견업체의 파견직원은 사용업체의 작업·기술·규제 지시권에 복종해서는 안 되고 계약된 내용과 다른 서비스를 제공해서도 안 된다. 그러나 수물라 제331호에 아웃소싱이 규정되어 있다 하더라도 실제에서는 현실적인 필요에 의해 그 개념과 내용을 확대 해석하여 편법적인 사용의 예가 늘어나서 노동법원에 사건이 지속적으로 증가했다. 문제의 핵심은 업체의 핵심활동에 대해 불법 아웃소싱이 늘어나고 있다는 점이었다. 인력을 공급하는 파견업체가 노동법을 위배하여 비정상적인 형태로 인력공급을 하는 경우 결국 사용업체가 모든 책임을 뒤집어써야 한다. 브라질 노동법의 제9조는 노동법의 대원칙으로 사실 우선의 원칙을 천명했기 때문에 서류상의 문제를 사실관계에도 맞는가를 확인한다. 대부분의 아웃소싱 사건은 이 원칙하에서 심사되었다. 사용업체도 사실상 근로자 과세 부담을 덜기 위해 악의를 갖고 아웃소싱을 이용하는 경우가 많다. 문제는 현행 규정으로는 기업의 현실을 외면하는 아웃소싱 규제이고 그래서 기업들이 위험을 무릅쓰고 아웃소싱을 하는 것이다. 수물라 제331호는 그래서 현실적으로 가장 좋은 처방은 아웃소싱에 관해 비교적 세세한 입법을 통해 그 규정을 명확히 해야 한다는 것이다.

3. 아웃소싱의 적법성 판별기준: '핵심활동'과 '부수활동'

상기 판례해석을 통해 아웃소싱의 적법성 판별 기준을 보면 다음과 같다. ① 아웃소싱은 원칙적으로 법에서 규정한 것 외에는 모두 불법이다. ② 법에서 허용한 경우를 제외하곤 사용업체는 기업의 '부수활동'에 대해서만 아웃소싱할 수 있다. ③ '부수활동' 아웃소싱의 경우 파견업체의 직원은 사용업체의 지휘감독을 받아서는 안 된다. 즉, 근로자 파견업체가 사용업체에 파견된 근로자의 활동을 지휘하고 감독해야 한다.

법에서 명시적으로 기업의 '핵심활동'에 대해서도 아웃소싱을 허용한 경우란 이미 언급했듯이 일시적 근로(법률 제6.019/74호), 하도급(subempreitada, 노동법전 제455조), 통신서비스(법률 제9.472/97호 제94조) 등이다. 이를 제외한 나머지는 기업의 '부수활동'에 대해서만 아웃소싱이 가능하다. 즉, 사용업체의 주력 기업활동을 수행하는 데 필요한 보조적인 부분에 대해서만 아웃소싱이 가능하다는 것이 노동법원의 입장이다. 따라서 아웃소싱의 합법성을 판별하기 위해서는 무엇이 기업의 '핵심활동'이고 '부수활동'인지를 밝혀내는 것이 필요하다.

정부기관의 경우는 아웃소싱 관련하여 특별한 대우를 받는다. 즉, 파견업체를 통해 근로자를 비정상적으로 고용했다고 하더라도 그 자체로는 고용관계가 성립하지 않는다. 공무원이 되기 위해서는 공무원 임용시험을 통해 임용되어야 하기 때문이다. 그러나 정부기관이 물적 손해에 대한 부수적 책임까지 면책되지는 않는다.

합법적 아웃소싱이 수물라 제331호에서 확인되었으나 '핵심/부수활동'에 대한 판별이 불명확하다면 이제 반대로 불법 아웃소싱의 관점에서 접근하는 것도 해결의 한 방법이다. 기업이 경쟁력 제고를 위해 아웃소싱을 하기 때문에 불법 아웃소싱은 더 만연되고 있는 것이 브라질사회의 현실이다. 서비스제공기업이 사용업체에 종속되고 이러한 관계에서 인적관계(pessoalidade)가 형성되는 경우가 많다. 이러한 불법성을 판별하는 기준으로 고용의 사실관계가 적용된다. 가르시아는 "만일, 일정한 활동을 아웃소싱하려는 목적으로 서비스제공기업을 계약했는데, 파견근로자에 대해 사용기업이 감독권(작업지시권)을 행사한다면, 파견근로자는 사실상 사용기업과 고용관계를 형성하게 된다. 결과적으로 합법적 아웃소싱이 불법적 아웃소싱으로 변질되는 것이다"(Garcia, 2008: 311)라고 하여 고용은 사실관계가 중요함을 강조하고 있다.

브라질 노동법이 이러한 사실관계를 중시하는 데에는 노동인권을 중시하는 연방헌법의 원칙과도 관계있다. 불법 아웃소싱은 인간의 노동을 단순한 노동 상품으로 전락시키기 때문에 가깝게는 노동자의 존엄성을 훼손하고 근본적으로는 연방 헌법에 명시된 인간의 존엄성 원칙과 노동의 사회적 가치에 위배된다고 본다.9)

노동법전 제581조 2항은 기업의 핵심활동(atividade-fim)을 제품단위·작업 또는 최종목적의 달성을 위해 모든 활동이 기능적 연결을 통해 배타적으로 수렴되는 모든 행위로 규정해놓았다. 그러나 실상에서 핵심활동과 부수활동을 구분하는 것은 산업 특성에 따른 개념이 구체적으로 정해져야 하기 때문에 상당히 복잡하다. 실무적으로 본다면 기업의 핵심활동에 대한 판단은 회사 정관의 분석을 통해 이루어진다. 만일, 종업원이 기업의 활동목적 구현을 위해 업무를 추진한다면 이는 아웃소싱을 해서는 안 되며, 노동대법원의 수물라 제331호의 지침에 따라 사용기업과 고용관계에 있는 것으로 일견 판단된다. 중요한 지점은 파견업체가 특정된 전문분야가 있어야 한다는 점이다. 그래서 만일 설립정관에 너무 많은 기업활동이 들어 있거나 불특정되어 있다면 불법적 인력 중계를 위해 설립된 회사라는 의심의 증표가 된다. 그리고 핵심활동은 아웃소싱의 대상이 아니다. TST의 판례에 따르면 활동이 직원의 일상적인 주요 부분 중의 하나라면 단순한 부수활동으로 볼 수 없다는 것이다.10)

---

9) 연방헌법 제1조, III과 IV.

10) " …… 실제로 타자활동을 단순히 은행분야의 부수활동으로 볼 수 없다, 그 이유는 자판 두들기는 것이 은행창구업무나 수표결제 등에 반드시 필요한 주요 행위이기 때문이다. 그래서 은행원의 일상적인 활동에서 중요 부분을 차지하는 이러

4. 아웃소싱의 법적 효력

합법적으로 아웃소싱이 이루어질 경우 다음과 같은 법적 효력이 발생한다. 첫째, 사용업체와 파견근로자 간에 고용관계가 성립하지 않는다. 둘째, 그러나 사용업체는 파견근로자를 사용업체의 직원과 보수 형평성을 맞춰서 대우해야 한다(법률 제6.019/74호 제12조의 유추적용). 셋째, 사용업체는 파견업체가 노동법상 의무이행을 하지 않을 경우 파견근로자에 대한 노동채무에 대해서 부수적 책임을 져야 한다. 여기서 가장 민감한 논의의 대상인 사업업체의 부수적 책임에 관해 잠시 살펴보기로 하겠다.

1) 부수적 책임의 근거와 법적 성격

사용업체의 부수적 책임(responsabilidade subsidiária)은 법률 제6.019/74호의 제16조와 노동법전(CLT) 제455조를 유추 적용하는데 여기에서 노동자 보호 원칙, 기업의 사업위험의 원칙, 유효성의 원칙, 노동자 채권 우선 회수의 원칙 등이 추론되어 사용업체의 부수적 책임의 근거로 적용된다. 노동자 보호 원칙이 적용되는 이유는 사용업체는 파견근로자의 업무로 혜택을 보는 수혜자이기 때문에 파견업체의 문제와 별도로 수혜에 대한 책임을 져야 한다는 논리이다. 노동법전(CLT) 제2조 전문과 민법 제927조에서 추론되는 사업위험의 원칙(teoria do risco empresarial, theory of entrepreneurial risk)도 결국 기업이 사용한 인력에 대해

한 활동을 단순히 부수활동으로 간주할 수 없는 것이다. 그래서 핵심활동이라면 이를 아웃소싱하는 것은 불법이다"(Relator Ministro: Ives Gandra Martins Filho, Data de Julgamento: 20/08/2002, Subseção II Especializada em Dissídios Individuais, Data de Publicação: 27/09/2002).

파견업체가 임금 체불 등의 문제가 발생하면 서비스 수혜기업으로서 법적 책임을 다하라는 의미가 된다. 이러한 사용업체의 부수적 책임원칙은 객관적 책임(responsabilidade objetiva, objective liability)이기 때문에 파견업체와 계약체결 그 자체로 성립되지 주의의무 등 별도의 주관적 책임이 필요한 것은 아니다.[11]

그룹과 같은 경제집단이나 불법행위 등에 적용되는 연대책임(responsabilidade solidária)과 달리 부수적 책임은 원채무자가 지급불능에 처했을 때 비로소 책임이 발생하는 것이다. 노동법에서 노동자 채권은 지급원칙(princípio da solvabilidade, principle of solvency)에 따라 지불불능의 위험으로부터 보호를 받는다.[12] 그래서 파견근로자가 제공하는 용역의 혜택을 받은 사용업체는 파견기업이 노동자 채권 지불을 이행하지 못하는 상태에 빠지면 그 자체로서 객관적인 부수책임이 발생한다.

이러한 노동자 채권 보호 원칙은 수물라 제331호에서 규정되어 있듯이 공공서비스에서도 적용된다. 수물라 제331호가 공공행정과의 고용관계를 부인하고 있지만 공공기관이 수혜를 받는 사실은 인정하기 때문에 객관적·부수적 책임이 발생한다. 민간 기업의 경우는 이러한 원칙적용이 더 명백하다.

---

11) 6ª Turma do TRT da 1ª Região, RO 326-2004-010-01-00.0. "…… 서비스 수혜자의 객관적 책임을 가정하기 때문에 수혜자는 주의의무 등의 책임과 무관하게 책임을 진다. 아웃소싱에서 서비스 수혜자에게 부수적 책임을 지우는 이유는 식량성격의 근로자채권을 확보하기 위함이다. 결국, 서비스 수혜자가 파견직원 근로의 가장 큰 수혜자이기 때문에 그 경제적 활동에 필요한 근로수혜를 얻기 위해서는, 고용인의 예와 같이, 그에 수반되는 위험을 부담해야 한다"(art. 2º da CLT).

12) 이러한 보호원칙은 노동법전(CLT) 제455조와 법률 제6.019/74호 제16조에 규정되어 있다.

사업위험이론은 노동법전(CLT) 제2조 전문과 민법 제927조의 규정을 준용하여 사용업체가 노동자 채권의 지불불능에 객관적 책임이 있음을 입증하는 데 사용될 수 있다. 사용업체가 파견업체를 계약한 이유는 파견업체가 제공하는 근로자의 서비스를 받기 위함이다. 따라서 노동자 권익보호의 입장에서 파악할 경우 수혜기업인 사용업체는 책임 여하에 관계없이 파견업체가 노임 지불불능 상태에 빠질 경우 책임을 져야 한다는 논리이다.

2) 부수적 책임의 범위

사용업체의 노동법상 부수적 책임은 아웃소싱 계약 기간에 관련된 노동의무에 한정된다. 합법적 아웃소싱에서 사용업체는 인격모독이나 정신적 폭력 등 인적 손해(danos pessoais, personal injury)에 대해서는 책임을 지지 않는다. 즉, 판례에서 인정하는 사용업체의 책임은 재산적 성격의 것에 한정된다. 이에 따라 사용업체는 파견근로자의 노동수첩(CTPS)에 서명할 의무가 없다. 자신의 직원이 아니기 때문이다.

한편 파견직원은 사용업체 직원과 동등한 대우를 받아야 한다. 이러한 동등대우원칙은 노동법전(CLT)에 직접적인 규정은 없다. 그러나 일시적 근로(trabalho temporário)에 관한 법률 제6.019/74호 제12조의 규정과 노동법전(CLT) 제8조 전문을 유추 적용할 경우 사용업체가 파견근로자의 근로를 최종 수혜받기 때문에 파견근로자는 사용업체의 주력 경제 활동 분야, 즉 핵심활동에서 작업하는 직원에게 적용되는 모든 권리를 등등하게 향유할 권리가 있다. 달리 말하면 일시적 근로에 적용되는 것은 파견근로자에 대해서도 동일하게 적용되어야 한다는 것이다. 그 이유는 근로의 열악함이나 노동차별을 막기 위함이며, 또한 사용업체의 주력 경제활동 분야에 관련된 근로조건과 동일한 조건을 파견근로자에게 적용하는 것이 노동인권의 보호 측면에서 타당하기 때문이다.

5. 아웃소싱에 대한 비교법적 접근

아웃소싱은 선진국에서 시작하여 해외투자가 활발해지면서 전 세계로 확산되었다. 따라서 선진국의 경험을 비교하는 것은 브라질의 상황을 이해하는 데 도움이 된다. 여기서는 일부 국가들의 아웃소싱에 대한 법의 태도를 검토함으로써 브라질법과 비교하도록 하겠다.

스페인은 파견근로자의 관계를 원청기업의 생산공정 전체(production chain)에 참여한 기업들과 연대책임이 있는 것으로 보아 원청기업에 파견된 파견근로자들도 원청기업 근로자들과 동일한 권리를 향유해야 한다고 규정해 놓았다(「근로자 지위에 관한 법」 제42조).[13] 그래서 브라질에서 중요하게 생각하는 이분법(핵심활동-부수활동)은 스페인 법에서는 별 의미가 없다. 이런 점에서 스페인에서 아웃소싱(externizacion)은 원칙적으로 합법이다. 단지 구체적인 사건에서 관련 기업들의 연대책임이 어떻게 구현되는가를 살피는 것이 중요하다. 원청기업은 근로제공이 종료된 시점으로부터 1년간 파견직원의 노동권리에 관련하여 연대책임을 져야 한다(제42조 2항).

프랑스는 브라질과 마찬가지로 지난 1848년 이래 아웃소싱에 엄격하여 원칙적으로 아웃소싱(marchandage)을 금지하고 예외적으로 임시근로(노동법전 제125-3호)에 대해서만 아웃소싱을 허용한다. 이탈리아도 인력

---

13) Ley del Estatuto de los Trabajadores(1995.3.24. 발효).

의 아웃소싱을 금하고 있다.14) 독일의 경우는 자동차산업이나 화학산업 그리고 철강산업 분야에 아웃소싱이 일반화되어 있다. 일본의 경우도 아웃소싱이 일반화되어 있다. 일본의 1985년 「인력파견법(Worker Dispatching Law)」이 인력의 아웃소싱을 인정하고 있는데, 노조도 아웃소싱에 비교적 긍정적인 입장이다.

멕시코의 경우는 얼마 전까지 아웃소싱을 불법화했었다. 전문화된 기업이 전문용역을 사용업체에 제공하는 것은 인정되나 인력중계업체를 통해 근로인력을 제공하는 것 자체를 금했기 때문이다. 그러나 최근 개정된 연방 노동법(Federal Labour Law)15)은 아웃소싱을 규율하고 있다. 개정 노동법은 아웃소싱을 사용업체가 공급업체를 불러 공급업체가 자신의 직원들을 갖고 용역을 제공하는 제도로 정의하고 있다. 이러한 아웃소싱이 합법적으로 존재하려면 세 가지 요건을 갖추어야 한다. 하나라도 충족하지 못하는 경우 사용업체가 사회복지 부담 의무를 포함하여 법적으로 하청업체 근로자들의 고용주로 간주된다. 첫째, 아웃소싱의 대상은 사용업체의 작업장에서 수행되는 동일하거나 유사한 활동에 적용되어서는 안 된다. 둘째, 아웃소싱은 그 전문성으로 증명되어야 한다. 셋째, 사용업체의 직원들이 수행하는 업무와 동일 또는 유사해서는 안 된다.

아르헨티나의 경우는 원칙적으로 아웃소싱을 인정하고 있다. 단, 브라질과 마찬가지로 사용업체의 핵심활동(core activities)에 관련된 업무에 대해서는 아웃소싱을 금한다. 서비스제공기업은 전문분야가 확정된 기업으로써 사용업체가 가지고 있지 않은 전문분야에 대한 용역을 제공하

---

14) 법률 제264/49호

15) Ley Federal del Trabajo. 2012.12.1. 발효.

기 위한 경우에 아웃소싱이 인정된다. 대법원의 판례와 연방법 제20.744호가 아웃소싱을 규율한다. 법률은 아웃소싱의 적용범위를 사용업체의 핵심사업의 일부분이어서는 안 된다는 규정을 해두고 있다. 만일 핵심활동을 아웃소싱하는 경우 사용업체는 모든 노동문제 관련하여 공동책임을 지도록 했다. 달리 말하면 사용업체가 공동책임을 질 경우 핵심활동에 대한 아웃소싱도 가능하다는 것이 대법원의 결정이다(대법원 판결, Case Batista Heraldo Antonio c/ Parrucci, Graciela y otros, 2011).

칠레의 경우 아웃소싱은 노동법전 제183-A조~제183-E조에 규정되어 있다. 아웃소싱이 합법적으로 이루어지려면 특히 다음 규정을 준수해야 한다. 파견근로자는 파견업체의 직원이어야 하며, 사용업체는 파견업체가 제공하는 서비스가 이루어지는 작업이나 사업의 소유자야 하며, 사용업체와 서비스제공업체 간에 서비스계약을 체결하여 서비스제공자가 스스로의 책임하에 서비스를 제공해야 하며, 서비스는 서비스제공업체의 직원이 수행해야 한다는 조건이다. 만일 파견근로자가 사용업체의 통제와 지시하에 있으면 이는 바로 사용업체의 직원으로 간주된다. 콜롬비아는 브라질의 판례와 같은 방식, 즉 핵심활동과 부수활동으로 구분하여 부수활동에 대해서만 아웃소싱을 인정한다.[16] 코스타리카는 아웃소싱을 규율하는 법률이 없지만 아웃소싱은 일반화되어 있다. 아웃소싱을 규율하는 법이 없기 때문에 원칙적으로 아웃소싱은 자유롭다고 할 것이다. 다만 파견업체가 파견근로자에 대한 임금 지불 등의 의무이행을 하지 않거나 사용업체가 파견근로자를 지휘 감독하는 경우 사용업체의 직원으로 간주될 위험이 상존한다. 그 이유는 노동법이 근로자의 노동력제공의 수혜자가 누구인가를 기준으로 판단하기 때문이다.

---

16) 노동법 제34조.

6. 아웃소싱의 법제화

아웃소싱의 문제점이 산재해 있지만 아직 브라질에는 아웃소싱을 포괄적으로 규율하는 관계 법률이 없다. 그래서 노동대법원(TST)의 수물라가 아웃소싱의 적법성을 판별하는 가장 중요한 법원(法源)이다. 1993년에 수물라 제331호가 나왔으니 벌써 20년이 지났다. 그러나 연방의회의 분위기는 관련 법안을 통과시키는 것이 쉽지 않을 듯하다. 그만큼 사회적으로 합의를 도출하기가 쉽지 않은 주제이다.

현재 다양한 법안이 연방의회에 제출되어 있으나 노사 간 이해관계가 첨예하게 대립하고 있어 어느 법안이 통과될 것인가 예측하기가 쉽지 않다. 몇 가지 주요 법안을 보면 노동계와 노동검찰의 지지를 받고 있는 비센티뉴(Vicentinho) 하원의원(상파울루 주, 노동자당)이 발의한 법률안 제1621/2007호를 들 수 있다. 그리고 산드루 마베우(Sandro Mabel) 하원의원(PMDB-GO)의 법률안 제4330/04호와 에두아르두 아제레두(Eduardo Azeredo) 상원의원(PSDB-MG)의 법률안 제87/2010호가 대표적인 의원발의법안들이다.

법률안을 비교검토해보면 결국 핵심 논쟁은 기업의 '핵심활동'을 아웃소싱해줄 것인가에 있다. 노동대법원(TST) 수물라 제331호에 따르면 이는 불법이기 때문에 법률로 합법화해준다면 혁신적인 조치가 된다. 더 이상 '핵심활동'과 '부수활동'을 구분할 필요 없이 아웃소싱이 자유화되기 때문이다. 아웃소싱의 합법화를 주장하는 측은 연방헌법과 민법상 규정된 기업활동의 자유원칙과 당사자 자치의 원칙을 내세운다. 이러한 기업을 대변하는 입장에 서 있는 것이 법안 제4330/04호와 제87/2010호이다.

반면 노동계를 대변하는 입장은 아웃소싱을 합법화할 경우 파견근로

<표 12-1> 아웃소싱의 법제화 관련 주요 법안

	PL no.4330/04 (Mabel, PMDB-GO)	PL no.87/2010 (Eduardo Azeredo, PSDB-MG)	PL no.1621/2007 (Vicentinho, PT-SP)
아웃소싱	합법화, 엄한 규제	합법화, 엄한 규제	합법화, 엄한 규제
지지층	정부, 기업	정부, 기업	노조, 노동법원, 노동검찰
핵심활동의 아웃소싱	합법화 (기업활동 자유원칙, 당사자 자치원칙)	합법화 (기업활동 자유 원칙, 당사자 자치 원칙)	불법화 (노동자보호, 예외적 적용), 제한적 해석(제3조)
사용기업책임	부수적 책임	연대책임 (발동요건 엄격)	연대책임

자의 권리와 사용업체의 직원 간에 불평등대우가 지금보다 더 심화될 것을 우려하고 있다. 그 이유는 아웃소싱을 합법화하면 회사 내에서 같거나 비슷한 업무를 정규직과 파견직이 같이하기 때문에 정규직이 줄어들 뿐만 아니라 아무래도 임금격차가 더 날 수밖에 없다는 불안감이 내재해 있다. 그래서 CUT 등 노동단체들은 원칙적으로 직장의 질을 떨어트리는 아웃소싱 자체를 반대한다. 이들은 노동관계에서 아웃소싱은 노동관계의 질을 저하시키며 좋고 나쁜 아웃소싱이란 없고 오로지 나쁜 아웃소싱만 있다고 믿는다. 전국노동검찰협회(Associação Nacional dos Procuradores do Trabalho: ANPT)와 전국노동판사협회(Associação Nacional dos Magistrados do Trabalho: Anamatra)도 같은 입장을 보인다. 이들 노조와 노동사법부는 법의 제정이 필요하다면 최소한 기업의 '핵심활동' 분야의 아웃소싱을 금하고 사용기업의 연대책임조항을 반드시 관철시켜야 한다는 입장이다.

이러한 노동계의 입장을 대변하는 법률안이 법률안 제1621/2007호이다. 이 법률안 제3조는 기업의 '핵심활동'을 더 확대하여 해석하고 있다. 즉, '핵심활동'을 기업설립의 주된 목적과 직간접적으로 관련된 모든 활동으로 확대함으로써 기업의 설립목적과 관련된 모든 활동을 포괄할 수 있는 주관적 해석을 가능하게 해놓고 있다. 이렇게 주관적 해석을 확대 해석한다면 기업이 물류와 운송을 아웃소싱할 경우 기업의 중심활동(central activities)을 어떻게 이해하느냐에 따라 이러한 아웃소싱이 불법 또는 합법화될 수 있다. 따라서 최종적으로는 불확정적인 법률의 규정을 둘러싸고 구체적인 사건에서 노동법원의 해석을 구해야 하는 악순환이 되풀이될 수 있다.

아웃소싱의 입법화를 둘러싼 또 다른 쟁점은 사용업체의 책임에 관련된 사항이다. 사용업체의 연대책임을 강조할 경우 파견근로자는 체불임금 등 노동권리를 파견업체나 사용업체를 상대로 선택하여 소송할 수 있게 된다. 법률안 제1621/2007호가 이러한 입장에 있다. 수물라 제331호는 부수책임의 원칙을 인정하기 때문에 법률안 제1621/2007호보다는 좀 더 보수적이라 하겠다. 부수책임원칙에 따르면 체불임금 등 파견근로자의 노동권리는 우선적으로 파견업체의 책임이고, 파견업체가 지불불능상태에 빠질 경우 사용업체가 부수적으로 책임을 지는 구도이다.

한편 법률안 제87/2010호도 연대책임에 대해 긍정적인 입장이다. 그러나 그 발동요건은 법률안 제1621/2007호에 비해 좀 더 구체적이다. 사용업체의 연대책임이 형성되려면 파견기업이 파산선고를 받거나 아웃소싱계약이 법률규정을 준수하지 않고 작성된 경우로 한정하고 있다. 즉, 예를 들어 사용업체가 파견기업의 건전성을 확인하는 등 관리책임 규정 등을 법제화하는 것이다.

노동부도 아웃소싱을 법제화하기 위한 법안을 마련했다. 노동부의 법안은 그동안 노동법원이 세운 판례를 준수하여 사회에서 실행되고 있는 아웃소싱과 사회변화에서 노동자의 고용창출과 불이익해소라는 면을 고려한 발전적인 취지의 입법안이다. 이 법안은 노동부가 1년여에 걸친 공청회와 노사정 대표 간의 협의를 통해 최종 확정한 것으로 2008년 11월 13일 노동부 웹에 게재되었다. 노동부 법안에 따르면 아웃소싱을 제공할 수 있는 기업은 해당 분야에 특수한 전문성을 갖추고 자격이 되는 전문인력을 고용하여 해당 활동을 영위하는 기업(제1조)으로 정의했다. 그리고 아웃소싱의 유효성 요건으로 아웃소싱계약이 존재할 것, 이 계약서에는 필수요건으로 제공하는 서비스의 구체적인 내용, 최대 5년까지 기간의 계약기간, 파견기업이 사용기업에 파견하는 근로자의 노동법 의무를 준수하고 있음을 증명하는 증명서 (이 증명서는 개별노동자 각각의 증명서야 함), 사용기업은 동법 제12조의 규정을 준수하여 계약을 감시하고 노동법 의무를 준수하지 않는 경우 계약해지 할 것(제2조) 등의 내용이다. 사용기업이 파견기업의 근로자 채용에 관해 조건을 제시하거나 금지하는 계약조항을 기입하는 것은 모두 무효로 간주된다. 사용기업은 재하청을 포함하여 용역의 제공 기간 동안 제공된 용역에 대한 노동법상 의무이행에 대해서는 공급기업과 연대책임이 있다(제5조). 만일, 사용기업이 아웃소싱계약 체결 시 그리고 계약이행 기간 중에 제2, 3, 7조의 규정을 준수한 사실을 입증하는 경우 부수적 책임만을 부담한다. 연대책임 또는 부수적 책임의 발생은 노동법상 노동권리의 이행에 관련된 것이며 사용기업과 파견근로자 간에 고용관계가 형성하는 것은 아니다(제5조 2항).

7. 결어

브라질에서 아웃소싱은 기업이 근로자의 임금을 착취하는 방법 중의 하나라는 부정적인 인식이 있다. 그래서 노조뿐만 아니라 노동부나 노동법원은 아웃소싱에 상당히 부정적인 시각을 갖고 있었다. 1986년에 나왔던 노동대법원(TST)의 수물라 제256호는 이러한 부정적 시각을 잘 반영했다. 그러나 민주화 이후 1990년 시장개방으로 사회변화가 빨라지면서 노동시장에서도 노동수급의 유연성이 대두되었다. 1993년 노동대법원의 수물라 제331호는 이전의 입장과 결별했다. 즉, 기업의 핵심활동, 부수활동이라는 이원적 개념을 도입하여 부수활동에 대해서는 아웃소싱을 인정하고, 핵심활동은 법에서 명시적으로 합법화한 것 (예컨대 법률 제6.019/74호에서 규정한 임시근로) 외에는 모두 불법화한 것이다.

노동대법원의 수물라는 아웃소싱이 인정되는 경우 사용업체와 파견업체 간에 원칙적으로 부수적 책임관계가 발생함을 확인했다. 예외적으로 불법고용이나 무효 등 양자 간 사기공모(fraude)가 있는 경우는 연대책임을 지게 했다. 학설이나 판례에서 발견되는 부수적 책임의 법리는 기업위험이론과 파견근로자의 노동력을 수혜받아 발생하는 노동채권의 지불보증이론에 근거하기 때문에 물권적 성격을 갖고 있다. 그래서 정신적 손해나 인적 채무는 부수적 책임에 포함되지 않는다. 그리고 이러한 부수적 책임의 기간은 아웃소싱계약이 체결되어 발생하는 노동자 채권에 관해서만 한정된다.

한편 노동대법원은 파견업체를 통해 불법으로 체결된 아웃소싱, 즉 핵심활동에 파견된 경우에는 파견직원과 사용업체 간에 고용관계가 형성되나 공공행정의 경우는 고용관계를 형성하지 않는다는 입장을 밝혔다. 그 이유는 공무원고용은 임용시험을 통해 이루어져야 하기 때문이다. 그렇더라도 파견근로자의 노동권리는 모두 인정된다.

사용기업의 부수적 책임은 객관적 성격을 갖는다. 즉, 용역의 중계를 통한 제공이라는 사실에 근거한 것이지 파견업체를 잘못 선정하여 발생하는 책임(culpa in eligendo)이나 파견업체가 의무이행을 잘하는지를 제대로 감시하지 못해 발생하는 책임(culpa in vigilando) 등의 주관적 성격의 문제가 아니다.

한 가지 문제는 파견직원의 처우에 관한 사항이다. 만일 사용업체가 단순히 인건비를 절감하기 위해서 아웃소싱을 한다면 당국이나 노조의 시선이 차가울 수밖에 없다. 사용업체의 역량을 경쟁력 있는 곳에 집중하고 또한 외부 전문인력을 사용하기 위해서 아웃소싱한다면 문제는 달라질 것이다. 노동정책이나 노동법의 관점에서 본다면 사용기업이 아웃소싱하는 것이 문제가 아니라 파견근로자의 정당한 대우가 될 것이다. 비록 작업명령을 파견업체에서 받는다고 하더라도 업무를 사용기업에서 하는 만큼 파견 기간 동안은 사용업체의 직원들과 같은 대우를 받는 것이 노동인권의 정의뿐만 아니라 노동법의 정신이나 노동정책의 목적에 부합될 것이다. 이와 유사한 경우가 없는 것은 아니다. 비록 노동법전(CLT)에 규정은 없지만 법률 제6.019/74호 제12조를 준용하여 파견근로자에게 사용기업의 근로자와 동등대우를 해주는 것이다.

근본적인 해결은 그동안의 성과를 정리하여 법률로 규정하는 것이다. 이런 점에서 노동부가 입안한 아웃소싱법률안은 그동안 노동법원이 제시한 아웃소싱의 가이드라인이었던 핵심활동/부수활동의 이분법을 뛰어넘어 새로운 해결안을 제시한 획기적인 법안이었다. 즉, 사용기업 직원과 파견직원 간 동등대우원칙을 도입하여 이를 기준점으로 하여 법규정을 준수하지 않을 경우 연대책임을 지도록 하고, 파견기업이 파견직원에 대한 노동권리를 잘 준수하는지 등 감독의무 등 법에서 규정한 의무규정을 잘 준수하는 경우에는 부수적 책임을 지도록 했다.

그러나 계속해서 새로운 문제는 발생할 것이다. 기업은 치열한 경쟁에서 우위를 점하기 위해 기술혁신과 경영역량을 집중하고 나머지는 아웃소싱을 하려 하기 때문이다. 새로운 형태의 아웃소싱은 계속 나올 것이고 항상 법과의 충돌은 계속될 것이기 때문이다. 최근 브라질에서 발생하는 아웃소싱의 대표적인 예가 콜센터 또는 고객서비스 센터이다. 기업들은 갈수록 이러한 서비스센터로 자신들의 핵심활동을 옮기고 있다. 이에 따라 비록 법에서 아웃소싱을 대폭 인정한다고 하더라도 사용기업의 주요 경제활동(principal economic activity)이 무엇이고 사용기업직원과 파견기업직원의 동등대우가 무엇인가에 대한 법적 질문은 계속 제기될 것이다.

따라서 기업활동의 변화에 따라 노동정책이나 노동법의 대응도 유연해지고 지속적인 고민이 있을 것이다. 중요한 점은 이 모든 변화의 중심에는 항상 근로자의 노동인권보호와 근로자 소득 증대나 복지 향상이 있어야 한다는 것이다. 여기에는 사용기업의 직원뿐만 아니라 파견직원 또는 파견기업의 직원들도 같은 혜택을 주는 방안을 항상 고민해야 한다.

참고문헌

Leite, Carlos Henrique Bezerra. 2007. *Curso de Direito Processual do Trabalho.*
5a ed, Sao Paulo: LTr.

Conselho Nacional De Justiça. 2010. *Justiça em Números 2010.* Brasilia.

Delgado, Mauricio Godinho. 2007. *Curso de direito do trabalho,* 6. ed. São Paulo:
LTr.

Garcia, Gustavo Filipe Barbosa. 2008. *Curso de Direito do Trabalho,* 2ª. ed. São
Paulo: Método, 2008.

Marilene Olivier, Simone da Costa Fernandes Behr e Patrícia Izabel Rodrigues Costa
da Silva Freire. 2011. "Assédio Moral: Uma Análise os Acórdãos do Tribunal
Regional do Trabalho do Espírito Santo." *REGE*, São Paulo, v. 18, n. 1,
pp. 75~92.

Martins, Sérgio Pinto. 2003. *A terceirização e o direito do trabalho.* São Paulo:
Atlas.

Ministério do Trabalho e Emprego. "Anteprojeto de Terceirização do Ministério
do Trabalho e Emprego. Disponível." http://www.mte.gov.br/consulta_
publica/Minuta_terceirizacao.pdf

Nascimento, Amauri Mascaro. 2006. *Curso de direito do trabalho,* 21. ed. São Paulo:
Saraiva.

Süssekind, Arnaldo. 2001. "Nova regulamentação do trabalho temporário e da tercei-
rização de serviços." *Revista Jurídica Consulex.* Ano V, nº 109, pp. 38~40.

Tribunal Superior do Trabalho. 2010. *Consolidação Estatística da Justiça do
Trabalho - 2010.*

_____. 2011. *Relatório Geral da Justiça do Trabalho 2010.* Brasília.

1500. 4.22   포르투갈 탐험가로서 1492년 콜럼버스 탐험대의 니나호 선장을 맡은 바 있던 페드루 알바레스 카브랄(Pedro Alvares Cabral: 1460~1526)이 브라질을 '발견'하고 이를 포르투갈의 땅이라고 주장하다.

1540   스페인 정복자 카베사 데 바카(Cabeza de Vaca)가 브라질의 리오데라플라타 지방 총독으로 임명되다.

1550   아프리카 노예들이 사탕수수 플랜테이션 노동력으로 들어오다.

1624   네덜란드인들이 사우바도르 지역을 점령하다.

1636.11.17   브라질 장군인 엥히키 지아스(Henrique Dias)가 네덜란드인들에 대항한 전투에서 결정적인 승리를 거두다.

1661. 8. 6   네덜란드는 점령지를 800만 길더를 받고 포르투갈에 넘겨주다.

1763   브라질, 수도를 살바도르에서 히우데자네이루로 천도하다.

1789   주아킹 주제 다 시우바 샤비에르(Joaquim José da Silva Xavier)가 최초로 포르투갈에 대항한 반란을 이끌다.

1792   주제 다 시우바 샤비에르는 교수되고, 사지가 절단되어 걸리다.

1807.11.29   포르투갈 브라간사 가문의 궁정이 나폴레옹의 침공을 피해 리스본을 떠나 브라질로 향하다.

1808. 1.22   망명 궁정이 바이아에 도착하다.

3.22   망명 궁정이 히우데자네이루에 안착하다.

1815   브라질이 왕국의 지위로 격상되다.

1816   도나 마리아 죽다. 동 주앙 6세가 즉위하다.

1817   페르낭부쿠에서 반란 모의가 적발되다.

1820   동 주앙 6세의 군대가 반다 오리엔탈(Banda Oriental: 현 우루과이)을

접수하다.

1821　　　　동 주앙 6세가 포르투갈에 귀환하다.

1822. 1. 9　　포르투갈 의회의 귀환 요구에 동 페드루가 브라질에 "남겠다(Fico)"고
　　　　　　 선언하다.

　　　3.12　 동 페드루, "브라질의 영원한 보호자"로 호칭하다.

　　　9. 7　 "이피랑가의 외침" 브라질의 독립이 선언되다.

　　　12. 1　 동 페드루 1세의 대관식이 열리다. 동 페드루 1세의 치세는 1931년까지
　　　　　　 지속된다. 브라질 왕정은 1822년에 시작되어 1889년에 붕괴된다.

1823. 5. 3　　헌법기초위원회가 열리다.

　　　11.12　헌법기초위원회가 해산되다.

1824. 3.25　 신헌법을 공포하다.

　　　　　　 독일인들이 히우그랑지두술에 식민사업을 시작하다.

1825. 8.29　 포르투갈과 브라질 사이에 승인 및 우호 조약이 체결되다.

　　　12. 2　 동 페드루 왕자가 태어나다.

1826　　　　동 페드루 1세는 포르투갈 왕위를 딸인 도나 마리아 다 글로리아에게
　　　　　　 넘겨주다.

1830~1897　 안토니우 비센치 멘지스 마시에우(Antônio Vicente Mendes Maciel), 속
　　　　　　 칭 안토니우 콘셀레이루(Antonio Conselheiro)가 바이아의 카누두스에
　　　　　　 서 신앙촌을 건설하고 세속 권력에 저항하지만 최후에는 중앙정부군에
　　　　　　 의해 섬멸되다. 소위 '카누두스 반란'이라 부른다.

1831. 4. 7　　동 페드루 1세는 아들에게 권력을 양위하고, 권력은 3인의 섭정체제에
　　　　　　 게 넘기다.
　　　　　　 국가자위대를 창설하다.

1832. 4. 8　　비글호에 승선한 찰스 다윈이 히우데자네이루에 도착하다.

1834　　　　헌법에 수정조항이 보완되다.

1835. 1.25	말레스(살바도르 다 바이아)의 반란이 일어나다.
	히우그란지두술이 분리되다.
1836	파라푸스(Farrapos)가 히우그랑지두술에서 공화국을 선포하다.
1840. 7.23	동 페드루 2세가 성년(15세)이 되어 친정체제가 출범하다. 헌법의 부가 조항의 해석법이 만들어지다.
1842	자유주의자들의 반란이 일어나다.
1845	파라푸스 전쟁이 끝나다.
1848	헤시피에 프라이에이라(Praieira) 반란이 일어나다.
1850	노예무역을 금하는 「에우제비우 지 게이루스 법」이 만들어지다.
	파라(Para)와 분리된 아마조니아 주가 탄생하다.
	아르헨티나의 후안 마누엘 로사스(Juan Manuel de Rosas)의 독재에 대항하는 브라질-파라과이 동맹이 결성되다.
1851	유럽과 남미 사이에 증기선의 정기적 출항이 시작되다.
1852	몬테 카세로스에서 카시아스(Caxias) 장군이 로사스 군대를 격파하다.
1854. 4.30	브라질에 최초로 철도가 개통되다.
	히우데자네이루에 가스등이 켜지다.
1858	'동 페드루 2세 철도'망이 개통되다.
1864	파라과이의 솔라노 로페스((Francisco Solano López)가 브라질에 전쟁을 선포하다(파라과이 전쟁).
1865	파라과이에 대항한 삼국협약(아르헨티나, 브라질, 우루과이)이 체결되다.
1867	산투스-준디아이(상파울루) 선이 개통되다.
1870	파라과이 전쟁이 끝나다.
	공화주의 선언이 나오다.
1871	「태아자유(Free Womb)법」이 탄생하다.
1872	종교문제 논란이 시작되다.

1874	브라질에 이탈리아계 이민이 시작되다.
	브라질-유럽 케이블이 연결되다.
1875	종교문제 논란이 끝나다.
1877	동북부에 극심한 가뭄이 발생하다.
1883	군사문제 논란이 시작되다.
1886	「사라이바-코테지피 법(Lei Saravia-Cotegipe)」이 통과되어 60세 이상의 흑인 노예들이 자유를 얻다. 12만 명 정도가 혜택을 보았는데, 일명 '60세 법'이라 불린다.
1888. 5.13	노예제가 폐지되다. 400만 명의 노예가 자유를 얻다.
1889.11.15	공화국이 선포되다. 데오도루 다 폰세카(Deodoro da Fonseca)가 초대 대통령직에 오르다
1891. 2.24	헌법이 반포되다.
	플로리아누 페이쇼투(Floriano Peixoto)가 데오도루 다 폰세카(Manuel Deodoro da Fonseca)를 승계하다.
1893	브라질 남부에 내전이 발생하다.
	히우에서 해군이 반란을 일으키다.
1894	최초의 민간인 대통령 프루덴치 지 모라이스(Prudente de Morais)가 선출되다.
	남부에서 연방주의자들이 패배하다.
1895	헤가타스 두 플라멩구 클럽(Clube de Regatas do Flamengo)이 창설되다.
1897	카누두스 반란이 제압되다.
1898	캉푸스 살리스(Campos Sales)가 당선되다.
1903	브라질과 볼리비아 사이에 페트로폴리스 조약이 체결되다. 아크리(Acre)는 브라질에 포함되다.
1904	히우에서 "백신"(Revolta da Vacina)의 반란이 일어나다.
1906	타우바테 조약이 체결되다.

1907	상파울루에 총파업이 발생하다.
1908	최초의 일본계 이민이 도착하다.
1910	후이 바르보자(Rui Barbosa)가 '민정(civilist)' 캠페인을 시작하다. 히우에서 체형에 반대하는 해군 수병들의 반란인 시바타(chibata) 반란이 일어나다. 인디언 보호청이 설치되다.
1912	'콘테스타두(Contestado)' 전쟁이 시작되다.
1917. 6~7.	커피 가격안정화 정책을 실시하다. 상파울루에 심각한 파업이 발생하다.
10.25	브라질이 독일에 개전을 선포하다. 동가(Donga)의 삼바곡 「Pelo telefone」가 처음 녹음되다.
1919. 6.	전국 여러 도시에서 파업이 발생하다.
1922. 2.13, 15, 17	'상파울루 현대예술주간'이 개최되다.
3. 1	아르투르 베르나르디스(Artur Bernardes)가 논란 많던 선거에서 당선되다.
3.25	브라질공산당(PCdoB)이 니테로이에서 창당되다.
7. 3	군대 클럽(Clube Militar)이 당국에 의해 폐쇄되다.
7. 5	히우에서 위관급 장교(tenentes)의 반란이 일어나다.
7. 6	코파카바나 포대에 18일간 소요가 일어나다.
9.	히우에서 독립 100주년 엑스포가 개최되다.
1924. 7. 5	상파울루에서 위관급 장교(tenentista) 소요가 일어나다.
10.25	'프레스치스 부대'의 장정이 시작되다.
1927. 8.11	브라질공산당을 금지하다. 항공사 바리기(Varig: Viação Aerea Rio Grandense)가 설립되다.
1929.10.24	월스트리트의 증권시세가 폭락하면서 커피 시장도 따라 붕괴하다.
12.30	'자유주의 동맹(Aliança liberal)'의 캠페인이 시작되다.

1930. 5. 1   대통령 줄리우 프레스치스(Júlio Prestes)와 부통령 피타우 수아레스 (Vital Soares)가 당선되다.

    7.26   주앙 페소아(João Pessoa)가 헤시피에서 암살당하다.

    10. 3   '1930년 혁명'이 시작되다.

    10.24   와싱톤 루이스(Washington Luiz)가 물러나다.

    11. 3   제툴리우 바르가스(Getulio Vargas)가 임시정부 수반이 되다.

1931.10.12   독립 100주년을 기념한 98피트의 예수상이 히우의 코르코바두 산정에 설치되다. 예수상은 브라질 예술인 카를루스 오스왈드(Carlos Oswald) 와 프랑스 조작가 폴 란도우스키(Paul Landowski)의 작품이다.

1932. 7. 9   상파울루에서 '헌정혁명'이 시작되다.

1933. 5. 3   제헌의회 선거가 개최되다.
            지우베르투 프레이리(Gilberto Freyre)의 『대농장과 노예의 집(Casa grande & senzala)』이 출간되다.

1934. 1.25   상파울루대학교가 개교하다.

    7.16   신헌법이 반포되다.

1935. 3.30   공산당의 행동단체인 국민해방동맹(Aliança Naconal Libertadora: ANL) 이 결성되다.

    4. 4   국가보안법이 반포되다.

    7. 5   루이스 카를루스 프레스치스(Luís Carlos Prestes)의 선언문이 발표되다.

    7.11   ANL이 금지되다.

    11.23   나타우(Natal)에서 봉기가 일어나다.

    11.24   히우에서 봉기가 일어나다.

    11.25   계엄령이 선포되다.

1936. 3. 5   루이스 카를루스 프레스치스가 체포되다.

    9.11   국가보안재판소가 창설되다.

1937.11.10	쿠데타가 일어나서 '신국가(Estado novo)'가 선언되다.
12. 2	모든 정당 활동을 금지하다.
1940. 5. 1	최저임금제가 실시되다.
6.11	바르가스 대통령은 추축국에 우호적인 제안을 하다.
1941. 1.	국영제철사(볼타 헤돈다)가 설립되다.
5.	노동재판소가 설치되다.
1942. 1.	브라질은 추축국들과 모든 외교관계를 단절하다.
3.	브라질 선박들이 어뢰 공격을 받다.
8.31	추축국을 향해 전쟁을 선언하다.
1943. 1.29	루스벨트와 바르가스가 나탈에서 회담을 갖다.
10.24	'미네이루 선언'을 통해 민주주의 회복을 촉구하다.
1944. 7.16	브라질파견군(FEB)의 첫 부대가 나폴리에 상륙하다.
10.	고이스 몬테이루(Gois Monteiro)가 민주주의 회복을 촉구하다.
1945. 2.	검열제를 철폐하다.
10.29	바르가스가 권좌에서 물러나다.
1946. 1.31	두트라(Eurico Gaspar Dutra) 대통령의 취임식이 거행되다.
9.18	새 헌법이 반포되다.
1947. 5. 7	브라질공산당을 금지하다.
1948. 1.10	공산당 출신의 선출직 의원들을 의회에서 추방하다.
5.19	보건, 식량, 교통, 에너지 부문 발전을 위한 경제계획인 플라누 사우치 (Plano SALTE)가 시행되다.
11.11	미국-브라질 양국위원회가 설치되다.
1950. 8. 3	제툴리우 바르가스가 대통령에 당선되다.

1951. 1.31 바르가스 대통령의 취임식이 거행되다.

12. 8 국영석유기업 페트로브라스(Petrobras)를 설립안이 나오다.

1953. 3 상파울루에 파업이 발생하다.

6.17 주앙 굴라르(João Goulart)가 정부에 참여하다.

10. 3 페트로브라스가 설립되다.

1954. 2. 8 정부에 반대하는 관료들의 데모가 일어나다.

4.10 국영전력회사 엘렉트로브라스(Electrobras)를 설립하는 계획안이 나오다.

5. 1 바르가스 대통령이 최저임금의 100% 인상을 발표하다.

8. 5 히우데자네이루에서 카를루스 라세르다(Carlos Lacerda)에 대한 암살 미수 사건이 발생하다.

8.24 군부는 바르가스에게 사임할 것을 강요하는 최후통첩문을 보내다. 이에 바르가스는 자살로 응답하다. 주앙 카페 필류(João Café Filho)가 대통령 에 취임하다.

1955. 8. 3 대통령 선거가 개최되다.

9. 3 하원의장 카를루스 루스(Carlos Luz)가 심장병 사고를 당한 주앙 카페 필류를 대신하여 대통령직을 수행하다.

11.11 네레우 하무스(Nereu Ramos) 장군의 '합법주의 쿠데타'가 일어나 카를 루스 루스를 밀어내다.

1956. 1.31 주셀리누 쿠비체크가 대통령에 취임하다.

1957. 2. 브라질리아 건설의 첫 삽을 떠다.

10. 상파울루에 파업이 발생하다.

1959. 6.28 쿠비체크 대통령은 IMF와 관계를 끊다.

12.15 동북부개발청(A Superintendência do Desenvolvimento do Nordeste: SUDENE)이 설립되다.

1960. 4.21 브라질리아 시가 출범하다.

10. 3 자니우 콰드루스(Jânio Quadros)가 대통령에 당선되다.

1961. 1.31 콰드루스 대통령이 대통령에 취임하다.

8.25 콰드루스 대통령이 사임하다.

9. 2 의회는 의회제를 도입하는 헌법 수정조항 제4호를 채택하다. 또 대통령
제와 의회제 선택에 관한 국민투표를 1965년에 시행키로 하다.

9. 7 주앙 굴라르가 대통령에 취임하다.

9. 8 탕크레두 네비스(Tancredo Neves) 정부가 출범하다.

1962. 6.26 탕크레두 네비스 정부가 해산되다.

12.31 경제사회개발 3년계획이 발표되다.

1963. 1. 6 국민투표에서 대통령제가 채택되다.

9.12 브라질리아에서 "하사관들의 반란"이 일어나다.

10. 7 브리졸라(Brizola), 아하에스(Arraes), 전국학생연맹(UNE), 노총(CGT)
은 굴라르 정부가 개혁 추진에 속도를 내지 않는다고 관계를 끊다.

1964. 3.13 중앙역사(Central do Brasil) 회합.

3.19 상파울루에 '자유를 위한, 하느님과 함께 하는 가족 행진'이 있다.

3.25 금속노조 지부에서 해군 소총수들이 회합을 가지다.

3.30 아우토모베우 클럽에서 군경(Polícia Militar) 하사관들의 축제가 열렸는
데, 주앙 굴라르도 참석하다.

3.31 무랑 필류 장군의 부대가 벨루오리존치를 떠나 히우데자네이루를 향해
이동하다.

4. 2 코스타 이 시우바(Costa e Silva) 장군이 혁명최고지휘부를 구성하다.

4. 3 하원은 대통령직의 궐위를 선언하고, 그 직을 하원의장에게 넘기다.

4. 9 프란시스쿠 캄푸스(Francisco Campos)가 기안한 「긴급조치법」 제1호
(Acta Institutionel no.1)가 발령되다.

4.10   참정권 박탈자 1차 리스트가 발표되다.

4.11   간접선거를 통해 원수 웅베르투 지 알렝카르 카스텔루 브랑쿠(Umberto de Alencar Castelo Branco)가 공화국 대통령직에 선출되다. 주제 마리아 아우키민(PSD)은 부통령에 선출되다.

7.22   의회는 헌법 수정조항 제9호를 승인하여, 카스텔루 브랑쿠의 임기를 1967년 3월 15일까지 연장하다.

11. 6   학생조직들의 정치 활동을 모두 금지하는 「수플리시(Suplicy) 법」이 시행되다.

1965.10. 3   11개 주에서 주지사를 선출하는 선거를 치르다.

10. 5   히우데자네이루의 빌라 밀리타르에서 소요가 일어나다.

10.27   「긴급조치법」 제2호가 발령되다.

11.20   양당제도를 작동시키다.

1966.10. 3   코스타 이 시우바가 공화국 대통령에 선출되다.

10.28   확대전선(Frente Ampla)의 선언문이 나오다.

1967. 1.27   새 헌법이 반포되다.

3.11   신국가보안법이 발표되다.

3.15   코스타 이 실바의 취임식이 거행되다.

4. 3   미나스제라이스의 카파랑(Caparão) 게릴라 전쟁이 끝나다.

1968. 3.28   히우의 대학 레스토랑 칼라보우수에서 일어난 대치 속에서 경찰이 발포한 총에 학생 에드송 루이스가 사망하다. 학생들의 총파업이 일어나다.

3.29   히우를 포함한 여러 대도시에서 수만 명이 참여한 항의데모가 일어나다.

4. 4   에드송 루이스를 위한 7일째 미사를 에워싼 데모대를 경찰이 강제적으로 탄압하다.

4.16~24   쿠데타 이후 첫 파업이 일어나다.

6.26   히우에서 '10만 명'의 데모가 일어나다.

7. 5 모든 학생들의 회합을 금지하다.

8.29 경찰이 국립 브라질리아아 대학교와 미나스제라이스 연방대학교에 진입하다.

9. 2 연방의원 마르시우 모레이라 알비스(Márcio Moreira Alves)가 국민들에게 9월 7일 국민축제일을 보이콧할 것을 촉구하다.

12.13 「긴급조치법」 제5호를 발령하다.

1969. 2.27 「긴급조치법」 제8호를 발령하여 모든 선거를 정지시키다.

7. 1 상파울루 2군 산하에 억압기구인 반데이란치 작전(Operacão Bandeirante: OBAN)이 설치되다.

8.31 코스타 이 시우바는 혈전증(血栓症)으로 물러나고, 세 명의 군정장관으로 구성된 군사평의회가 권력을 승계함.

9. 4 미국 대사 찰스 엘브릭(Charles Elbrick)이 히우에서 ALN과 MR-8의 조직원에 의해 납치되다.

10.30 10월 25일에 의회에서 선출된 에밀리우 가라스타주 메디치(Emílio Garrastazu Médici) 장군이 대통령에 취임하다.

11. 4 카를루스 마리겔라(Carlos Marighella)가 세르지우 플뢰리(Sergio Fleury)의 부하들에게 살해되다.

1970. 1. 봉기진압을 군의 주된 임무로 규정하는 CODI와 DOI가 실행에 들어가다.

2.14 신문에 대한 사전검열제가 실행되다.

3.11 일본 영사 노부오 오구치가 상파울루에서 VPR 조직원들에 의해 납치되다.

6.11 ALN과 VPR은 상파울루에서 독일 대사를 납치하다.

10. 9 아마존 관통도로의 공사가 시작되다.

12. 7 VPR과 MR-8이 히우에서 스위스 대사를 납치하다.

1971. 9. 7 카를루스 라마르카(Carlos Lamarca)가 바이아 주에서 살해되다.

1972. 4.12 아라과이야 지역의 농촌 게릴라를 진압하기 위해 군이 동원되다.

1973. 9.15 경찰이 상파울루의 대학생 알렉산드리 바누키 레미를 살해하다.

1974. 3.15 에르네스투 가이젤(Ernesto Geisel) 장군이 대통령에 취임하다.

4. 아라과이야 게릴라가 진압되다.

9.10 제2차 국가개발계획이 의회에 제출되다.

1975. 6.27 독일-브라질 핵협정이 체결되다.

10.26 살해당한 블라지미르 에르족(Vladimir Herzog)을 '자살'로 발표되다.
친-알코올 연료계획(Plan Pro-Alcool)이 발표되다.

1976. 1.17 노조운동가 마누엘 피엘 필류(Manuel Fiel Filho)가 죽다.

5. 6 전임 대통령 주앙 굴라르가 아르헨티나에서 사망하다.

8.22 전임 대통령 주셀리누 쿠비체크가 사고로 사망하다.

1977. 4. 1 '4월조치'를 통해 정부의 강경책이 시행되다.

4. 이혼법이 제정되다.

5.21 카를루스 라세르다가 사망하다.

10.12 가이젤 대통령은 육군 장관 실비우 프로타를 해임하다.

1978. 5. 상파울루 근교 ABC 공단의 금속노조가 파업을 하다.

10.17 자유의 일부를 허용하는 방향으로 헌법 수정이 이뤄지다.

11. ABC 공단의 금속노조가 다시 파업을 하다.

1979. 1. 1 「긴급조치법」 제5호를 폐지하다.

3. ABC 공단의 금속노조가 파업을 하다.

3.15 주앙 피게레이두(João Figueiredo)가 대통령에 취임하다.

8.28 사면법이 발표되다.

11.29 다원주의 정치로 돌아오다.

1980 요한-바오로 2세가 브라질을 여행하다.

1982.11.15 의회선거, 지방선거, 주지사 선거가 실시되다.

1983. 2. 브라질민주운동당(PMDB)이 '직선제' 캠페인을 시작하다.

1984. 3.30 피게이레두 대통령은 후임자 선출이 선거인단에 의해 이뤄질 것이라고 천명하다.

4. 직선투쟁 집회가 이뤄지다.

1985. 1.15 선거인단 선거를 통해 탕크레두 네비스(Tancredo Neves)와 주제 사르네이(José Sarney)가 대통령과 부통령에 당선되다.

4.21 탕크레두 네비스가 사망하다.

2. 경제안정화 정책인 '크루자두 계획 I(Plan Cruzado I)'이 시행되다.

11. 크루자두 계획 II가 시행되다.

1987. 2. 1 제헌회의가 소집되다.

7. 브레세르 계획(Plan Bresser)이 시행되다.

1988.10. 5 새 헌법이 반포되다.

1989.12.17 직접보통선거(결선투표)를 통해 페르난두 콜로르 지 멜루가 공화국의 대통령에 당선되다. 부통령에는 이타마르 프랑쿠가 당선되다.

1990. 3.15 페르난두 콜로르가 대통령에 취임하다. 3월에 물가상승률이 80%에 달하다.

3.16 '콜로르 계획'을 발표하다.

1991. 2. 6 콜로르 계획 II를 발표하다.

3.14 '국가재건 프로젝트(Projetao)'를 발표하다.

5. 8 젤리아 카르도주 지 멜루(Zélia Cardoso de Mello)가 물러나다.

1992. 5.10 페드루 콜로르(Pedro Collor, 페르난두 콜로르의 형제)는 PC 파리아스(PC Farias)가 페르난두 콜로르의 제2명의라고 비난하다.

6. 3~14 히우에서 유엔환경개발회의가 개최되다.

8.16 콜로르 대통령에 대한 반대 시위가 시작되다.

9.29 콜로르의 대통령 직무가 정지되다.

10. 2 상파울루의 카랑디루(Carandiru) 교도소에서 111명의 죄수가 학살당하다.

12.29 상원에 의해 탄핵을 당한 페르난두 콜로르가 대통령직을 사임하고, 8년
간 참정권을 박탈당하다.

1993. 7.23 칸델라리아 앞에서 7명의 광부가 살해당하다.

11~12. '일곱 난쟁이' 스캔들로 의회조사위원회가 꾸려지다.

1994. 1.27 하이퍼인플레이션을 잡기 위해 일시적으로 헤알가치단위(Unidade Real
de Valor: URV)를 만들다. 이는 7월에 헤알화로 바뀌다.

5. 1 이몰라 서킷(Imola circuit)에서 자동차 경주 파일럿 아이르통 세나가
죽다.

10. 히우의 빈민가(파벨라)에 연방군이 진입하다.

12. 8 보사노바의 작곡자 안토니우 카를루스 조빙(Antônio Carlos Jobim)이
죽다.

1995. 1. 1 F. H. 카르도주(PSDB)가 대통령에 취임하다.
메르코수르 4개국의 자유무역지대안이 실행에 들어가다.
카르도주 대통령은 브라질에 노예제가 존재함을 인정하고, 이를 해결하
겠다고 표명하다.

1996 경찰이 엘도라두 두스 카라자스에서 아마존 농민 19명을 죽이다.

1997 헌법 개정을 통해 대통령의 재선을 허용하다.

1998 카르도주 대통령, 재선에 성공하다. 아시아 위기의 여파로 브라질 경제
도 충격을 받자, IMF가 구제계획을 제시하다.

1999 헤알화의 평가절하가 이뤄지다.

2000 브라질 500주년 기념식이 원주민 데모대로 혼란을 빚다.

2001 정부는 아마존 분지 개발에 향후 7년간 400억 헤알가량을 투자할 것이
라고 발표하다. 주 사업은 도로망, 철도, 수력발전소, 주택 건설 등이다.

5.	카르도주 대통령이 아마존과 동북부의 개발을 담당하는 부처 두 개를 폐지하다. 두 부처는 가짜 개발계획으로 10억 달러 이상을 착복한 것으로 알려지다.
2002. 3.	무토지자운동(MST)은 농지개혁을 요구하며, 카르도주 대통령의 가족 농장을 점거하다.
6.	월드컵에서 브라질은 다섯 번째 우승컵을 거머쥐다.
7.	좌파 대통령이 탄생할 가능성에 핫머니와 금융권의 공세가 강화되고 금융시장이 패닉 상태에 빠진다.
10.	루이스 이나시우 룰라 다 시우바(PT)가 결선투표를 거쳐 대통령에 당선되다.
2003. 8.	알칸타라 발사기지에서 우주 로켓이 폭발하여 21명이 사망하다.
2004. 4.	'붉은 4월'이라 불리는 토지 점거 운동이 전역에서 전개되다.
9.	브라질은 독일, 인도, 일본과 함께 유엔 안전보장이사회의 상임이사국 지원서를 제출하다.
10.	브라질 최초로 우주 로켓을 발사하는 데 성공하다.
2005. 2.	미국 태생의 선교사이자 아마존 농민 운동가인 도로시 스탱(Dorothy Stang)이 살해당하자 아마존의 토지와 자원을 둘러싼 갈등이 집중으로 조명되다.
3.	히우데자네이루의 외곽에서 자경단이 적어도 30명 이상을 살해하다. 보도에 따르면 깡패 경찰의 소행일 가능성이 높다고 한다.
6~8.	집권여당인 노동자당(PT)이 연루된 대형 부패 스캔들이 발생하다. 고위 인사들이 줄줄이 사직하고, 대통령은 사과하다.
10.	국민투표에서 유권자들은 총기 판매 금지안을 거부하다.
2006. 5.	상파울루 주에서 수십 명의 시민이 갱스터들의 공격과 경찰의 대응 속에서 목숨을 잃다. 폭력은 일련의 교도소 폭동으로 시작되다.
10.	룰라, 재선에 성공하다.

2007. 1.	국내 인프라 및 주요 산업 기반 육성을 위한 정부 주도의 경제성장 촉진정책 'PAC'를 발표하다.
7.	'노예' 노동자들이 자유를 찾다. 노예제 척결 팀은 아마존의 사탕수수 플랜테이션에서 1,000명 이상의 노예 노동자들에게 자유를 되찾아주다. 상파울루 상공에서 최악의 항공기 충돌 사고가 일어나다.
8.	정부가 군정기(1964~1985)에 일어난 인권침해 사태를 공식적으로 인정하다. 500명 이상이 살해당하거나 실종된 것으로 알려지다.
12.	룰라 대통령의 핵심 지지자로 알려진 상원의장 헤낭 칼레이루스(Renan Calheiros)가 부패 스캔들에 따른 탄핵 청문회를 피하기 위해 의장직을 사임하다.
2008. 4.	환경부장관 마리나 시우바가 아마존 개발을 둘러싼 정부 내부의 갈등 이후 사임하다. 마리나는 환경 보전을 우선시했다.
7.	하원 위원회는 낙태를 합법화하는 법안을 거부하다.
8.	석유수출국기구(Opec)에 가입하라는 이란의 권유를 물리치다.
2009. 6.	브라질은 개도국의 신용 확충을 위해 국제통화기금에 100억 달러를 기탁할 용의가 있다고 밝히다.
7.	브라질은 이타이푸 수력발전소의 전력 가격을 둘러싸고 파라과이와 벌이던 갈등을 종식하다. 브라질은 초과 전력에 대해 파라과이에 세 배의 금액을 지불하기로 하다.
10.	정부는 군정 시절의 인권침해를 조사할 진실화해위원회를 설치하기로 하다.
11.	수력발전소에 생긴 문제로 인해 히우데자네이루와 상파울루에 대규모 정전 사태가 발생하다.
2010. 2.	정부는 아마존 열대우림 지대에 세계 제3위 규모의 수력발전소를 건설하기로 하다.
3.	'PAC 2'를 발표하다. 수송, 에너지, 문화, 자연환경, 보건, 주거 및 사회보장 분야에 총 1조 5,900억 헤알(약 8,833억 달러)을 투자하기로 하다.

5. '깨끗한 이력'을 뜻하는 「피샤 림파(Ficha Limpa)」법안이 통과되어 2014년 선거부터 적용될 예정이다. 과거 법정에서 유죄판결을 받은 경우 8년간 피선거권을 박탈하는 법으로, 정부의 부정부패와의 전쟁 의지를 보여주다.

7. 10월에 있을 대통령 선거를 앞두고 여당 후보 지우마 호우세피의 지지도가 처음으로 야당 후보 주제 세하(José Serra)의 지지도를 상회하다.

11. 호우세피, 대통령에 당선되다.

2011. 1. 호우세피, 브라질 최초의 여성 대통령에 취임하다.

3. 버락 오바마, 브라질을 방문, 양국 간의 경체정치 협력관계를 공고히 하겠다는 의지를 표명하다.
롤라 정부 시절 부통령을 지냈던 주제 알렝카르(José Alencar), 암으로 사망하다(79세).

5. 농촌운동 지도자인 주제 클라우지우 히베이루 산투(José Cláudio Ribeiro Santo)와 마리아 두 이스피리투 산투(Maria do Espírito Santo)가 파라 주에서 한 농장주의 사주로 살해되다. 2011년만도 농촌지도자들의 살해가 20건에 달하다.

6. 벨루몬치(Belo Monte) 수력발전소 건설을 위한 환경평가보고서가 통과됨으로써 공공건설 부문에 대한 환경문제 논쟁이 뜨겁게 달아오르다.

7. 1992년 당시 콜로르 대통령 탄핵으로 대통령직을 승계했던 이타마르 프랑쿠(Itamar Franco) 전 대통령이 사망하다(향년 81세). 그의 재임 시절 '헤알플랜'이라는 경제개혁이 단행된 바 있다.

10. 롤라 전 대통령, 후두암 판정으로 치료를 시작하다.

11. 상파울루 대학교에서 3명의 학생들이 대마초를 소지한 혐의로 체포된 것에 항의, 73명의 학생들이 총장실을 점거하다가 모두 경찰에 연행, 조사를 받다.

12. 세계 6위 경제대국으로 부상하다.

2012. 1. 사우바도르 군경이 12일간 파업에 돌입, 주 의회 건물을 점거하다. 연방 정부가 군 및 연방 경찰을 투입, 카니발 시작 5일 전에 진압에 성공하다.

2. 브라질 정부는 상파울루의 과룰류스(Guarulhos) 국제공항과 비라코푸스(Viracopos) 공항 그리고 브라질리아 공항의 민자 투자 유치를 위해 동 공항들을 경매에 부치다.

4. 브라질 연방최고법원은 뇌가 형성되지 않은 태아의 낙태는 범죄가 아니라고 판결하다.

5. 전국교사협회 소속 교수들이 임금 인상과 교육환경 개선을 요구하며 파업을 하기로 결정함으로써 59개 연방대학 가운데 57개 대학이 4개월 간 문을 닫다.
    연방정부가 공산품세 인하를 발표, 자동차 판매가 6월과 7월, 역사상 최고의 판매기록을 경신하다.

6. 브라질이 유엔의 지속가능한 발전 컨퍼런스인 일명 Rio+20를 개최하다.

7. 브라질 정부 '국경 없는 과학(Ciência sem Fronteira)' 프로그램 개시, 총 10만 1,000명의 이공계 대학원생들에게 국가가 장학금을 지급, 해외에서 연수나 학위를 할 수 있도록 하다.

8. 브라질 연방최고법원은 룰라 정부 시절 의회의원들의 표 매수행위를 지칭한 일명 '멩살렁(mensalão)'으로 기소된 37명 가운데 25명에 대하여 구속 혹은 벌금형을 내리는 등 유죄판결을 내리다.
    지우마 대통령, 연방대학의 쿼터제를 규정한 법에 서명하다. 2016년까지 이 대학들은 공립학교 출신 학생들에게 입학정원의 50%를 의무적으로 배정해야 한다.

9. 북동부지역 6개 주에 9월부터 35일 동안 두 차례의 대 정전사태가 발생하다.

11. 바이아 주와 피아우이 그리고 파라이바 주의 절반 이상이 심각한 가뭄에 시달리다.

2013. 1. 히우그란지두술 주의 산타 마리아(Santa Maria)에 있는 야간업소 키스(Kiss)에서 27일(일요일) 새벽 화재가 발생, 237명이 사망하다.

3. 지우마 정부는 대선이 실시되는 올해에 이미 39개 연방정부 장관들 가운데 13명을 교체. 이로써 현 지우마 정부의 연정내각은 노동자당(PT) 소속이 16명, 브라질민주운동당(PMDB) 소속이 4명, 인민당(PP)당이

1명, 브라질사회당(PSB)과 사회민주당 소속이 0명 그리고 공화당(PR) 소속이 1명으로 구성·운영되고 있으며 그 나머지는 기술 관료들로 구성되어 있다.

4. 가정부들의 인권을 확대시킨 수정안이 4월 3일 연방관보에 게재됨으로써 즉시 효력을 발휘하게 되다. 하지만 실업보험, 정당한 사유 없이 해고될 때의 보상, 근무시간보장기금(FGTS)에의 등록, 가족최저임금, 야간근무수당, 유치원보조금 그리고 산업재해 보험 등 7개 안에 대한 시행령이 마련되지 않아 이 규정들이 아직 시행되지 못하고 있다. 동법에 따르면 가정부도 하루 8시간, 주당 44시간 근무제를 지켜야 한다.

5. 가족기금 보우사 파밀리아가 지급 중단될지 모른다는 소문이 확산되면서 알라고아스, 파라이바, 마라냥 등 북동부 지역에서는 큰 혼란이 발생하다. 이들 지역에 특히 가족기금의 혜택을 받는 저소득층들이 많이 거주하고 있어서 더욱 그러했는데 연방정부는 이 소문이 사실 무근이라고 발표하다.

6. 몇몇 주 수도에서의 교통요금 인상에 반대하는 집회가 전국으로 확산되어 한 달 동안 연일 수천 명의 사람들이 가두시위를 벌이다. 이들의 주장은 교통요금 인상에 대한 반발로 시작되었으나 점차 보건, 교육환경 개선 등 다양한 사회문제에 대한 비판과 개혁을 요구하기 시작하다.

7. 브라질 연방정부는 '보다 많은 의사들(Mais Médicos)'라는 프로그램을 발표, 도서지역의 공공보건 부문에서 근무하는 의사의 수를 확대할 것이라고 발표. 이 조치에 따르면 2013년 9월 18일까지 이 프로그램에 등록한 모든 의사들이 전국에서 근무를 시작할 것이며, 의사의 수 확대를 위해 2017년까지 의대 정원을 1만 1,447명으로 확대할 것이라고 밝히다.

8. 경제적 보호를 위한 행정심의위원회(Conselho Administrativo de Defesa Econômico)가 상파울루 전철과 연방특구의 전철의 입찰 과정에서 입찰업체들의 담합행위가 있었는지 여부를 조사하기로 결정했으며 그 핵심 연루회사는 독일의 지멘스(Siemens)를 비롯하여, 프랑스의 알스톰(Alstom), 캐나다의 봄바르디(Bombardier), 스페인의 CAF 그리고 일본의 미쓰이(Mitsui)인 것으로 알려지다.

9. 지우마 대통령, 원유에 대한 로열티 가운데 75%, 심해유전 사회기금의

50%를 교육에 투자하는 법안에 서명하다. 그리고 그 로열티 가운데 25%는 건강보건에 투자될 것으로 알려졌는데 브라질 교육부에 따르면 향후 30년간 그 로열티가 교육 부문에만 3,680억 헤알을 배정하게 될 예정이다.

미국 국가안보국 도청 파문. 호우세피 대통령의 전화와 이메일 내용 외에도 페트로브라스 네트워크도 감시한 것으로 알려지다. 이로 인해 강력한 항의 및 10월 내정되었던 미국 방문 취소하다.

10. 룰라 정부 시절 지우마 당시 대통령 후보와의 갈등으로 사직한 뒤 대선에 출마하여 선풍적인 인기를 끌었던 마리나 시우바(Marina Silva)가 에두아르두 캄푸스(Eduardo Campos)가 이끄는 브라질사회주의당(PSB)에 가입, 에두아르두 캄푸스의 대선 출마에 힘을 보태겠다고 선언하다. 캄푸스는 현재 여론조사에서 3위로 달리고 있다.

12. 룰라 정부 시절 최대의 부패사건으로 지목되었던 일명 멩살렁 사건의 판결이 내려진 지 1년이 지난 이날 12건의 구속영장이 집행되다. 이 가운데 룰라 정부에서 핵심 실세였던 주제 제누이누(José Genoino), 주제 지르세우(José Dirceu)가 포함되다.

브라질 정부는 15년의 긴 협상 끝에 마침내 브라질 공군 주력 전투기로 스웨덴 사브사의 그리펜(Gripen) 기종 36대를 구입하기로 결정하고 사아브사를 우선협상대상자로 선정했다고 발표하다. 총비용이 45억 달러에 이르는 브라질 차세대 전투기사업에서는 미국의 보잉사와 프랑스의 다솔트사가 경합을 벌였다.

엮은이

박원복

　　2009년 10월 ~ 2014년 2월까지 서울대학교 라틴아메리카연구소 HK 연구
　　교수로 재직하였으며 동 연구소 산하의 브라질연구센터장직을 역임함.
　　현재 단국대학교 포르투갈(브라질)어과 교수로서 학과장직을 역임 중임.

양은미

　　브라질 상파울루대학교에서 교육학 박사학위를 받고 브라질의 교육을 비
　　롯한 사회, 문화를 연구하고 있음. 현재 서울대학교 라틴아메리카연구소
　　HK연구교수로 재직 중이며 주한 브라질문화원의 부원장직을 맡고 있음.

옮긴이 및 지은이

심용주 서울대학교 국제대학원

홍욱헌 위덕대학교 다빈치 칼리지 공공행정학부

이승용 한국외국어대학교 포르투갈어과 교수

김원호 한국외국어대학교 국제지역대학원 중남미학과 교수

임소라 한국외국어대학교 포르투갈어과 교수

김정아 서울대학교 서어서문학과 재학

권기수 대외경제정책연구원(KIEP) 구미유라시아실 미주팀장

하상섭 한국외국어대학교 한중남미녹색융합센터 연구교수

조희문 한국외국어대학교 법학전문대학원(Law School) 교수

서울대학교 라틴아메리카연구소(SNUILAS)는 1989년 스페인중남미연
구소로 발족하여 2008년 확대 재편된 국내 라틴아메리카 연구의 산실이다.
라틴아메리카의 33개 독립국과 1개 준독립국, 인구 약 5억 5,000만 명의
광대한 지역을 연구대상으로 하는 서라연은 총서, 학술지, 웹진, 이슈 등을
발간하고 있으며, 다양한 분과학문 출신의 연구진이 학제적 연구를 통해
지식의 식민성 극복과 학문의 대중적 소통을 지향하고 있다.

한울아카데미 1690
브라질: 변화하는 사회와 새로운 과제들
ⓒ 서울대학교 라틴아메리카연구소, 2014

엮은이 | 박원복·양은미
펴낸이 | 김종수
펴낸곳 | 도서출판 한울
편집책임 | 김현대
편집 | 조수임

초판 1쇄 인쇄 | 2014년 5월 15일
초판 1쇄 발행 | 2014년 5월 30일

주소 | 413-756 경기도 파주시 광인사길 153 한울시소빌딩 3층
전화 | 031-955-0655
팩스 | 031-955-0656
홈페이지 | www.hanulbooks.co.kr
등록번호 | 제406-2003-000051호

Printed in Korea.
ISBN: 978-89-460-5690-9 93950

* 책값은 겉표지에 있습니다.